COLLECTION FOLIO

Roger Martin du Gard

Les Thibault

V

L'ÉTÉ 1914 *(suite et fin)*
ÉPILOGUE

Gallimard

© *Éditions Gallimard :*
1936, renouvelé en 1964, pour L'Été 1914 ;
1940, renouvelé en 1967, pour Épilogue.

L'ÉTÉ 1914
(Suite et fin)

LXXIX

Jacques appuie sa tête contre la cloison de bois. Le tintamarre du train pénètre son corps, se propage en lui, l'exalte. Il est seul dans ce compartiment de troisième classe. Une température de fournaise, malgré les fenêtres ouvertes. Trempé de sueur, il s'est jeté sur la banquette, du côté de l'ombre... Ce n'est plus le bruit du train qu'il entend, c'est le ronflement d'un moteur... L'avion en plein ciel... Des centaines, des milliers de papiers blancs s'éparpillent dans l'espace...

Le courant d'air qui caresse son front est chaud, mais les battements des stores donnent une illusion de fraîcheur. En face de lui, son sac oscille à tous les cahots : un sac de toile jaune, décoloré, gonflé comme une besace de pèlerin : vieux compagnon fidèle jusqu'au dernier voyage... Jacques y a entassé, précipitamment, quelques paperasses, un peu de linge ; sans choix, avec une totale indifférence. Tout juste s'il a eu le temps d'attraper l'express. Il s'est conformé aux instructions de Meynestrel : il a quitté Genève, en une heure, sans laisser d'adresse, sans avoir vu personne. Depuis le matin, il n'a rien mangé ; même pas eu le temps de prendre des cigarettes à la gare. Peu importe, il est parti. Et, cette fois, c'est bien *le départ* : un départ solitaire, anonyme, — sans retour. N'étaient cette chaleur, ces mouches qui l'énervent, ce bruit d'enclume qui lui martèle le crâne, il se sentirait calme. Calme et fort. L'angoisse, le désespoir des jours qu'il vient de vivre, sont dépassés.

Une seconde, il ferme les yeux. Mais il les rouvre aussitôt. Il n'a besoin d'aucun recueillement pour vivre son rêve...

Il rase des crêtes de collines, s'abaisse vers des vallées bleues, survole des prés, des forêts, des villes. Il est assis dans la carlingue, derrière Meynestrel. A ses pieds s'entassent les manifestes. Meynestrel fait un signe. L'avion s'est rapproché de la terre. Un grouillement de capotes bleues, de pantalons rouges, de tuniques feld-grau... Jacques se baisse, saisit une brassée de tracts, la jette. Le moteur ronfle. L'avion file dans le soleil. Jacques se baisse, se relève, sème sous lui, sans arrêt, la nuée de papillons blancs. Meynestrel le regarde par-dessus l'épaule. Il rit !

Meynestrel... Meynestrel, c'est le point solide autour duquel tourne l'idée de sa mission.

Jacques vient de le quitter. Si différent, ce matin, du Meynestrel d'hier ! Le chef d'autrefois ! Un torse droit, des gestes précis et vifs. Habillé, chaussé : il venait de sortir. Et, dès l'accueil, ce sourire triomphant ! « Ça va ! Nous avons de la chance. Tout sera plus facile que je ne pensais. Nous pouvons décoller dans trois jours. » *Nous ?* Jacques, qui hésitait encore à comprendre, avait balbutié des mots vagues : « ... certaines vies précieuses... qui sont l'âme d'un groupe... qu'il serait criminel de risquer... » Mais le Pilote avait, d'un coup d'œil, coupé court ; et le haussement d'épaules qui accompagnait ce regard dur, qui l'humanisait, semblait dire : « Je ne suis plus bon à rien ni à personne... » Puis il s'était redressé, et, très vite : « Pas de phrases, mon petit... Il faut immédiatement que tu files à Bâle. Pour de multiples raisons. En partant de la frontière, notre avion sera tout de suite sur l'Alsace... Chacun sa tâche : moi, je prépare l'oiseau ; toi, les tracts. Établir le texte, d'abord. Difficile ; mais tu as dû y réfléchir. Ensuite l'imprimer. Pour ça, Plattner. Tu ne le connais pas ? Voilà un mot pour lui. Il est libraire, dans la Greifengasse. Il a une imprimerie, des gens sûrs. Là-bas, tous parlent aussi bien allemand que français ; ils te traduiront ton manifeste ; ils te tireront un million d'exemplaires, dans les deux langues, en quelques nuits de travail... Que tout soit prêt, à tout hasard, dès samedi. Trois jours pleins. Pas impossible... N'écris pas. Ni à moi ni à personne : la poste est surveillée. S'il y a quelque chose, je te ferai prévenir par quelqu'un que je sais. L'adresse est là, dans cette enveloppe. Avec d'autres instructions précises. Et quelques cartes... Non, laisse ! Tu regarderas ça en route... Donc, rendez-vous, près de la frontière, au point que je choisirai, au jour et à l'heure que je te fixerai... D'accord ? » Alors seulement les traits s'étaient adoucis, et la voix avait légèrement fléchi : « Bon. Tu as un train pour Bâle à 12 h 30. » Il s'était avancé, et il avait posé ses deux mains sur les épaules de Jacques : « Je te remercie... Un rude service que tu me rends là... » Son regard s'était voilé. Jacques, l'espace d'une seconde, avait cru que Meynestrel allait le serrer dans ses bras. Mais, au contraire, le Pilote avait retiré ses mains d'un mouvement brusque : « J'aurais fini, fatalement, par un geste idiot. Celui-là, du moins, peut servir. » Et il avait, en boitillant, poussé Jacques vers la porte : « Tu vas manquer ton train. A bientôt ! »

Jacques se lève, et s'approche de la fenêtre, pour quêter un peu d'air. Il regarde dehors ; mais le paysage familier du lac et des Alpes, sous le soleil d'août, resplendit pour la dernière fois devant ses yeux, sans qu'il le voie.

Jenny... Avant-hier encore, sur la banquette de cet autre train qui l'amenait de Paris, dès que le souvenir de Jenny l'envahissait, une intolérable souffrance lui coupait le souffle. Tenir, encore une fois, entre ses mains la petite tête aux prunelles bleues, enfoncer ses doigts dans cette chevelure, voir, de tout près, chavirer ce regard, s'entrouvrir ces lèvres! Une fois, une fois seulement, sentir encore contre lui ce jeune corps, si souple, si chaud!... Il se levait alors, d'un bond, gagnait le couloir, étreignait de ses poings la barre de la fenêtre, et, les yeux clos, il restait là, tordu, palpitant, offrant son visage à la morsure du vent, de la fumée, des escarbilles... Maintenant, il peut penser à elle, sans souffrir autant. Elle repose dans son souvenir : une morte passionnément aimée. L'irréparable porte en soi son apaisement. Depuis que le but est si proche, tout, — son existence d'hier, Paris, les secousses de la dernière semaine, — tout a pris soudain un tel recul! Il songe à son amour comme à son enfance, comme à un passé révolu que rien ne peut ressusciter. Ce qui lui reste d'avenir, n'est plus qu'un demain fulgurant...

Il laisse retomber le store qu'il avait machinalement soulevé. Il enfonce les mains dans ses poches, et les retire aussitôt, moites. Cette chaleur l'exaspère; cette poussière, ce bruit, ces mouches! Il se rassied, arrache son col, et tapi dans l'angle de la banquette, un bras pendant hors de la fenêtre, il s'efforce de réfléchir.

L'important reste à faire : écrire ce manifeste, dont tout dépend. Il faut que ce soit un éclair dans la nuit, qui atteigne au cœur ces hommes prêts à s'entre-tuer, qui les pénètre d'évidence, et les redresse tous, dans un même élan.

Déjà, des mots, sans lien, s'entrechoquent dans sa

tête. Des phrases, même, s'ébauchent, avec des sonorités de meetings :

« Armées ennemies... Pourquoi, ennemies ? Français, Allemands... Hasard de naissance... Des hommes, les mêmes ! Majorité d'ouvriers, de paysans. Des travailleurs ! Travailleurs ! Pourquoi ennemis ? Nationalités différentes ? Mais intérêts identiques ! Tout les lie ! Tout fait d'eux des alliés naturels !... »

Il tire de sa poche un carnet, un bout de crayon : « Si je notais déjà, à tout hasard, ce qui me vient ? »

Français, Allemands. Tous frères ! Vous êtes pareils ! Et pareillement victimes ! Victimes de mensonges imposés ! Aucun de vous n'a quitté, de son gré, sa femme, ses enfants, sa maison, son usine, son magasin, son champ, pour servir de cible à d'autres travailleurs pareils à lui ! Même horreur de la mort. Même répugnance à tuer. Même conviction que toute existence est sacrée. Même conscience que la guerre est absurde. Même désir de s'évader de ce cauchemar, de retrouver, au plus tôt, femme, enfants, travail, liberté, paix ! Et, pourtant, vous voilà aujourd'hui face à face, avec des balles dans vos fusils, stupidement prêts à vous entre-tuer au premier signal, sans vous connaître, sans aucun motif de haine, sans même savoir pourquoi on vous force à devenir des meurtriers !

Le train ralentit et stoppe.
— « Lausanne ! »
Mille souvenirs... Sa chambre de sapin blond, à la pension Cammerzinn... Sophia...

Pour n'être pas reconnu, il résiste à la tentation de descendre. Il écarte un peu le rideau. La gare, les quais, le kiosque à journaux. C'est sur le 3ᵉ quai, là-bas, qu'il a fait les cent pas, un soir d'hiver, avec Antoine, avant de revenir à Paris pour la mort de son père... Il lui semble que ce voyage avec son frère date de dix ans !

Des gens vont et viennent, dans le couloir, portant des valises, traînant des enfants. Deux gendarmes passent, inspectent le convoi. Un couple âgé entre dans le compartiment et s'installe. L'homme, un vieil ouvrier aux mains durcies par le travail, qui a mis pour voyager ses habits du dimanche, enlève sa veste, sa cravate, s'éponge le front et allume un cigare. La femme a pris la veste, la plie soigneusement et la garde sur ses genoux.

Jacques, enfoncé dans son coin, a repris son carnet. Fébrilement, il griffonne :

En moins de deux semaines, folie collective, démoniaque. L'Europe entière ! La presse, les fausses nouvelles. Tous les peuples, grisés par les mêmes mensonges ! Ce qui, hier encore, semblait impossible, odieux, est devenu inévitable, nécessaire, légitime !... Partout, les mêmes foules, artificiellement fanatisées, chauffées à blanc, prêtes à se ruer les unes contre les autres, sans savoir pourquoi ! Mourir et tuer, devenus synonymes d'héroïsme, de suprême noblesse !... Pourquoi tout ça ? Pour qui ? Les responsables, où sont-ils ?

Les responsables... Il prend dans son portefeuille un feuillet plié. C'est une phrase que Vanheede a extraite pour lui d'un livre sur Guillaume II, une phrase d'un discours prononcé par le Kaiser : « *Je suis persuadé que la plupart des conflits entre nations sont le résultat des manœuvres et des ambitions de quelques ministres, qui usent de ces moyens criminels, à seule fin de conserver leur pouvoir et d'accroître leur popularité.*

« Il faudrait retrouver le texte allemand », se dit-il. « Pour pouvoir leur dire : " Voyez ! Votre Kaiser lui-même !... " Retrouver le texte. Où ? Comment ?... Vanheede ? Impossible d'écrire, Meynestrel a défendu... Retrouver le texte !... A la bibliothèque de Bâle ! Mais, le titre du livre ? Et le temps de chercher... Non... Pourtant !... Retrouver le texte !... Le sang lui monte à la tête, l'étourdit. « Les responsables... Les responsables... » Il s'agite, change de pose. Ces gens l'exaspèrent. La vieille le suit des yeux, avec étonnement. Elle est assise en face de lui sur la banquette trop haute ; elle porte des bottines noires et des bas blancs ; les cahots balancent ses petites jambes... « Les responsables... Retrouver le texte... » Si la vieille continue à le regarder, il... Elle prend dans son cabas une tranche de pain et des mirabelles ; elle mâche avec lenteur, et crache les noyaux dans le creux de sa main, où brille une alliance. Sur son front, une mouche qu'elle ne paraît pas sentir, va et vient, comme sur un mort... Intolérable.

Il se lève.

Comment retrouver ce texte... A Bâle ? Non, non, peine perdue... Trop tard... Il sait qu'il ne le retrouvera pas !

Avide de fraîcheur, il gagne le couloir et s'agrippe des deux mains à la fenêtre. Des nuées sombres coiffent maintenant la chaîne des Alpes. « Il va y avoir de l'orage. Voilà pourquoi il fait si lourd... »

Le lac, vu de haut, a la densité du mercure, son éclat mort. Les vignes sulfatées, qui dévalent jusqu'au rivage, sont d'un bleu de poison.

« Les responsables... Quand on recherche un incendiaire, on se demande d'abord à qui l'incendie profitera... » Il s'éponge la figure, reprend son crayon, et, debout, adossé au chambranle, s'efforçant d'être indifférent à tout, à la vieille, à cette touffeur d'orage, aux mouches, au bruit, aux secousses, au paysage, à tout l'univers hostile, il note, fiévreusement :

Une puissance occulte, l'État, a disposé de vous comme le fermier de son bétail !... L'État ! Qu'est-ce que l'État ? L'État français, l'État allemand, sont-ils les représentants authentiques, autorisés, du peuple ? les défenseurs des intérêts de la majorité ? Non ! L'État, en France comme en Allemagne, c'est le représentant d'une minorité, c'est le chargé d'affaires d'une association de spéculateurs dont l'argent seul a fait le pouvoir, et qui sont aujourd'hui maîtres des banques, des grandes sociétés, des transports, des journaux, des entreprises d'armement, de tout ! Maîtres absolus d'un système social vassalisé, qui sert les avantages de quelques-uns aux dépens du plus grand nombre ! Ce système, nous l'avons vu à l'œuvre, ces dernières semaines ! Nous avons vu ses rouages compliqués briser une à une toutes les résistances pacifiques ! Et c'est lui, aujourd'hui, qui vous jette, baïonnette au canon, sur la frontière, pour la défense d'intérêts qui sont étrangers, qui sont même funestes, à la presque totalité d'entre vous !... Ceux qui vont se faire tuer, ont le droit de se demander à qui profitera leur sacrifice ! Le droit, avant de donner leur peau, de savoir à qui, à quoi, ils la donnent !...

Eh bien, les premiers responsables, ce sont ces minorités d'exploiteurs publics, les grands financiers, les grands industriels qui, de pays à pays, se font une concurrence acharnée, et qui n'hésitent pas, aujourd'hui, à immoler le troupeau pour consolider leurs privilèges, pour accroître encore leur prospérité ! Une prospérité qui, loin d'enrichir les masses et d'améliorer leur sort, ne servira qu'à assujettir davantage ceux d'entre vous qui échapperont au massacre !...

Mais ces exploiteurs ne sont pas les seuls responsables. En chaque pays, ils se sont assuré, dans le personnel des gouvernements, des soutiens, des auxiliaires... Parmi les responsables, il y a, au second rang, cette poignée d'hommes d'État mégalomanes, dénoncés par le Kaiser lui-même...

« Retrouver le texte », se dit-il. « Retrouver le texte... »

... cette poignée de charlatans, de ministres, d'ambassadeurs, de généraux ambitieux, qui, dans l'ombre des diplomaties et des états-majors, par leurs intrigues, leurs manœuvres politiques, ont froidement joué avec votre vie, sans vous consulter, sans même vous avertir, vous, peuple français, peuple allemand, qui étiez les enjeux de leurs combines... Car c'est ainsi : dans cette Europe démocratisée du XXe siècle, aucun peuple n'a su se réserver la direction de sa politique extérieure ; et aucun de ces parlements que vous avez élus, qui devraient vous représenter, aucun n'a jamais connaissance de ces engagements secrets, qui, du jour au lendemain, peuvent vous précipiter — tous — dans la tuerie !

Et, derrière ces grands responsables, il y a enfin, en France comme en Allemagne, tous ceux qui, plus ou moins sciemment, ont rendu la guerre possible, soit en favorisant les agiotages de la haute banque, soit en encourageant de leur approbation partisane les ambitions des hommes d'État. Ce sont les partis conservateurs, les organisations patronales, la presse nationaliste ! Ce sont aussi les Églises, dont les clergés constituent, en fait, presque partout, une sorte de gendarmerie spirituelle au service des classes possédantes ; les Églises qui, trahissant leurs devoirs surnaturels, sont partout devenues les alliées et les otages des puissances d'argent !

Il s'arrête et tente en vain de se relire. La crispation de ses doigts sur ce bout de crayon, sa fièvre, la position incommode, les cahots, lui font une écriture presque indéchiffrable.

« Faire un tri là-dedans », se dit-il. « Mauvais... Plein de redites... Trop long... Pour convaincre, il faut faire dense et court... Mais, pour qu'*ils* puissent réfléchir, se reprendre, il leur faut bien aussi les données fondamentales !... Difficile ! »

Il n'en peut plus d'être debout. Se rasseoir. Être seul... Il parcourt le couloir, en quête d'un compartiment vide. Tous sont occupés et bruyants. Force lui est de revenir à sa place.

Le soleil, qui commence à baisser, emplit le wagon d'un or rouge, aveuglant. L'homme ronfle, abruti de chaleur, versé sur un coude, son cigare éteint aux lèvres. La vieille, tenant toujours la veste sur ses genoux joints, s'évente avec un journal ; l'air fait voleter ses frisons gris. Elle évite le regard de Jacques ; mais, à tous moments, il surprend, fixé sur lui, un regard furtif, borné et sévère.

Alors il croise les bras, ferme les yeux, compte jusqu'à cent pour s'obliger au calme. Et brusquement submergé de fatigue, il s'endort.

Il s'éveille en sursaut, stupéfait d'avoir dormi. Quelle heure ? Le train ralentit. Où est-on ? Ses compagnons de voyage sont debout : l'homme a remis sa veste, rallumé son mégot ; la femme cadenasse son cabas... Le cerveau engourdi, Jacques cherche à reconnaître la gare. Berne ? Déjà ?

— « *Grüetzi*[1] », dit l'homme, en passant devant lui.

Il y a du monde sur le quai. Le train est pris d'assaut. Le compartiment est envahi par une famille loquace,

---

1. « Dieu vous garde ! » Diminutif de : *Gott grüsse Sie!*

qui parle allemand : la mère, la grand-mère, deux fillettes, une bonne. Les filets plient sous un amoncellement de filets à provisions, de jouets d'enfants. Les femmes ont des visages fatigués, craintifs. Les fillettes, énervées par la chaleur, se querellent pour occuper les coins libres. Sans doute, des gens que la guerre a surpris en vacances, et qui regagnent leur pays ; le père a dû rejoindre son régiment, dès les premiers jours.

Le train repart.

Jacques s'évade dans le couloir, qui est bondé de voyageurs debout ; des hommes, pour la plupart.

Sur la gauche, trois jeunes gens, des Suisses, causent à voix haute, en français :

— « Viviani garde la présidence du Conseil, mais sans portefeuille... » — « Qu'est-ce que c'est que ce Doumergue, qui prend les Affaires étrangères ? »

A droite, deux voyageurs, un jeune étudiant, sa serviette sous le bras, et un homme âgé, à lorgnon, un professeur peut-être, parcourent les journaux.

— « Vous avez vu ? » dit l'étudiant, goguenard, en passant à son compagnon *le Journal de Genève*. « Le pape en a de bonnes ! Il vient de lancer un *Appel aux catholiques du monde !* »

— « Eh bien ? » fait l'autre. « Que tu le veuilles ou non, il existe encore des millions de catholiques sur terre. L'anathème du pape ? Mais, s'il était formel, retentissant... Et, s'il était lancé *avant* que ça commence !... »

— « Lisez », reprend l'étudiant. « Vous croyez peut-être qu'il condamne solennellement la guerre ? qu'il donne tort aux Pouvoirs ? qu'il confond, sans distinction, tous les États belligérants, dans une même excommunication à grand fracas ? Doucement ! Et la prudence apostolique ? Non, non... Tout ce qu'il trouve à dire, à ces millions de catholiques qui, demain, vont être armés pour tuer, et qui, sans doute, attendent anxieusement ses ordres pour se mettre en règle avec leur conscience — ce n'est pas : " Tu ne tueras point ! Refuse ! " — ce qui aurait peut-être, en effet, rendu la guerre impossible... Non ! Il dit, gentiment : " Allez-y, mes enfants !... Allez-y, mais n'oubliez pas *d'élever vos âmes vers le Christ !* " »

Jacques écoute, distrait. Il se souvient tout à coup d'un prêtre mobilisé qu'il a vu quelque part. Où donc ? A la gare du Nord, en conduisant Antoine... Un jeune prêtre sportif, à l'œil brillant (du genre « abbé de patronage », « entraîneur de jeunes »), qui portait deux musettes en travers de sa soutane retroussée sur des brodequins d'alpiniste tout neufs, et un petit calot de sergent, coquettement campé sur l'oreille... La gare du Nord. Antoine... Antoine, Daniel, Jenny... Tous ceux que son souvenir évoque involontairement, et tous ces hommes, ces femmes qui l'entourent, font partie du monde dont il n'est plus : ce monde des vivants, pour lesquels l'avenir existe, et qui continuent sans lui leur traversée...

Sur la gauche, les trois jeunes Suisses commentent avec indignation l'ultimatum adressé par l'Allemagne à la Belgique.

Jacques fait un pas vers eux, et prête l'oreille.

— « C'était affiché : un corps d'armée allemand a franchi la frontière belge, cette nuit, et marche sur Liège. »

Un homme, encore jeune, sort d'un compartiment voisin pour se mêler au groupe. Il est Belge. Il regagne en hâte Namur pour s'engager.

— « Moi, je suis socialiste », déclare-t-il aussitôt. « Mais, justement pour ça, je ne peux pas accepter que la Force écrase le Droit ! »

Il parle d'abondance. Il hausse le ton. Il flétrit la Barbarie teutonne ; il exalte la Civilisation occidentale.

D'autres voyageurs s'approchent. Tous, également, se montrent révoltés par le cynisme du gouvernement allemand.

— « La Chambre belge a fait réunion ce matin », dit un homme d'une cinquantaine d'années, qui parle le français avec un fort accent tudesque. « Vous croyez que les socialistes voteront les crédits de défense nationale ? »

— « Comme un seul homme, Monsieur ! » s'écrie le Belge, terrassant son interlocuteur d'un regard flambant de défi.

Jacques n'a soufflé mot. Il sait que le Belge dit vrai. Mais il se rappelle, rageusement, l'attitude des socialistes belges, à Bruxelles, leurs professions de pacifisme intégral... Vandervelde... Jeudi dernier : il n'y a pas six jours !...

— « A Paris aussi », dit l'un des Suisses, « c'est aujourd'hui que la Chambre se réunit pour les crédits de guerre. »

— « A Paris, ce sera pareil ! » affirme le Belge, avec feu. « Dans tous les pays alliés, les socialistes voteront les crédits, ça ne fait pas question ! Nous avons pour nous la Justice !... Cette guerre, elle nous est imposée. Dans cette lutte contre le militarisme prussien, tout vrai socialiste se doit d'être au premier rang ! » Il ne cesse, en parlant, de toiser l'homme au parler germanique, qui se tait.

Au secours de la Patrie menacée ! Sus à l'impérialisme allemand ! C'est le refrain de tous. Dans les derniers journaux français de gauche que Jacques a lus hier, c'était partout le même mot d'ordre : partout, les socialistes renonçaient à l'opposition. On annonçait hier encore, par-ci, par-là, en banlieue, quelques réunions de sections, mais c'était pour « délibérer sur les moyens de venir en aide aux familles des mobilisés » ! La guerre était devenue un fait ! un fait accepté sans protestation. Le numéro de *la Guerre sociale* était particulièrement significatif. Gustave Hervé, en première page, avait le front d'écrire : *Jaurès, vous êtes heureux de ne pas assister à l'écroulement de notre beau rêve... Mais je vous plains d'être parti sans avoir vu comment notre race nerveuse, enthousiaste, et idéaliste a accepté d'aller accomplir le douloureux devoir ! Vous auriez été fier de nos ouvriers socialistes !...* Et, plus significatif encore était le *Manifeste aux cheminots* lancé par ce Syndicat des Chemins de fer, qui, naguère encore, affirmait si violemment son antinationalisme : *Devant le danger commun s'effacent les vieilles rancunes ! Socialistes, Syndicalistes et Révolutionnaires, vous déjouerez les bas calculs de Guillaume, et vous serez les premiers à répondre à l'appel, quand retentira la voix de la République !* « Quelle dérision... », se disait Jacques. « Le voilà réalisé, dans chaque pays, cet accord des partis populaires, qui semblait impossible ! Et réalisé justement *par* la guerre ! Alors que, s'il avait été réalisé *contre* elle... Quelle dérision ! Les partisans de l'Internationale, partout unanimes aujourd'hui à accepter *nationalement* le conflit ! Alors que, pour l'empêcher, il aurait suffi, quinze jours plus tôt, qu'ils soient unanimes à décider la grève préventive ! » Le seul, le dernier écho d'indépendance, c'est dans un journal anglais, les *Daily News*, que Jacques l'avait trouvé : un article, qui avait le ton d'un manifeste, écrit avant l'ultimatum à la Belgique. On y dénonçait la naissance des premiers courants bellicistes à travers l'opinion britannique ; et l'on y proclamait fermement la nécessité, pour l'Angleterre, de se défendre de la contagion, de conserver sa liberté, sa neutralité d'arbitre, de n'intervenir en aucun cas, *même* si l'une des armées ennemies se risquait à violer la frontière belge. Oui... Mais, aujourd'hui, l'Angleterre officielle annonçait qu'elle aussi entrait généreusement dans la danse macabre !

La voix vibrante du socialiste belge s'élève dans le couloir :

— « Jaurès lui-même serait le premier à donner l'exemple ! Jaurès, Monsieur ? Mais il courrait s'engager ! »

« Jaurès... », se dit Jacques. « Aurait-il empêché les défections ? Aurait-il tenu jusqu'au bout ? » Il se revoit soudain, avec Jenny, devant le café de la rue Montmartre... la foule silencieuse amassée dans la nuit... l'ambulance... « C'est aujourd'hui qu'ils l'enterrent », songe-t-il. « Sous des fleurs, des discours, des drapeaux tricolores, des musiques militaires ! Ils ont accaparé le grand cadavre, pour le brandir au nom de la Patrie... Ah, si vraiment le cercueil de Jaurès traverse ce Paris qu'on mobilise, sans déclencher l'émeute, c'est que tout est fini, c'est que l'*Internationale ouvrière* est bien morte, et qu'on l'enterre avec lui... »

Oui, pour l'instant, tout est fini, là-bas, dans les villes magnétisées ; à l'arrière, oui, tous les ressorts, pour l'instant, sont rompus. Mais sur la ligne de feu, les malheureux qui ont pris contact avec la guerre, ceux-là, il en est sûr, n'attendent qu'un appel pour rompre l'infernal envoûtement... Une étincelle, et la révolte libératrice éclatera enfin !...

Des phrases décousues s'ébauchent de nouveau dans sa tête : *Vous êtes jeunes, vivants... On vous envoie à la mort... On vous arrache de force votre vie ! Et pour en faire quoi ? Du capital frais, dans les coffres des grands banquiers !...* Il touche son carnet au fond de sa poche. Mais comment prendre des notes dans ce va-et-vient, dans ce bruit ? D'ailleurs, avant vingt minutes, il sera à Bâle. Il faudra partir à la recherche de Plattner, s'enquérir d'un logement, d'un abri où travailler...

Tout à coup, son parti est pris. Il a bien fait de dormir. Il se sent lucide, énergique. Plattner peut attendre. Ce serait stupide de laisser retomber cette fièvre qui le tient. Au lieu de courir la ville, il se réfugiera dans un coin de la salle d'attente ; et, ces phrases qui bouillonnent et se pressent dans son cerveau, il les jettera, toutes chaudes sur le papier... Dans la salle d'attente, ou bien au buffet, — car il meurt de faim.

LXXX

Asile inespéré ! La *Restauration Dritterklasse* est si peu vaste que les clients, pourtant nombreux, n'occupent que le centre du hall : le fond est entièrement désert.

Jacques a choisi, contre le mur, une grande table parmi d'autres grandes tables libres.

Il a retiré son veston, ouvert son col. Il a dévoré une savoureuse portion de veau, généreusement lardée, fricassée dans la poêle et garnie de carottes. Il a bu toute une carafe d'eau glacée.

Au plafond, les ventilateurs ronronnent. La servante a posé devant lui de quoi écrire, près d'une tasse de café qui embaume.

Un garçon circule devant le comptoir, avec un plateau : *Cigaren ; cigaretten !* Ah, oui, *cigaretten !*... Après douze heures de privation, la première bouffée est un enchantement ! Un bien-être capiteux, un surcroît de vie, courent dans ses veines, font trembler ses mains. Penché sur la table, le front plissé, les yeux clignotants à travers la fumée, il n'attend pas, il ne cherche pas à ordonner les idées qui se pressent. Le tri se fera plus tard, à tête reposée...

Avec une impatience vorace, sa plume, déjà, galope sur le papier :

Français ou Allemands, vous êtes des dupes !

Cette guerre, on vous l'a présentée, dans les deux camps, non seulement comme une guerre défensive, mais comme une lutte pour le Droit des Peuples, la Justice, la Liberté. Pourquoi ? Parce qu'on savait bien que pas un ouvrier, pas un paysan d'Allemagne, pas un ouvrier, pas un paysan de France, n'aurait donné son sang pour une guerre offensive, pour une conquête de territoires et de marchés !

On vous a fait croire, à tous, que vous alliez vous battre pour écraser l'impérialisme militaire du voisin. Comme si tous les militarismes ne se valaient pas ! Comme si le nationalisme belliqueux n'avait pas eu, ces dernières années, autant de partisans en France qu'en Allemagne ! Comme si, depuis des années, les impérialismes de vos deux gouvernements n'avaient pas couru les mêmes risques de guerre !... Vous êtes des dupes ! On vous a fait croire, à tous, que vous alliez défendre votre patrie contre l'invasion criminelle d'un agresseur, — alors que chacun de vos états-majors, français et allemand, étudiait depuis des années avec la même absence de vergogne, les moyens d'être le premier à déclencher une offensive foudroyante ! alors que, dans vos deux armées, vos chefs cherchaient à s'assurer les avantages de cette « agression », qu'ils font mine de dénoncer aujourd'hui chez l'adversaire, pour justifier à vos yeux cette guerre qu'ils préparaient !

Vous êtes des dupes ! Les meilleurs d'entre vous croient,

de bonne foi, se sacrifier pour le Droit des Peuples. Alors qu'il n'a jamais été tenu compte ni des Peuples ni du Droit, autrement que dans les discours officiels ! alors qu'aucune des nations jetées dans la guerre n'a été consultée par un plébiscite ! alors que vous êtes tous envoyés à la mort par le jeu d'alliances secrètes, anciennes, arbitraires, dont vous ignoriez la teneur, et que jamais aucun de vous n'aurait contresignées !... Vous êtes tous des dupes ! Vous, Français, dupés, vous avez cru qu'il fallait barrer la route à l'invasion germanique, défendre la Civilisation contre la menace de la Barbarie. Vous, Allemands dupés, vous avez cru que votre Allemagne était encerclée, que le sort du pays était en jeu, qu'il fallait sauver votre prospérité nationale exposée aux convoitises étrangères. Et tous, Allemands ou Français, chacun de votre côté, pareillement dupes, vous avez cru de bonne foi que, pour vous seuls, cette guerre était une « guerre sainte » ; et qu'il fallait, sans marchander, par amour patriotique, faire à « l'honneur » de votre nation, au « triomphe de la Justice », le sacrifice de votre bonheur, de votre liberté, de votre vie !... Vous êtes des dupes ! Contaminés, en quelques jours, par cette excitation factice qu'une propagande éhontée a fini par vous communiquer, à vous tous qui en serez les victimes, vous êtes partis, héroïquement, les uns contre les autres, au premier appel de cette patrie qu'aucun danger réel n'a jamais menacée ! sans comprendre que, des deux côtés, vous étiez les jouets de vos classes dirigeantes ! sans comprendre que vous étiez l'enjeu de leurs combinaisons, la monnaie qu'ils gaspillent pour satisfaire leurs besoins de domination et de lucre !

Car c'est bien exactement avec les mêmes mensonges que les pouvoirs constitués de France et d'Allemagne vous ont sournoisement dupés ! Jamais les gouvernements d'Europe n'avaient encore fait preuve d'un tel cynisme, disposé d'un pareil arsenal d'habiletés, pour multiplier les calomnies, suggérer les fausses interprétations, répandre des nouvelles mensongères, semer par tous les moyens cette panique et cette haine dont ils avaient besoin pour faire de vous leurs complices!... En quelques jours, sans même avoir eu le temps d'évaluer l'énormité du sacrifice qu'on exige de vous, vous avez été encasernés, équipés, poussés au meurtre et à la mort. Toutes les libertés supprimées d'un coup! Dans les deux camps, le même jour, l'état de siège! Dans les deux camps, une dictature militaire impitoyable! Malheur à qui voulait raisonner, demander des comptes, se reprendre! D'ailleurs, qui de vous l'aurait pu? Vous ignoriez tout de la vérité! Votre seul moyen d'information, c'était la presse officielle, le mensonge national! *Toute-puissante, au cœur de ses frontières fermées, cette presse n'a plus qu'une voix : la voix de ceux qui vous commandent, et pour qui votre ignorance crédule, votre docilité, sont indispensables à la réalisation de leurs buts criminels!*

Votre faute a été de ne pas prévenir l'incendie, quand il en était encore temps! Vous pouviez empêcher la guerre! Votre écrasante majorité d'hommes pacifiques, vous n'avez su ni la grouper, ni l'organiser, ni la faire intervenir à temps, d'une façon cohérente, décisive, pour déclencher contre les incendiaires un mouvement de toutes les classes, de tous les pays, et imposer aux gouvernements d'Europe votre volonté de paix.

Maintenant, partout, une discipline implacable à muselé les consciences individuelles. Partout, vous êtes réduits à la soumission passive de l'animal auquel on a bandé les yeux... Jamais l'humanité n'a connu un pareil envoûtement, un pareil aveuglement de l'intelligence! Jamais les forces du pouvoir n'ont imposé aux esprits une si totale abdication, ni si férocement bâillonné les aspirations des masses!

Jacques aplatit dans sa soucoupe le bout de cigarette qui lui a brûlé la lèvre. D'un geste hargneux, il repousse sa mèche, et essuie la sueur qui lui coule des joues... *ni si férocement bâillonné les aspirations des masses!* La sonorité des mots vibre à ses oreilles, comme s'il les avait lui-même lancés, à pleine voix, sur le front de ces deux armées que son hallucination dresse réellement devant lui. Il éprouve le même transport, le même tumulte du sang, le même surpassement de soi, qui l'électrisaient naguère, quand un subit élan de foi, de colère et d'amour, un fougueux besoin de convaincre et d'entraîner, le projetaient à la tribune d'un meeting, et l'élevaient soudain au-dessus des foules, et de lui-même, dans l'ivresse de l'improvisation.

Sans allumer la cigarette qu'il a sortie de sa poche, il laisse de nouveau courir sa plume :

Maintenant, vous y avez goûté, à leur guerre!... Vous avez entendu le sifflement des balles, le gémissement des blessés, des mourants! Maintenant, vous pouvez pressentir l'horreur des charniers qu'ils vous préparent!... Déjà, la plupart d'entre vous, dégrisés, sentent tressaillir au fond de leur conscience la honte de s'être si docilement laissé duper! Le souvenir des êtres chers que vous avez si vite abandonnés, vous hante. Sous la pression des réalités, vos esprits se réveillent, vos yeux s'ouvrent enfin! Que sera-ce quand vous aurez compris pour quels mobiles inavouables, pour quels espoirs de conquête et d'hégémonie, pour quels profits matériels qui vous sont étrangers et dont aucun de vous ne profitera jamais, la féodalité d'argent, maîtresse de cette guerre, vous impose ce monstrueux sacrifice!

Qu'a-t-on fait de votre liberté ? de votre conscience ? de votre dignité d'hommes ? Qu'a-t-on fait du bonheur de vos foyers ? Qu'a-t-on fait de l'unique trésor qu'un homme du peuple ait à défendre : sa vie ? l'État français, l'État allemand, ont-ils donc le droit de vous arracher à votre famille, à votre travail, et de disposer de votre peau, contre vos intérêts personnels les plus évidents, contre votre volonté, contre vos convictions, contre les plus humains, les plus purs, les plus légitimes, de vos instincts ? Qu'est-ce qui leur a donc donné, sur vous, ce monstrueux pouvoir de vie et de mort ? Votre ignorance ! Votre passivité ?

Un éclair de réflexion, un sursaut de révolte, et vous pouvez encore être délivrés !

En êtes-vous incapables ! Attendrez-vous, sous les obus, dans les pires souffrances physiques et morales, cette paix lointaine, — et que vous ne connaîtrez jamais, vous, les premiers immolés de la guerre ? cette paix, que vos cadets eux-mêmes, levés en masse pour vous remplacer sur la ligne de feu, et sacrifiés comme vous en de « glorieuses » hécatombes, ne connaîtront sans doute pas plus que vous !

Ne dites pas qu'il est trop tard, et que vous n'avez plus qu'à vous résigner à la servitude et à la mort ! Ce serait lâche !

Et ce serait faux !

L'instant est venu, au contraire, de secouer le joug ! Cette liberté, cette sécurité, cette joie de vivre, tout ce bonheur qui vous a été ravi, il ne tient qu'à vous de le reconquérir !

Ressaisissez-vous, pendant qu'il en est temps encore !

Vous avez un moyen, un moyen infaillible, de mettre vos états-majors dans l'impossibilité de poursuivre un jour de plus cette tuerie fratricide. C'est de refuser de combattre ! *C'est de saper brutalement leur autorité par une révolte collective.*

Vous le pouvez !
Vous le pouvez, dès demain *!*
Vous le pouvez, et sans courir aucun risque de représailles !
Mais, à cela, trois conditions, trois conditions formelles : que votre soulèvement soit subit*, qu'il soit* général*, qu'il soit* simultané*.*
Subit, parce qu'il ne faut pas laisser à vos chefs le temps de prendre contre vous des mesures préventives. Général et simultané, parce que le succès dépend d'une action de masse, *déclenchée* en même temps *des deux côtés de la frontière ! Si vous étiez cinquante à refuser le sacrifice, vous seriez impitoyablement passés par les armes. Mais si vous êtes cinq cents, si vous êtes mille, dix mille ; si vous vous soulevez* en masse, *dans les deux camps à la fois ; si votre cri de révolte se propage de régiment en régiment, dans vos deux armées ; si vous faites éclater enfin l'invulnérable force du nombre,* aucune répression n'est possible *! Et les chefs qui vous commandent, et les gouvernements qui vous ont donné ces chefs, se trouveront, en quelques heures, paralysés pour jamais au centre même de leur puissance criminelle !*
Comprenez tous la solennité de cet instant décisif ! Pour récupérer d'un coup votre indépendance, trois seules conditions, et qui, toutes trois, ne dépendent que de vous seuls : il faut que votre soulèvement soit subit *; il faut qu'il soit* unanime *et* simultané *!*

Son masque est contracté, sa respiration courte, sifflante. Il s'arrête une seconde. Il lève vers la verrière un regard d'aveugle. Le monde réel s'est évanoui : il ne voit rien ; il n'entend rien ; il n'a plus, devant lui, que cette multitude de condamnés, qui tournent vers lui des visages d'angoisse.

Français et Allemands! Vous êtes des hommes, vous êtes des frères! Au nom de vos mères, de vos femmes, de vos enfants ; au nom de ce qu'il y a de plus noble en vous ; au nom de ce souffle créateur, venu du fond des siècles, et qui tend à faire de l'homme un être juste et raisonnable, — saisissez cette dernière chance! Le salut est à votre portée! Debout! Tous debout! avant qu'il soit trop tard!

Cet appel, il est lancé, aujourd'hui, en même temps, à des milliers et des milliers d'exemplaires, en France et en Allemagne, sur tout votre front de combat. En cet instant précis, dans vos deux camps, des milliers de cœurs français et allemands frémissent du même espoir que le vôtre, des milliers de poings se dressent, des milliers de consciences optent pour la révolte, pour le triomphe de la vie contre le mensonge et la mort !

Courage! N'hésitez pas! Tout retard peut vous perdre! Il faut que votre révolte éclate DÈS DEMAIN !

DEMAIN, AU LEVER DU SOLEIL, *Français et Allemands,* TOUS ENSEMBLE, *à la même heure, dans un même élan d'héroïsme et d'amour fraternel, levez vos crosses, jetez vos armes, poussez le même cri de délivrance!*

TOUS DEBOUT, POUR REFUSER LA GUERRE ! POUR IMPOSER AUX ÉTATS LE RÉTABLISSEMENT IMMÉDIAT DE LA PAIX !

TOUS DEBOUT, DEMAIN, AU PREMIER RAYON DU SOLEIL !

Il repose avec précaution la plume sur l'encrier.

Lentement, son buste se redresse et s'écarte un peu de la table. Il a les yeux baissés. Ses mouvements sont doux, feutrés, silencieux, comme s'il craignait d'effaroucher des oiseaux. Toute contraction a disparu de son visage. Il semble attendre quelque chose : l'accomplissement d'un phénomène interne, un peu douloureux : que le cœur s'apaise, que les tempes cessent de battre si fort ; que la lente remontée vers le réel s'achève sans trop de souffrance...

Machinalement, il rassemble les feuillets, couverts d'une écriture fébrile, sans ratures. Il les plie, les palpe, et, soudain, les appuie fortement contre sa poitrine. Sa tête se penche un instant ; et, sans remuer les lèvres, il murmure, comme une prière : « ... rendre la paix au monde... »

LXXXI

Plattner a logé Jacques chez une vieille femme, la mère d'un militant nommé Stumpf, que le Parti vient d'envoyer en mission. Jacques est censé habiter Bâle pour travailler à la librairie : Plattner lui a remis un contrat en règle. Si la police, particulièrement active depuis les déclarations de guerre, s'inquiète de sa présence, il pourra témoigner d'un emploi et d'un domicile.

La maison de la vieille Mme Stumpf, située au Petit-Bâle, dans le misérable quartier de la Erlenstrasse (non loin de cette Greifengasse où Plattner tient boutique), est une bicoque branlante, vouée à la démolition. La chambre louée à Jacques forme un étroit couloir, percé à chaque bout d'une fenêtre basse. L'une d'elles, sans vitres, donne sur la cour ; il monte de là un relent de clapier et d'épluchures aigries. L'autre s'ouvre sur la rue, et, par-delà la chaussée, sur les docks charbonneux de la gare badoise ; c'est-à-dire, ou presque, sur territoire allemand. Au plafond, et si proches du crâne qu'on peut les atteindre avec la main, s'alignent les tuiles du toit, chauffées par le soleil, et d'où émane, jour et nuit, une température de plaque de four.

C'est là, dans cette étuve, que Jacques s'enferme pour mettre au point son manifeste, sans autre alimentation que le café et la tartine de graisse d'oie que la vieille maman Stumpf dépose le matin, devant sa porte. Parfois, autour de midi, la température devient si accablante, qu'il essaie de s'évader. Mais, à peine dehors, il regrette son taudis et se hâte d'y revenir. Il regagne son lit, et là, trempé de sueur, les yeux clos, il renoue impatiemment le fil de son rêve... L'avion, en plein ciel... Assis derrière Meynestrel, il se penche, saisit des poignées de tracts, les éparpille dans l'espace... Le ronflement du moteur se confond avec le battement de son sang. Il est lui-même cet oiseau aux grandes ailes ; ces messages, c'est de son cœur qu'il les arrache, pour les semer sur le monde... *Tous debout, demain, au lever du soleil!* Les diverses parties du manifeste s'ordonnent. Les phrases, peu à peu, ont pris forme. Il les sait par cœur. Couché, l'œil au plafond, il se les récite sans trêve. Parfois, il se lève d'un bond, court à sa table pour retoucher un paragraphe, pour déplacer un mot. Puis il se rejette sur son lit. A peine s'il aperçoit le misérable décor qui l'entoure. Il vit parmi ses visions... Il voit l'insurrection gagner de proche en proche... Dans les postes de commandement les officiers se concertent, les secrétaires s'affolent ; les communications avec le Quartier Général sont coupées. Toute répression est impossible. S'ils veulent encore sauver la face, les gouvernements n'ont qu'un recours : conclure en hâte un armistice...

Son obsession le ronge, et le soutient, — comme le café. Il ne peut plus se passer ni de l'une ni de l'autre. Dès qu'une obligation urgente — une brève visite à la librairie, ou seulement une rencontre, sur le palier avec Mme Stumpf, — l'éloigne un instant de son rêve, il en éprouve un vrai malaise et revient précipitamment à sa solitude, comme un intoxiqué à sa drogue. Et, aussitôt, il retrouve l'apaisement. Pas seulement du calme : une sorte de fièvre heureuse, active... Par instants, lorsque le tremblement de sa main l'oblige à cesser d'écrire, ou lorsqu'il découvre, dans le fragment de miroir cloué au mur, son visage luisant de sueur, ses joues creuses, son regard d'ensorcelé, pour la première fois de sa vie, l'idée lui vient qu'il est malade. Et cette idée le fait sourire : qu'importe, maintenant ?... Pendant la nuit brûlante où il ne parvient pas à fermer l'œil, où il se lève toutes les dix minutes pour tremper une serviette dans le broc et rafraîchir son corps brûlant, il s'attarde un moment à sa lucarne. Elle s'ouvre sur l'Enfer : dans le vacarme des docks, une armée de cheminots grouille sous la lueur des lampes à arc ; plus loin, dans la nuit des dépôts, des camions brimbalent, des wagonnets se heurtent, des lumières courent en tous sens ; et, plus loin encore, sur les voies qui luisent, d'interminables convois sifflent et manœuvrent avant de s'enfoncer les uns derrière les autres dans les ténèbres de l'Allemagne en guerre. Alors, il sourit. Lui seul sait. Lui seul sait que toute cette agitation est vaine... La délivrance approche... Le tract est écrit. Kappel en fera la version allemande. Plattner le tirera à douze cent mille exemplaires... A Zurich, Meynestrel prépare l'avion... Quelques jours encore ! *Tous debout, demain, au premier rayon du soleil...*

Après quarante-huit heures de ce travail fiévreux, il se décide enfin à remettre son manuscrit pour l'impression. « Être prêt pour samedi », a dit Meynestrel...

Plattner est dans l'arrière-boutique de sa librairie, entre ses ballots de papier, derrière sa double porte de moleskine, tous volets clos malgré l'heure matinale. (C'est un homme d'une quarantaine d'années, petit, laid, mal portant ; il souffre de l'estomac ; il a mauvaise haleine. Son thorax bombe comme un bréchet ; son crâne déplumé, son cou maigre, son nez proéminent et busqué, font penser à un vautour. Ce nez en porte à faux semble entraîner le corps en avant, déplacer son centre de gravité, et causer à Plattner une sensation constante de déséquilibre, dont la gêne se communique à l'interlocuteur. Il faut s'habituer à cette disgrâce pour remarquer l'ingénuité du regard, la cordialité du sourire, la douceur d'une voix une peu traînante, facilement émue, et où frémit à tout instant comme une offre d'amitié. Mais Jacques n'a que faire d'un nouvel ami. Il n'a plus besoin de personne.)

Plattner est effondré. Il vient de recevoir confirmation du vote des crédits de guerre, au Reichstag, par la fraction parlementaire des sociaux-démocrates.

— « Le vote des socialistes français, à la Chambre, c'est déjà un coup terrible », avoue-t-il, d'une voix qui tremble d'indignation. « On s'y attendait un peu, malgré tout, depuis l'assassinat de Jaurès... Mais les Allemands ! Notre social-démocratie, la grande force prolétarienne d'Europe !... C'est le coup le plus dur de toute ma vie de militant !... J'avais refusé de croire les journaux officiels. J'aurais donné ma main à couper que les sociaux-démocrates tiendraient tous à infliger une condamnation publique au gouvernement impérial. Quand j'ai lu la note d'agence, j'ai ri ! Ça puait le mensonge, la manœuvre ! Je me disais : " Demain, nous aurons le démenti ! " Et voilà. Aujourd'hui, il faut se rendre à l'évidence. Tout est exact, sinistrement exact !... Je ne sais pas encore bien comment les choses se sont passées dans la coulisse. Peut-être qu'on ne saura jamais la vérité... Rayer prétend que Bethmann-Hollweg aurait convoqué Sudekum, le 29, pour obtenir de lui que la social-démo cesse son opposition... »

— « Le 29 ? » dit Jacques. « Mais, le 29, à Bruxelles, le discours de Haase !... J'y étais ! Je l'ai entendu ! »

— « Possible. Rayer affirme, que, quand la délégation allemande est rentrée à Berlin, le comité directeur s'était réuni, et que la soumission était faite : le Kaiser savait qu'il pouvait décréter la mobilisation ; qu'il n'y aurait pas de soulèvement, pas de grève générale !... Il a dû y avoir une réunion du Parti, en séance secrète, avant le vote du Reichstag, et ça n'a pas dû aller tout seul ! Je me refuse encore à douter de gens comme Liebknecht, comme Ledebour, comme Mehring, comme Clara Zetkin, comme Rosa Luxembourg ! Seulement, ils ont dû être en minorité : il leur a fallu s'incliner devant les traîtres... Le fait est là : ils ont voté *pour* ! Trente années d'efforts, trente années de luttes, de lentes et difficiles conquêtes, annulées par un vote ! En un jour, la social-démo perd, pour jamais, l'estime du monde prolétarien... A la Douma, au moins, les socialistes russes, eux, ont fait front contre le tsarisme ! Ils ont tous voté contre la guerre ! Et en Serbie aussi ! J'ai vu la copie d'une lettre de Douchan Popovitch : l'opposition socialiste serbe reste indomptable ! Le seul pays, pourtant, où le patriotisme de la défense nationale aurait eu quelque excuse !... Même en Angleterre, la résistance est opiniâtre : Keir-Hardie ne désarme pas. J'ai là le dernier numéro de l'*Independent Labour Party*. Ça, c'est tout de même réconfortant, n'est-ce pas ? Il ne faut pas désespérer. Nous nous ferons entendre, peu à peu. On ne nous bâillonnera pas tous... Tenir bon, envers et contre tout ! L'Internationale renaîtra ! Et, ce jour-là, elle demandera des comptes à ceux qui avaient sa confiance, et que la dictature impérialiste a si facilement domestiqués ! »

Jacques le laisse parler. Il approuve, par contenance. Après ce qu'il a vu, à Paris, aucune défection ne peut plus l'étonner.

Il a pris sur la table quelques journaux qui traînent, et il parcourt distraitement les manchettes : *Cent mille Allemands marchent sur Liège... L'Angleterre mobilise sa flotte et son armée... Le grand-duc Nicolas est nommé généralissime de toutes les forces russes... La neutralité de l'Italie est officielle... Victorieuse offensive des Français en Alsace.*

En Alsace... Il repousse les journaux. Offensive en Alsace... *Vous y avez goûté, maintenant, à leur guerre ! Vous avez entendu le sifflement des balles...* Tout ce qui le distrait de son exaltation solitaire lui est devenu insupportable. Il a hâte de quitter la librairie, de se retrouver dehors.

Dès que Plattner a pris le manuscrit en main pour commencer le calibrage, il s'évade, sans se laisser retenir.

Bâle s'offre à sa flânerie. Bâle, et son Rhin majestueux, et ses squares, ses jardins ; Bâle, tout en contraste d'ombre et de lumière, de chaleur torride et de fraîcheur ; Bâle, et ses fontaines d'eau vive où il baigne ses mains moites... Le soleil d'août embrase le ciel. De l'asphalte monte une odeur âcre. Il grimpe, par une ruelle, vers la cathédrale. La place du Münster est déserte : aucune voiture, aucun passant... Congrès de Bâle, 1912 !... L'église semble fermée. Son grès rouge a le ton d'une ancienne poterie : on dirait une vieille châsse de terre cuite, monumentale et inutile, abandonnée au soleil.

Sur la terrasse qui domine le Rhin, sous les marronniers où l'ombre de l'abside et le courant du fleuve entretiennent un air frais, Jacques est seul. D'en bas, d'une école de natation cachée dans la verdure, montent, par intervalles, des cris joyeux. Il est seul avec des ramiers : il suit un instant des yeux leurs battements d'ailes. Non, jamais encore jusqu'à son arrivée à Bâle, lui, le solitaire, il ne s'est senti aussi définitivement seul. Et, cet isolement total, il en savoure avec ivresse la dignité, la puissance : il n'en veut plus sortir, maintenant, jusqu'à ce que tout soit consommé... Brusquement, sans motif, il pense : « Je n'agis ainsi que par désespoir. Je n'agis ainsi que pour me fuir... Je ne torpillerai pas la guerre... Je ne sauverai personne, personne d'autre que moi-même... Mais, moi, je me sauverai, en m'accomplissant ! » Il se lève pour chasser la pensée terrible. Il serre les poings : « Avoir raison, contre tous ! Et s'évader, dans la mort... »

Par-dessus le parapet rougeâtre, au-delà de la courbe que fait le fleuve entre ses ponts, au-delà des clochers, des cheminées d'usines du Petit-Bâle, tout cet horizon fertile et boisé, baigné de chaudes vapeurs, c'est l'Allemagne, l'Allemagne d'aujourd'hui, l'Allemagne mobilisée, que le branle-bas des armes a déjà bouleversée jusqu'au cœur. L'envie le prend d'aller, vers l'ouest, jusqu'au point où le tracé de la frontière se confond avec le Rhin, où, de la berge suisse, il aura devant lui, presque à portée d'un jet de pierre, cette rive, cette campagne, qui sont allemandes.

Par le quartier de Saint-Alban, il gagne la banlieue. Le soleil s'élève lentement dans un ciel implacable. De pimpantes villas, entre leurs haies taillées, avec leurs tonnelles, leurs balançoires, leurs parterres qu'arrosent des hélices d'eau, leurs tables blanches couvertes de nappes à fleurs, témoignent que rien encore n'est venu troubler la quiétude de ce coin encore immunisé, au centre de l'Europe en feu. Pourtant, à Birsfelden, il croise un bataillon de soldats suisses, en tenue de manœuvre, qui descend de la forêt, en chantant.

La forêt de la Hard est sur la droite, au flanc de la colline. Une longue allée, parallèle au fleuve, s'ouvre à travers une futaie de jeunes arbres. Une plaque indique : *Waldhaus*. Sur la gauche, à travers les troncs, la plaine verte, ensoleillée, au centre de laquelle coule le Rhin sinueux ; sur la droite, au contraire, c'est l'épaisseur de la forêt, une montagne boisée et abrupte. Jacques avance lentement, sans penser à rien. Après ces jours de réclusion, après cette marche au soleil entre des maisons, l'ombre des arbres est apaisante. Au sommet d'un vallonnement, appuyée aux bois, une construction blanche apparaît dans la verdure. « Ce doit être ça, leur *Waldhaus* », se dit-il. Un sentier dévale en biais, jusqu'à la berge. La proximité de l'eau rend le sous-bois plus frais encore. Et, brusquement, il se trouve au bord du Rhin.

L'Allemagne est là, séparée seulement de lui par cette eau, par cette coulée lumineuse.

L'Allemagne est déserte. Plus un pêcheur sur la grève d'en face. Plus un cultivateur, dans les prés plantés de pommiers qui s'étendent entre le fleuve et ce petit hameau de toits rouges, groupés autour d'un clocher, au pied des collines qui barrent l'horizon. Mais Jacques distingue, au bord de l'eau, dissimulé dans les broussailles du talus, le faîte d'une cabane rayée aux trois couleurs : guérite de sentinelles ? poste de territoriaux ? de douaniers ?...

Il ne peut plus s'arracher à ce paysage chargé de signes mystérieux. Les mains au fond des poches, les pieds plantés dans le sol humide, il regarde posément l'Allemagne et l'Europe. Jamais il n'a été aussi calme, aussi lucide, aussi conscient, qu'à cette minute où, seul sur la berge du fleuve historique, il ouvre tout grands les yeux sur le monde et sur son destin. Un jour viendra, un jour viendra !... Les cœurs battront à l'unisson, l'égalité des hommes se fera, dans la dignité, la justice... Peut-être faut-il que l'humanité passe encore par cette étape de haine et de violence, avant d'inaugurer l'ère de la fraternité... Pour lui, il n'attendra pas. Il est arrivé à l'heure de sa vie où il ne peut plus différer le don total. S'est-il jamais donné, totalement donné ? à une pensée, à un ami, à une femme ?... Non... Pas même, peut-être à l'idée révolutionnaire. Pas même à Jenny ! A tout don, il a toujours soustrait une part importante de lui. Il a traversé la vie en amateur inquiet, qui choisit parcimonieusement les parts de lui-même qu'il abandonne. Maintenant seulement, il connaît le don où tout l'être se consume... Le sentiment de son sacrifice le brûle comme une flamme. Fini, le temps où il frôlait sans cesse le désespoir ; où il luttait chaque jour contre des velléités d'abdication ! La mort consentie n'est pas une abdication : elle est l'épanouissement d'une destinée !

Des pas, dans le sous-bois, lui font tourner la tête. C'est un couple de bûcherons, vêtus de noir : l'homme porte une serpe à sa ceinture ; la femme tient un panier au bout de chaque bras. Ils ont le visage sévère des paysans suisses, cette bouche coulissée, ce regard soucieux, qui semblent affirmer que la vie n'est pas une promenade. Tous deux examinent avec méfiance cet inconnu qu'ils ont surpris, à demi caché par les arbustes, scrutant de tous ses yeux ce qui se passe *là-bas*.

Il a eu tort de s'aventurer si près de la frontière. Sans

doute y a-t-il au bord du fleuve des rondes de douaniers, des patrouilles de soldats... Il rebrousse hâtivement chemin, et pique à travers le taillis pour rejoindre la grand-route.

Le même jour, à la fin de l'après-midi, Jacques se rend au rendez-vous que lui a fixé Kappel.

— « Attends-moi dehors », lui dit l'étudiant. « C'est l'heure de la contre-visite, et le patron n'est pas là. Je te rejoins dans dix minutes. »

L'*Hôpital des Enfants* est situé dans le Petit-Bâle, sur le quai. Un jardin étroit, enclos de palissades de lierre, entoure le bâtiment à trois étages, tout en terrasses comme un sanatorium, où les lits des enfants malades sont exposés au soleil. Des sièges blancs sont disposés à l'ombre des massifs. Jacques s'assied. Calme, silence... Un silence qui n'est troublé que par le pépiement des oiseaux, et celui, plus lointain, des petits malades que Jacques aperçoit à travers les branches : par instants, un buste frêle se soulève sur les oreillers, à l'approche d'une infirmière.

Quelques bonds sur le gravier. C'est Kappel. Sans blouse et sans lunettes, mince et souple dans sa chemise bouffante et son pantalon de toile, il a l'air d'un gamin. Les cheveux sont très blonds, le visage légèrement évidé aux joues, la peau tendre et lisse. Mais le front étonne : sillonné de rides, c'est le front d'un vieil homme ; et le regard aussi, d'un bleu métallique, frangé de cils blonds, surprend par sa maturité.

Kappel est sujet allemand. Il poursuit, à Bâle, ses études de médecine. Il n'a même pas songé à rentrer en Allemagne. Le jour, il travaille avec le professeur Webb, au *Kinderspital* ; le soir, la nuit, il milite pour la révolution. Familier de la librairie, c'est lui que

Plattner a chargé de faire, en un après-midi, la version allemande. Il ne sait d'ailleurs rien des projets de Jacques ; il n'a posé aucune question.

Il sort de sa poche quatre pages d'une écriture gothique, fine et pointue. Jacques s'empare des feuillets, les examine, les palpe. Ses doigts tremblent. Va-t-il parler, va-t-il confier à l'Allemand cet espoir qui l'étouffe ?... Non. L'heure n'est plus aux épanchements, aux échanges : pour ces quelques jours qui lui restent, il s'est condamné à la solitude des forts. Il replie les feuilles et dit seulement :

— « Merci. »

Discrètement, Kappel parle déjà d'autre chose. Il a tiré un journal de sa poche.

— « Tiens, écoute : *A l'Académie des Sciences morales, M. Henri Bergson, président en exercice, a pris la parole pour saluer les correspondants belges de la Compagnie. La lutte engagée contre l'Allemagne, a-t-il déclaré, est la lutte même de la Civilisation contre la Barbarie*... Bergson !... »

Brusquement, il s'interrompt, comme s'il prêtait l'oreille à un bruit éloigné.

— « C'est bête... Tu n'es pas comme ça, toi ? Vingt fois par jour, — le soir surtout, la nuit, — je crois entendre des coups sourds... le bruit de la canonnade, en *Elsass*. »

Jacques détourne les yeux. En Alsace... Oui, là-bas, l'hécatombe est commencée... Une pensée nouvelle lui vient à l'esprit. A l'heure où tant de victimes innocentes sont vouées au plus obscur, au plus passif des sacrifices, il éprouve de la fierté à être demeuré maître de son destin ; à s'être choisi sa mort : une mort qui sera, tout ensemble, un acte de foi et sa dernière protestation d'insurgé, sa dernière révolte contre l'absurdité du monde, — une entreprise délibérée, qui portera son empreinte, qui sera chargée de la signification précise qu'il aura voulu lui donner.

Kappel, après une pause, s'est remis à parler :

— « A Leipzig, quand j'étais petit, nous habitions près de la prison. Un soir d'hiver, — il neigeait, — la nouvelle est venue dans le quartier que le bourreau était arrivé dans la ville, et qu'il y aurait une exécution à l'aube. Je me souviens : je suis parti, sans rien dire, dans la nuit. Il était tard. La neige était épaisse. Personne dehors. Un silence effrayant sur la place. J'ai fait, tout seul, plusieurs fois, le tour de la prison. Je ne pouvais plus rentrer chez moi. Je ne pouvais plus ôter de ma tête cette pensée : un homme est là, de l'autre côté de ce mur, un homme que les hommes ont condamné à mourir, et qui le sait, et qui attend... »

Quelques heures plus tard, assis au fond de la *Kaffeehalle*, dans la fumée de mauvais cigares, le dos appuyé à la fraîche céramique du poêle, Jacques trempe du pain dans un bol de café au lait, et rêve. L'ampoule nue, pendue au plafond comme une araignée au bout de son fil, l'aveugle, l'hypnotise, l'isole.

Plattner avait insisté pour le retenir à souper ; mais Jacques, prétextant la fatigue, après avoir corrigé en hâte les épreuves du manifeste, a fui. Il a de l'affection pour le libraire, et se reproche de ne pouvoir la lui témoigner davantage. Mais ces bavardages révolutionnaires pleins de lieux communs et de redites, ces regards accaparants, cette main griffue que Plattner pose à tout instant sur le bras de son interlocuteur, cette façon qu'il a de baisser soudainement son bec vers sa poitrine difforme et d'achever ses phrases, tout bas, comme un conspirateur qui livre son secret, exaspèrent Jacques, excèdent sa résistance nerveuse.

Ici, il est bien. La *Kaffeehalle* est sombre, pauvre, meublée de grandes tables sans nappes, d'un bois usé, déteint , qui a la couleur et le grain de la mie de seigle. On y sert, à bon marché, des portions de saucisses aux choux, des assiettées de soupe, des tranches de pain taillées en pleine miche. A défaut de solitude, Jacques y a trouvé l'isolement; l'isolement anonyme dans une promiscuité de troupeau.

Car la *Kaffeehalle* ne désemplit pas. Bizarre public, où se coudoient toutes les catégories des isolés, des célibataires, des vagabonds. Il y a là des étudiants, familiers et bruyants, qui connaissent le prénom des servantes, commentent les dépêches du soir, discutent tour à tour de Kant, de la guerre, de bactériologie, de machinisme, de prostitution. Il y a là des commis de magasins, des employés de bureau, décemment vêtus, silencieux, séparés les uns des autres par une circonspection semi-bourgeoise qui leur pèse mais qu'ils ne savent pas surmonter. Il y a là des êtres malingres, difficiles à classer, ouvriers en chômage, convalescents évacués de l'hôpital, autour desquels flotte encore un relent d'iodoforme; des infirmes, comme cet aveugle qui s'est installé près de la porte et garde sur ses genoux serrés une trousse d'accordeur. Il y a, devant le comptoir, une table ronde où dînent trois femmes de l'Armée du Salut, qui ne mangent que des légumes, et qui se font, en chuchotant, d'édifiantes confidences sous leurs cabriolets à brides. Il y a aussi toute une clientèle flottante d'épaves, de pauvres hères charriés là par on ne sait quelles vagues de misère, de crime ou de déveine, et qui, heureux d'être assis, sans trop oser lever les yeux, courbant le dos sous un passé qui semble lourd, tassent longuement leur pain dans leur soupe avant d'y enfoncer la cuillère. L'un d'eux vient de prendre place vis-à-vis de Jacques. Leurs yeux se sont croisés, une seconde. Et, dans le regard de l'homme, Jacques a surpris au passage cette lueur fugitive, qui est comme le langage chiffré de tous les hors-la-loi : échange intime, mystérieux, à l'extrémité des antennes visuelles ; pointe d'interrogation, brève comme l'éclair, toujours la même : « Et toi ? Es-tu aussi un inadapté, un réfractaire, un traqué ? »

Une jeune femme paraît sur le seuil et fait quelques pas dans la salle. La silhouette est svelte ; la démarche, légère. Elle porte un tailleur noir. Ses yeux cherchent quelqu'un, qu'elle n'aperçoit pas.

Jacques a baissé la tête. Son cœur, soudain, lui fait mal. Et brusquement, il se lève, pour s'évader.

Jenny... Où est-elle, à cette heure ? Que devient-elle sans lui, sans autres nouvelles que cette carte laconique, expédiée de la frontière française ? Il pense souvent à elle, ainsi, dans un élan subit et court, passionné, nostalgique ; et, chaque nuit, dans son insomnie, il la serre convulsivement entre ses bras... L'idée du besoin qu'elle a de lui, l'idée de l'avenir incertain auquel il l'abandonne, lui sont, lorsqu'il y songe, intolérables. Mais il y songe peu. Jamais la tentation de conserver sa vie pour elle ne l'a effleuré. Le sacrifice de son amour ne lui apparaît pas comme une trahison : plus il se sent fidèle à lui-même, à celui que Jenny a aimé, plus, au contraire, il se sent fidèle à son amour.

Dehors, c'est la nuit, la rue, la solitude. Il court presque, sans savoir où il va. Un chant sourd, viril, accompagne sa marche. Il a échappé à Jenny. Il est hors de portée. Il n'y a plus en lui que l'ardente, la purifiante exaltation des héros.

LXXXII

Chaque jour, son premier soin est de se conformer à l'une des instructions que lui a remises Meynestrel : *Passer tous les matins, entre huit et neuf, devant le n° 3 de la Jungstrasse. Le jour où tu verras une étoffe rouge à la fenêtre, tu demanderas Mme Hultz et tu lui diras : « Je viens pour la chambre à louer. »*

Le dimanche 9 août, en passant vers huit heures et demie au coin de la Elssëserstrasse et de la Jungstrasse, son cœur, une seconde, cesse de battre : du linge sèche au balcon n° 3 ; et parmi les nappes, les serviettes, en belle vue, pend un morceau d'andrinople rouge !

La rue, à cet endroit, est faite de petites maisons, séparées de la chaussée par un jardinet. Comme il met le pied sur le perron du n° 3, la porte vire sur ses gonds. Dans la pénombre de l'entrée, il distingue la silhouette d'une femme blonde, en corsage clair, les bras nus.

— « Madame Hultz ? »

Sans répondre, elle repousse derrière lui la porte d'entrée. Le couloir forme un étroit vestibule, assez obscur, clos de toutes parts.

— « Je viens pour la chambre à louer... »

Elle glisse prestement deux doigts dans son corsage, et en tire quelque chose qu'elle lui tend : un minuscule rouleau de papier pelure comme en transportent les pigeons voyageurs. En l'enfouissant au fond de sa poche, Jacques a le temps de sentir sur le papier la tiédeur d'une chair.

— « Je regrette, il y a erreur », fait la jeune femme, à voix haute.

En même temps, elle a rouvert la porte sur le perron. Il cherche son regard, mais elle a baissé les yeux. Il s'incline et sort. La porte se referme aussitôt.

Quelques minutes plus tard, penché avec Plattner sur une cuvette photographique, il déchiffre le texte du message :

Renseignements sur opérations en Alsace incitent à agir sans attendre. Ai fixé notre vol au lundi 10. Départ quatre heures du matin. Pendant la nuit de dimanche à lundi, transportez tracts sur hauteurs nord-est de Dittingen. Voir carte-frontière éditée par état-major français. Tirer ligne droite entre G de Burg et D de Dittingen. Point du rendez-vous est situé à égale distance de G et D, sur plateau découvert dominant chemin de fer. Guetter avion dès la fin de la nuit. Si possible, étaler draps blancs sur le terrain pour aider atterrissage. Apportez cinquante litres essence.

— « Cette nuit... », murmure Jacques, en se tournant vers le libraire ; son visage n'exprime que du saisissement.

Plattner est né conspirateur. Cet infirme, prématurément vieilli dans le commerce des livres, possède l'imagination fertile, la prompte décision, d'un chef de bande. Son penchant naturel pour le danger et l'aventure a toujours tenu, dans son dévouement au parti révolutionnaire, autant de place que ses convictions.

— « Nous avons suffisamment réfléchi là-dessus, depuis deux jours », dit-il aussitôt. « Il faut s'en tenir à ce que nous avons décidé. Reste l'exécution. Laisse-moi faire. Mieux vaut que tu te montres le moins possible. »

— « Mais, la camionnette ? L'auras-tu ce soir ? Et le

conducteur ?... Qui préviendra Kappel ? Tu sais qu'il faut être plusieurs, pour porter rapidement les tracts jusqu'à l'avion... »

— « Laisse-moi faire », répète Plattner, « tout sera prêt, comme convenu. »

Certes, s'il était livré à ses seules ressources, Jacques aurait, aussi bien que Plattner, pris les initiatives nécessaires. Mais, après ces quelques jours d'isolement, d'inaction, dans l'état de faiblesse physique où il se trouve, c'est un soulagement pour lui de céder au despotisme du libraire.

Celui-ci a déjà prévu tous les détails. Parmi les militants de sa section, il connaît un garagiste, d'origine polonaise, auquel on peut faire confiance. Pour le rejoindre, il sauta sur sa bicyclette, laissant Jacques seul dans l'arrière-boutique, devant la petite cuve où flotte encore la lettre de Meynestrel.

Pendant l'heure qu'il demeure là, à attendre, Jacques ne fait aucun mouvement. Il a demandé au libraire une carte d'état-major, l'a dépliée sur ses genoux, a trouvé Burg et Dittingen ; puis, tout s'est brouillé devant ses yeux. Le fardeau de ses pensées l'écrase, au point, presque, de l'empêcher de penser. Depuis une semaine, il vivait dans son rêve, uniquement obsédé par le but. Ce n'est qu'incidemment qu'il songeait à lui-même, au sort qui lui est destiné. Le voici brutalement placé en face de l'action, du geste qu'il va accomplir dans quelques heures, et qui, pour lui, sera le dernier. Il se répète, comme un automate : « Cette nuit... Demain... demain, à l'aube... l'avion. » Mais sa pensée est : « Demain, tout sera fini. » Il sait qu'il ne reviendra pas. Il sait que Meynestrel poussera le vol au plus loin, jusqu'à l'épuisement des réserves d'essence. Après... Après, qu'adviendra-t-il ? L'avion, abattu dans les lignes ?... L'avion, capturé ?... Le conseil de guerre, français ou allemand?... De toute façon, pris sur le fait : exécution, sans jugement... Cabré d'horreur, atrocement lucide, il serre, un instant, son front entre ses mains : « La vie est l'unique bien. La sacrifier est fou. La sacrifier est un crime contre nature! Tout acte d'héroïsme est absurde et criminel!... »

Brusquement, un calme étrange se fait en lui. La vague d'épouvante est passée... Elle lui a fait franchir comme un cap : il aborde un autre rivage, il contemple un autre horizon... La guerre, jugulée peut-être... La révolte, la fraternisation, l'armistice!... « Et même si ça ne réussit pas, quel exemple! Quoi qu'il arrive, ma mort est un *acte*... Relever l'honneur... Être fidèle... Fidèle, et utile... *Utile*, enfin! Racheter ma vie, l'inutilité de ma vie... Et trouver la grande paix... »

C'est, maintenant, une détente dans tous ses membres, un sentiment de repos, presque de douceur : comme une satisfaction mélancolique... Il va enfin déposer le faix... Il va en avoir terminé avec ce monde difficile, décevant ; avec l'être difficile, décevant, qu'il a été... Il pense à la vie sans regret ; à la vie, à la mort... Sans regret, mais avec une stupeur animale, hébétée, — si absorbante, qu'il ne peut fixer son esprit sur rien d'autre... La vie, la mort...

Plattner le retrouve, à la même place, les coudes sur les genoux, la tête dans les paumes. Il se lève machinalement et dit, à mi-voix : « Ah, si le socialisme n'avait pas trahi!... »

Plattner a ramené le garagiste, un homme grisonnant, au masque placide et résolu.

— « Voilà Andrejew... Sa camionnette est prête. Il nous conduira. On mettra les tracts, l'essence, dans le fond... Kappel est prévenu. Il arrive... On partira à la tombée de la nuit... »

Mais Jacques, que l'arrivée des deux hommes a tiré de sa torpeur, exige, pour plus de sûreté, qu'on reconnaisse la route, au jour. Andrejew approuve.

— « Viens, je te mène là-bas », propose-t-il à Jacques. « Je prendrai ma petite auto découverte : comme ça, nous aurons l'air de deux qui promènent... »

— « Mais, le ficelage des tracts ? » dit Jacques au libraire.

— « Presque fini... Une heure de travail... Ça sera fait pour ton retour. »

Jacques prend la carte, et suit Andrejew.

Plattner les attend dans sa cave, en achevant avec Kappel l'empaquetage du chargement.

Le tract est imprimé sur quatre pages — deux, en français ; deux, en allemand — et tiré sur un papier spécial, léger et résistant. Jacques a fait diviser ces douze cent mille tracts en rames de deux mille exemplaires, chaque rame tenue par une mince bande de papier qu'on peut rompre d'un coup d'ongle. Le poids total dépasse à peine deux cents kilos. Se conformant aux instructions de Jacques, Plattner, aidé de Kappel, réunit ces rames par paquets de dix : soixante paquets, liés chacun par une ficelle dont le nœud à boucle est facile à défaire d'une seule main. Et, pour rendre plus aisé le transport de ces soixante paquets, Jacques s'est procuré de grands sacs de toile comme en utilisent les postiers. Tout le chargement se réduit à six sacs, pesant chacun une quarantaine de kilos.

A cinq heures, l'auto du Polonais est de retour.

Jacques est inquiet, fébrile :

— « Ça va très mal... La route par Metzerlen est surveillée... Impossible : douaniers, petits postes...

L'autre, par Laufen, est bonne jusqu'à Röschenz. Mais là, il faut prendre un chemin de terre, impraticable... La camionnette ne passerait pas... Il faut renoncer à l'auto... Il faut trouver une charrette... une charrette de cultivateur, tirée par un cheval... Ça passera partout, et ça n'attirera pas l'attention. »

— « Une charrette ? » dit Plattner. « Facile... » Il tire un carnet de sa poche et compulse ses listes. « Viens avec moi », dit-il à Andrejew. « Vous deux, restez là, pour achever la mise en sac. »

Il paraît si sûr de lui que Jacques consent à ne pas les accompagner.

— « Je n'ai besoin de personne pour ficeler les derniers ballots », dit l'Allemand à Jacques, dès qu'ils sont seuls. « Repose-toi, tâche de dormir un peu... Non ? » Il s'approche et lui prend le poignet : « Tu as le mal de fièvre », déclare-t-il, après un instant. « Quinine ? » Et comme Jacques refuse d'un haussement d'épaules : « Alors, ne reste pas dans ce trou sans air, qui pue la colle... Va promener un peu ! »

La Greifengasse est encombrée de familles endimanchées, qui flânent. Jacques se mêle au flot, jusqu'au pont. Là, il hésite, tourne à gauche et descend sur le quai. « J'ai de la chance... une belle fin de journée... » Il se redresse, et parvient à sourire. Ne pas penser, se raidir... « Pourvu qu'ils trouvent une charrette... Pourvu que tout se passe bien... »

Le trottoir qui longe la berge est presque désert ; il domine de haut la nappe mouvante, dont le couchant fait une coulée de vermeil. Au bas du talus, sur le chemin de halage, des baigneurs profitent des derniers rayons du soleil. Jacques s'arrête une minute : l'air est d'une douceur qui fait mal ; les torses nus dans l'herbe ont un éclat si tendre... Des larmes lui viennent aux yeux. Il reprend sa marche. Maisons-Laffitte, les bords de la Seine, les baignades, l'été avec Daniel...

Par quels chemins, quels détours, la destinée a-t-elle conduit jusqu'à ce dernier soir l'enfant de jadis ? Suite de hasards ? Non. Certes, non !... Tous ses actes se tiennent. Cela, il le sent, il l'a toujours confusément senti. Son existence n'a été qu'une longue et spasmodique soumission à une orientation mystérieuse, à un enchaînement fatal. Et maintenant, c'est l'aboutissement, l'apothéose. Sa mort resplendit devant lui, semblable à ce coucher de soleil glorieux. Il a dépassé la peur. Il obéit à l'appel, sans vaine crânerie, avec une tristesse résolue, enivrante, tonique. Cette mort consciente est bien l'achèvement de cette vie. Elle est la condition de ce dernier geste de fidélité à soi-même... de fidélité à l'instinct de révolte... Depuis son enfance, il dit : non ! Il n'a jamais eu d'autre façon de s'affirmer. Pas : non à la vie... Non au monde !... Eh bien, voici son dernier refus, son dernier : Non ! à ce que les hommes ont fait de la vie...

Il arrive, sans s'être aperçu du chemin, sous le pont de Wettstein. En haut, passent des véhicules, des tramways, — des vivants. Un square, en contrebas, s'ouvre comme un asile de silence, de verdure, de fraîcheur. Il s'assied sur un banc. De petites allées tournent autour des pelouses et des massifs de buis. Des pigeons roucoulent sur les branches basses d'un cèdre. Une femme, en tablier mauve, jeune encore, avec un corps de fillette mais un visage usé, est assise de l'autre côté de l'allée. Devant elle, dans une voiture d'enfant, dort un nouveau-né : un fœtus, aux cheveux rares, au teint cireux. La femme mord goulûment dans une tranche de pain ; elle regarde au loin, dans la direction du fleuve ; de sa main libre, qui est frêle comme une main d'enfant, elle balance distraitement la voiture délabrée, dont toutes les jointures grincent. Le tablier mauve est déteint, mais propre; le pain est beurré; l'expression de la femme est paisible, presque satisfaite; rien ne révèle un excès de pauvreté, et toute la misère du siècle, pourtant, s'étale là, si insoutenable, que Jacques se lève et fuit.

A la librairie, Plattner vient de rentrer.
Il a l'œil brillant, et bombe le thorax :
— « J'ai ce qu'il faut ! Une voiture bâchée. Le chargement y sera invisible. Une bonne jument de trait. Andrejew conduira, il a été garçon de ferme, en Pologne... On mettra plus longtemps, mais on est sûr de passer partout. »

LXXXIII

Minuit sonne au clocher de la Heiliggeistkirche. Une charrette de maraîcher traverse au pas les rues désertes du faubourg sud, et gagne la grand-route d'Aesch.

Sous la bâche épaisse, bouclée de tous côtés, l'obscurité est complète. Plattner et Kappel, assis à l'arrière, parlent à voix basse, la main devant la bouche. Kappel fume; on voit par instants se déplacer le feu de sa cigarette.

Jacques s'est glissé tout au fond. Calé entre deux ballots de tracts, les épaules pliées, serrant ses genoux entre ses mains jointes, replié sur lui-même dans le noir, il s'efforce, pour vaincre sa fébrilité, de demeurer immobile et les yeux clos.

La voix de Plattner lui arrive, étouffée :

— « Maintenant, mon vieux Kappel, pensons à nous. Un avion, à cette heure-là... Pourrons-nous tranquillement repartir, tous les trois, dans notre carriole, sans être inquiétés, sans qu'on nous demande ce que nous faisons là ? Qu'est-ce que tu crois, toi ? » ajoute-t-il, en se penchant vers le fond de la voiture.

Jacques ne répond pas. Il pense à l'atterrissage... A ce qui adviendra ensuite, sur terre, aux survivants !...

— « D'autant plus », continue Plattner, loquace, « que, même si nous dissimulons la charrette dans les buissons..., il faut renvoyer Andrejew et la voiture avant l'arrivée de l'avion, tout de suite après le déchargement, pour qu'il rejoigne la grand-route avant le jour. »

Jacques se voit déjà dans l'avion... Il se penche hors de la carlingue... Les papiers blancs tournoient dans le vide. Des prairies, des bois, des troupes massées... Les tracts, par milliers, s'éparpillent sur la campagne... Des balles crépitent. Meynestrel se retourne. Jacques voit son visage ensanglanté. Son sourire semble dire : « Tu vois, nous leur apportons la paix, et ils nous canardent !... » L'avion touché à l'aile, descend, en vol plané... Les journaux en parleront-ils ? Non, la presse est muselée. Antoine ne saura pas. Antoine ne saura jamais.

— « Et nous, alors ? » dit Kappel.

— « Nous ? Dès que l'avion sera chargé, nous décamperons, chacun de notre côté, comme nous pourrons ! »

— « *All right !* » fait Kappel.

La voiture doit être en terrain plat, la jument s'est mise au petit trot. La carriole, haut suspendue et peu chargée, bringuebale sur ses ressorts, et ce balancement monotone, dans la nuit, invite au silence, au sommeil. Kappel éteint sa cigarette, et allonge ses jambes sur les ballots.

— « Bonsoir. »

Au bout d'un instant, Plattner grommelle :

— « Andrejew est idiot. A ce train-là, on va arriver trop tôt, tu ne crois pas ? »

Kappel ne répond rien. Plattner se tourne vers Jacques :

— « Plus nous serons en avance, plus nous risquons d'être remarqués, tu ne crois pas ?... Tu dors ? »

Jacques n'a pas entendu. Il est debout, au centre de la salle. Il est vêtu de ce bourgeron de treillis qu'il portait au pénitencier. Devant lui, en demi-cercle, les officiers du conseil de guerre. La tête haute, il parle en martelant chaque syllabe : « Je sais ce qui m'attend. Mais j'use du dernier droit qui me reste ; vous ne m'exécuterez pas sans m'avoir entendu ! » C'est la grande salle moyenâgeuse d'un palais de justice, avec un plafond compliqué, à caissons peints rehaussés d'or. Le général qui préside est juché, au milieu du prétoire, sur un siège élevé. C'est M. Faîsme, le directeur du pénitencier de Crouy. Engagé volontaire, sans doute, et général ?... Toujours le même : jeune et blond, avec ses joues rondes, rasées de près et poudrées, et ses lunettes qui brillent, qui cachent son regard. Il porte coquettement son dolman noir à brandebourgs, garni d'astrakan. Au-dessous de lui, côte à côte à une petite table, deux vieux invalides, la poitrine constellée de médailles. Ils écrivent, sans arrêt ; sous la table, leurs pilons de bois sont tendus en avant. « Je ne cherche pas à me défendre ! On n'a pas à se défendre d'avoir agi selon ses convictions. Mais il faut que ceux qui sont ici entendent, de la bouche d'un homme qui va mourir, la vérité... » Sa main étreint la balustrade demi-circulaire plantée devant lui dans le sol. Ceux qui sont ici... Il sent derrière lui des gradins à perte de vue, des gradins de vélodrome, surchargés de spectateurs. Jenny est venue. Elle est assise, seule, au bout d'un banc, pâle, absente, avec son tablier mauve et une voiture d'enfant. Mais il évite de tourner la tête. Il ne parle pas pour elle. Il ne parle pas non plus pour cette multitude étrangement silencieuse, dont l'attention pèse, comme un fardeau, sur sa nuque. Il ne parle pas pour cette rangée d'officiers qui braquent leurs yeux sur lui. Il parle uniquement pour M. Faîsme, qui l'a si souvent humilié jadis. Il fixe passionnément le visage impassible sans pouvoir un seul instant, accrocher son regard. Les yeux sont-ils seulement ouverts ? L'éclat des lunettes, l'ombre du képi empêchent d'en être sûr. Jacques se rappelle si bien la lueur mauvaise, au fond des petits yeux gris ! Non, il semble bien, à l'aspect figé des traits, que les paupières soient obstinément baissées. Comme il se sent seul, devant le directeur ! Seul au monde avec son chien, ce barbet boiteux qu'il a trouvé dans les docks de Hambourg... Si Antoine venait, il forcerait bien M. Faîsme à ouvrir les yeux. Comme il se sent seul ! Seul contre tous ! Général, officiers, invalides, et cette foule anonyme, et Jenny elle-même, tous voient en lui un accusé qui a des comptes à rendre. Dérision ! Il est plus grand, plus pur, qu'aucun de ceux qui s'arrogent le droit de le juger ! C'est contre la société entière qu'il fait front... « Il y a une loi supérieure à la vôtre : celle de la conscience. Ma conscience parle plus haut que tous vos codes... J'avais le choix entre un absurde sacrifice sur vos champs de bataille et le sacrifice dans la révolte, pour la libération de ceux que vous avez dupés. J'ai choisi ! J'ai accepté de mourir : mais pas à votre service ! Je meurs, parce que c'est l'unique moyen que vous m'avez laissé de lutter jusqu'au bout pour la seule chose qui continue à compter pour moi, en dépit de vos excitations à la haine : la fraternité entre les hommes ! » A la fin de chacune de ses phrases, la petite rampe, scellée au sol, vibre sous son poing crispé. « J'ai choisi ! Je sais ce qui m'attend ! » La brusque vision d'un peloton de soldats qui le mettent en joue le fait frissonner. Au premier rang, il a reconnu Pagès et Jumelin. Il relève la tête, et se retrouve dans la salle. L'image du peloton a été si précise, qu'une crispation du visage le fait encore grimacer ; mais il réussit à faire de cette grimace un rictus hautain. Il regarde l'un après l'autre les officiers. Il regarde M. Faîsme ; il le regarde fixement, comme il faisait jadis lorsqu'il cherchait, avec un mélange d'angoisse et de défi, à deviner ce que cachaient les silences du directeur. Il jette, d'une voix mordante : « Moi, je sais ce qui m'attend ! Mais, vous autres, le savez-vous ? Vous vous croyez les plus forts ? Aujourd'hui ! Sur un signe, avec quelques balles, oui, vous pourrez vous enorgueillir de m'avoir fait taire. Mais vous n'arrêterez rien en me supprimant ! Mon message me survit ! Demain, il portera des fruits que vous ne soupçonnez pas ! Et, même si mon appel n'avait pas d'écho, les peuples, noyés par vous dans le sang, ne tarderont pas à comprendre et à se ressaisir ! Après moi, vous verrez se lever contre vous des milliers d'hommes pareils à moi, forts de leur conscience et du sentiment de leur solidarité ! En face de vous et de vos institutions criminelles, se dressent une réalité humaine et une force spirituelle devant lesquelles vos pires moyens de répression sont vains ! Le progrès, l'avenir du monde, travaillent infailliblement contre vous ! Le socialisme international est en marche ! Qu'il ait trébuché, cette fois, c'est possible. Et vous avez sauvagement profité de son faux pas. Oui, vous avez réussi votre mobilisation ! Mais ne vous illusionnez pas sur cette piètre victoire ! Vous ne renverserez pas, à votre profit, l'ordre des choses. C'est l'internationalisme, qui, fatalement, triomphera de vous ! qui triomphera sur toute la terre ! Et ce n'est pas avec mon cadavre, que vous lui barrerez le chemin ! » Ses yeux fouillent le masque de M. Faîsme. Masque aveugle, masque de cire. Vague sourire de bouddha, d'une indifférence impénétrable... Jacques tremble de colère. Coûte que coûte, prendre contact avec cet homme, qui est son ennemi ! Avoir, une fois au moins, forcé son regard ! Il crie, brutalement : « Monsieur le directeur, regardez-moi ! »

— « Qu'est-ce qu'il y a ? Que dis-tu ? Tu m'as appelé ? » demande Plattner.

Les paupières du général se soulèvent. Un regard sans âme : le regard que le moribond d'hôpital rencontre dans les yeux de l'infirmier professionnel, pour qui l'homme entré en agonie n'est déjà plus qu'un cadavre à ensevelir... Et, tout à coup, une pensée atroce traverse l'esprit de Jacques : « Il fera tuer aussi mon chien. Par Arthur, le gardien, puisqu'il l'a pris pour ordonnance !... »

— « Qu'est-ce que tu dis ? » répète Plattner.

Comme Jacques ne répond pas, il allonge la main dans l'obscurité, et touche la jambe de Jacques, qui ouvre les yeux. Mais ce qu'il voit d'abord, ce n'est pas la voûte de la bâche, c'est le plafond de la cour d'assises, avec ses caissons dorés. Enfin, il reprend conscience : Plattner, les ballons de tracts, la carriole...

— « Tu m'as appelé ? » répète Plattner.
— « Non. »
— « On ne doit plus être loin de Laufen », remar-

que le libraire, après un silence. Puis, renonçant à vaincre le mutisme de Jacques, il se tait.

Kappel, couché sur le plancher de la voiture, dort d'un sommeil d'enfant.

De temps à autre, Plattner se dresse, et, par la fente de la bâche, il cherche à regarder dehors. Au bout d'un instant, il annonce, à mi-voix :
— « Laufen ! »

La charrette, au pas, traverse la ville déserte. Il est deux heures.

Une vingtaine de minutes s'écoulent encore. Puis la jument s'arrête.

Kappel sursaute :
— « Quoi ? Qu'est-ce qui se passe ? »
— « Chut ! »

La voiture vient de traverser Röschenz. Il faut maintenant quitter la vallée : à la sortie du village, la route se continue par un chemin de terre abrupt, plein de fondrières desséchées. Andrejew est descendu de son siège. Il éteint les lanternes, et saisit la jument par la bride. L'équipe repart.

Des cahots secouent la voiture ; les ressorts, les arceaux de bois gémissent. Jacques, Plattner et Kappel s'emploient à empêcher le chargement de glisser d'un côté à l'autre de l'étroite caisse. Ces heurts, ce bruit ont éveillé dans la mémoire de Jacques un rythme, une phrase musicale, tendre et nostalgique, et que, d'abord, il ne reconnaît pas... L'étude de Chopin ! Jenny... Le jardin de Maisons-Laffitte... Le salon de l'avenue de l'Observatoire... Le soir, si proche, si lointain, où, sur sa prière, Jenny s'est mise au piano.

Enfin, après une grande demi-heure, nouvel arrêt, Andrejew vient déboucler les courroies de la bâche :
— « On y est. »

Silencieusement, les trois hommes sautent de la voiture.

Il n'est que trois heures. La nuit, bien qu'étoilée est encore très noire. Pourtant, déjà, vers l'est, le ciel commence à pâlir.

Andrejew attache la jument au tronc d'un petit arbre. Plattner, maintenant, se tait : il semble moins assuré que dans la librairie ; il cherche à percer du regard l'obscurité qui l'entoure. Il murmure :

— « Mais où est-il votre plateau ? »

— « Viens », dit Andrejew.

Les quatre hommes gravissent un talus planté d'arbustes. Au sommet de la pente, au bord du plateau, Andrejew, qui marche devant, s'arrête. Il souffle un instant, pose une main sur l'épaule de Plattner, tend l'autre dans le noir, et explique :

— « A partir de là — tu verras, tout à l'heure — il n'y a plus d'arbres. C'est ça le plateau. Celui qui l'a choisi, tu sais, il connaît son affaire. »

— « Maintenant », conseille Kappel, « il faut vivement décharger la voiture, pour qu'Andrejew puisse repartir. »

— « Allons-y ! » fait Jacques, à voix haute. La fermeté de cette voix le surprend lui-même.

Ils redescendent tous quatre le talus. Le transport des sacs, des bidons, s'effectue en quelques minutes, malgré l'escarpement qui sépare le plateau du chemin.

— « Dès qu'il fera moins noir », dit Jacques, en déposant à terre un paquet de toiles blanches, « nous étalerons les draps sur le plateau, en trois ou quatre points éloignés du centre, pour l'atterrissage. »

— « Maintenant, toi, file avec ta guimbarde ! » grogne Plattner, en s'adressant au Polonais.

Andrejew, tourné vers les trois hommes, reste quelques secondes immobile. Puis il fait un pas vers

Jacques. On ne distingue pas l'expression de ses traits. Jacques, spontanément, tend les mains. Il est trop ému pour parler ; il éprouve soudain, pour cet homme qu'il ne reverra plus, une tendresse que l'autre ne soupçonnera jamais. Le Polonais saisit les mains tendues, et, se penchant, il baise Jacques à l'épaule sans un mot.

Son pas résonne en dévalant la pente. Un miaulement d'essieux : la voiture tourne sur place. Puis, plus rien... Andrejew doit refermer la bâche, ou vérifier le harnais avant de regrimper sur son siège... Enfin la charrette s'ébranle, et le grincement des roues, le gémissement des ressorts, le pas sourd des sabots dans le sol sableux, d'abord distincts, s'évanouissent progressivement dans la nuit. Sans échanger une parole, Plattner, Kappel et Jacques, coude à coude, debout au bord du talus, attendent, plongeant leurs regards dans les ténèbres, vers le bruit qui s'éloigne. Lorsqu'il n'y a plus rien à écouter que le silence, Kappel, le premier, se retourne vers le plateau, et s'allonge nonchalamment sur le sol. Plattner vient s'asseoir à côté de lui.

Jacques est resté debout. Plus rien à faire, maintenant. Attendre le lever du jour, l'avion... L'inaction forcée le livre, de nouveau, à son angoisse. Ah, qu'il aurait souhaité vivre seul ces derniers moments... Pour fuir ses compagnons, il fait quelques pas, devant lui. « Tout va bien, jusqu'ici... Meynestrel, maintenant... On l'entendra de loin... Dès qu'il fera moins nuit, les draps... » L'obscurité est toute frémissante de crissements d'insectes. Rongé de fièvre, titubant de fatigue, tendant à la fraîcheur de la nuit son visage en sueur, il va et vient, au hasard, sur le plateau, trébuchant contre les aspérités du sol, tournant en rond pour ne pas trop s'éloigner de Plattner et de Kappel, dont par instants, il perçoit dans l'ombre les voix chuchotantes. Enfin, les jambes rompues par cette déambulation d'aveugle, il se laisse glisser à terre, et ferme les yeux.

Il a reconnu, à travers l'épaisseur des murs, ce pas qui glisse sur les dalles. Ils savait que Jenny trouverait un moyen de s'introduire dans la prison, de se frayer encore une fois un chemin jusqu'à lui. Il l'attendait, il l'espérait, et pourtant il ne veut pas... Il se débat... Qu'on ferme les portes! Qu'on le laisse seul!... Trop tard! Elle vient. Il la voit, à travers les barreaux. Elle avance vers lui, du fond de ce long couloir blanc de clinique, elle glisse vers lui, à demi cachée sous ce voile de crêpe qu'elle n'a pas le droit de relever devant lui. *Ils* le lui ont défendu... Jacques la regarde, sans faire un mouvement d'accueil... Il ne cherche pas à l'approcher ; il ne cherche plus de contact avec personne : il est de l'autre côté des grilles... Et maintenant, sans qu'il sache comment, il tient entre ses paumes, à travers le crêpe, la petite tête ronde, qui tremble. Sous le voile, il distingue les traits crispés. Elle demande, tout bas : « Tu as peur ? » — « Oui... » Ses dents claquent si fort qu'il a de la peine à articuler ses mots. « Oui, mais personne ne le saura, que toi. » D'une voix surprise et paisible, d'une voix chantante qui n'est pas vraiment la sienne, elle murmure : « Pourtant, c'est la fin... l'oubli de tout, la paix... » — « Oui, mais tu ne sais pas ce que c'est... Tu ne peux pas comprendre... » Derrière lui, quelqu'un est entré dans la cellule. Il n'ose pas tourner la tête ; il crispe les épaules... Tout s'efface. On lui a fixé un bandeau sur les yeux. Des poings le poussent. Il marche. Un air frais glace la sueur sur son cou. Ses pieds foulent du gazon. Le bandeau lui couvre les yeux, mais il *voit* distinctement qu'il traverse l'esplanade de Plaimpalais, encadrée de troupes. Peu importe les soldats. Il ne pense plus à rien, ni à personne. Il n'a d'attention que pour cet air léger qui l'environne, cette douceur de la nuit finissante et du jour qui naît. Les larmes ruissellent sur ses joues. Il tient haut sa tête aux yeux bandés, et il marche. Il marche à pas fermes, mais par saccades, comme un pantin désarticulé, parce qu'il ne commande plus à ses jarrets, et que le sol lui semble creusé de trous où il enfonce. Peu importe. Il avance. Des rumeurs ont autour de lui un mugissement ininterrompu et doux, comme la chanson du vent. Chaque pas le rapproche du but. Et il lève à deux mains devant lui, comme une offrande, quelque chose de fragile qu'il lui faut porter sans faux pas, jusqu'au bout... Derrière son épaule, quelqu'un ricane... Meynestrel ?...

Lentement, il rouvre les yeux. Au-dessus de lui, le firmament, où déjà les constellations s'effacent. La nuit s'achève ; elle s'éclaire et se colore là-bas, vers l'est, derrière les crêtes dont la ligne se découpe sur un ciel jeune, poudré d'or.

Il n'a pas le sentiment d'un réveil : il a tout oublié de son cauchemar. Son sang bat avec force. Son esprit est lucide, nettoyé comme un paysage après la pluie. L'action approche : Meynestrel va venir. Tout est prêt... Dans sa tête sonore, où les pensées s'enchaînent avec netteté, la phrase de Chopin, de nouveau, s'élève, comme un accompagnement en sourdine, d'une déchirante douceur. Il tire de sa poche son carnet, et en arrache une page qu'il confiera à Plattner. Sans voir ce qu'il écrit, il griffonne :

« Jenny, seul amour de ma vie. Ma dernière pensée pour toi. J'aurais pu te donner des années de tendresse. Je ne t'ai fait que du mal. Je voudrais tant que tu gardes de moi une image... »

Un choc amorti, suivi d'un second, vient d'ébranler la terre, sous lui. Il s'arrête, indécis. C'est une suite d'explosions lointaines qu'il entend et qu'il perçoit en même temps par tous ses membres collés au sol. Soudain, il comprend : le canon !... Il fourre le carnet dans sa poche, et se lève d'un bond. Au bord du plateau, près du talut, Plattner et Kappel sont déjà debout. Jacques les rejoint en courant :

— « Le canon ! Le canon d'Alsace ! »

Rassemblés, ils s'immobilisent, le cou tendu, l'œil ouvert et fixe. Oui : c'est la guerre, là-bas, qui attendait la première lueur de l'aube pour reprendre... De Bâle, ils ne l'avaient pas encore entendue...

Et, tout à coup, tandis qu'ils retiennent leur souffle, de l'autre bout de la terre, un bruit différent les fait se retourner, tous trois, en même temps. Ils s'interrogent des yeux. Aucun d'eux n'ose encore nommer ce bourdonnement à peine perceptible, et qui, pourtant, de seconde en seconde, s'amplifie. La canonnade se poursuit au loin, à intervalles réguliers ; mais ils ne l'entendent plus. Tournés vers le sud, ils scrutent ce ciel pâle qu'emplit maintenant le ronronnement de l'insecte invisible...

Brusquement, ensemble, leurs bras se lèvent : un point noir a surgi par-dessus les crêtes de Hoggerwald. Meynestrel !

Jacques crie :

— « Les repères ! »

Chacun d'eux saisit un drap, et s'élance vers un point différent du plateau.

C'est Jacques qui a le plus long trajet à faire. Il court, butant contre les mottes de terre, serrant contre lui le drap plié. Il ne pense plus à rien d'autre qu'à atteindre à temps l'extrémité du plateau. Il n'ose pas perdre une seconde à lever la tête pour suivre le vol de l'avion, dont le grondement l'assourdit, et qui, déjà, décrivant des cercles d'oiseau de proie, semble fondre sur lui pour le cueillir et l'emporter.

LXXXIV

Malgré le vent glacial qui lui cingle la figure, lui emplit les narines, la bouche, lui donne la sensation qu'il se noie, il ne sent pas qu'il avance. Ballotté, bousculé comme s'il était sur la plaque trépidante d'un passage à soufflets entre deux wagons, assourdi par un roulement de tonnerre qui lui tambourine le tympan malgré les oreillettes de son casque, il ne s'est même pas aperçu que l'avion, après une succession de cahots sur le sol du plateau, avait brusquement décollé. L'espace, autour de lui, n'est qu'une masse floconneuse, qui pue l'essence. Il a les yeux ouverts, mais son regard, sa pensée, sont enlisés dans cette ouate. Assez vite, il a retrouvé son souffle. Il lui faut plus longtemps pour accommoder ses nerfs à ce fracas qui pilonne et paralyse le cerveau, qui fait courir, jusqu'aux extrémités des membres, d'incessantes décharges électriques. Peu à peu, cependant, l'esprit recommence à assembler des images, des idées. Non, cette fois, ce n'est plus un rêve!... Il est attaché au dossier de son siège, les genoux immobilisés par les paquets de tracts empilés autour de lui. Il se soulève. A l'avant, dans cette blancheur brouillée qui l'environne, il distingue une silhouette, des épaules, un casque, découpés en ombres chinoises, sous les vastes plans noirs des ailes : le Pilote! Une jubilation frénétique s'empare de lui.

L'avion est parti ! L'avion est en plein vol ! Il pousse un cri animal, un long hurlement de triomphe, qui se perd dans le mugissement de la tempête, sans que le dos de Meynestrel ait tressailli.

Jacques avance la tête au-dehors. Le vent le flagelle, siffle à ses oreilles avec la stridence du couteau sur l'aiguisoir. A perte de vue, c'est une immense et informe fresque grisâtre, une fresque posée à plat et vue de très haut, de très loin : une fresque déteinte, craquelée, plâtreuse, avec des îlots de couleurs ternies. Non pas, une fresque : une page d'atlas cosmographique ; la carte muette d'une terre inconnue, avec de grands espaces inexplorés. Alors il songe à cette chose étonnante : que Plattner, que Kappel, continuent au-dessous de lui leur vie rampante d'insectes sans ailes... Une sensation de vertige trouble sa vue. Étourdi, il reprend sa place et ferme les yeux... Brusquement, il revoit enfant. Son père... Antoine et Gise... Daniel... Puis une image floue : Jenny, en robe de tennis dans le parc de Maisons-Laffitte... Puis tout s'efface. Il rouvre les yeux. Devant lui, Meynestrel est toujours là, avec son dos tassé, le globe de son casque. Non, ce n'est pas une hallucination. Le rêve s'est enfin réalisé ! Comment cela s'est-il fait ? Il ne sait plus. Depuis l'instant où il s'efforçait de déplier le drap sur le plateau, — et où, cédant à un réflexe, il s'est aplati par terre, croyant sentir le monstre sur lui, — jusqu'à cette minute merveilleuse qu'il vit en ce moment, il a perdu tout contrôle de ses actes. A peine si, mécaniquement, sa mémoire a enregistré quelques visions incohérentes : des silhouettes de fantômes se mouvant dans la clarté indécise du petit jour... Il cherche à se souvenir. Ce qu'il revoit, tout à coup, c'est l'apparition diabolique de Meynestrel, lorsque, donnant soudain une âme et une voix à ce bolide chu du ciel, il a dressé hors de la carlingue son buste, son visage serti de cuir : « Vite, les tracts ! » Et il revoit les hommes courant, dans la nuit du plateau, les sacs passant de main en main. Et il se rappelle aussi qu'à un moment il s'est hissé auprès de Meynestrel avec un bidon d'essence, et que le Pilote, agenouillé dans l'appareil éclairé où il resserrait quelque boulon avec une longue clef, a tourné la tête : « Mauvais contact ! Un mécano ! » — « Il est reparti, avec la charrette. » Alors, Meynestrel avait replongé, sans un mot, au fond de sa baignoire... Mais, lui, Jacques, comment s'est-il installé là ? Ce casque ? Qui lui a bouclé ces courroies ?

L'avion avance-t-il ? Perdu dans l'espace qu'il emplit de son bourdonnement obstiné, il semble être une chose immobile suspendue dans la lumière.

Jacques se retourne. Le soleil est derrière lui. Soleil levant. Donc, direction nord-ouest ? Évidemment : Altkirch-Thann... Il se soulève de nouveau, pour regarder dehors. Émerveillement ! La brume est devenue transparente. Maintenant, au-dessous de l'avion, la carte d'état-major sur laquelle il s'est tant usé les yeux depuis quatre jours, se déploie, à perte de vue, ensoleillée, colorée, vivante !

Passionnément intrigué, le menton sur le bord métallique, Jacques prend possession de ce monde inconnu. Une large coulée blanchâtre, qui semble tracer à l'hélice son chemin, divise le paysage en deux. Une vallée ? La vallée de l'Ill ? Au centre de cette voie lactée, ce reptile ondulant, que des buées d'argent cachent par endroits, c'est la rivière. Et ce trait pâle, qui la longe, sur la droite ? Une route ? La grand-route d'Altkirch ? Et cet inextricable lacis de veines et de veinules, sont-ce d'autres routes qui s'entrecroisent, et qui tranchent en clair sur le vert vaporeux de la plaine ? Et cet autre trait d'encre, qu'il n'avait pas remarqué d'abord, presque rectiligne ? La voie ferrée ? Tout ce qui vit en lui s'est concentré dans ce regard plongeant. Il distingue maintenant le relief des collines qui flanquent la vallée. Ici et là, des nappes de brumes dormantes s'étirent dans le vent, se lacèrent et laissent paraître de grands espaces nouveaux. Voici la tache vert sombre d'un sommet boisé. Et qu'est-ce là, sur la droite, qui vient de surgir dans une déchirure de l'ouate ? Une ville ? Une ville, en amphithéâtre, à flanc de coteau, toute une ville minuscule, rose de soleil, grouillante de vies invisibles...

L'avion est légèrement incliné en arrière. Jacques sent qu'il monte, qu'il monte d'un élan continu, allègre et sûr. Maintenant, il est si bien accoutumé au grondement du moteur, qu'il en a besoin, qu'il ne pourrait plus s'en passer, qu'il s'y abandonne et s'en enivre. C'est devenu comme la projection musicale de son exaltation ; comme une orchestration symphonique, dont les ondes puissantes traduisent en un langage sonore le prodige de cet instant, la féerie de ce vol qui l'emporte vers le but. Il n'a plus à lutter, plus à choisir ; il est dispensé de vouloir. Libération ! Le vent de la course, l'air des hauteurs, la certitude têtue de la réussite, font battre son sang plus vite, plus fort. Il perçoit, enfouie au fond de sa poitrine, la pulsation rapide et bien rythmée de son cœur : elle est comme l'accompagnement humain, comme l'ultime collaboration de son être à ce fabuleux hymne triomphal, dont vibre tout l'espace autour de lui...

Meynestrel s'agite.

Tout à l'heure déjà, il s'est penché en avant. Pour lire la carte peut-être ? Ou, simplement, pour mieux agir sur ses commandes ?... Joyeusement, Jacques suit des yeux le manège de son compagnon. Il crie : « Allô ! » Mais la distance, le tintamarre, empêchent entre les deux hommes toute communication.

Meynestrel s'est redressé. Puis il plonge de nouveau, et reste plusieurs minutes, le buste incliné. Jacques l'observe curieusement. Il ne voit pas ce que fait le Pilote ; mais, à de brèves saccades des épaules, il devine des efforts, un travail manuel, peut-être le maniement de cette longue clef, qu'il se souvient d'avoir vue, sur le plateau, entre les mains de Meynestrel.

Aucune inquiétude à avoir : le Pilote connaît son affaire...

Tout à coup, il se produit dans l'air une sorte d'ébranlement, de heurt. Quoi donc ? Jacques, étonné, interroge de l'œil l'espace autour de lui. Il met quelques secondes à comprendre : cette secousse, ce trou subit, c'est simplement l'irruption imprévue du silence ; un silence total, religieux ; un silence interplanétaire, qui, brutalement, s'est substitué au vrombissement du moteur... Pourquoi couper les gaz ?

Meynestrel s'est relevé. Il doit même être debout : son torse masque l'avant de l'appareil.

Jacques, au guet, ne quitte pas de l'œil ce dos immobile. Agaçant, qu'on ne puisse pas se parler !...

L'avion, comme surpris lui-même par son silence, a fait plusieurs ondulations très douces, puis s'est mis à filer droit, sifflant dans l'air avec le bruit soyeux d'une flèche. Vol plané ? Vol plongeant ? Pourquoi cette manœuvre ? Meynestrel craint-il d'être repéré par le son ? Veut-il descendre ? Seraient-ils déjà à proximité des lignes ? Est-ce bientôt le moment de semer les premiers manifestes ? Oui, sûrement : car, très vite, sans se retourner, Meynestrel vient d'esquisser un geste du bras gauche... Jacques, frémissant, allonge la main pour saisir un paquet de tracts. Mais, déporté malgré lui de son siège, il perd l'équilibre. Sa courroie lui laboure les côtes. Que se passe-t-il donc ? L'avion a perdu sa position horizontale, et pique du nez. Pourquoi ? Est-ce voulu ?... Un doute pénètre dans l'esprit de Jacques. L'intuition d'un danger possible lutte avec ce sentiment de confiance totale que lui inspire Meynestrel... Il s'agrippe d'une main au bord de la carlingue, il cherche à se redresser pour regarder au-dehors. Épouvante ! Le paysage chavire. Ces champs, ces prairies, ces bois, qui l'instant d'avant, s'étendaient comme un tapis, oscillent maintenant, se bossellent, se crispent comme une aquarelle qui flambe, et montent, montent vertigineusement vers lui, dans un mugissement de rafale, avec une vitesse de catastrophe !

D'une secousse des reins, il parvient à rompre sa courroie, à se rejeter en arrière.

La chute ! Perdu...

Non. L'appareil s'est miraculeusement cambré, s'est presque remis en position de vol... Meynestrel dirige encore... Espoir !

L'appareil flotte une minute, désemparé. Puis des vagues violentes le happent, le soulèvent, le secouent, le disloquent. Le fuselage craque. L'avion s'incline à gauche. Virage sur l'aile ? Atterrissage ? Tassé sur lui-même, Jacques s'accroche des deux mains à la tôle où ses ongles n'ont pas de prise. Une vision nette s'inscrit sur sa rétine : un bouquet de sapins au soleil, un pré... D'instinct, il a fermé les yeux. Une seconde, interminable. Le cerveau vidé, le cœur dans un étau... Un miaulement de cor lui déchire le tympan. Des rosaces de feu d'artifice l'enveloppent, le roulent, l'emportent dans des lueurs tournoyantes. Des cloches, des cloches, à toutes volées... Il veut crier : « Meynest... » Une commotion d'une violence inouïe lui broie les mâchoires... Son corps est projeté dans l'espace, et lui semble s'aplatir contre un mur, comme une pelletée de mortier.

Une chaleur intense... Des flammes, des crépitements, une puanteur d'incendie... Des pointes, des tranchants, lui fouillent les jambes. Il suffoque, il se débat. Il tente un effort surhumain pour reculer, pour ramper hors du brasier. Impossible. Ses pieds sont rivés dans le feu.

Deux griffes d'acier, derrière lui, l'ont saisi aux épaules, le tirent. Rompu, écartelé, il hurle... On le traîne sur des clous, son corps est en lambeaux...

Et, soudain, toute cette épouvante sombre dans la douceur. Les ténèbres. Le néant...

LXXXV

Des voix... Des paroles, lointaines, interceptées par un épais rideau de feutre. Pourtant elles entrent en lui, tenaces... Quelqu'un lui parle. Meynestrel ?... Meynestrel l'appelle... Il lutte, il fait d'épuisants efforts pour s'extraire de ce sommeil cataleptique.

— « Qui êtes-vous ? Français ? Suisse ? »

D'intolérables douleurs le mordent aux reins, aux cuisses, aux genoux. Il est cloué au sol par des pointes de fer. Sa bouche n'est qu'une plaie ; sa langue, enflée, l'étouffe. Les yeux clos, il renverse la nuque, il balance la tête de droite et de gauche, il contracte les épaules pour un impossible redressement, et retombe, avec un gémissement étranglé, sur ces clous qui lui percent le dos. Une odeur infecte, d'essence, de drap roussi, emplit ses narines, sa gorge. Il bave et, du coin de ses lèvres qu'il ne peut presque plus entrouvrir, il rejette un caillot de sang, compact comme la pulpe d'un fruit.

— « Quelle nationalité ? Étiez-vous en mission ? »

La voix bourdonne à ses oreilles, et violente sa torpeur. Son regard vacillant remonte des profondeurs opaques, se glisse entre les paupières, émerge un instant au jour. Il aperçoit une cime d'arbre, le ciel. Des jambières, blanches de poussière... des pantalons rouges... L'armée... Un groupe de fantassins français est penché sur lui. Ils l'ont tué, il est en train de mourir...

Et les tracts ? L'avion ?

Il soulève un peu la tête. Son regard se faufile entre les jambes des soldats. L'avion. A trente mètres, un monceau informe de débris fume au soleil comme un bûcher éteint : amas de ferrailles, où pendent quelques loques charbonneuses. A l'écart, profondément piquée en terre, une aile, déchiquetée, se dresse dans l'herbe, toute seule, comme un épouvantail... Les tracts ! Il meurt sans en avoir jeté un seul ! Les liasses sont là, consumées, ensevelies pour toujours dans les cendres ! Et personne, jamais, jamais plus... Il renverse la tête ; son regard se perd dans le ciel clair. Une immense pitié pour ces paperasses... Mais il souffre trop ; rien d'autre ne compte... Ces brûlures qui lui rongent les jambes jusqu'à la moelle des os... Oui, mourir ! Plus vite, plus vite...

— « Eh bien ? Répondez ! Êtes-vous Français ? Qu'est-ce que vous foutiez dans cet aéro ? »

La voix est toute proche, essoufflée, forte mais sans rudesse.

Il rouvre les yeux. Un visage encore jeune, bouffi de fatigue ; deux yeux bleus, derrière un lorgnon, sous la visière d'un képi recouvert d'un manchon bleu. D'autres voix, tout autour, s'élèvent, se croisent, retombent : « Il n'est plus dans les pommes, je te dis ! » — « As-tu prévenu le capitaine ? » — « Mon lieutenant, il a peut-être des papiers sur lui. Faut le fouiller... » — « Peut se vanter de l'avoir échappé belle ! » — « Le major va venir ; Pasquin a couru le chercher... »

L'homme au lorgnon a mis un genou en terre. Son menton, mal rasé, son cou, sortent d'une tunique dégrafée ; sur la poitrine se croisent des courroies, des sangles.

— « Tu ne sais pas le français ?... *Bist du Deutsch ? Verstehst du*[1] *?* »

Des doigts rudes se posent sur son épaule meurtrie. Il pousse un râle sourd. Le lieutenant, aussitôt, retire sa main.

— « Vous souffrez ? Voulez-vous boire ? »

Jacques accepte, d'un battement de cils.

— « En tout cas, il comprend le français », murmure l'officier, en se relevant.

— « Mon lieutenant, c'est sûrement un espion... »

Jacques essaie de tourner la tête vers cette voix criarde. A ce moment, un groupe de soldats, en se déplaçant, laisse voir, par terre, à trois mètres, un amas sombre : une chose sans nom, carbonisée, qui n'a d'humain qu'un bras, recroquevillé sur l'herbe ; et, au bout de ce bras, une serre d'oiseau, noire, dont Jacques ne peut plus détacher son regard : une main fine, nerveuse, les doigts en l'air à demi crispés... Autour de Jacques, le bruit des voix semble s'estomper...

— « Tenez, mon lieutenant, voilà Pasquin qui ramène le major... Pasquin, il a tout vu, lui : il portait le jus au petit poste... Il dit que l'avion... »

La voix s'éloigne, s'éloigne, interceptée par le rideau de feutre. Dans le ciel, la cime de l'arbre s'est brouillée.

1. « Es-tu Allemand ? Comprends-tu ? »

Et la douleur aussi s'éloigne, lentement, se fond en une écœurante langueur... Les tracts... Meynestrel... Mourir aussi...

Pour quelle raison mystérieuse, tyrannique, reste-t-il au fond de ce canot, écrasé, ballotté, impuissant ? Meynestrel s'est jeté à l'eau, lui, depuis longtemps, parce que cette tempête sur le lac secouait vraiment trop fort leur barque... Le soleil brûle comme du plomb fondu. Jacques cherche en vain à fuir cette morsure. Dans l'effort qu'il fait pour déplacer les épaules, il soulève à demi les paupières et les renferme aussitôt, blessé jusqu'au fond des prunelles par cette flèche d'or. Il souffre. Ces cailloux pointus, au fond du canot, lui déchirent les chairs. Il voudrait appeler Meynestrel, mais il a dans la bouche un charbon ardent qui lui ronge la langue... Un choc. Il le perçoit, douloureusement, jusqu'à l'extrémité de ses nerfs. La barque, roulée par une vague soudaine, a dû heurter l'embarcadère. Il ouvre les yeux... « Hé, *Fragil*, veux-tu boire ? » Un képi... C'est un gendarme qui a parlé... un visage inconnu un visage mal rasé de curé de campagne. Tout autour, des voix rudes, grasses, qui s'entrecroisent. Il souffre. Il est blessé. Il a dû être victime d'un accident. Boire... Contre ses lèvres en feu, il sent le bord d'un quart de fer-blanc. « Mon vieux, leurs flingots, ça n'est rien. Mais leurs mitrailleuses ! Et ils en ont partout, les vaches ! » — « Nous aussi, on doit bien en avoir, des mitrailleuses ! Attends seulement qu'on les sorte ! »

Boire... Bien qu'il soit au soleil, et trempé de sueur, il grelotte. Ses dents tremblent contre le métal. Sa bouche n'est qu'une plaie... Il avale avidement une gorgée, et s'étrangle. Un peu d'eau coule sur son menton. Il veut lever un bras : ses poignets sont liés par des menottes et fixés aux sangles du brancard. Il voudrait boire encore. Mais la main qui tenait le quart s'est retournée... Brusquement, il se souvient. De tout ! Les tracts... La serre calcinée de Meynestrel, l'avion, le brasier... Il ferme ses yeux que piquent le soleil, les larmes, la poussière, la sueur... Boire... Il souffre. Indifférent à tout, sauf à sa douleur... Mais le brouhaha qui l'environne lui fait rouvrir les yeux.

Tout autour, des fantassins, débraillés, le cou nu, les cheveux collés par la transpiration, vont et viennent, parlent, s'appellent, crient. Il gît au ras du sol, sur une civière posée dans l'herbe, au bord de cette route qui est pleine de soldats. Des voitures grinçantes, attelées de mulets, passent, sans arrêt, au pas, le long de lui, soulevant une poussière épaisse. A deux mètres, sur l'accotement, des gendarmes, debout, boivent, chacun leur tour, à la régalade, en élevant dans la lumière un bidon de soldat. Des faisceaux de fusils, des empilades de sacs, s'alignent à perte de vue sur la route. Des soldats, en grappes, vautrés sur le flanc du talus, discutent, font des gestes, fument. Les plus fourbus se sont allongés sur le dos, le coude en travers du visage, et dorment sous le soleil. Dans le fossé, étendu les bras en croix, un petit soldat, tout jeune, regarde le ciel, de ses grands yeux ouverts, et mâchonne un brin d'herbe. Boire, boire... Il souffre. De partout : de la bouche, des jambes, du dos... Des frissons de fièvre lui parcourent les reins, et lui tirent, chaque fois, une plainte sourde. Cependant, ce ne sont plus ces douleurs fulgurantes qui lui lacéraient le corps, après la chute, après l'incendie. On a dû s'occuper de lui, panser ses blessures. Et, brusquement, une idée traverse son esprit somnolent : on l'a amputé des deux jambes... Qu'importe, maintenant ?... Néanmoins, cette pensée d'amputation l'obsède. Ses jambes... Il ne les sent plus. Il voudrait savoir... Des sangles serrées l'attachent au brancard. Il parvient pourtant à soulever la nuque : le temps d'apercevoir ses mains ensanglantées et ses deux jambes qui sortent du pantalon coupé à mi-cuisse. Ses jambes ! Entières... Vivantes ? Des bandages les emmaillotent, et elles sont garrottées, des genoux aux chevilles, sur des éclisses arrachées sans doute à quelque ancienne caisse d'emballage, car l'une des planchettes porte encore, bien en vue, en lettres noires : FRAGIL... Il repose la tête, épuisé.

Des voix, tout autour, des voix... Des hommes, des soldats... La guerre... Des soldats qui parlent : « Un dragon nous a dit que le régiment se rassemblait par-là... » — « Y a qu'à suivre la colonne. Tu verras bien à l'étape. » — « D'où que vous venez, vous autres ? » — « Est-ce qu'on sait les noms ? De là-bas... Et vous ?... » « Nous aussi. Nous, tu sais, on en a vu, depuis vendredi ! » — « Ben, et nous, alors ! » — « Nous, mon vieux, c'est simple : depuis le début de l'attaque — le 7, vendredi, ça fait trois jours, hein ? — on n'a pas dormi six heures, en tout. Pas vrai, Maillard ? Et rien à bouffer. Samedi on a eu un bout de distribution ; le soir ; mais, depuis qu'on fout le camp dans cette pagaïe, ravitaillement, zéro ! Si on n'avait pas trouvé à se débrouiller dans les patelins... » D'autres voix, plus loin, rageuses : « Et moi, je te dis que c'est pas fini ! » — « Et moi je te dis qu'on est foutus ! S'pas, Chabaux ? Bien foutus ! Et si on veut reprendre l'offensive, on tombera sur un bec !... »

Le plus douloureux de tout, peut-être, c'est la plaie de la bouche, qui l'empêche d'avaler sa salive, de parler, de boire, presque de respirer. Avec précaution, il essaie de remuer sa langue. Il garde au fond de la gorge, un goût tenace d'essence, de vernis brûlé...

— « Et puis, tu sais, toutes les nuits dehors, en alerte... Et quand le bataillon s'est amené devant Carspach... »

Oui, c'est à la langue qu'il est blessé : elle est enflée, déchirée, à vif... Il a dû recevoir un débris dans la figure, ou s'écraser le menton en tombant. Pourtant, c'est à l'intérieur de la bouche qu'il a mal. Son cerveau travaille : « Je me suis coupé la langue avec les dents », se dit-il enfin. Mais cet effort d'attention l'a brisé. Il referme les paupières, étourdi. Des flammes dansent devant ses yeux clos. Dans ses jambes, les élancements ne cessent pas. Il geint faiblement et s'abandonne de nouveau à cette douceur soudaine... l'oubli... — « Des brûlures, partout... les jambes en marmelade... espion... »

Il rouvre les yeux. Toujours des bottes, des jambières.

Les gendarmes se sont rapprochés du brancard. Un groupe s'est formé autour d'eux. « Paraît que l'avion... » — « Leur *taube*? Bricard l'a vu... » — « Bricat ? » — « Non ! Bricard, le grand sous-off' de la 5ᵉ. » — « N'en reste rien, de leur *taube*! » — « Un de moins ! » — « Lui, *Fragil*, il a encore de la veine... S'en tirera peut-être, malgré ses guibolles... » Cette voix ne lui est pas inconnue. Il tourne la tête : celui qui parle et qui l'examine, c'est le vieux gendarme curé de campagne, aux yeux pâles, au front dégarni, celui qui lui a donné à boire. « Basta ! » lance un autre gendarme, un petit noiraud, râblé, une tête de Corse avec des yeux de braise : « Vous entendez, chef ? Marjoulat dit que *Fragil* s'en tirera ! Pas pour longtemps ! » Le brigadier de gendarmerie ricane : « Pas pour longtemps, non... Paoli a raison. Pas pour longtemps ! » C'est un grand diable qui a des galons neufs cousus à ses manches. Il porte une barbe noire, très fournie, qui ne laisse à découvert que deux pommettes couleur de viande. « Alors, pourquoi qu'on lui a pas réglé son compte, sur place ? » demande un soldat. Le brigadier ne répond pas. « Et vous allez le porter loin, comme ça ? » — « On doit le remettre au corps d'armée », explique le Corse. Le brigadier détourne la tête, mécontent. Il grommelle, d'un ton sentencieux : « On attend des ordres. » Un sergent d'infanterie, gavroche, s'esclaffe : « Comme nous ! Voilà deux jours qu'on les attend, les ordres ! » — « Et la soupe avec ! » — « Quelle pagaïe ! » — « Y a même plus d'agents de liaison, je crois... Le colonel... » Un coup de sifflet les interrompt. « Rompez les faisceaux ! La colonne repart ! » — « Sac au dos ! debout, là-bas ! Sac au dos ! »

Un bruyant remue-ménage se fait maintenant autour de Jacques. La colonne reprend sa marche. Il sombre dans un trou ténébreux. L'eau clapote autour de la barque. Une vague plus forte la soulève, la berce, l'emporte à la dérive... « Appuyez à droite ! » — « Qu'est-ce qu'il y a ? » — « A droite... » Les secousses lui font ouvrir les yeux. Devant lui, le dos du gendarme qui porte l'avant du brancard.

La colonne ondule ; le flot s'écarte pour contourner un mulet mort, ballonné, les jambes en l'air, abandonné sur la route. Les hommes crachent, à cause de l'odeur, et se débattent un instant contre les mouches qui se collent aux visages. Puis les rangs se reforment en clopinant, et les semelles cloutées reprennent leur raclement sur le sol cailouteux.

Quelle heure est-il ? Le soleil tombe droit et lui brûle la figure. Il souffre. Dix ou onze heures, peut-être ? Où le conduit-on ?... La poussière empêche de voir à plus de quelques mètres. A gauche, les voitures régimentaires défilent toujours, au pas, dans un nuage âcre, étouffant. La route fume, la route pue le crottin, la laine mouillée, le cuir, l'homme en sueur. Il souffre. Surtout, il est sans forces. Sans forces pour penser, pour sortir de son engourdissement. La gorge irritée par la poussière, les gencives desséchées par la fièvre, par la soif, la langue en sang, il est perdu dans ce piétinement innombrable, dans ce bruit d'armée en marche, perdu et seul, coupé de tout, de la vie, de la mort... Pendant les rares minutes de lucidité qui alternent avec ces longs moments d'inconscience ou de cauchemar, il se répète, sans interruption : « Courage... courage... » Par instants, les hommes marchent si serrés auprès du brancard, qu'il ne voit plus rien que ces torses oscillants, et ces canons de fusils, et l'air qui tremble entre lui et le ciel ; il est comme au centre d'une forêt houleuse qui avance, et son œil hébété se fixe obstinément sur une musette gonflée qui se balance, sur un quart luisant attaché à un bidon de drap bleu. Beaucoup de soldats ont débouclé les courroies du sac et fait glisser leur chargement au creux de leurs reins ; les épaules plient, les visages sont souillés de poussière et de sueur ; les regards que parfois il surprend posés sur lui ont une expression décentrée, à la fois attentive et distraite : une expression troublante, vague à donner le vertige... Ils vont, ils vont **droit** devant eux, flanc contre flanc, sans rien voir, sans parler, vacillants mais tenaces à suivre cette retraite qui les sauve ; et leurs forces s'usent sur cette route comme sur une meule. A droite, un grand soldat efflanqué, au profil de médaille, qui porte un brassard d'infirmier, avance, d'un rythme grave, tête levée, recueilli comme s'il priait. A gauche du brancard, il y en a un petit qui marche à pas précautionneux, et qui boite. Le regard de Jacques, hébété, se fixe sur cette jambes clochante, toujours en retard, et qui, à chaque effort, fléchit un peu du genou. Parfois aussi, quand une débandade écarte les files, Jacques aperçoit des arbres, des haies, des prairies, toute une campagne ensoleillée... Est-ce possible ? Tout à l'heure, sur le bord de la route, une cour de ferme lui est apparue, avec sa grange en torchis, sa maison grise aux volets clos, son tas de fumier où picoraient des poules ; et l'odeur chaude du purin est venue jusqu'à lui... Engourdi, il se laisse ballotter, les yeux presque constamment clos. Ses jambes... Sa bouche... Si seulement l'homme pensait encore à lui donner à boire... Sans cesse, la marche est interrompue par des arrêts brusques, après lesquels les soldats, haletants, sont obligés de courir pour rattraper la distance et empêcher que les charrettes, profitant des intervalles libres, ne s'insèrent dans la colonne. « C'est malheureux de voir ça ! Pourquoi, aussi, qu'on est tous sur la même route ! » — « Mais, mon vieux, c'est partout pareil ! Y a des convois sur tous les chemins ! Tu penses, toute la division en retraite ! » — « La division ? Tout le VIIe corps, à ce qu'il paraît ! »

— « Hé, toi, où que tu vas par là ? » — « T'es pas fou ? » — « Hé, le territorial ! » Un fantassin a traversé la route, en biais, à contre-courant, se dirigeant vers l'est : vers l'ennemi... Indifférent aux appels, il se glisse entre les charrettes, les soldats. Il n'est plus jeune. Sa barbe grisonne, et pas seulement de poussière. Il est sans arme, sans sac, avec une capote déteinte sur un pantalon de paysan, en velours brun. Une grappe de choses battantes lui pend aux flancs, cartouchières, bidon, musettes. « Hé, pépère, où donc que tu vas ? » Il évite les bras tendus. Son visage est hagard, son œil obstiné, sauvage ; ses lèvres remuent : il a l'air de dialoguer à voix basse avec un fantôme. « Tu rentres chez toi, vieux ? » — « Bonne chance ! » — « Tu m'enverras des cartes postales ! » Sans tourner la tête, sans un mot, l'homme fonce droit devant lui, escalade un tas de pierres, traverse le fossé, écarte la rangée d'arbres qui borde le pâturage et disparaît.

— « Tiens ! Des bateaux ! » — « Sur la route ? » — « Quoi ? » — « Une compagnie de pontonniers qui se débine ! » — « Ils ont coupé la colonne. » — « Où ? » — « C'est vrai ! Regarde ! Des bateaux à roulettes ! On aura tout vu ! » — « Hé, dis donc, Joseph, faut croire que cette fois on a renoncé à passer le Rhin ! » — « Avancez ! » — « En avant ! » La colonne s'ébranle et repart.

Cent mètres plus loin, nouvel arrêt. « Quoi encore ? » Cette fois, le stationnement se prolonge. La route croise une voie ferrée, sur laquelle roule un interminable convoi de wagons vides que traîne à petite allure une locomotive soufflante, chauffée à blanc. Les gendarmes posent le brancard dans la poussière. « Faut croire que ça va mal, chef : ils refoulent le matériel à l'arrière ! » constate Marjoulat, avec un petit rire. Le brigadier regarde le train, et s'éponge la figure, sans répondre. « Zou ! » gouaille le petit Corse, « Marjoulat, il est tout guilleret, chef, depuis qu'on se débine ! » — « Marjoulat », dit un troisième gendarme, un athlète au cou de taureau qui s'est assis sur un tas de pierres et mâche un peu de pain, « il était pas trop à son affaire, avant-hier, quand on a vu les uhlans... » Marjoulat est devenu rouge. Il a un gros nez, de gros yeux gris, un regard triste, fuyant, mais volontaire ; un front buté ; un visage de paysan qui calcule. Il s'adresse au brigadier qui le regarde en silence : « J'ai pas honte de le dire, chef : la guerre, ça me va point. J' suis pas Corse, moi : j'ai jamais été batailleur. »

Le brigadier n'écoute pas. Il s'est tourné vers la droite. Un tambourinement sourd se mêle au bruit du train. Longeant la voie, un groupe de cavaliers s'avance, au trot. « Une patrouille ? » — « Non, c'est de l'état-major. » — Des ordres, peut-être ? — « Écartez-vous, bon Dieu ! » Le peloton monté se compose d'un capitaine de cuirassiers, suivi de deux sous-off's et de quelques cavaliers. Les chevaux s'insinuent entre les voitures et les fantassins, contournent le brancard, traversent la route, se rassemblent de l'autre côté, et piquent à travers champs, vers l'ouest. « Ils ont de la veine, ceux-là ! » — « Penses-tu ! Paraît que la division de cavalerie a ordre de se faire bousiller derrière nous, pour *les* empêcher de nous tomber dessus ! »

Autour du brancard, les soldats discutent. Entre les revers des capotes déboutonnées, sur les poitrails où ruisselle la sueur, la plaque d'identité, qui doit conserver à chaque cadavre son matricule, pend à son lacet noir. Quel âge ont-ils ? Ils ont tous un visage fripé, sali, uniformément vieux. « As-tu encore un peu de flotte ? » — « Rien : plus, pas une goutte ! » — « Je te dis qu'on en a vu un, nous, de zeppelin, dans la nuit du 7. Il volait au-dessus des bois... » — « On recule pas ? Non ? Alors, qu'est-ce qu'il te faut ! » — « Non : c'est un agent de liaison de la brigade, qui a entendu un officier d'état-major l'expliquer au vieux. On recule pas ! » — « Vous entendez, vous autres ? Il dit qu'on recule pas, lui ! » — « Non ! C'est un repli stratégique, qu'on appelle. Pour mieux préparer la contre-offensive... Un coup épatant... On va *les* prendre en pincette. » — « En quoi ? » — « En pincette ! Demande à l'adjudant. Sais-tu ce que c'est, en pincette ? On les laisse entrer dans du mou, tu comprends ? et puis, crac ! on referme la pincette, et ils sont faits ! » — « Un *taube* ! » — « Où ? » — « Là ! » — « Où ? » — « Juste au-dessus de la meule. » — « Un *taube* ! » — « Avancez ! » — « Un *taube*, mon adjudant ! » — « Avancez ! Voilà le fourgon... C'est la queue de la rame. » — « A quoi tu vois que c'est un *taube* ? » — « La preuve ! On le canarde. Tiens ! » Autour du minuscule point brillant, dans le ciel, naissent de petits flocons qui restent un instant en boule, avant de se défaire dans le vent. « Reformez-vous ! Avancez ! » Les derniers wagons glissent lentement sur les rails. Le passage à niveau est libre.

Bousculade... Oh ! ces secousses... Courage... Courage... Lucide une seconde, il entend, au-dessus de lui, le halètement du gendarme qui porte la tête du brancard. Puis tout chavire : un vertige, un écœurement mortel. Courage... Les rangs bariolés des soldats passent en tournoyant comme des chevaux de bois, bleus et rouges. Il pousse un gémissement. La main fine, la main nerveuse de Meynestrel, noircit, se recroqueville à vue d'œil, devient une patte de poule, calcinée... Les tracts ! Tous brûlés, perdus... Mourir... Mourir...

La trompe d'une auto. Il soulève les paupières. La colonne est arrêtée à l'entrée d'un bourg. L'auto corne : elle vient de l'arrière. Les hommes se tassent sur le bord de la route pour laisser le passage. Au garde-à-vous, le brigadier salue. C'est une voiture découverte, avec un fanion ; elle est chargée d'officiers. Dans le fond, le képi doré d'un général. Jacques referme les yeux. La vision du conseil de guerre traverse son cerveau. Il est debout, au centre du prétoire, devant ce général à képi doré... M. Faîsme... La trompe corne sans arrêt. Tout se brouille... Quand il rouvre les yeux, il aperçoit une haie bien taillée, des pelouses, des géraniums, une villa avec des stores rayés... Maisons-Laffitte... Au-dessus de la grille pend un drapeau blanc à croix rouge. Devant le perron, une voiture d'ambulance, vide, criblée de balles, toutes ses vitres brisées. La colonne passe. Elle avance pendant quelques minutes, et s'arrête. Le brancard touche terre, durement. Maintenant, au moindre stationnement, la plupart des soldats, au lieu d'attendre, debout, se laissent tomber sur la route, à l'endroit même où ils ont stoppé, sans quitter leur sac ni leur fusil, comme s'ils voulaient s'anéantir là.

On est à deux cents mètres du village. « Paraît qu'on va faire halte au patelin », dit le brigadier.

Remue-ménage. « En route ! » La colonne repart, fait cinquante mètres et s'arrête encore.

Un choc. Qu'est-ce qu'il y a ? Le soleil est encore haut, et brûlant. Depuis combien d'heures, depuis combien de jours dure cette marche ? Il souffre. Dans sa bouche, le sang extravasé donne à sa salive une saveur infecte. Les taons, les mouches, dont les mulets sont couverts, s'acharnent sur son menton, sur ses mains.

Un gosse du village, les yeux allumés, raconte en riant à des soldats qui l'entourent : « Dans la cave de la mairie... Ils sont juste en face du soupirail... Trois ! Trois-z-uhlans prisonniers !... N'en mènent pas large ! On dirait des fouines !... Paraît qu'ils prennent tous les enfants pour leur couper les mains... Y en a un qu'est sorti entre deux sentinelles pour pisser... Nous, on voulait l'étriper ! » Le brigadier appelle le gosse : « Y a-t-il encore du vin, par ici ? » — « Pardi ! » — « Tiens, voilà vingt sous, va en chercher un litre. » — « Reviendra jamais, chef... » prophétise Marjoulat, désapprobateur. — « On avance ! En route ! » Nouveau bond de cinquante mètres, jusqu'au croisement d'un chemin où un peloton de cavaliers a mis pied à terre. Sur la droite, dans un grand terrain en contrebas, bordé de lices blanches — un champ de foire, sans doute — des gradés ont rassemblé ce qui reste d'une compagnie de fantassins. Au centre, le capitaine harangue les hommes. Puis les rangs se disloquent. Près d'une meule, une cuisine roulante distribue la soupe. Tintements de gamelles, cris, discussions, bourdonnement d'essaim... Le gosse reparaît, essoufflé, brandissant une bouteille. Il rit : « Le voilà, vot'vin. Quatorze sous, qu'ils ont dit. C'est des voleurs. »

Jacques rouvre les yeux. Le litre, couvert de buée, semble glacé. Jacques le regarde, et bat des paupières : la seule vue de la bouteille... Boire... Boire... les gendarmes se sont groupés autour de leur chef, qui tient la bouteille entre ses deux mains, comme pour en savourer d'abord, avec ses paumes, la fraîcheur. Il ne se presse pas. Il écarte les jambes, se cale sur ses reins, soulève le litre dans le soleil, et, avant d'introduire le goulot entre ses lèvres, pour avoir la bouche bien nette, il racle la gorge et crache. Quand il a bu, il sourit et tend la bouteille à Marjoulat, le plus ancien. Pensera-t-il à Jacques, Marjoulat ? Non, il boit, et passe le litre à son voisin, Paoli, dont les narines palpitent comme des naseaux. Jacques baisse doucement les paupières, — pour ne plus voir...

Des voix autour de lui. Il ouvre et referme les yeux. Des sous-off's de dragons, — ceux dont le peloton attend dans le chemin de traverse, — profitent de la halte de la colonne pour venir bavarder avec les fantassins : « Nous, on est de la brigade légère. Le 7, on nous a engagés, avec le VIIe corps... On devait atteindre Thann, faire un mouvement de conversion, comme ça, un redressement le long du Rhin, pour aller couper les ponts. Mais, on s'est trop pressé. On était mal engagé, tu comprends ? On avait voulu aller trop vite. Les canassons renâclaient, les biffins étaient fourbus... Il a bien fallu battre en retraite. » — « Une belle pagaïe ! » — « Et encore, par ici, c'est rien ! Nous, on vient de par là, du nord... Alors, ça ! Sur les routes, y a non seulement les troupes, mais tous les civils des patelins, qui ont les foies, et qui se débinent ! » — « Nous », dit un sergent d'infanterie, d'une voix grave et chaude, « on était en avant-garde. On est arrivé devant Altkirch à la tombée de la nuit. » — « Le 8 ! » — « Le 8, samedi ; avant-hier, quoi... » — « On y était aussi, nous... La biffe a bien donné, y a rien à dire. Altkirch, c'était plein de Pruscos. En cinq sec, la biffe les a foutus dehors, à la baïonnette... Et nous, on les a poursuivis, dans la nuit, jusqu'à Walheim. » — « Nous, on a même été jusqu'à Tagolsheim. » — « Et le lendemain, rien devant nous... Rien ! Jusqu'à Mulhouse... On croyait déjà qu'on était parti comme ça jusqu'à Berlin ! Mais, les vaches, *ils* savaient bien ce qu'*ils* faisaient, en nous laissant avancer. Depuis hier, *ils* contre-attaquent. Paraît que ça ronfle, là-haut. » — « Encore heureux qu'on ait reçu l'ordre de se replier ! On serait tous fauchés, à cette heure. » Un adjudant d'infanterie et plusieurs sergents de la colonne sont venus écouter. L'adjudant a l'œil fiévreux, les pommettes rouges, une voix saccadée : « Nous, on s'est battu treize heures, treize heures de suite ! Pas vrai, Rocher ? Treize heures... Les uhlans étaient devant nous, dans un bois de sapins. Je verrai ça ma vie durant. Impossible de les faire déloger. Alors on a envoyé notre compagnie sur la gauche, pour tourner le bois. Moi, je suis comptable chez Zimmer, à Puteaux, alors, vous pensez !... On a fait plus d'un kilomètre sur le ventre, on a mis deux heures, trois heures, on croyait jamais arriver jusqu'à la ferme. On y est arrivé tout de même. Les fermiers étaient dans la cave, les femmes, les gosses pleuraient : une pitié... On les a enfermés à clef. Des Alsaciens, oui, mais on ne sait jamais... On a fait des créneaux dans les murs... On est monté au deuxième, on a mis des matelas aux fenêtres. On n'avait qu'une mitrailleuse, mais des cartouches en masse. Eh ben, on a tenu toute la journée ! Paraît que le colo avait dit que nous étions sacrifiés... On en est revenu tout de même ! C'est pas croyable ce qu'on arrive à faire !... Seulement, quand on nous a donné l'ordre de revenir, je vous jure, on se l'est pas fait dire deux fois ! On était encore deux cents quand on a quitté le bois. On n'était plus que soixante quand on a quitté la ferme ; et, sur les soixante, il y avait bien une vingtaine de blessés... Eh ben, au fond, — tu me croiras pas ? — c'est pas si terrible que ça... C'est pas si terrible, parce que tu sais plus ce que tu fais. Ni les hommes, ni les officiers, ni personne. On voit rien. On comprend rien. On se planque. On voit même pas les copains qui tombent. Moi, y en a un, près de moi, qui m'a giclé son sang dessus. Il m'a dit : « Je suis foutu. » Je l'entends encore. J'entends sa voix, mais je ne sais même plus qui c'était. Je crois que j'ai pas eu le temps de le regarder. On va, on va, on crie, on tire, on ne sait plus où on en est. Pas vrai, Rocher ? » — « D'abord », dit Rocher en regardant un à un ses interlocuteurs d'un air coléreux, « faut bien le dire : les Pruscos, rapport à nous, eh bien, ça n'existe pas ! » — « Chef ! » crie un gendarme, « la colonne qui repart ! » — « Oui ? Alors, en avant ! » Les gradés regagnent leurs places en courant. « Serrez, là-bas ! Serrez ! » — « En avant ! » — « Au revoir, et bonne chance ! » crie le brigadier, en passant devant les dragons.

La colonne s'est remise en route. Sans autre arrêt, elle pénètre dans le bourg, emplissant la chaussée de ses rangs compacts, de son piétinement de troupeau. L'allure de la marche s'est ralentie. Le ballottement du brancard est moins douloureux. Jacques regarde. Des maisons... Est-ce le terme de son martyre !...

Sur les seuils, les habitants se tiennent debout, par groupes ; des hommes âgés, des femmes qui portent des enfants, des gosses accrochés aux jupons de leurs mères. Depuis des heures, depuis l'aube peut-être, le dos collé au mur, le cou tendu, le visage soucieux, aveuglés de poussière et de soleil, ils sont là et regardent couler à pleine rue cet interminable défilé de voitures régimentaires, de trains de combat, de sections sanitaires, de convois d'artillerie, de régiments harassés, toute cette belle « armée de couverture » qu'ils avaient vue, avec confiance, monter, les jours précédents, vers la frontière, et qui maintenant recule en désordre, les laissant à la merci de l'invasion... La ville, étouffée sous la poussière, fume au soleil comme un chantier de démolition. Un bourdonnement de ruche pillée emplit les rues, les ruelles, les cours. Les boutiques sont envahies de soldats qui raflent ce qui reste de pain, de charcuterie, de vin. La place de l'église est grouillante d'hommes, de convois arrêtés. Des dragons, tenant leurs chevaux par la bride, sont massés sur la droite, où il y a un peu d'ombre. Un commandant, rouge, furieux, se penche sur l'encolure de son cheval pour invectiver un vieux garde champêtre, en uniforme d'opérette. Le portail central de l'église est ouvert à deux vantaux. Dans le clair-obscur de la nef, sur une litière de paille, s'alignent des blessés, autour desquels s'agitent des femmes, des infirmiers, des majors en tablier blanc. Dehors, sur une charrette, en plein soleil, un sergent-fourrier hurle dans le tumulte : « La 5e ! Distribution !... » La colonne avance de plus en plus lentement. Derrière l'église, la grand-rue se rétrécit, forme un boyau. Les rangs se tassent, les hommes piétinent sur place, en jurant. Un vieux, dans un fauteuil garni d'oreillers, est assis devant sa porte, comme au spectacle, une main sur chaque genou. Au passage, il interpelle le brigadier : « C'est-il encore loin que vous reculez comme ça ? » — « Sais pas. On attend des ordres. » Le vieux promène un instant sur le brancard, sur les gendarmes, son regard clair comme de l'eau, et branle la tête d'un air désapprobateur : « J'ai vu tout ça, en 70... Mais, nous, on avait tenu plus longtemps... »

Jacques croise le regard apitoyé du vieux. Douceur...

La colonne continue à avancer. Elle a maintenant dépassé le centre du bourg. « Paraît qu'on fait halte là-bas, aux dernières maisons », explique le brigadier, qui vient d'interroger un lieutenant de gendarmerie. — « Ça vaut mieux », dit Marjoulat, « on sera les premiers à repartir. » Le pavé cesse : la rue redevient une route, large, sans trottoirs, bordée de maisons basses et de jardinets. « Halte ! Laissez passer les voitures ! » Les trains régimentaires continuent à avancer. « Vous autres », dit le brigadier, « cherchez voir si la roulante, des fois, n'aurait pas suivi... Il fait faim... Moi, je reste là, avec Paoli, rapport à *Fragil*... »

Le brancard a été posé sur l'accotement, près d'un abreuvoir où les soldats de toutes armes viennent emplir leurs bidons. L'eau, remuée, jaillit par-dessus la margelle, coule en rigoles... Jacques ne peut détacher les yeux de ce ruissellement. Il a dans la bouche un atroce goût de fer. Sa salive est comme du coton humide... « Veux-tu boire, petit ? » Miracle ! Un bol blanc luit entre les mains d'une vieille paysanne. Autour, un attroupement s'est formé. Des soldats, des civils, des vieux à peau tannée, des gamins, des femmes. Le bol s'approche des lèvres de Jacques. Il tremble... Son regard remercie, comme celui d'un chien. Du lait !... Il boit, douloureusement, gorgée par gorgée. Avec un coin de tablier, la vieille lui essuie le menton à mesure.

Un médecin à trois galons, qui passait, s'est approché : « Un blessé ? » — « Oui, Monsieur le major. Pas intéressant... Un espion... Un *alboche*... » La vieille paysanne s'est redressée comme un ressort ; d'un coup sec, elle vide le reste de son bol dans la poussière. « Un espion... un *alboche*... » Les mots courent de bouche en bouche. Autour de Jacques, le cercle se resserre, hostile, menaçant. Il est seul, ligoté, sans défense. Il détourne les yeux. Une brûlure à la joue le fait tressaillir. On ricane. Il aperçoit, au-dessus de lui, le buste d'un apprenti, en cotte bleue. L'enfant rit méchamment ; il tient encore entre les doigts un mégot incandescent. « Laisse-le tranquille ! » gronde le brigadier. — « Pisque c'est un espion ! » réplique le gamin. — « Un espion ! Viens voir ! Un espion !... » Des gens sont sortis des maisons voisines, et forment un groupe haineux, que les gendarmes ont peine à tenir à distance. « Qu'est-ce qu'il a fait ? » — « Où l'a-t-on pris ? » — « Pourquoi qu'on ne lui fait pas son affaire ? » Un gosse ramasse une poignée de cailloux, et la lance. D'autres l'imitent. « Assez ! Foutez-nous la paix, vingt dieux ! » crie le brigadier, mécontent. Et, s'adressant à Paoli : « Transportons-le là, dans la cour. Et tu fermeras la barrière. »

Jacques se sent soulevé, emporté. Il ferme les yeux. Les injures, les ricanements s'éloignent.

Silence... Où est-il ? Il hasarde un regard. On l'a mis à l'abri, hors de vue, dans la cour d'une ferme, à l'ombre d'un hangar qui sent le foin chaud. Près de lui, une vieille calèche dresse en l'air deux moignons de brancards, sur lesquels dorment des poules. Ombre silencieuse !... Personne... Mourir là...

L'irruption des gendarmes l'éveille brutalement. Les poules s'enfuient avec des caquettements effarouchés, de grands battements d'ailes.

Que se passe-t-il ? De tous côtés, des appels, des galopades, un branle-bas général. Le brigadier endosse précipitamment sa tunique, son harnachement. « Allez ! Prenez-moi *Fragil*... Et en vitesse !... » De l'autre côté de la cour, il y a une ruelle où passe au trot une file de voitures d'ambulance. « Chef, ils déménagent même le poste de secours. » — « Je vois bien. Où est Marjoulat ? Pressons, Paoli... Quoi encore ? Du génie, maintenant ? » Deux camionnettes sont entrées dans la cour, suivies d'un détachement de soldats. Les hommes déchargent en hâte des piquets, des rouleaux de fil de fer. « Les chevaux de frise, dans ce coin-là... Le reste par ici... Vite ! » Le brigadier, inquiet, interroge le sergent qui surveille la corvée. « Ça va donc si mal que ça ? » — « Faut croire !... Nous, on vient fortifier la position... Paraîtrait qu'*ils* occupent déjà les Vosges... Qu'*ils* descendent sur Belfort... Paraîtrait qu'on parle de capituler, pour éviter l'occupation... » — « Sans blague ? Alors, ça serait fini pour nous ? » — « En attendant, feriez pas mal de mettre les voiles, vous autres... On fait filer les habitants. Dans une heure, faut que le village soit évacué... » Le brigadier s'est retourné vers ses gendarmes : « Et *Fragil*, à qui le tour ? Marjoulat, pas le moment de lambiner ! Vite ! » Le bruit des moteurs emplit la cour. Les camionnettes, vidées, font demi-tour. La voix d'un capitaine domine le tumulte : « Rassemblez-moi tout ce que vous pourrez trouver de charrues, de herses... même les faucheuses... Allez dire au lieutenant qu'il empêche les civils d'emmener les tombereaux. On en aura besoin pour barricader les routes... » — « Eh bien, Marjoulat ! » crie le brigadier. — « Voilà, chef... »

Quatre bras empoignent le brancard. Jacques geint. Les gendarmes rejoignent rapidement la route, où la colonne, reformée, est déjà en marche. Les rangs sont si serrés qu'il n'est pas facile de pénétrer dans cette cohue avec un brancard.. « Pousse ! Faut nous faire notre place là-dedans, coûte que coûte ! » —

« Basta ! » grogne Paoli, « on pourra tout de même pas marcher des jours en traînant ce coco-là avec nous ! »

Des secousses... des secousses... toutes les douleurs réveillées...

Le village est en plein désarroi. Dans les cours des maisons, ce ne sont qu'appels, cris, lamentations. Les paysans attellent en hâte leurs carrioles. Les femmes y entassent pêle-mêle des ballots, des malles, des berceaux, des paniers de provisions. Beaucoup de familles fuient à pied, mêlées aux soldats, poussant devant elles des brouettes, des voitures d'enfant, remplies d'objets disparates. Sur la gauche de la route, des convois de munitions, des prolonges traînées par de gros percherons, roulent au trot, dans un fracas d'enfer. De toutes les ruelles affluent des charrettes, tirées par des ânes, des chevaux. De vieilles femmes, des enfants y sont juchés sur des empilades de meubles, de caisses, de matelas. Les attelages civils se glissent au milieu des trains régimentaires qui vont au pas et dont la file occupe le centre de la chaussée. Les fantassins, repoussés sur la droite, marchent où ils peuvent, sur l'accotement, dans le fossé. Le soleil tape dur. Dos courbé, képi en arrière, un mouchoir sur la nuque, chargés comme des bêtes de somme (certains ont jusqu'à des fagotins de bois mort en travers des épaules), ils vont, d'un pas hâtif et lourd, sans parler. Ils ont perdu leur régiment. Ils ne savent d'où ils viennent ni où ils vont ; peu leur importe : huit jours de guerre, ils ont depuis longtemps déjà renoncé à comprendre ! Ils savent seulement qu' « on se débine » ; et ils suivent... La fatigue, la peur, la honte et la satisfaction de fuir, leur font à tous le même masque farouche. Ils ne se connaissent pas, ils ne se parlent pas ; quand ils se heurtent, ils échangent un juron ou un propos hargneux...

Jacques ouvre et ferme les yeux, au gré des secousses. Les souffrances des jambes se sont plutôt atténuées pendant ce court répit, à l'ombre du hangar ; mais, dans sa bouche enflammée, ce sont des élancements continuels... Autour de lui oscillent des torses, des fusils ; la poussière, la touffeur de ce bétail humain, le suffoquent ; la houle de ces corps qui se balancent en désordre provoque dans son estomac vide des nausées de mal de mer. Il n'essaie pas de réfléchir. Il est une chose abandonnée de tous, et de lui-même...

La marche continue. La route se rétrécit entre deux talus. A tout instant, il y a un embouteillage, un arrêt ; et chaque fois, le brancard posé à terre heurte rudement le sol ; et, chaque fois, Jacques rouvre les yeux et geint. « Basta », bougonne le petit Corse, « à ce train-là, chef, les Pruscos n'auront pas de mal à nous... » — « Allez donc », crie le brigadier, qui s'énerve, « vous voyez bien qu'on ravance ! » La colonne s'ébranle de nouveau, fait, cahin-caha, une cinquantaine de mètres et stoppe encore. Les gendarmes se trouvent arrêtés au croisement d'un chemin de terre, où une compagnie de fantassins attend, massée, l'arme à la bretelle. Des officiers, groupés autour du capitaine, se concertent et consultent leurs cartes, debout sur le talus. Le brigadier interroge un adjudant qui s'est approché curieusement du brancard. « Où que vous allez, vous autres ? » — « Sais pas... Le capiston attend des ordres. » — « Ça la fout mal, hein ? » — « Oui, plutôt... Paraît qu'on a signalé des uhlans, au nord... » Un officier s'est avancé au bord du talus. Il crie : « Arme à la main ! Par quatre, derrière moi ! » Et, laissant à sa gauche la route encombrée, il emmène ses hommes à travers les prés parallèlement à la route. « Pas bête, celui-là, chef ! L'est sûr d'être avant nous à l'étape ! » Le brigadier mâchonne sa moustache et ne répond pas.

L'arrêt se prolonge. La colonne paraît sérieusement bloquée. Même les trains d'artillerie, sur la gauche, sont immobilisés. Une section de cyclistes, machines à la main, essaie de se faufiler entre les voitures ; mais elle s'enlise, elle aussi, dans cet entassement inextricable.

Vingt minutes passent. La colonne n'a pas avancé de dix mètres. A droite, dans la campagne, des formations d'infanterie font retraite vers l'ouest, sans se soucier des routes. Le brigadier, nerveux, fait un signe à ses gendarmes. Les têtes se rapprochent au-dessus du brancard pour un conciliabule à voix basse. « Vingt dieux, on peut tout de même pas rester toute la journée là, à faire les zouaves... N'ont qu'à faire marcher leur colonne, s'ils veulent qu'on suive leur route... Moi, j'ai une mission particulière, est-ce pas ? Faut livrer ce coco-là à la gendarmerie du corps, ce soir... Je prends tout sur moi. Suivez. Hop ! » Sans perdre une seconde, les gendarmes obéissent : bousculant les soldats qui les entourent, ils ont empoigné le brancard, franchi le fossé, grimpé le talus, et ils s'élancent à travers champs, abandonnant la route et ses convois paralysés.

Le saut du fossé, l'ascension du talus, ont arraché à Jacques, un long, un rauque gémissement. Il tord la nuque ; il essaie d'entrouvrir ses lèvres tuméfiées... Une nouvelle secousse... Une autre encore... Le ciel, les arbres, tout vacille... L'avion flambe ; ses pieds sont deux torches ; la mort, une mort atroce, le saisit aux jambes, aux cuisses, monte jusqu'au cœur... Il s'évanouit.

Brusquement heurté, il reprend conscience. Où est-il ? Le brancard est posé dans l'herbe. Depuis combien de temps ? Cette fuite lui semble durer depuis des jours... La lumière a changé, le soleil est plus bas, la journée s'achève... Mourir... L'excès de la douleur l'engourdit comme une drogue. Il lui semble qu'il est enseveli sous terre, à une profondeur où les chocs, les sons, les voix, ne parviennent qu'étouffés, lointains. A-t-il dormi ? rêvé ? Il a gardé la vision d'un bosquet d'acacias où broutait une chèvre blanche ; d'un pré marécageux où les bottes des gendarmes enfonçaient, l'éclaboussant de boue... Il ouvre tout grands les yeux, il cherche à voir. Marjoulat, Paoli, le brigadier, ont mis un genou en terre. Devant, à quelques mètres, un grand tas qui bouge : une compagnie de fantassins couchée : les sacs, imbriqués les uns dans les autres, forment une gigantesque carapace qui tressaille dans l'herbe.

Un capitaine, debout derrière ses hommes, inspecte l'horizon à la jumelle. Vers la gauche, un coteau : une prairie en pente, sur laquelle un bataillon bleu et rouge s'est déployé en éventail et couché, pareil à un jeu de cartes sur un tapis vert...

— « Qu'est-ce qu'on attend, chef ? » — « Des ordres. » — « S'il fallait courir », dit Marjoulat, « comment qu'on ferait pour suivre, nous autres, avec *Fragil* ? »

Le capitaine s'est approché du brigadier et lui prête sa jumelle. Soudain, sur la droite, des foulées de chevaux : un peloton de cavaliers, avec, en tête, un sous-off' de dragons, droit sur ses étriers, la crinière au vent. Le sous-off' s'est arrêté près du capitaine. Il a des traits d'enfant, un visage animé, joyeux. Sa main gantée se tend vers la droite : « *Ils* sont là... Derrière la colline... Trois kilomètres... La division de soutien doit être engagée, maintenant ! »

Il a parlé haut. Jacques l'a aperçu. L'image de Daniel, avec son casque, traverse sa torpeur...

Un cliquetis métallique vibre dans l'air : sans attendre le commandement, les soldats du dernier rang, qui ont entendu, mettent baïonnette au fusil ; leur geste se propage de proche en proche, faisant jaillir du sol un champ de tiges luisantes ; et toutes les têtes se soulèvent, tous les regards sont tournés vers la sinistre « colline », où le ciel est doré, paisible, pur... D'un signe, le sous-off' rassemble ses cavaliers, dont les chevaux piétinent l'herbe grasse, et le peloton repart, au trot. Le capitaine crie : « Dites qu'on nous envoie des ordres ! » Il se tourne vers le brigadier : « Vous avez déjà vu ça, vous ? A gauche, pas de liaison ! A droite, non plus ! Qu'est-ce qu'ils veulent qu'on foute, dans cette pagaïe ? » Il s'éloigne pour rejoindre ses hommes. « Faut pas rester ici, chef, voyons... », balbutie Marjoulat. — « Hé », dit Paoli, « voilà qu'ils bougent, là-bas ! » En effet : rangée après rangée, par bonds successifs, le bataillon qui était éployé dans le pâturage, gagne le haut du coteau ; et, chacune à leur tour, chaque rangée de soldats disparaît de l'autre côté du versant. « En avant ! » crie le capitaine. — « Nous aussi, en avant ! » dit le brigadier.

Le brancard est soulevé, secoué. Jacques gémit. Nul ne l'écoute, nul ne l'entend. Ah, qu'on le laisse... qu'on le laisse mourir là... Il ferme les yeux. Oh, ces chocs... Tous les cinquante mètres, le brancard tombe violemment dans l'herbe ; les gendarmes, agenouillés, soufflent une minute, et repartent. A droite, à gauche, des soldats, par bonds, gravissent à leur tour le coteau. Les gendarmes arrivent enfin à quelques mètres de la crête. Le capitaine est là. Il explique : « De l'autre côté, au fond du ravin, il doit y avoir un bois, et un chemin... On doit pouvoir se défiler sous bois, vers le sud-ouest. Faut faire vite... Passé la crête, on est en vue... » C'est au tour de la dernière fraction de fantassins. « En avant ! » — « Suivons ! » crie le brigadier. Le brancard, arraché encore une fois au sol, atteint la ligne de crête.

Un pré, coupé d'arbustes, dévale vers une gorge boisée, au-delà de laquelle commencent des bois, qui bornent l'horizon. « Y a qu'à dégringoler tout droit, au plus court ! En avant ! » Soudain, un long sifflement déchire l'air : un bruit grinçant, en vrille, qui s'enfle, s'enfle... Le brancard, une fois de plus, tombe lourdement dans l'herbe. Les gendarmes se sont aplatis sur le sol, parmi les soldats. Chacun n'a qu'une pensée : se faire le plus plat possible, s'enfouir dans la terre, comme s'ensablent les soles à marée basse. Une explosion sourde et violente éclate, en avant, de l'autre côté du ravin, dans les bois. Les visages ont une expression de panique. « On est repéré ! » — « Avance donc ! » — « On va se faire bousiller, dans leur bois ! » — « Au ravin ! Au ravin ! » Les hommes se relèvent d'un coup de reins et bondissent sur la pente, profitant du moindre arbuste, du moindre pli de terrain, pour s'écraser contre le sol, avant de bondir de nouveau. Les gendarmes suivent, ballottant, disloquant le brancard. Ils atteignent enfin la bordure du bois. Jacques n'est plus qu'un paquet de chairs meurtries, inertes. Pendant la descente, tout le poids du corps a porté sur les jambes cassées. Les sangles lui entrent dans les bras, dans les cuisses. Il n'a plus conscience de rien. Au moment où le brancard pénètre comme un projectile à travers les sapins de la lisière, il entrouvre une seconde les yeux, cinglé par les branches, criblé de piqûres, écorché au visage, aux mains. Puis c'est un brusque apaisement. Il lui semble perdre la vie comme on perd son sang, d'une coulée tiède, écœurante... Vertige... Chute dans le vide... L'avion, les tracts...

Un sifflement de fusée s'élève, se rapproche, et passe... Jacques ouvre et referme les yeux... Bourdonnement humain... Ombre, immobilité...

Le brancard gît sous bois, sur un sol d'aiguilles de

sapin. Tout autour, une agitation indistincte... Entassés torse contre torse, et si près les uns des autres qu'ils semblent soudés en une masse compacte, les fantassins, debout, engoncés dans leurs équipements, paralysés par leurs fusils et leurs sacs qui s'accrochent au feuillage, piétinent sur place sans pouvoir avancer ni se tourner : « Poussez pas ! » — « Qu'est-ce qu'on attend ? » — « On a envoyé des patrouilles. » — « Faut bien voir si les bois sont sûrs ! » Des officiers, des sous-off' se démènent, sans parvenir à regrouper leurs hommes : « Silence ! » — « Sixième, à moi ! » — « Deuxième !... » Contre le brancard, un soldat s'est adossé à un sapin, et, d'un coup, le sommeil l'a pris, comme une mort. Il est jeune ; les traits sont creusés, le teint est grisâtre ; son bras raidi serre machinalement le fusil contre sa hanche : il a l'air de présenter les armes. « Paraît que le troisième bat' est parti en flanc-garde, pour protéger... » — « Par là, mes p'tits gars ! par là ! » C'est un caporal, un paysan trapu qui entre sous bois, traînant son escouade derrière lui, comme une poule ses poussins.

Un lieutenant enjambe le brancard. Il a cet air arrogant et peureux du chef débordé, prêt à tout pour sauver son prestige. « Les gradés, faites faire silence ! Voulez-vous obéir, oui ou merde ? Première section, rassemblement ! » Les soldats, en rechignant, tentent de se mouvoir : ils ne demandent qu'à retrouver leurs chefs, leurs camarades, pour se sentir de nouveau pris en charge, encadrés. Il y en a qui rient, sottement rassurés par l'horizon limité du sous-bois : comme si la guerre était restée là-bas, de l'autre côté de la lisière, en terrain découvert. Par instants, un agent de liaison, suant, essoufflé, rageur, ne trouvant jamais celui qu'il cherche, se fraie un passage, avec des jurons, et disparaît parmi les arbustes et les hommes, après avoir jeté, d'un air hagard, un numéro de régiment ou le nom d'un colonel... Un nouveau sifflement, plus sourd, plus sec, passe par-dessus les arbres. Brusque silence : les épaules plient, les nuques se tassent contre les sacs. Cette fois, l'explosion est sur la droite... « Ça, c'est un 75 ! » — « Non ! Ça, c'est un 77 !... » Les gendarmes, groupés autour du brancard comme autour de leur raison d'être, forment un îlot fixe, contre lequel la houle humaine vient battre.

A l'orée du bois, une voix jaillit soudain : « Hausse à 1 800 mètres !... la ligne de crête... le boqueteau noir... A mon commandement ! Feu !... » Une salve nourrie ébranle l'air. Sous bois, le silence s'est fait. Une nouvelle salve éclate. Puis des coups partent, un à un, de plus en plus nombreux. Tous ceux qui sont près de la lisière se sont tournés vers la prairie, et, sans avoir reçu d'ordre, heureux d'agir, ils épaulent au hasard, et tirent à travers le feuillage. Le jeune soldat qui tout à l'heure dormait contre l'arbre, agenouillé maintenant au pied du brancard, tire sans arrêt, avec application, le fusil calé dans la fourche de deux branches. Chaque coup cingle Jacques, comme une lanière de fouet ; mais il n'a plus la force d'ouvrir les yeux.

Sur la droite, soudain, le galop de quelques chevaux... Un groupe d'officiers montés, deux commandants, un colonel, font irruption sous bois, dans un fracas d'arbustes cassés. Une voix glapissante domine le crépitement du tir : « Qui a donné l'ordre ? Vous êtes fous ? Sur quoi tirent-ils ? Vous voulez faire repérer toute la brigade ? » De tous côtés les gradés hurlent : « Cessez le feu ! Rassemblement ! » Le tumulte s'arrête brusquement. Obéissant à un élan collectif, tous ces hommes entassés et qui semblaient à jamais prisonniers de leur enchevêtrement, réussissent à se dégager, à se tourner dans le même sens ; ils se pressent, s'entrechoquent, se poussent en silence, et bientôt, comme un vol d'oiseaux migrateurs, ils s'ébranlent lentement dans la direction du sud, derrière le peloton des officiers supérieurs. Le tintement des marmites, des quarts, des gamelles, qu'accompagne le piétinement sourd des godillots sur le sol feutré, emplit le sous-bois d'une rumeur de troupeau. Une poussière résineuse monte, en un nuage roux, à travers les sapins.

— « Et nous, chef ? » Le brigadier a déjà pris sa décision : « Nous, faut suivre ! » — « Avec *Fragil* ? » — « Parbleu !... Allez ! Derrière moi, en avant ! » Et, sans plus attendre, comme s'il marchait à l'attaque, il se coule dans le flot, immédiatement suivi par les deux gendarmes libres. Les deux autres ont prestement soulevé Jacques. « Tu y es, Marjoulat ? » souffle Paoli. Il cherche à se glisser dans le courant ; mais le flot humain est encore si dense que, à chaque tentative, le brancard est impitoyablement repoussé. « Faut attendre que ça s'espace un peu », conseille Marjoulat. — « Basta ! » dit le Corse en lâchant brutalement le pied du brancard. « Alors, faut que je rattrape le chef, pour lui dire qu'il attende... » — « Hé, Paoli, tu vas pas me laisser là ! » crie le vieux gendarme, en lâchant à son tour le brancard. Mais Paoli est déjà hors d'appel : agile comme une anguille, il s'est faufilé dans la cohue, et son képi bleu, sa courte nuque hâlée ont aussitôt disparu. « Nom de Dieu ! » fait Marjoulat. Il se penche vers Jacques, comme il faisait pour lui donner à boire. Un éclair de rage luit dans ses yeux : « Tu nous en auras fait voir, salaud ! » Mais Jacques ne l'entend pas. Il a perdu connaissance.

Le gendarme écarte les branches, et cherche à saisir un fantassin par sa patte d'épaule : « Aide-moi à porter ça ! » — « Pas brancardier », fait l'autre, en se dégageant d'un coup sec. Le gendarme avise un gros blond, à l'air bonasse : « Un coup de main, vieux ! » — « Penses-tu ! » — « Quoi faire de ce coco-là », murmure Marjoulat. Il a tiré son mouchoir, et s'éponge machinalement la figure.

Bientôt, le flot est moins compact. Si Paoli revenait, on pourrait avancer, c'est sûr ! « Mon capitaine ! » balbutie Marjoulat. Un officier passe, tirant un cheval par la bride ; il regarde devant lui, sans même tourner la tête... Ceux qui défilent maintenant sont des retardataires. Ils se hâtent, en débandade, tête basse, épuisés, tirant la jambe, inquiets d'être à la traîne. Inutile d'essayer : aucun d'eux ne voudra s'encombrer d'un brancard...

Soudain, de l'autre côté de la lisière, dans la prairie, des voix, une course précipitée... Marjoulat s'est retourné, tout pâle : d'instinct, ses doigts ouvrent l'étui de son revolver et saisissent la crosse. Non ! des voix françaises : « Par là ! Par là !... » Un blessé surgit entre les sapins. Il court comme un somnambule, le front bandé, la figure exsangue. A sa suite, une dizaine de fantassins font irruption dans le taillis. Sans sacs, sans armes : de petits blessés, eux aussi, un bras en écharpe, une main, un genou, entourés de linges. « Alors, vieux, c'est par là, dis ? On peut filer par là ?... Sont pas loin, tu sais ! » — « Pas... pas loin ? » bégaie Marjoulat.

Les branches s'écartent de nouveau : un major paraît, à reculons. Il fraie le passage à deux infirmiers qui portent sur leurs mains nouées en forme de siège un gros homme, nu-tête, au teint cadavérique, les yeux clos ; sa tunique d'officier est ouverte ; quatre galons ; le ventre bombe sous la chemise tachée de sang. « Doucement... doucement... » Le major aperçoit le gendarme, et Jacques à ses pieds. Il se retourne vivement : « Une civière ! Qu'est-ce que c'est ? Un civil ? Un blessé ? » Marjoulat, au garde-à-vous, bredouille : « Un espion, Monsieur le major... » — « Un espion ? Manquerait plus que ça !... Besoin de la civière pour le commandant... Allez, ouste ! »

Le gendarme, docile, commence à déboucler les sangles, à dénouer les liens. Jacques tressaille, bouge une main, ouvre les yeux... Un képi de major ? Antoine ?... Il fait un effort surhumain pour comprendre, pour se souvenir. On va le délivrer, lui donner à boire... Mais que lui fait-on ? Le brancard se soulève ! Aïe !... Pas si fort ! Les jambes !... Une souffrance atroce : malgré les planchettes, ses tibias fracturés lui entrent dans les chairs, des pointes rougies à blanc lui fouillent les moelles... Nul n'a vu ses lèvres tordues de douleur ni son regard dilaté d'épouvante... Versé mollement hors du brancard comme d'une brouette qu'on vide, il s'effondre sur le côté, avec un rauque gémissement. Un froid soudain, un froid qui vient des jambes, monte, avec une lenteur mortelle, jusqu'au cœur...

Le gendarme n'a pas protesté. Il regarde avec effroi autour de lui. Le major examine sa carte, tandis que les infirmiers installent hâtivement sur le brancard le commandant aux yeux clos et dont la chemise est devenue rouge. Marjoulat balbutie : « Sont pas loin, Monsieur le major ? » Un brusque ululement aigu, traînant, déchire l'air, brutalement suivi d'un éclatement, tout proche, qui fait sauter le cerveau dans la boîte crânienne. Et, presque aussitôt, venant de la prairie, le crépitement d'un feu de salve.

— « En avant ! » crie le major. « On va se faire prendre entre deux feux... Sommes foutus si nous restons là ! »

Marjoulat, comme les autres, s'est aplati par terre au moment de l'explosion. Il a du mal à se remettre debout. Il aperçoit la civière qu'on emporte, le détachement des blessés qui s'enfonce dans le bois. Il hurle, d'une voix étranglée d'angoisse : « Eh bien ? Et moi ? Et *Fragil* ?... » Le vieux sous-off' au bras bandé, qui ferme la marche, se retourne, sans s'arrêter. « Et moi ? » répète Marjoulat, suppliant. « T'en vas pas... Qu'est-ce que je vais en foutre, de ce coco-là ? » Le sous-off', un rengagé, un ancien colonial à peau tannée, fait un porte-voix de sa main valide : « Belle camelote, ton espion ! Fous-y son compte, imbécile ! Et débine-toi, si tu ne veux pas être fait comme un rat ! »

— « Nom de Dieu de nom de Dieu ! » glapit le gendarme.

Maintenant, il est seul : seul avec ce demi-cadavre, versé sur le flanc, les yeux clos. Tout autour, un silence solennel, anormal... *Sont pas loin... Fous-y son compte...* L'œil peureux, il glisse la main dans son étui à revolver. Ses cils battent. La peur d'être pris lutte avec la peur de tuer. Il n'a jamais tué ; pas même une bête... Sans doute, à ce moment-là, si les yeux du blessé s'étaient une fois encore entrouverts, s'il avait fallu que Marjoulat affronte un regard vivant... Mais ce profil blême d'où la vie semble s'être déjà retirée, cette tempe qui s'offre, à plat... Marjoulat ne regarde pas. Il crispe les paupières, les mâchoires, et allonge le bras. Le canon touche quelque chose. Les cheveux ? L'oreille ?... Pour se donner le courage — pour se justifier aussi — les dents serrées, il crie :

— « Fumier ! »

Cri et coup sont partis en même temps.

Libre ! Le gendarme se redresse, et, sans se retourner, bondit dans le taillis. Les branches lui fouettent la figure ; le bois mort craque sous ses bottes. A travers le fourré, le sillage de la retraite a tracé un chemin. Les camarades sont proches... Sauvé ! Il court. Il fuit le danger, sa solitude, son meurtre... Il retient son souffle pour galoper plus vite ; et, à chaque nouveau bond, pour exhaler sa rancune et sa peur, il répète, sans desserrer les dents :

— « Fumier !... Fumier !... Fumier !... »

ÉPILOGUE

I

— « Pierret ! T'entends pas le téléphone ? »
Le planton au secrétariat, profitant de l'heure matinale où les médecins et les malades, occupés par le traitement, laissaient le rez-de-chaussée vacant, humait l'odeur des jasmins, penché à la balustrade de la véranda. Il jeta précipitamment sa cigarette, et courut décrocher le récepteur.
— « Allô ! »
— « Allô ! Ici, le bureau de Grasse. Un télégramme pour la clinique du Mousquier. »
— « Minute... », fit le planton, en attirant à lui le bloc et le crayon. « J'écoute. »
La buraliste avait déjà commencé à dicter :
— « PARIS — 3 MAI 1918 — 7 H 15 — DOCTEUR THIBAULT — CLINIQUE DES GAZÉS — LE MOUSQUIER PRÈS GRASSE — ALPES-MARITIMES — Vous y êtes ? »
— « MA-RI-TIMES », répéta le planton.
— « Je continue : TANTE DE WAIZE... W comme Wladimir, A, I, Z, E... TANTE DE WAIZE DÉCÉDÉE — ENTERREMENT ASILE DIMANCHE 10 HEURES — TENDRESSES — Signature : GISE. C'est tout. Je relis... »

Le planton sortit du hall et se dirigea vers l'escalier. A ce moment, un vieil infirmier, en tablier blanc, tenant un plateau, parut à la porte de l'office.

— « Tu montes, Ludovic ? Porte-moi donc ce télégramme au 53. »

Le 53 était vide ; le lit fait, la chambre rangée. Ludovic s'approcha de la croisée ouverte et inspecta le jardin : le major Thibault n'y était pas. Quelques malades valides, en pyjamas bleus et en espadrilles, un calot de soldat ou d'officier sur la tête, allaient et venaient au soleil, en devisant ; d'autres, alignés contre la rangée des cyprès, lisaient les journaux, étendus à l'ombre sur des sièges de toile.

L'infirmier reprit son plateau, où refroidissait un bol de tisane, et entra au 57. Depuis une quinzaine, le « 57 » ne se levait plus. Dressé sur les oreillers, le visage en sueur, les traits tirés, la barbe pas faite, il respirait péniblement et son souffle rauque s'entendait du couloir. Ludovic versa deux cuillerées de potion dans le bol, soutint la nuque pour aider le malade à boire, vida le crachoir dans le lavabo ; puis, après quelques paroles d'encouragement, partit à la recherche du docteur Thibault. Par acquit de conscience, avant de quitter l'étage, il entrouvrit la porte du 49. Le colonel, allongé sur une chaise longue de rotin, son crachoir près de lui, faisait un bridge avec trois officiers. Le major n'était pas parmi eux.

— « Il doit être à l'inhalation », suggéra le docteur Bardot, que Ludovic croisa au bas de l'escalier. « Donnez, j'y vais. »

Plusieurs malades, assis, la tête encapuchonnée de serviettes, étaient penchés sur les inhalateurs. Une vapeur qui sentait le menthol et l'eucalyptus emplissait la petite salle chaude et silencieuse, où l'on se voyait à peine.

— « Thibault, une dépêche. »

Antoine sortit de sous les linges sa figure congestionnée, ruisselante de gouttelettes. Il s'épongea les yeux, prit avec étonnement le télégramme des mains de Bardot, et le déchiffra.

— « Grave ? »

Antoine secoua négativement la tête. D'une voix creuse, étouffée, sans timbre, il articula :

— « Une vieille parente... qui vient de mourir. »

Et, glissant le papier dans la poche de son pyjama, il disparut de nouveau sous les serviettes.

Bardot lui toucha l'épaule :

— « J'ai le résultat de l'examen chimique. Viens me trouver quand tu auras fini. »

Le docteur Bardot était de la même génération qu'Antoine. Ils s'étaient connus à Paris, jadis, alors qu'ils commençaient l'un et l'autre leur médecine. Puis, Bardot avait dû interrompre ses études pour aller se soigner deux ans dans les montagnes. Guéri, mais contraint à des ménagements et redoutant les hivers parisiens, il avait pris ses diplômes à la Faculté de Montpellier, et s'était spécialisé dans les affections pulmonaires. La déclaration de guerre l'avait trouvé à la direction d'un sanatorium dans les Landes. En 1916, le professeur Sègre, dont il avait été l'élève à Montpellier, l'avait demandé pour collaborateur à l'hôpital de gazés qu'il était chargé de créer dans le Midi ; et ils avaient fondé ensemble cette clinique du Mousquier, près de Grasse, où plus de soixante soldats et une quinzaine d'officiers étaient actuellement en traitement.

C'est là qu'Antoine, ypérité à la fin de novembre 17 au cours d'une inspection sur le front de Champagne, avait échoué, au début de l'hiver, après avoir été soigné sans succès dans divers services de l'arrière.

Au Mousquier, dans le pavillon réservé aux officiers, Antoine se trouvait être l'unique major atteint par les gaz. Leurs communs souvenirs d'adolescence rapprochèrent tout naturellement les deux médecins, bien qu'ils fussent de tempéraments assez différents : Bardot était plutôt un méditatif, d'esprit appliqué, peu entreprenant, de volonté faible ; mais, comme Antoine, il avait la passion de la médecine, et une conscience professionnelle exigeante. Ils s'aperçurent vite qu'ils parlaient la même langue ; des liens d'amitié se nouèrent entre eux. Bardot, à qui le professeur Sègre laissait toute la besogne, ne sympathisait qu'à demi avec son assistant, le docteur Mazet, un ancien major de l'armée coloniale, affecté à la clinique du Mousquier après de graves blessures. Il prit d'autant plus de plaisir à confier ses idées, ses hésitations, à Antoine ; à le consulter, à le tenir au courant de ses recherches, dans cette thérapeutique naissante où tant de points restaient encore obscurs. Bien entendu, il ne pouvait être question qu'Antoine secondât Bardot dans sa tâche : il était trop sérieusement touché, trop préoccupé de lui-même, trop souvent arrêté par des rechutes, trop accaparé par les soins méticuleux qu'exigeait son état, mais cet état ne l'empêchait pas de porter un constant intérêt au cas des autres malades ; et, dès qu'une amélioration passagère lui rendait quelque force, quelque liberté d'esprit, quelques loisirs, il se montrait aux consultations de Bardot, prenait part à ses expériences, assistait même parfois aux conférences qui, chaque soir, réunissaient Bardot et Mazet dans le cabinet du professeur Sègre. Grâce à quoi, cette atmosphère d'hôpital, où il ne menait pas exclusivement l'existence d'un malade, mais par instants aussi celle d'un médecin, lui était devenue moins pénible : il ne s'y trouvait pas complètement sevré de ce qui, depuis quinze ans, en temps de paix comme en temps de guerre, avait toujours été sa vraie, sa seule raison de vivre.

Dès qu'il eut terminé ses inhalations, Antoine noua un foulard autour de son cou pour se prémunir contre un trop brusque changement de température, et partit retrouver le docteur, qui, chaque matin, passait une demi-heure à l'annexe, pour surveiller en personne les exercices de gymnastique respiratoire qu'il ordonnait à certains gazés.

Bardot, debout au milieu de ses malades, présidait cette cacophonie essoufflée et rauque, avec une attention souriante. Il dépassait les plus grands d'une demi-tête. Une calvitie précoce lui dégageait le front et le grandissait encore. Le volume du corps était proportionné à la taille : cet ancien tuberculeux était un colosse. Des épaules aux reins, le torse, vu de dos, présentait sous la toile tendue de la blouse une surface presque carrée, de dimensions imposantes.

— « Je suis content », dit-il, entraînant aussitôt Antoine dans la petite pièce qui servait de vestiaire, et où ils se trouvèrent seuls. « Je craignais... Mais non : albumino-réaction négative, c'est bon signe. »

Il avait tiré un papier du revers de sa manche. Antoine le prit et le parcourut des yeux :

— « Je te rendrai ça ce soir, après l'avoir copié. »

(Depuis le début de son intoxication, il tenait, dans un agenda spécial, un journal clinique très complet de son cas.)

— « Tu restes bien longtemps à l'inhalation », gronda Bardot. « Ça ne te fatigue pas ? »

— « Non, non », fit Antoine. « Je tiens beaucoup à ces inhalations. » Sa voix était faible, courte de souffle, mais distincte. « Au réveil, les sécrétions qui couvrent la glotte sont si épaisses que l'aphonie est complète. Tu vois : elle s'atténue notablement, dès que le larynx est bien récuré par la vapeur. »

Bardot ne renonçait pas à son opinion :

— « Crois-moi, n'en abuse pas. L'aphonie, si agaçante qu'elle soit, ce n'est qu'un moindre mal. Les inhalations prolongées risquent d'enrayer trop brusquement la toux. » Sa prononciation traînante trahissait son origine bourguignonne ; elle accentuait encore l'expression de douceur, de sérieux, qui émanait du regard.

Il était assis et avait fait asseoir Antoine. Il s'appliquait à donner aux malades l'impression qu'il n'était pas pressé, qu'il avait tout le temps de les écouter, que rien ne l'intéressait plus que leurs doléances :

— « Je te conseille de reprendre, ces jours-ci, une de tes potions expectorantes », dit-il, après avoir interrogé Antoine sur la journée de la veille et sur la nuit. « Terpine ou drosera, ce que tu voudras. Et dans une infusion de bourrache... Oui, oui : remède de bonne femme... Une sueur abondante, avant de s'endormir, à condition de ne pas prendre froid, — rien de meilleur ! » La façon dont il appuyait sur certaines voyelles, sur les diphtongues, et dont il prolongeait en chantant les finales (« pôtions expectôrântes... bourrâche... sûeur abôndânte... ») rappelait l'écrasement de l'archet sur les cordes basses d'un violoncelle.

Il prenait plaisir à multiplier les recommandations : il croyait religieusement à l'efficacité de ses traitements, et ne se laissait décourager par aucun échec. Il n'aimait rien tant qu'à persuader autrui : et spécialement Antoine, dont il sentait, sans mesquine jalousie, la supériorité.

— « Et puis », poursuivit-il, sans quitter son patient des yeux, « si tu veux modérer les sécrétions nocturnes, pourquoi pas, pendant quelques jours, une cure sulfo-arsenicale ?... N'est-ce pas ? » ajouta-t-il, s'adressant au docteur Mazet qui venait d'entrer.

Mazet ne répondit pas. Il avait ouvert une armoire, au fond du vestiaire, et changeait contre une blouse blanche sa tunique de toile kaki, tout effilochée et pâlie par les lessives, mais chamarrée de décorations. Un relent de transpiration flotta dans la pièce.

— « Au cas où l'aphonie augmenterait, nous pourrons toujours recourir de nouveau à la strychnine », continua Bardot. « J'ai eu de bons résultats cet hiver, avec Chapuis. »

Mazet se tourna, gouailleur :

— « Si tu n'as pas d'exemple plus encourageant à proposer !... »

Il avait la tête carrée, le front court et traversé d'une profonde balafre ; ses cheveux grisonnants, très denses, étaient plantés bas et taillés en brosse. Le blanc des yeux se congestionnait facilement. La moustache noire tranchait durement sur son teint recuit de vieux colonial.

Antoine regardait Bardot d'un air interrogatif.

— « Le cas de Thibault n'a heureusement aucun rapport avec le cas de Chapuis », lança Bardot, précipitamment. Il était mécontent, et le dissimulait mal. « Ce pauvre Chapuis ne va pas fort », expliqua-t-il, s'adressant cette fois à Antoine. « La nuit a été mauvaise. On est venu me réveiller deux fois. L'intoxication du cœur fait de rapides progrès : arythmie extra-systolique totale... J'attends ce matin le patron, pour le mener au 57. »

Mazet, boutonnant sa blouse, s'était rapproché. Ils discoururent quelques instants sur les troubles cardio-vasculaires des ypérités, « si différents », affirmait Bardot, « selon l'âge des malades ». (Chapuis était un colonel d'artillerie en traitement depuis huit mois. Il avait dépassé la cinquantaine.)

— « ... et selon leurs antécédents », ajouta Antoine.

Chapuis était son voisin de palier. Antoine l'avait ausculté plusieurs fois, et il supposait que le colonel, avant d'être atteint par les gaz, devait être porteur d'un rétrécissement mitral latent : ce que ni Sègre, ni Bardot, ni Mazet, ne semblaient avoir soupçonné. Il fut sur le point de le dire. (Plus encore que naguère, il éprouvait une méchante satisfaction d'orgueil à prendre autrui en faute et à le lui faire constater, — fût-ce un ami —: c'était une petite revanche de cette infériorité à laquelle le condamnait la maladie.) Mais, parler lui était un effort. Il y renonça.

— « Avez-vous mis le nez dans les feuilles ? » demanda Mazet.

Antoine fit un signe négatif.

— « L'attaque des Boches dans les Flandres semble vraiment arrêtée », déclara Bardot.

— « Oui, c'en a l'air », dit Mazet. « Ypres a tenu bon. Les Anglais annoncent officiellement que la ligne de l'Yser est maintenue. »

— « Ça doit coûter cher », observa Antoine.

Mazet eut un mouvement de l'épaule qui pouvait aussi bien signifier : « Très cher », que : « Peu importe ! » Il retourna vers l'armoire, fouilla les poches de sa tunique et revint vers Antoine :

— « Tenez, justement : un journal suisse que m'a passé Goiran... Vous verrez : d'après les communiqués des Centraux, dans le seul mois d'avril, les Anglais auraient perdu plus de deux cent mille hommes, rien que sur l'Yser ! »

— « Si ces chiffres étaient connus de l'opinion publique alliée... », remarqua Bardot.

Antoine hocha la tête, et Mazet ricana bruyamment. Il était près de la porte. Il jeta, par-dessus l'épaule :

— « Mais aucun renseignement exact n'arrive jamais jusqu'à l'opinion publique ! C'est la guerre ! »

Il avait toujours l'air de tenir les autres pour des imbéciles.

— « Sais-tu ce à quoi je réfléchissais ce matin ? » reprit Bardot, lorsque Mazet fut sorti. « C'est que, aujourd'hui, aucun gouvernement ne représente plus le sentiment national de son pays. Ni d'un côté ni de l'autre, personne ne sait ce que pensent vraiment les masses : la voix des dirigeants couvre celle des dirigés... Regarde, en France ! Crois-tu qu'il y ait un combattant français sur vingt qui tienne à l'Alsace-Lorraine au point de consentir à prolonger la guerre d'un mois, pour la ravoir ? »

— « Pas un sur cinquante ! »

— « N'empêche que le monde entier est persuadé que Clemenceau et Poincaré sont authentiquement les porte-parole de l'opinion générale française... La guerre a créé une atmosphère de mensonges officiels, sans précédent ! Partout ! Je me demande si les peuples pourront jamais faire entendre de nouveau leur vraie voix, et si la presse européenne pourra jamais recouvrer... »

L'entrée du professeur l'interrompit.

Sègre répondit militairement au salut des deux médecins. Il serra la main de Bardot, mais non celle d'Antoine. Son menton en galoche, son nez busqué, ses lunettes d'or, sa petite taille surmontée d'un toupet blanc vaporeux, le faisaient ressembler aux caricatures de M. Thiers. Il était extrêmement soigné dans sa tenue, toujours rasé de près. Son parler était bref ; sa politesse, distante, même avec ses collaborateurs. Il vivait à l'écart, dans son bureau, où il se faisait servir ses repas. Grand travailleur, il passait ses journées à rédiger, pour des revues médicales, des articles sur la thérapeutique des gazés, d'après les observations cliniques de Bardot et de Mazet. Ses relations avec les malades étaient rares : à l'arrivée, et en cas d'aggravation subite.

Bardot voulut le mettre au courant de l'état du 57. Mais, dès la première phrase, le professeur coupa court en se dirigeant vers la porte :

— « Montons. »

Antoine les regarda partir. « Bon type, ce Bardot », songea-t-il. « J'ai de la chance de l'avoir... »

A cette heure-là, il avait l'habitude de regagner sa chambre, d'y achever son traitement, et de s'y reposer jusqu'à midi. Souvent, il était si fatigué par les soins de la matinée qu'il s'assoupissait dans son fauteuil, et que le gong du déjeuner le réveillait en sursaut.

Il suivit, à quelque distance, les deux médecins. « N'empêche », se dit-il tout à coup, « si j'avais eu à mourir ici, l'amitié d'un Bardot ne m'aurait été d'aucun secours... »

Il marchait lentement pour ménager son souffle. L'ascension des deux étages, pour peu qu'il ne prît pas les précautions nécessaires, lui donnait parfois un point de côté, pas très douloureux, mais qui mettait plusieurs heures à se dissiper.

Joseph avait encore oublié de baisser le store. Des mouches voletaient autour de l'étagère où s'alignaient les médicaments. La tapette à mouches pendait à un clou ; mais Antoine était trop las pour faire la chasse. Sans un regard pour l'admirable panorama qui se déployait devant sa fenêtre, il baissa le store, s'assit dans son fauteuil, et ferma un instant les yeux. Puis il tira de sa poche le télégramme et le relut machinalement.

Elle avait accompli son temps, la pauvre vieille... Qu'avait-elle d'autre à faire, qu'à disparaître ? Pourtant, elle n'était pas tellement âgée... « A soixante et des, tu comprends, Antoine, je ne veux pas être à charge » répétait-elle, en branlant la tête, lorsqu'elle s'était mis dans l'esprit d'aller finir ses jours à l'Asile de l'Âge mûr. C'était peu de jours après la mort de M. Thibault. En décembre 13, en janvier 14, peut-être... Mai 18 : plus de quatre ans, déjà ! Avait-elle seulement atteint ses soixante-dix ans, avant de mourir ?... Il revoyait, sous la suspension, le petit front jaune entre les bandeaux gris, les petites mains d'ivoire qui tremblotaient sur la nappe, les petits yeux de lama effarouché... Tout l'effrayait : une souris dans un placard, un roulement lointain de tonnerre, autant qu'un cas de peste découvert à Marseille, ou qu'une secousse sismique enregistrée en Sicile. Le claquement d'une porte, un coup de sonnette un peu brusque, la faisaient sursauter : « Dieu bon ! » et elle croisait anxieusement ses bras menus sous la courte pèlerine de soie noire qu'elle nommait sa « capuche ». Et son rire... Car elle riait souvent, et toujours pour peu de chose, d'un rire de fillette, perlé, candide... Elle avait dû être charmante dans sa jeunesse. On l'imaginait si bien jouant aux *grâces* dans la cour de quelque pensionnat, avec un ruban de velours noir au cou et les nattes roulées dans une résille !... Quelle avait pu être sa jeunesse ? Elle n'en parlait jamais. On ne la questionnait pas. Savait-on seulement son prénom ? Personne au monde ne l'appelait plus par son prénom. On ne l'appelait même pas par son nom. On la désignait par sa fonction : On disait « Mademoiselle », comme on disait « la concierge », comme on disait « l'ascenseur »... Vingt ans de suite, elle avait vécu, avec une dévotieuse terreur, sous la tyrannie de M. Thibault. Vingt ans de suite, effacée, silencieuse, infatigable, elle avait été la cheville ouvrière de la maison, sans que nul songeât à lui savoir gré de sa ponctualité, de ses prévenances. Toute une existence impersonnelle, de dévouement, d'abnégation, de don de soi, de modestie, de tendresse bornée et discrète qui ne lui avait guère été rendue.

« Gise doit avoir du chagrin », se dit Antoine.

Il n'en était pas autrement sûr, mais il désirait s'en persuader : il avait besoin des regrets de Gise pour réparer une longue injustice.

« Il va falloir écrire », songea-t-il, avec impatience. (Dès la mobilisation, il avait réduit la correspondance au strict indispensable ; et, depuis qu'il était malade, il avait à peu près complètement renoncé à écrire : par-ci, par-là, quelques mots sur une carte adressée à Gise, à Philip, à Studler, à Jousselin...). « Je vais envoyer un long télégramme de condoléances », décida-t-il. « Ça me donnera quelques jours de répit, pour la lettre... Pourquoi me donne-t-elle l'heure de l'enterrement ? Elle n'a tout de même pas supposé que je ferais le voyage !... »

Il n'avait pas remis les pieds à Paris depuis le début de la guerre. Qu'aurait-il été y faire ? Ceux qu'il aurait eu plaisir à revoir étaient mobilisés, comme lui. Retrouver la maison, l'appartement désert, l'étage des laboratoires désaffecté, à quoi bon ? Ses tours de permission, il les avait toujours abandonnés à d'autres.

Au front, il était du moins assujetti à une vie active, réglée, qui aidait à ne pas penser. Une seule fois, d'Abbeville, avant l'offensive de la Somme, il avait accepté de prendre sa « perm' », et il était parti se terrer, seul, à Dieppe, en fin d'hiver. Mais, deux jours après son arrivée, il avait repris le train et rejoint sa formation, tant lui pesait son oisiveté dans cette ville qui puait la marée, qu'un vent mouillé battait jour et nuit, et qui était infestée de blessés anglais... Il n'avait jamais revu Gise (ni Philip, ni Jenny, ni personne), depuis la mobilisation. Il n'avait même pas consenti à ce que Gise vînt le voir à Saint-Dizier, pendant sa convalescence, après sa première blessure. Les billets, tendres et laconiques, qu'ils échangeaient tous les deux ou trois mois, lui suffisaient bien pour garder un minimum de contact avec le monde de l'arrière et avec le passé.

C'était par correspondance qu'il avait appris la grossesse de Jenny ; par correspondance, qu'il avait eu confirmation définitive de la mort de Jacques. Au cours de l'hiver 1915, Jenny, avec laquelle il avait échangé plusieurs lettres déjà, et des lettres assez intimes, lui avait écrit qu'elle désirait se rendre à Genève. Elle donnait à ce voyage un double but : elle voulait y faire ses couches, seule, loin des siens ; et elle comptait profiter de son séjour en Suisse pour entreprendre des recherches sur la mort de Jacques, — mort qui restait jusqu'alors assez mystérieuse : le bruit s'était répandu, dans les milieux révolutionnaires avec lesquels Jenny était demeurée en relations, que Jacques avait disparu dans les premiers jours d'août, au cours d'une « mission périlleuse ». Antoine eut alors l'idée d'adresser Jenny à Rumelles. Le diplomate était mobilisé à Paris, à son poste du Quai d'Orsay. Sans grande peine, il avait procuré à la jeune femme les laissez-passer nécessaires. A Genève, Jenny avait retrouvé Vanheede. L'albinos l'avait aidée dans son enquête. Il l'avait accompagnée à Bâle et présentée à Plattner. Par le libraire, elle avait eu, enfin, des détails précis sur les derniers jours de Jacques, appris la rédaction du manifeste, le rendez-vous avec l'avion de Meynestrel, l'envol vers le front d'Alsace, au matin du 10 août. Plattner n'en savait pas davantage. Mais Antoine, mis au courant par Jenny, lança Rumelles sur la piste. Et c'est ainsi que, après de vains sondages parmi les listes de prisonniers des camps allemands, Rumelles avait fini par découvrir, dans les archives du ministère de la Guerre, à Paris, une note, émanée du Q. G. d'une division d'infanterie, et datée précisément du 10 août. Cette note, relative au repli des troupes d'Alsace, signalait qu'un avion en flammes s'était abattu dans les lignes françaises. Les restes humains, carbonisés, n'avaient permis aucune identification ; mais, d'après la carcasse de l'appareil, il était possible d'affirmer qu'il s'agissait d'un avion non armé, de fabrication suisse ; et le rapport ajoutait que, parmi des ballots de papiers calcinés, on avait réussi à déchiffrer les fragments d'un tract violemment antimilitariste. Pas de doute : les débris humains étaient ceux de Jacques et de son pilote... Inepte fin ! Antoine n'avait jamais pu prendre son parti des conditions absurdes de cette mort. Aujourd'hui encore, après quatre ans, il en ressentait plus d'irritation que de chagrin.

Il se leva, décrocha la tapette, massacra rageusement une douzaine de mouches, et voulu chasser le reste à coups de serviette ; mais une quinte de toux l'immobilisa, plié en deux, les mains sur le dossier de son fauteuil. Lorsqu'il put se redresser, il humecta de térébenthine une compresse qu'il appliqua quelques instants sur sa poitrine. Puis, momentanément soulagé, il alla prendre deux oreillers sur le lit, vint se rasseoir, et, le buste droit pour éviter l'hypostase, il commença avec précaution ses exercices respiratoires, pinçant son larynx entre le pouce et l'index, et s'efforçant d'émettre des sons bien distincts, d'un souffle de plus en plus soutenu :

— « A... E... I... O... U... »

Ses regards erraient de-ci, de-là, à travers la chambre. Elle était petite et d'une écœurante banalité. Ce matin, la brise de mer agitait le store, et des reflets dansaient sur les murs laqués, rose brique, nus jusqu'à la frise de liserons chocolat, qui ondulait sous la corniche. Au-dessus de la glace de la toilette, une rangée de six *girls* américaines, à cols marins, découpées dans quelque magazine, levait six jambes aux pieds cambrés : dernier vestige de la décoration artistique dont le prédécesseur d'Antoine avait, avant de mourir, orné le 53 ; décoration qu'Antoine avait réussi à faire disparaître, à l'exception de ces six *girls* frénétiques, placées trop haut pour qu'il pût les atteindre sans un imprudent effort. Il avait toujours eu l'intention de faire procéder à cette dernière exécution par Joseph, le garçon de l'étage ; mais Joseph était de petite taille, l'escabeau était au rez-de-chaussée, et Antoine avait préféré n'y plus penser. Sur l'étroite table de pitchpin — où trônait un crachoir de porcelaine, et où, parmi des flacons et des boîtes pharmaceutiques, s'amassaient de vieux journaux, des revues, des cartes du front, des disques — c'est à peine s'il lui restait la place d'ouvrir, chaque soir, son agenda, pour y noter les observations médicales de la journée. D'autres fioles de potions encombraient la tablette de verre du lavabo. Entre la table et une armoire de bois blanc (qui contenait son linge et ses effets) était dressée, debout, une cantine vide, où se lisait encore, écaillée, l'inscription réglementaire : *Docteur* THIBAULT — *Major au 2ᵉ Bataillon*. Elle servait de piédestal à un phonographe hors d'usage.

Près de cinq mois bientôt qu'Antoine, confiné dans cette cellule rosâtre, surveillait les fluctuations de son mal et guettait en vain des symptômes nets de guérison. Près de cinq mois... Il y avait souffert, compté les minutes, mangé, bu, toussé, commencé des lectures qu'il n'avait jamais finies, rêvé au passé, à l'avenir, reçu des visites, plaisanté, discuté jusqu'à l'essoufflement sur la guerre et sur la paix... Il avait pris en dégoût ce lit, ce fauteuil, ce crachoir, témoins des heures de fièvre, d'étouffement, d'insomnie. Par bonheur, son état lui permettait assez souvent de descendre, de s'évader. Il se réfugiait alors, avec un livre qu'il ne lisait pas, mais qui protégeait un peu sa solitude, dans l'allée des cyprès, ou sous les oliviers, parfois même jusqu'au fond du potager, près de la noria dont le ruissellement donnait une impression de fraîcheur. Ou bien, s'il se sentait capable de rester quelque temps debout, il allait s'enfermer avec Bardot et Mazet dans le laboratoire. Il y respirait aussitôt un air familier. Bardot lui prêtait une blouse, l'associait à ses manipulations. Il sortait de là fourbu, mais c'était ses meilleurs jours.

Si seulement il avait pu mettre à profit, pour l'avenir, ce répit forcé, ces semaines, ces mois, qu'il perdait là à attendre son rétablissement ! A plusieurs reprises, il avait essayé d'entreprendre quelque travail personnel. Mais toujours survenait une rechute qui l'obligeait à suspendre son effort avant même qu'il eût donné quelque résultat. Un projet surtout le hantait : condenser en une longue étude les observations qu'il avait amassées, avant la guerre, sur les troubles respiratoires infantiles dans leur rapport avec le développement intellectuel et la faculté d'attention des enfants. Ces documents formaient dès maintenant un ensemble assez riche pour lui permettre d'en tirer un petit livre, au moins un copieux article de revue ; et il avait hâte de le faire, pour prendre date, car ce sujet était « dans l'air », et Antoine risquait d'être devancé par quelque autre spécialiste d'enfants. Mais sa santé lui eût-elle permis cet effort, qu'il n'aurait pu l'entreprendre, faute d'avoir ses dossiers, ses *tests*, qui étaient tous à Paris. Et aucun moyen de les faire revenir : son secrétaire, le jeune Manuel Roy, avait disparu, avec toute sa section, dans une attaque sous Arras, dès le second mois de la guerre ; Jousselin était depuis deux ans prisonnier dans un camp, en Silésie ; et quant au Calife, blessé à Verdun en 1916, puis rétabli mais resté dur d'oreille, il s'était spécialisé dans la radiologie, et il venait d'être affecté au service sanitaire de l'Armée d'Orient.

Le premier tintement de gong, qui annonçait l'approche du déjeuner, le fit se lever. Il alluma l'applique du lavabo pour éclairer le fond de sa gorge. Avant de se mettre à table il prenait également la précaution de se faire quelques instillations, afin d'atténuer la difficulté de la déglutition ; — difficulté qui devenait si pénible, certains jours, qu'il lui fallait recourir à Bardot et à son galvano-cautère.

En attendant le second appel, il poussa son fauteuil près de la fenêtre et souleva le store. Devant lui, s'étendait une vaste pente de cultures en terrasses, couronnée de crêtes rocheuses ; sur la droite, ondulait la ligne familière des collines, qui se succédaient, dans un poudroiement de soleil, jusqu'à l'horizon bleu foncé de la mer. Au-dessous de lui, le jardin, d'où montaient des parfums de fleurs et des voix. Il se pencha pour suivre un instant le va-et-vient habituel des malades dans la grande allée qu'abritait la rangée de cyprès. Il les connaissait tous : Goiran et son complice Voisenet (les deux seuls malades dont les cordes vocales étaient intactes, et qui discouraient du matin au soir); Darros, avec son livre sous le bras; Echmann, qu'on appelait « le Kangourou »; et le commandant Reymond, qui, au centre d'un groupe de jeunes officiers, avait, comme chaque matin, déplié une carte et commentait le communiqué. Rien qu'à les voir s'agiter, gesticuler, il croyait les entendre; et il en éprouvait presque la même lassitude que s'il avait été parmi eux.

Le gong retentit de nouveau, et tout le jardin s'anima comme une fourmilière alertée.

Antoine se redressa en soupirant. « Rien de moins engageant que ce tintement sinistre », songea-t-il. « Pourquoi pas une cloche, comme partout ? »

Il n'avait aucune faim. Il se sentait sans courage pour descendre encore une fois ses deux étages, affronter une fois de plus l'odeur de mangeaille, le service bruyant, la promiscuité de l'éternelle *popote*, écouter avec un sourire complaisant les palabres quotidiennes sur les projets de l'Allemagne, les calculs sur la durée de la guerre, l'explication des sous-entendus du communiqué... — le tout, assaisonné de taquineries rituelles, de souvenirs du front, d'histoires scabreuses, et, pis encore : de confidences ingénues sur l'aspect de certaines mucosités ou sur l'abondance des expectorations de la nuit...

En troquant sa veste de pyjama contre une vieille tunique à trois galons, en toile blanche, il sortit de sa poche la dépêche de Gise, et s'immobilisa brusquement :

« Si j'y allais ? »

Il ne put s'empêcher de sourire. Il savait qu'il n'en ferait rien, et cette certitude intérieure laissait à son imagination toute liberté de vagabonder un instant autour de ce projet fantaisiste. En soi, il n'aurait rien eu d'irréalisable, ce projet. Avec des précautions, en n'interrompant pas son traitement, en prenant soin d'emporter un inhalateur et son arsenal de drogues, Antoine ne courrait aucun risque d'aggravation. *Enterrement dimanche dix heures*... Il suffirait de prendre, demain, samedi, le rapide de l'après-midi, pour être à Paris dimanche matin... Sègre ne lui refuserait certainement pas une permission : n'en avait-il pas accordé une à Dosse, malgré son état ?... L'occasion était tentante, à certains égards... Alléchante même, par son inattendu...

Il se vit, soudain, comme au temps de l'avant-guerre, — au temps de la vie facile et de la santé, — assis, seul, silencieux, à la table bien servie d'un wagon-restaurant...

A Paris, il pourrait consulter sur son état son vieux maître Philip... Surtout, il retrouverait ses dossiers, ses *tests* : il rapporterait une pleine valise de notes, de livres ; de quoi travailler, de quoi utiliser enfin cette interminable convalescence...

Paris ! Trois ou quatre jours d'évasion ! Trois ou quatre jours sans *popote* !

Pourquoi pas, après tout ?

II

Un déclic joua dans le silence, et le guichet de la sœur tourière s'entrebâilla. Antoine aperçut une manche de drap bleu, une main parcheminée où brillait une alliance.

— « Tout droit », murmura une bouche invisible ; « dans la cour, au bout du corridor. »

Le vestibule se prolongeait par un couloir carrelé, vide et miroitant, qui s'enfonçait dans les profondeurs muettes de l'Asile. Sur la gauche, groupées comme pour une figuration, deux vieilles, accroupies sur les premières marches d'un escalier, les épaules serrées dans des fichus de crochets noirs, jacassaient à voix retenue, penchées l'une vers l'autre.

La cour, aux trois quarts ensoleillée, était déserte. Une chapelle en occupait le fond. L'un des battants, ouvert, creusait dans la façade un rectangle d'ombre ; il s'en échappait des sons d'harmonium. Le service était commencé. Antoine approcha. Son regard, plongeant dans les ténèbres de la chapelle, aperçut une herse de petites flammes. Le dallage était plus bas que le sol de la cour ; il fallait descendre deux degrés. Antoine se faufila entre les employés des pompes funèbres qui obstruaient le passage. Le petit vaisseau était plein de monde. Il y régnait une fraîcheur de crypte. Avec effort, s'appuyant d'une main au bénitier, Antoine se haussa sur ses pointes. Devant l'autel, la bière, mal recouverte d'un drap noir, reposait entre quatre cierges. Debout derrière cet humble catafalque, un nain à lunettes et à cheveux blancs se tenait, les bras croisés, auprès d'une infirmière agenouillée, dont le voile blcu cachait le visage ; elle tourna la tête, et Antoine reconnut le profil de Gise. « Sans parents, sans amis... Personne, que cet imbécile de Chasle... », songea-t-il. « J'ai bien fait de venir... Jenny n'est pas là... Ni Mme de Fontanin, ni Daniel. Tant mieux. Je dirai à Gise de ne pas leur annoncer ma présence à Paris : ça m'évitera d'avoir à aller à Maisons-Laffitte. » Il s'assura, une dernière fois, qu'il ne découvrait aucune figure de connaissance dans les quelques rangées de bancs où s'entassaient des vieilles femmes à fichus et quelques religieuses à larges cornettes. « Jamais je ne pourrai rester debout jusqu'à la fin... Sans compter qu'il fait presque froid là-dedans... » Comme il se disposait à sortir, les bancs craquèrent : l'assistance se levait pour se mettre à genoux. Le prêtre qui officiait se retourna, les mains levées, vers les fidèles. Antoine reconnut la haute stature, le front dégarni, de l'abbé Vécard.

Il remonta les marches, se retrouva dans la cour, avisa un banc au soleil, et alla s'y asseoir. Il souffrait d'un point douloureux entre les omoplates. Pourtant, ce long voyage en chemin de fer ne l'avait pas fatigué outre mesure; il avait pu s'allonger, une partie de la nuit. Mais le trajet de la gare de Lyon, au Point-du-Jour, dans un vieux taxi, sur le pavé rocailleux des quais, l'avait rompu.

« Un cercueil d'enfant », songea-t-il. « Si petite ! » Il la revoyait, trottinant à travers l'appartement de la rue de l'Université, ou bien, dans sa chambre, piquée à contre-jour au bord d'une chaise, devant son bureau de marqueterie, — son « meuble de famille », comme elle disait ; le seul souvenir qu'elle eût apporté avec elle lorsqu'elle était venue tenir la maison de M. Thibault. Elle y serrait l'argent du mois, dans un tiroir « à secret » ; elle y gardait toutes ses reliques ; elle y entassait ses réserves. C'était là qu'elle rangeait son jujube et ses factures, son papier à lettres et l'étui à vanille, les bouts de crayon jetés par M. Thibault, ses prospectus et ses recettes, son fil, ses aiguilles, ses boutons, sa mort-aux-rats et son taffetas gommé, ses sachets d'iris et son arnica, toutes les vieilles clefs de la maison, et ses paroissiens, et des photographies, et la pommade au concombre qui lui adoucissait la peau des mains et dont l'odeur fade, mêlée à celle de la vanille, à celle de l'iris, se répandait jusqu'au vestibule, dès que le bureau était ouvert. Longtemps, pour Antoine et pour Jacques enfants, ce bureau avait eu le prestige d'un trésor magique. Plus tard, Jacques et Gise l'avaient baptisé « la papeterie-mercerie du village », parce qu'il était comme ces bazars de campagne où l'on trouve de tout...

Un bruit de piétinement lui fit dresser la tête. Les hommes noirs avaient poussé le second battant, et ils déposaient des couronnes par terre, dans la cour. Antoine se leva.

L'office se terminait. Deux femmes de service en coutil, attelées à un grand panier à roulettes chargé de légumes, passèrent, les yeux baissés, et se hâtèrent de disparaître dans un des bâtiments qui encadraient la cour. Aux croisées du premier étage, les rideaux s'étaient soulevés, et de vieilles impotentes, en camisoles, s'installaient derrière les vitres. Les pensionnaires valides commençaient à sortir de la chapelle, et, clopin-clopant, se groupaient de chaque côté du portail. L'harmonium s'était tu. Une croix d'argent, un surplis, émergèrent de l'ombre. La bière apparut, portée par deux hommes. Des enfants de chœur suivaient, puis un vieux prêtre, puis l'abbé Vécard.

A son tour, Gise monta les marches et surgit dans la lumière. M. Chasle était derrière elle. Les porteurs s'étaient arrêtés pour laisser aux employés des pompes funèbres le temps de replacer les couronnes sur le cercueil. Les yeux de Gise étaient pleins de larmes et tournés vers la bière. Sur son visage recueilli, Antoine remarqua une expression de maturité qui le surprit : lorsqu'il songeait à elle, c'était toujours la gamine de quinze ans qu'il évoquait. « Elle ne m'a pas vu... Elle est bien loin de soupçonner que je suis là », se dit-il, un peu gêné de pouvoir l'examiner tout à son aise, sans qu'elle se doutât de rien. Il avait oublié qu'elle eût le teint aussi fortement bistré. « C'est ce liséré blanc sur le front qui doit faire paraître la peau plus sombre... »

M. Chasle, ganté de noir, tenait à la main un chapeau de forme antique ; il tendait le cou et remuait de droite et de gauche sa petite tête d'oiseau. Soudain, il aperçut Antoine et mit brusquement sa main sur sa bouche, comme pour étouffer un cri. Gise tourna les yeux ; son regard vint se poser sur Antoine. Elle le dévisagea deux secondes, comme si d'emblée elle ne le reconnaissait pas ; puis elle courut à lui et fondit en sanglots. Il la tenait embrassée, gauchement. Il vit les porteurs se remettre en marche, et se dégagea avec douceur.

— « Viens près de moi », souffla-t-elle. « Ne me quitte pas. »

Elle alla reprendre sa place, et il la suivit. M. Chasle les regardait venir, la mine effarée.

— « Ah, c'est vous ? » murmura-t-il, comme en rêve, lorsque Antoine lui tendit la main.

— « Le cimetière est loin ? » demanda Antoine à Gise.

— « Notre caveau est à Levallois... Il y a des voitures », répondit-elle à voix basse.

Le cortège traversa lentement la cour.

Un fourgon à deux chevaux attendait dans la rue. Des gens du quartier, des gamins, faisaient la haie sur le trottoir. Une sorte de coupé à trois places était juché sur le haut du vieux véhicule, comme un palanquin sur un éléphant. On y accédait par plusieurs marchepieds. Les trois places étaient réservées à Gise, à M. Chasle, et à l'ordonnateur de la cérémonie ; mais ce dernier, cédant son privilège à Antoine, grimpa sur le siège, près du cocher à bicorne. La voiture s'ébranla et partit au pas, brimbalant sur le pavé de banlieue. Les deux prêtres suivaient dans un landau de deuil.

Pour se hisser dans le coupé, Antoine avait dû faire une suite d'efforts qui lui avaient irrité les bronches. A peine assis, il fut secoué par une quinte de toux tenace, et dut rester, un bon moment, tête baissée, le mouchoir aux lèvres.

Gise était placée entre les deux hommes. Elle attendit que la quinte fût passée, et toucha le bras d'Antoine.

— « Tu es bon d'être venu. Je m'y attendais si peu !... »

— « Ah, il faut s'attendre à tout, en ces temps », soupira sentencieusement M. Chasle. Il s'était penché pour regarder Antoine tousser, et il continuait à le considérer, par-dessus ses lunettes. Il hocha la tête : « Excusez. J'ai eu du mal à vous remettre, tout à l'heure. C'est déroutant, n'est-ce pas, Mademoiselle Gise ? »

Antoine ne put se défendre d'une impression désagréable. Il fit bonne contenance, néanmoins :

— « Hé, oui... J'ai passablement maigri... L'ypérite !... »

Gise se tourna effrayée soudain par cette voix caverneuse. Au premier instant, dans la cour, elle avait bien été frappée par l'aspect général d'Antoine ; mais elle ne l'avait guère examiné. Rien d'étonnant d'ailleurs à ce qu'il lui parût changé, après ces cinq ans d'absence, et sous cet uniforme. La pensée qu'il était peut-être plus atteint qu'elle n'avait cru l'effleurait maintenant. Elle n'avait jamais eu de détails sur cette intoxication. Elle le savait en traitement dans le Midi : « En voie de guérison », disaient les lettres...

— « L'ypérite ? » répéta M. Chasle, d'un air satisfait et connaisseur. « Parfaitement. Le gaz d'Ypres. Qu'on appelle aussi : *moutarde*... Une découverte du modernisme... » Il dévisageait toujours Antoine avec curiosité. « Ça vous a tout *écorcé*, ce gaz... Mais ça vous a donné la croix de guerre. Et avec deux palmes, jusqu'à plus ample informé... C'est glorieux. »

Gise jeta les yeux sur la tunique d'Antoine. Dans sa correspondance, il n'avait jamais soufflé mot de ces décorations.

— « Et tes médecins ? » hasarda-t-elle. « Que disent-ils ? Pensent-ils te garder longtemps encore dans leur clinique ? »

— « Les progrès sont lents », avoua Antoine. Il s'efforça de sourire. Il voulut ajouter quelque chose, respira profondément, mais se tut : les chevaux s'étaient mis à trotter, et les secousses lui coupaient le souffle.

— « Nous vendons tout le nécessaire, et aussi le masque, bien entendu, à notre comptoir des Inventions », débita, tout d'un trait, M. Chasle, avec un rictus engageant.

Gise voulut dire un mot aimable :

— « Ça marche, votre commerce, Monsieur Chasle ? Vous êtes content ? »

— « Ça marche, euh, ça marche... Comme tout, en ces temps, Mademoiselle Gise ! Il faut s'adapter. On nous a mobilisé tous nos inventeurs, vous comprenez ; et, au front, dame, ils ne font plus rien d'utile... De temps à autre, il y en a un qui a une idée. Par exemple, notre *Jeu de l'Oie des Alliés*, qui vient de sortir... Portatif... Vignettes empruntées aux opérations : la Marne, les Éparges, Douaumont... Très apprécié dans les tranchées... Il faut s'adapter, Mademoiselle Gise... »

« Toi, en tout cas, tu n'as pas changé », pensa Antoine.

Le fourgon, pour aller du Point-du-Jour à Levallois, avait pris les boulevards extérieurs. Cette journée de dimanche s'annonçait lumineuse et gaie. Le soleil était déjà chaud. Sur les fortifications, des soldats flânaient. A la porte Dauphine, des Parisiennes, en robes claires, gagnaient le Bois, avec des enfants, des chiens ; et le long des trottoirs, des voitures des quatre-saisons stationnaient, chargées de fleurs. Comme autrefois.

— « De quoi... Mademoiselle... est-elle morte ? » demanda Antoine, d'une voix brisée par les cahots.

Gise se tourna avec empressement :

— « De quoi ? Pauvre tante... Elle était usée, comme on dit. L'estomac, les reins, le cœur. Depuis des semaines elle ne digérait rien. La dernière nuit, le cœur a brusquement flanché. » Elle se tut, quelques secondes. « Tu n'imagines pas à quel point son caractère s'était modifié, depuis qu'elle était à l'Asile... Elle ne s'intéressait plus qu'à elle... Son régime, son bien-être, sa Caisse d'épargne... Elle tyrannisait les bonnes, les religieuses... Mais oui ! Elle se plaignait de tout, elle se croyait persécutée. Elle a été jusqu'à accuser une voisine de l'avoir volée : toute une histoire... Elle restait des jours entiers sans boire, persuadée que les sœurs cherchaient à l'empoisonner !... »

Elle se tut de nouveau et il y eut un silence. Elle s'expliquait mal le mutisme d'Antoine ; elle l'interprétait comme un reproche. Car elle était, depuis ces derniers jours, la proie de ses scrupules : elle ne cessait de se demander si elle avait bien fait pour sa tante tout ce qu'elle devait. « Elle m'a entièrement élevée », se disait-elle ; « et moi, dès que j'ai pu la quitter, je l'ai fait ; et c'est à peine si j'allais la visiter, à son Asile... »

— « A Maisons », reprit-elle, élevant un peu la voix, comme pour se disculper, « nous sommes tellement prises par notre hôpital !... Tu comprends, cela m'était très difficile de venir. Ces derniers mois, surtout, j'étais restée longtemps sans la voir. Et puis, le mois dernier, la Supérieure m'a écrit, et je suis arrivée tout de suite.

Je n'oublierai jamais... Pauvre tante... Je l'ai trouvée au fond du cabinet où elle rangeait ses robes, assise sur une malle, en chemise et en jupon, l'air égaré, son bonnet de treillis blanc sur ses bandeaux, un bas mis, l'autre jambe nue. Elle était déjà squelettique. Le front bombé, les joues creuses, un cou décharné... Mais la jambe était restée étonnamment jeune, fraîche même : une jambe de petite fille... Elle ne m'a pas demandé de mes nouvelles ni de personne. Elle s'est mise à se plaindre de ses voisines, des sœurs. Et puis, elle a été ouvrir son bureau, tu sais ? Elle voulait me montrer le tiroir où elle cachait ses économies, " pour payer le service ". Alors, elle a commencé à parler de son enterrement : " Tu ne me reverras pas. Je serai morte. " Et puis, elle m'a dit : " Mais, n'aie pas peur : je dirai à la Supérieure de t'envoyer quand même tes étrennes. " J'ai essayé de plaisanter : " Mais, ma tante, voilà des années que tu dis que tu vas mourir ! " Elle s'est fâchée : " Je veux mourir ! *Ça me fatigue de vivre !* " Et puis, elle a regardé sa jambe : " Vois, comme j'ai le pied mignon. Toi, tu as toujours eu des pattes de garçon ! " Au moment de partir, j'ai voulu l'embrasser, mais elle s'est débattue : " Ne m'embrasse pas. Je sens mauvais, *je sens le vieux*... " Et c'est alors qu'elle a parlé de toi. J'étais à la porte ; elle m'a rappelée : " Tu sais j'ai perdu six dents ! Cueillies, comme ça, comme des radis ! " Et elle s'est mise à rire, gaiement, de son petit rire, tu sais ? " Six dents ! Dis-le à Antoine... Et qu'il se dépêche, s'il veut me revoir ! " »

Antoine écoutait. Non sans émotion : il éprouvait maintenant une sorte de curiosité pour les histoires de maladie, de mort. D'autre part, ce bavardage le dispensait de parler.

— « Et ç'a été ta dernière visite ? »
— « Non. Il y a une dizaine de jours, je suis revenue.

On m'avait écrit qu'elle avait reçu les sacrements. La chambre était obscure. Elle ne supportait plus la lumière du jour. Sœur Marthe m'a conduite jusqu'au lit. Ma tante était pelotonnée sous l'édredon, minuscule. La sœur a essayé de la tirer de sa torpeur : " C'est votre petite Gise ! " L'édredon a fini par remuer. Je ne sais pas si elle a compris, si elle m'a reconnue. Elle a dit très distinctement : " C'est long ! " Et, un instant après : " Quoi de nouveau, cette guerre ? " Je lui ai parlé, mais elle ne répondait pas, elle ne paraissait pas comprendre. Elle m'a interrompue, à plusieurs reprises : " Alors ? Quoi de nouveau ? " Quand j'ai voulu l'embrasser sur le front, elle m'a repoussée : " Je ne veux pas qu'on me décoiffe ! " Pauvre tante... *Je ne veux pas qu'on me décoiffe*, le dernier mot que j'ai entendu d'elle... »

M. Chasle s'essuya les yeux avec son mouchoir. Puis il replia soigneusement le mouchoir dans ses plis, et marmotta entre ses dents, avec un accent de réprobation :

— « Ça, il ne fallait pas... Il ne fallait pas qu'on la décoiffe ! »

Gise baissa rapidement la tête, et un sourire involontaire, jeune et malicieux, passa, comme un éclair, sur son visage. Antoine surprit ce sourire, et Gise lui redevint tout à coup très proche ; il eut envie de l'appeler « Nigrette », et de la taquiner, comme autrefois.

La voiture franchit la grille de la porte Champerret, et s'arrêta pour des formalités. Sur la place, stationnaient des autocanons de défense aérienne, des automitrailleuses, des projecteurs gardés par des sentinelles et recouverts de bâches camouflées.

Lorsque le cortège eut repris sa marche et se fut engagé dans les rues populeuses de Levallois, M. Chasle poussa un soupir :

— « Ah !... Quand même, elle a été heureuse, à l'Asile de l'Age Mûr, la bonne Mademoiselle ! C'est ça que je cherche, moi, Monsieur Antoine : un asile d'hommes ; mais bien conditionné... Et alors, on serait tranquille... On n'aurait plus à s'occuper de ce qui se fait... » Il retira ses lunettes pour les essuyer. Ses yeux, débarrassés de leurs verres, avaient un regard clignotant, pathétique et doux. « Je leur laisserais la rente que j'ai de Monsieur votre père », reprit-il, « et je serais à l'abri, pour jusqu'à la fin... Je pourrais dormir le matin, je pourrais penser à mes choses... J'en ai visité un, à Lagny. Mais, pour ces temps, c'est trop à l'Est. Est-ce qu'on peut être sûr de rien, avec ces Boches ? Et puis, leurs caves, non ; ça n'est pas des vraies caves. Et il faut de vraies caves, en ces temps... » Il prononçait : *en ces temps*, d'une voix craintive, en soulevant devant lui, comme pour écarter des présages néfastes, ses mains gantées de noir : des gants de Suède, râpés, trop longs, et dont la peau racornie se recroquevillait au bout des doigs en tortillons répugnants, pareils à des bigorneaux.

Antoine et Gise se taisaient. Ils n'avaient plus envie de sourire.

— « Rien n'est sûr, on n'a plus de tranquillité nulle part », reprit plaintivement le bonhomme. « On n'a plus de tranquillité que les nuits d'alerte, quand on peut avoir une vraie cave... Là, c'est sûr... Au 19, en face de chez moi, j'en ai une, de cave, une vraie... » Il se tut un instant, parce qu'Antoine toussait. Puis, il conclut : « Les nuits de cave, Monsieur Antoine, en ces temps, voyez-vous, c'est encore le meilleur ! »

Les chevaux s'étaient mis au pas pour longer un grand mur.

— « Ce doit être ici », dit Gise.

— « Et après, où vas-tu ? » demanda Antoine. Il

s'appuyait fortement des épaules au dossier de la guimbarde, pour atténuer les secousses qui lui labouraient les côtes.

— « Mais, rue de l'Université, chez toi... J'y couche, depuis avant-hier... Le fourgon doit m'y reconduire, c'est convenu dans le prix. »

— « Nous tâcherons plutôt de trouver un bon taxi » dit-il en souriant. Depuis qu'il était grimpé dans le palanquin, il souffrait autant d'être obligé d'y rester qu'il appréhendait d'avoir à en descendre. Aussi, pour le retour, était-il bien résolu à chercher un autre mode de locomotion.

Elle le regarda, surprise. Mais elle ne demanda aucune explication.

D'ailleurs, la voiture venait de franchir le seuil du cimetière.

III

— « Elles sont toutes prises. Tu les garderas bien dix minutes ? »

— « Vingt, si tu veux. »

Huit ventouses collées sur son dos nu, Antoine était assis à califourchon sur une chaise, dans son petit bureau de la rue de l'Université.

— « Attends », dit Gise. « Ne prends pas froid. »

Elle avait déposé sa pèlerine d'infirmière sur le dossier d'un fauteuil ; elle lui enveloppa les épaules.

« Qu'elle est douce et gentille », pensa-t-il, bouleversé de découvrir en lui, intacte, une tendresse qui lui réchauffait le cœur. « Pourquoi l'ai-je tenue à distance, ces dernières années ? Pourquoi ne lui écrivais-je pas ? » Il songea soudain à sa chambre rosâtre du Mousquier, aux six *girls* qui levaient la jambe au-dessus de la glace, à la promiscuité des repas, aux soins dévoués, mais rudes, de Joseph. « Comme ce serait bon de rester ici, avec Gise pour garde-malade... »

— « Je laisse les portes ouvertes », dit-elle. « Si tu as besoin de quelque chose, appelle. Je vais préparer la popote. »

— « Non, pas la *popote!* » fit-il avec brusquerie. « Non, non! Trop de *popotes*, vois-tu, depuis quatre ans ! »

Elle sourit et s'esquiva, le laissant seul.

Seul, avec cette sensation d'un foyer retrouvé, ce rêve d'une douceur féminine à son chevet.

Seul, aussi, avec l'*odeur :* elle l'avait saisi, dès l'entrée, tandis qu'il traversait l'antichambre pour suspendre mécaniquement son képi à cette patère de gauche où il accrochait autrefois son chapeau ; et, depuis, à chaque instant, il ouvrait les narines, avec une curiosité jamais rassasiée, pour humer ces effluves de chez lui, oubliés et pourtant si vite reconnus, flottants, indistincts, impossibles à analyser, qui émanaient à la fois de la peinture, du tapis, des rideaux, des fauteuils, des livres, et qui imprégnaient subtilement tout l'étalage, — mélange de dix relents divers, laine, encaustique, tabac, cuir, pharmacie...

Le retour du cimetière, le détour par la gare de Lyon pour y prendre sa valise, lui avaient paru interminables. Son point de côté s'était accru ; ses étouffements redoublaient ; et, en descendant de taxi devant sa porte, sérieusement incommodé, il s'était amèrement reproché d'avoir entrepris ce voyage. Par bonheur, il avait avec lui son matériel de traitement ; et, aussitôt arrivé, il avait pu se faire une injection d'oxygène qui avait apaisé la dyspnée. Puis, sur ses indications, Gise lui avait posé ces ventouses; elles commençaient à agir; déjà les bronches se dégageaient, la respiration devenait plus aisée.

Immobile, la nuque pliée, le dos tendu, ses bras maigres croisés sur le dossier de la chaise, il promenait autour de lui un œil attendri. Il n'avait pas prévu qu'il ressentirait tant de trouble à revoir sa maison, à retrouver son petit bureau de travail. Rien n'avait changé. En un tournemain, Gise avait enlevé les housses, remis les fauteuils à leurs places, ouvert les volets, baissé à demi le store. Rien n'avait changé, et pourtant tout était inattendu : cette pièce, où, naguère, il avait toujours coutume de se tenir, lui était à la fois familière et étrangère, comme ces souvenirs d'enfance qui surgissent à l'improviste, avec une précision hallucinante, après des années d'oubli total. Ses regards erraient amicalement sur le beau tapis havane, les fauteuils de cuir, le divan, les coussins, la cheminée et sa pendule, les appliques, les rayons de la bibliothèque. « Ai-je vraiment pu attacher tant d'importance à l'ameublement de cet appartement? » se dit-il. Sur chacun de ces livres, — auxquels il n'avait certes pas une fois pensé depuis quatre ans, — il mettait le titre exact, comme s'il l'eût manié la veille. Chaque meuble, chaque objet, — le guéridon, le coupe-papier d'écaille, le cendrier de bronze avec son dragon, la boîte à cigarettes, — lui rappelait quelque chose, un moment de sa vie, l'époque et l'endroit où il en avait fait l'emplette, la gratitude d'un client après une maladie dont il savait encore toutes les phases, tel geste d'Anne, telle réflexion du Calife, tel souvenir de son père. Car ce bureau avait été le cabinet de toilette de M. Thibault. Il n'eut qu'à fermer les yeux pour revoir le grand lavabo d'acajou massif, l'armoire à glace, le bain de pieds en cuivre rouge, le tire-botte debout dans l'angle... Et peut-être aurait-il été moins surpris s'il avait retrouvé cette pièce telle qu'il l'avait connue durant son enfance, qu'en la voyant telle qu'elle était aujourd'hui, transformée par lui.

« Étrange... », pensa-t-il. « Tout à l'heure, déjà, en franchissant la porte cochère, ce n'est pas *chez moi* que j'avais l'impression d'entrer, mais *chez Père*... »

Il rouvrit les yeux et aperçut le téléphone sur la table basse du divan. L'homme jeune, qui tant de fois avait téléphoné là, se dressa devant lui, florissant, fier de sa force, autoritaire, toujours pressé, infatigablement heureux de vivre et d'agir. Entre cet homme et lui, il y avait quatre années de guerre, de révolte, de méditation ; il y avait des mois de souffrance, une déchéance physique momentanée, un vieillissement précoce qui, pas un instant, ne se laissaient oublier. Accablé soudain, il appuya son front sur ses bras. Le présent s'effaçait devant le passé. Son père, Jacques, Mademoiselle : tous disparus. L'ancienne existence familiale lui apparut à travers le prisme de la jeunesse, de la santé. Que n'eût-il pas donné pour retrouver cet autrefois ? Le regret de ce qui n'était plus se mêlait à la tristesse d'aujourd'hui. Il fut sur le point d'appeler Gise, pour échapper à sa solitude. Mais il était encore capable de se ressaisir. De regarder la réalité en face. Tout ça, question de santé. D'abord, retrouver la santé. Il résolut d'avoir, au plus tôt, un sérieux entretien avec son maître, le docteur Philip, de chercher avec lui un traitement plus actif, plus rapide. Celui qu'il suivait, au Mousquier, devait, à la longue, être débilitant. Ce n'était pas naturel qu'il fût devenu si peu robuste ; Philip l'aiderait à reprendre des forces. Philip... Gise... Ses pensées devinrent confuses. Emmener Gise au Mousquier... Guérir... Brusquement, il s'assoupit.

Lorsqu'il s'éveilla, quelques minutes plus tard, Gise, juchée sur le bras d'un fauteuil, le regardait. L'attention — avec une pointe d'inquiétude — lui fronçait les sourcils. Il lut ce qu'elle pensait sur son visage lisse qui n'avait jamais bien su dissimuler.

— « Tu me trouves amoché, n'est-ce pas ? »
— « Non : maigri. »
— « J'ai perdu neuf kilos depuis l'automne ! »
— « Te sens-tu un peu soulagé, déjà ? »
— « Très. »
— « Tu as encore le timbre un peu... voilé. » (Parmi tous les changements qu'elle remarquait en lui, ce qui la frappait le plus, c'était cette faiblesse, cet enrouement des cordes vocales.)
— « En ce moment, ce n'est rien. Il y a des heures, le matin, par exemple, où je suis complètement aphone. »

Il y eut un silence, qu'elle rompit en sautant sur ses pieds :

— « Alors, on les enlève ? »
— « Si tu veux. »

Elle approcha une chaise, s'assit près de lui, passa les mains sous la pèlerine pour qu'il ne se refroidît pas, et, délicatement, elle décolla les ventouses. A mesure, elle les déposait entre ses genoux ; puis, elle releva les coins de son tablier, et emporta les verres pour les rincer.

Il se mit debout, constata qu'il respirait beaucoup plus librement, examina dans la glace son dos osseux marqué de ronds violets, et se rhabilla.

Elle achevait de mettre le couvert lorsqu'il la rejoignit.

Il parcourut des yeux la vaste salle à manger, les vingt chaises alignées, la crédence de marbre où jadis officiait Léon, et déclara :

— « Tu sais, dès que la guerre sera finie, je vendrai la maison. »

Elle s'était tournée, surprise, les yeux fixés sur lui, une assiette à la main :

— « La maison ? »

— « Je ne veux rien garder de tout ça. Rien. Je louerai un petit appartement, simple, pratique... Je... »

Il sourit. Il ne savait pas bien ce qu'il ferait, mais une chose était sûre : contrairement à ce qu'il avait cru jusqu'à ce matin, il ne reprendrait pas son train de vie d'autrefois.

— « Escalopes, nouilles au beurre, et fraises... Ça te va ? » demanda-t-elle, renonçant à comprendre la désaffection d'Antoine pour un cadre qu'il avait entièrement fait à sa convenance. Elle avait peu d'imagination, et ne s'intéressait jamais beaucoup aux projets futurs.

— « Tu t'es donné bien du mal, petite fée », dit-il, en inspectant la table servie.

— « Il me faut encore dix minutes. Et je n'ai pas trouvé de serviettes. »

— « Je vais en chercher. »

La lingerie était encombrée par un lit pliant, ouvert et défait. Dans le creux du matelas, il aperçut une dizaine de chapelets. Des vêtements traînaient sur une chaise.

« Pourquoi n'a-t-elle pas pris la chambre du bout ? » se demanda-t-il.

Il ouvrit un placard, puis un second, puis un troisième. Ils étaient tous trois remplis de linge neuf : draps, taies d'oreiller, peignoirs en tissu éponge, torchons, tabliers d'office ; les douzaines étaient encore nouées par les ficelles rouges du fournisseur. Il haussa les épaules : « Absurde, tout ça... Le strict nécessaire. Le reste, à l'Hôtel des Ventes ! » Il prit néanmoins une pile de serviettes, et en tira deux du tas. « Je sais pourquoi, parbleu ! Elle a voulu s'installer là, pour ne pas coucher dans l'ancienne chambre de Jacques... »

Il reprit le couloir, d'un pas flâneur, palpant de-ci, de-là la peinture laquée des murs, entrouvrant les portes devant lesquelles il passait, et jetant un coup d'œil curieux à l'intérieur, comme s'il visitait le logis d'un autre.

Revenu dans le vestibule, il s'arrêta devant la porte à deux battants de son cabinet de consultation. Il hésitait à entrer là. Enfin il tourna le bouton. Les fenêtres étaient closes. On avait roulé devant les bibliothèques les meubles recouverts de housses. La pièce paraissait encore plus grande. Le jour qui glissait par les lames des persiennes répandait une lumière diffuse, comme dans ces grands salons de province où l'on ne pénètre qu'aux jours de réception.

Il se rappela soudain les derniers jours de juillet 1914, les journaux qu'apportait Studler, les discussions, l'angoisse... Et les visites de son frère... Jacques n'était-il pas venu là, avec Jenny ? Le jour même de la mobilisation ?...

Appuyé au chambranle, le buste penché, il reniflait à petits coups : *l'odeur* était là, mieux conservée, plus pénétrante qu'ailleurs ; un peu différente aussi, plus aromatique... Au centre, le grand bureau ministre, dissimulé sous un drap, ressemblait à un catafalque d'enfant.

« Qu'est-ce qu'ils ont bien pu empiler là-dessous ? »

Il se décida à entrer et à soulever la toile. Le bureau disparaissait sous un amoncellement de paquets et de brochures. Depuis le début de la guerre, c'était là que la concierge apportait tout le fatras des imprimés, des prospectus, des journaux, des revues, et les multiples échantillons, qu'envoyaient les laboratoires. « Qu'est-ce que ça sent ? » se dit-il. A l'odeur familière, se mêlait ici un parfum particulier, lourd, vaguement balsamique.

Machinalement, il déchira l'enveloppe de quelques périodiques médicaux, pour les feuilleter. Et brusquement, il pensa à Rachel. Pourquoi ? Pourquoi pas à Anne ? Pourquoi, précisément, à celle qui n'était jamais entrée dans cette maison, et dont il n'avait pas évoqué le souvenir depuis des mois ? « Qu'est-elle devenue ? Où peut-elle être ? Quelque part, sous les tropiques, avec son Hirsch, loin de l'Europe, loin de la guerre... » Il jeta sur la cheminée plusieurs brochures qu'il souhaitait emporter au Mousquier. « Les médecins qui accaparent maintenant ces revues sont tous des vieux, non mobilisés... Une aubaine ! Ils en profitent, ils raclent leurs fonds de tiroir... » Il parcourait des yeux les sommaires. De temps en temps, d'une ambulance du front, un jeune trouvait le temps d'envoyer un bref rapport, sur un cas curieux. Des chirurgiens, surtout... « La guerre aura du moins servi à ça : à faire avancer la chirurgie... » Il restait là, piochant dans le tas, pêchant de-ci, de-là un fascicule qu'il envoyait sur la cheminée. « Si je pouvais seulement mettre au net mon article sur les troubles respiratoires infantiles, Sébillon me le prendrait sûrement dans sa revue... »

Un paquet, différent des autres, attira son attention, à cause des timbres bariolés qui le couvraient. Il le prit, et aussitôt le flaira : de nouveau, ces émanations aromatiques, qu'il avait remarquées tout à l'heure, l'intriguèrent soudain. Les narines en éveil, il déchiffra le nom de l'expéditeur : Mlle *Bonnet. Hôpital de Conakry. Guinée française.* Les timbres étaient estampillés : *mars 1915.* Trois ans. Étonné, il retournait le petit colis dans sa main, le soupesait. Un médicament ? Un parfum ? Il rompit la ficelle et sortit du papier une boîte rectangulaire, en bois rougeâtre, clouée sur toutes ses faces. « Hum... Difficile à ouvrir... » Il chercha des yeux un outil. Il allait renoncer à satisfaire sa curiosité, lorsqu'il réfléchit qu'il avait son couteau de guerre dans sa poche. La lame grinça dans la rainure ; une légère pesée, et le couvercle céda. Un parfum violent monta jusqu'à lui ; un parfum de cassolette orientale, de benjoin, d'encens ; un parfum connu, et que cependant il ne parvenait pas à identifier. Prudemment, du bout de l'ongle, il écarta le lit de sciure : de petits œufs jaunâtres apparurent, brillants et poussiéreux. Et tout à coup, le passé lui sauta au visage : ces grains jaunes... Le collier d'ambre et de musc ! Le collier de Rachel !

Il le tenait entre ses doigts, et l'essuyait avec précaution. Ses yeux s'étaient embués. Rachel ! Son cou blanc, sa nuque... Le Havre, le départ de la *Romania*, dans le petit jour... Mais pourquoi ce collier ? Qui était cette demoiselle Bonnet, de Conakry ? Mars 1915... Qu'est-ce que tout cela voulait dire ?

Il entendit marcher dans le couloir, et glissa vivement le collier dans sa poche.

Gise le cherchait pour déjeuner. Elle s'arrêta sur le seuil, et huma l'air.

— « Ça sent drôle... »

Il rabattit le drap sur le fouillis de brochures et de médicaments.

— « C'est là qu'ils empilent toutes les spécialités pharmaceutiques... »

— « Viens-tu ? C'est prêt. »

Il la suivit. Au fond de sa poche, dans le creux de sa paume, il sentait s'attiédir les grains froids. Il pensait au corps blanc et roux de Rachel.

IV

Dès qu'ils furent installés côte à côte à l'un des bouts de la grande table, Gise prit un petit air résolu :

— « Maintenant, parle-moi sérieusement de ta santé. »

Il fit la moue. Il n'était que trop enclin à parler de lui, de son mal, de son traitement ; mais il ne lui déplaisait pas de se faire prier, et il répondit sans empressement aux premières questions de la jeune fille. Il s'aperçut vite que ces questions n'étaient pas sottes. Cette petite Gise, qu'il avait toujours tendance à traiter comme une enfant, avait, en ses trois années d'hôpital, acquis des compétences précises. On pouvait parler médecine avec elle. Un lien de plus entre eux... Encouragé par l'attention qu'elle lui portait, il fit un exposé de son cas, et passa en revue les diverses phases qu'il avait traversées ces derniers mois. Si elle avait paru prendre à la légère ce qu'il lui disait, et si elle avait cru bon de lui prodiguer des paroles d'encouragement, il aurait aussitôt exagéré ses inquiétudes. Mais elle l'avait écouté avec un visage si tendu, elle fixait sur lui un regard si préoccupé, si scrutateur, qu'il prit, au contraire, un ton rassurant pour conclure :

— « Tout compte fait, je m'en tirerai. » (Et c'était, en effet, le fond de sa pensée.) « Ce sera plus ou moins long », reprit-il, souriant avec confiance. « Mais, pour m'en tirer, ça oui : je m'en tirerai... Seulement, voilà : me remettrai-je jamais complètement ? Imagine que je reste infirme du larynx, ou très fragile des cordes vocales, pourrai-je exercer, comme avant ?... Tu comprends, il ne me suffit pas d'avoir la certitude de vivre.

Je ne me soucie pas, à l'avenir, de mener l'existence d'un homme diminué. Je voudrais être sûr de retrouver ma belle santé d'autrefois ! Et ça, c'est moins certain... »

Elle avait cessé de manger, pour mieux écouter, mieux comprendre. Elle le considérait de ses yeux ronds, étonnés, immobiles, enfantins et fidèles comme ceux des êtres primitifs. Ce tendre intérêt, dont il était sevré depuis des années, lui semblait très doux. Il eut un petit rire assuré...

— « C'est moins certain, mais ce n'est pas impossible. Avec de la ténacité, il y a fort peu de choses impossibles !... Jusqu'à maintenant, tout ce que j'ai voulu énergiquement, je l'ai fait. Pourquoi ne réussirais-je pas cette fois encore ?... Je veux guérir. Je guérirai. »

Il avait forcé la voix sur ces derniers mots, et dut s'arrêter pour tousser. La quinte fut forte, et dura une grande minute, pendant laquelle Gise, penchée sur son assiette, l'observait à la dérobée. Elle s'efforçait de se tranquilliser : « Il peut ce qu'il veut. Il saura se soigner. Il saura guérir. »

Lorsque la crise fut passée, elle se tourna vers lui. Il fit signe qu'il préférait demeurer quelques instants sans parler.

— « Bois un peu d'eau », dit-elle, en emplissant son verre. Et, incapable de retenir la question qui lui brûlait les lèvres : « Combien de jours restes-tu avec nous ? »

Il ne répondit pas. C'était un sujet qu'il aurait voulu éviter. En réalité, sa permission était de quatre jours. Mais il pensait l'écourter : il n'avait guère envie de passer à Paris quatre longs jours, réduit à des soins improvisés, exposé à cent occasions de fatigue.

— « Combien ? » reprit-elle, en l'interrogeant du regard. « Huit ? Six ? Cinq ? »

Il secouait négativement la tête. Il fit une aspiration profonde, sourit, et dit enfin :

— « Je repars demain. »

— « Demain ? » Elle était si déçue que sa voix trembla. « Alors, tu ne viendras pas nous voir à Maisons-Laffitte ? »

— « Pas possible, ma petite Gise... Pas possible, cette fois-ci... Plus tard... Dans le courant de l'été, peut-être... »

— « Mais je t'aurai à peine vu ! Après si longtemps !... Demain ?... Et je ne peux même pas rester à Paris avec toi : il faut que je rentre coucher ce soir à Maisons ! J'ai mon service demain matin, qui m'attend. Pense donc ! Trois jours que je suis partie ; et la veille de mon départ, il venait d'arriver six nouveaux ! »

— « Nous avons du moins une bonne journée à passer ensemble », fit-il, conciliant.

— « Mais ça aussi, c'est impossible ! » s'écria-t-elle, consternée. « J'ai rendez-vous à l'Asile, tout à l'heure. Il faut en finir, là-bas, avec les affaires, les meubles, de ma tante : ils ont besoin de la chambre... »

Des larmes gonflaient ses paupières. Il se souvint aussitôt de ses désespoirs, quand elle était enfant. Et, de nouveau, cette pensée le traversa : « Il serait bon d'être soigné par elle, de sentir cette affection autour de moi... »

Il ne savait que dire. Lui-même, il était tout désappointé que cette rencontre fût si courte.

— « Peut-être pourrai-je obtenir une prolongation... » hasarda-t-il hypocritement. « Je ne sais pas... Je peux essayer... »

Les yeux de Gise s'éclairèrent d'un coup, redevinrent

rieurs. Ils étaient beaux à travers les larmes... (Et cela aussi rappelait à Antoine les années d'autrefois.)

— « C'est ça qu'il faut faire ! » décida-t-elle en battant des mains. « Et tu viendras passer quelques jours à Maisons, avec nous ! »

« Elle est encore une enfant », se dit-il. « Et ce je ne sais quoi de puéril, qui contraste avec sa maturité de femme, est plein de charme... »

Pour changer le tour de la conversation, il se pencha, d'un air interrogatif :

— « Maintenant, explique-moi quelque chose. Comment se fait-il que personne ne soit venu à Paris avec toi ! Maisons n'est pas si loin. T'avoir laissée toute seule pour cet enterrement ! »

Elle protesta aussitôt :

— « Mais tu n'as aucune idée du travail que nous avons là-bas ! Comment veux-tu ?... Et, moi partie, les autres avaient encore plus à faire ! »

Il ne put s'empêcher de sourire de cet air indigné. Alors, pour le convaincre, elle se lança dans une volubile explication de ce qu'était le service de l'hôpital, leur vie à Maisons, etc.

(Dès la mi-septembre 1914, après la Marne, Mme de Fontanin, que dévorait le besoin de se rendre utile, avait formé le projet de fonder un hôpital à Maisons-Laffitte. Elle y possédait toujours la propriété de son père, à la lisière de la forêt de Saint-Germain ; les locataires, des Anglais, avaient quitté la France à la déclaration de guerre ; le vieux chalet familial était donc libre. Mais, outre qu'il était trop exigu, il se trouvait trop éloigné de la gare et des ressources. C'est alors que Mme de Fontanin avait eu l'idée de demander à Antoine s'il consentirait à lui prêter la maison de M. Thibault, qui était beaucoup plus importante que la sienne, et située à proximité du « pays ». Antoine avait naturellement acquiescé ; et il avait aussitôt écrit à Gise, restée à Paris, de se mettre, avec les deux bonnes, à la disposition de Mme de Fontanin pour la transformation de la villa. De son côté, Mme de Fontanin s'était assuré la collaboration de sa nièce Nicole Héquet, la femme du chirurgien, laquelle possédait son diplôme d'infirmière. Un comité de direction, placé sous le contrôle de la Société de secours aux blessés militaires, avait été rapidement constitué. Et, six semaines plus tard, la villa Thibault, hâtivement équipée, figurait sous la désignation : Hôpital n° 7, sur les états du Service sanitaire, et se trouvait prête à recevoir sa première fournée de convalescents. Depuis lors, l'Hôpital n° 7, dirigé par Mme de Fontanin et par Nicole, n'avait pas chômé un seul jour.)

Antoine avait été tenu au courant de tout cela, par des lettres. Il avait été heureux que la propriété de son père servît à quelque chose ; heureux surtout que Gise, qu'il s'inquiétait de savoir désœuvrée à Paris, eût trouvé un si chaud accueil dans la famille Fontanin. Mais, à vrai dire, il n'avait pas attaché grand intérêt au fonctionnement de l'Hôpital n° 7 ; non plus qu'à l'organisation du chalet des Fontanin, devenu, sous la conduite de la robuste Clotilde, l'ancienne cuisinière de M. Thibault, un bizarre phalanstère, — où logeaient Nicole et Gise, — où Daniel avait échoué après son amputation, — et où Jenny était venue habiter avec son enfant, à son retour de Suisse. Aussi écoutait-il avec curiosité le bavardage de Gise : l'existence de ce petit groupe humain, auquel il ne songeait pas souvent, prenait soudain une réalité à ses yeux.

— « De nous toutes, c'est encore Jenny qui se donne le plus de mal », expliquait Gise, pleine de son sujet. « Elle a non seulement à s'occuper de Jean-Paul, mais à diriger le service de la lingerie : et tu imagines ce que c'est, le blanchissage, le repassage, le raccommodage, la comptabilité, et le rangement, et la distribution quotidienne, de tout le linge nécessaire à un hôpital de trente-huit lits, parfois quarante, et même quarante-cinq ! Elle rentre éreintée le soir. Elle passe tous ses après-midi à l'hôpital, mais elle reste au chalet le matin, pour les soins du petit... Quant à Mme de Fontanin, elle loge auprès de ses malades ; elle s'est installé une chambre au-dessus des écuries, tu sais ? »

Cela semblait assez étrange à Antoine d'entendre Gise (la nièce de la prude Mademoiselle), parler de Jenny et de sa maternité comme d'une chose toute naturelle. « Il est vrai », se dit-il, « que ça date de trois ans, déjà... Et puis, ce qui aurait sans doute fait quelque scandale autrefois est plus facilement accepté aujourd'hui, dans le bouleversement général de toutes les valeurs... »

— « Et, un peu plus, tu allais être venu à Paris sans seulement avoir vu notre petit ! » soupira Gise, sur un ton de reproche. « Jenny en aurait été inconsolable. »

— « Tu n'aurais eu qu'à n'en rien dire, petite sotte... »

— « Non », fit-elle, sur un ton étrangement sérieux, en baissant soudain le front. « A Jenny, je ne veux rien cacher, jamais. »

Il la regarda, surpris, et n'insista pas.

— « Es-tu sûr, au moins, de l'obtenir, cette prolongation ? » demanda-t-elle.

— « Je vais essayer. »

— « Comment ? »

Il continua de mentir :

— « Je demanderai à Rumelles de téléphoner aux bureaux militaires dont ces choses-là dépendent... »

— « Rumelles... », fit-elle, songeuse.

— « J'avais, de toutes façons, l'intention de lui faire

Épilogue

visite aujourd'hui. Je ne l'ai jamais revu, depuis... Je veux le remercier de la peine qu'il a prise pour nous. »

C'était la première fois de la journée qu'une allusion était faite à la mort de Jacques. Le visage de Gise se contracta brusquement, et le bistre de son teint fonça par plaques.

(Pendant l'automne 1914, elle s'était longtemps refusée à croire que Jacques fût mort. Le silence persistant de Jacques, l'annonce de sa disparition par ses amis de Genève, la certitude de Jenny, d'Antoine, tout cela, pour elle, ne comptait pas : « Il a profité de la guerre pour une nouvelle évasion », pensait-elle obstinément. « Il nous reviendra, une fois de plus. » Ce retour, elle l'attendait anxieusement, en faisant des neuvaines. C'est à cette époque qu'elle s'était attachée à Jenny. Attachement qui avait d'abord pris racine dans un assez vilain calcul : « Quand Jacques reviendra, il nous trouvera amies : je resterai en tiers dans leur vie. Et peut-être me sera-t-il reconnaissant d'avoir entouré Jenny en son absence... » Lorsqu'on avait appris, par Rumelles, la chute de l'avion en flammes, lorsqu'elle avait vu la copie de la note officielle, il avait bien fallu qu'elle se rendît à l'évidence. Mais, dans son cœur, une intuition confuse la persuadait que ce n'était pas l'exacte vérité. Et maintenant encore, il lui arrivait par éclairs de se dire : « Qui sait ?... »)

Elle avait de nouveau baissé le front, pour ne pas croiser le regard d'Antoine ; et, comme si tout en elle avait chaviré soudain, elle demeura quelques secondes immobile, interdite, retenant avec effort ses larmes. Enfin, pour ne pas éclater en sanglots, elle se leva précipitamment, et se dirigea vers l'office.

« Comme elle s'est alourdie », remarqua-t-il, en la suivant des yeux, agacé un peu par ce trouble qu'il avait involontairement provoqué. « Ces hanches !... Du buste, du corps, on lui donnerait dix ans de plus que son âge : elle paraît avoir passé la trentaine ! »

Il avait sorti le collier de sa poche. Des petits grains de musc, d'un gris plombé, gros comme des noyaux de cerises, alternaient avec les boules d'ambre ancien, qui avaient la forme de mirabelles, et aussi leur couleur : ce jaune assombri, mi-opaque, mi-transparent, des mirabelles trop mûres. Machinalement, il roulait le collier entre ses doigts, et l'ambre devenait tiède, et il semblait à Antoine qu'il venait de détacher le collier du cou de Rachel...

Quand Gise reparut, apportant une platée de fraises, l'acuité de son chagrin se lisait encore si clairement sur son visage, qu'Antoine en fut ému. Comme elle déposait les fraises sur la table, il caressa en silence le poignet mordoré, que cerclait un bracelet d'argent. Elle tressaillit ; ses cils frémirent... Elle évitait de le regarder. Elle s'assit à sa place, et deux nouvelles larmes se formèrent au bord de ses paupières. Alors, ne cherchant plus à dissimuler son chagrin, elle se tourna vers lui, avec un sourire confus, et demeura quelques secondes ainsi, sans pouvoir parler.

— « Je suis stupide », soupira-t-elle, enfin. Et, sagement, elle commença de sucrer ses fraises. Mais, presque aussitôt, elle posa la sucrière et se redressa nerveusement : « Sais-tu ce dont je souffre le plus, Antoine ? C'est que personne, autour de moi, ne prononce plus son nom... Jenny ne cesse pas de penser à lui, je le sais, je le sens : elle n'aime tant ce petit que parce qu'il est le fils de Jacques... Et Jacques est toujours présent entre nous : cette affection que j'ai maintenant pour elle est faite du souvenir de Jacques. Et elle, pourquoi m'aurait-elle accueillie aussi tendrement, pourquoi me traiterait-elle comme une sœur, sans cela ? Mais jamais, jamais, elle ne me parle de lui !

C'est comme un secret, qui nous obsède l'une et l'autre, qui nous lie pour toujours, et auquel, jamais, aucune allusion n'est faite ! Et moi, Antoine, ça m'étouffe !... Je vais te dire », continua-t-elle avec une sorte de halètement, « elle est orgueilleuse, Jenny, et difficile ! Elle... Je la connais bien, maintenant !... Je l'aime, je donnerais ma vie pour elle et pour ce petit ! Mais je souffre. Je souffre qu'elle soit comme elle est, si fermée, si... — je ne sais comment dire... Vois-tu, je crois qu'elle est torturée par l'idée que Jacques a été méconnu de tous, — sauf d'elle. Elle se figure qu'elle est la seule à l'avoir compris ! Et elle tient farouchement à avoir été la seule ! Et alors, elle refuse de parler de lui avec personne. Surtout avec moi !... Et pourtant, pourtant... »

De lourdes larmes coulaient maintenant sur ses joues, bien que son visage, soudain vieilli, n'exprimât plus le chagrin, mais seulement la passion, la colère, avec quelque chose de sauvage qu'Antoine ne s'expliquait pas bien. Il réfléchissait. Il était surpris : il n'avait jamais soupçonné que Jenny et Gise fussent devenues si intimes.

— « Je n'ai jamais été certaine qu'elle ait su... mes sentiments pour Jacques », poursuivit Gise, plus bas, mais avec la même altération de la voix. « J'aimerais tant pouvoir lui en parler, moi, à cœur ouvert ! Je n'ai rien à lui cacher... J'aimerais qu'elle sache tout ! Qu'elle sache même que si je l'ai détestée, autrefois, — oh, oui : profondément détestée ! — maintenant, au contraire, depuis que Jacques est mort, tout ce que j'éprouvais pour lui... » (son regard prit un éclat magnétique)... « je l'ai reporté sur elle, et sur leur enfant ! »

Depuis un instant, Antoine oubliait presque de l'écouter, attentif seulement au battement de ces paupières brunes, de ces longs cils, qui se levaient et s'abaissaient avec lenteur, voilant et dévoilant le jet lumineux des prunelles, comme le rayonnement intermittent d'un phare. Il avait posé son coude sur la table et appuyait sa joue sur sa main, flairant amoureusement le bout de ses doigts qui restaient imprégnés de musc.

— « C'est toute ma famille, aujourd'hui ! » reprit Gise, faisant effort pour paraître plus calme. « Jenny m'a promis qu'elle me garderait toujours auprès d'elle... »

« Viendrait-elle vivre avec moi, si je le lui proposais ? » se demanda-t-il.

— « ... Oui, elle me l'a promis. Et c'est ça qui m'aide à vivre, à accepter l'avenir, tu comprends ? Rien au monde ne compte plus pour moi : rien d'autre qu'elle, — et notre petit ! »

« Elle n'accepterait pas », se dit-il. Cependant, il était frappé de percevoir, dans la vibration de cette voix, certaines sonorités discordantes, qui lui semblaient révélatrices. « Que de choses troubles, sans doute », songea-t-il, « dans l'intimité de ces deux cœurs de femmes — de ces deux cœurs de *veuves* !... Tendresse, je n'en doute pas. Mais jalousie, à coup sûr. Et de la haine, à doses perfides, bien probablement !... Et tout ça fait un violent mélange qui ressemble diablement à de l'amour... »

Gise poursuivait ; et c'était maintenant un monologue plaintif, qui la soulageait, qu'elle ne pouvait retenir :

— « Un être exceptionnel, cette Jenny... Noble, énergique... Admirable ! Mais, comme elle est sévère pour les autres ! Ainsi, elle est sévère, elle est même injuste, pour Daniel... Et pour moi aussi, je sens bien qu'elle... Oh, elle en a le droit, je suis si peu de chose à côté d'elle ! Tout de même, elle n'a pas toujours raison. Elle s'aveugle, elle n'a confiance qu'en elle-même, elle n'admet pas qu'on puisse avoir d'autres idées... Je ne demande pourtant pas l'impossible ! Si elle ne veut pas que Jean-Paul soit élevé dans la religion de son père, je n'y peux rien, je ne la convaincrai pas... Mais, alors, qu'elle le fasse au moins baptiser par un pasteur ! » Son regard était devenu dur ; et, comme faisait jadis Mademoiselle, elle remuait son front bombé, à petits coups têtus, et ses lèvres jointes étaient fermées à toute conciliation. « Tu ne trouves pas ? » s'écria-t-elle, en se tournant avec brusquerie vers Antoine : « Qu'elle en fasse un petit protestant, si elle veut ! Mais qu'elle n'élève pas le fils de Jacques comme un chien ! »

Antoine esquissa un geste évasif.

— « Tu ne le connais pas, ce petit », reprit-elle. « C'est une nature ardente, et qui aura besoin de piété !... » Elle soupira, et ajouta soudain, sur un autre ton, douloureux : « Comme Jacques ! Rien ne serait arrivé, si Jacques n'avait pas perdu la foi !... » Et, de nouveau, avec une mobilité extrême, sa physionomie se modifia, s'adoucit, tandis qu'un sourire ravi illuminait progressivement ses yeux : « Il ressemble tellement à Jacques, ce petit ! Il est roux foncé, comme lui ! Il a ses yeux, ses mains !... Et, à trois ans déjà, si volontaire ! Si rétif, quelquefois, et, par instants, si câlin... » Toute trace de rancune avait disparu de sa voix. Elle rit franchement : « Il m'appelle : *Tante Gi !* »

— « Si volontaire, dis-tu ? »

— « Comme Jacques. Et il a ces mêmes colères, tu sais ? ces colères sourdes... Et alors il fuit au bout du jardin, seul, pour ruminer on ne sait quoi. »

— « Intelligent ? »

— « Très ! Il comprend, il devine tout. Et d'une sensibilité ! On peut tout obtenir de lui par la douceur.

Mais si on le heurte, si on lui défend quelque chose qu'il a décidé de faire, ses sourcils se crispent, ses poings se serrent, il ne se connaît plus... Exactement comme Jacques. » Elle resta quelque temps songeuse. « Daniel vient de faire une bonne photo de lui. Jenny a dû te l'envoyer ? »

« Non. Jenny ne m'a jamais envoyé aucune photo de son fils. »

Surprise, elle leva les yeux sur lui, sembla l'interroger, faillit dire quelque chose, et y renonça. Puis :

— « Je l'ai ici, dans mon sac, cette photo... Tu veux la voir ? »

— « Oui. »

Elle courut chercher son sac à main, et en tira deux petites épreuves d'amateur.

Dans l'une, qui devait dater de l'an dernier, Jean-Paul était avec sa mère : une Jenny un peu épaissie, le visage plus plein qu'autrefois, les traits calmes et même austères. « Elle ressemblera à Mme de Fontanin », se dit Antoine. Jenny portait une robe noire ; elle était assise sur une marche de perron, et serrait l'enfant contre elle.

Dans l'autre, évidemment plus récente, Jean-Paul était seul : vêtu d'un jersey rayé qui moulait un petit corps étonnamment musclé, il se tenait debout, raidi, le menton baissé, l'air boudeur.

Antoine considéra longuement les deux images. La seconde surtout lui rappelait Jacques : même plantation des cheveux, même regard encaissé, pénétrant, même bouche, même mâchoire, — la forte mâchoire des Thibault.

— « Tu vois », expliquait Gise, debout, penchée sur l'épaule d'Antoine, « il était en train de jouer au sable. Voilà sa pelle, là-bas : il l'avait jetée dans un mouvement de rage, parce qu'on l'interrompait dans son jeu ; et il avait reculé jusqu'au mur... »

Antoine leva la tête vers elle, en riant :

— « Tu l'aimes donc tant que ça, ce petit ? »

Elle ne répondit pas, mais elle sourit, et rien n'était plus révélateur que ce sourire épanoui, empreint d'une tendresse émerveillée.

Cependant, un trouble, dont Antoine ne s'aperçut pas, venait de s'emparer d'elle, — comme chaque fois qu'elle se rappelait cette chose insensée qu'elle avait faite... (Il y avait deux ans de cela, davantage, même : Jean-Paul était encore un poupon, non sevré... Gise n'aimait rien tant que de l'avoir dans ses bras, de le bercer, de l'endormir contre sa poitrine ; et lorsqu'elle voyait Jenny allaiter l'enfant, un sentiment atroce de désespoir, d'envie, s'emparait d'elle. Un jour d'été que Jenny lui avait donné l'enfant à garder — il faisait une chaleur orageuse, énervante, — cédant à une tentation insensée, elle s'était enfermée avec le bébé dans sa chambre, et elle lui avait donné le sein. Ah, comme cette petite bouche acide s'était jetée sur elle, comme elle l'avait sucée, mordue, meurtrie !... Gise avait souffert plusieurs jours ; de ses ecchymoses, autant que de sa honte... Était-ce un péché ? Elle n'avait retrouvé un peu de calme qu'après en avoir fait l'aveu, à demi-mot, au confessionnal, et s'être infligé, elle-même, une longue pénitence. Et jamais elle n'avait recommencé...)

— « Il a souvent cette attitude-là ? Cet air de ne pas vouloir céder ? » demanda Antoine.

— « Oh, ça oui, très souvent ! Pourtant, là, c'était Daniel qui l'avait dérangé. Et c'est encore à Daniel qu'il obéit le moins mal. Parce que c'est un homme, je crois. Oui. Il adore sa mère ; et moi, il m'aime bien. Mais nous sommes des femmes. Comment dire ? Il a déjà très bien conscience de sa supériorité d'homme. Tu ris ? Je t'assure ! Ça se sent à un tas de petites choses... »

— « Je croirais plus volontiers que votre autorité s'émousse, parce que vous êtes toujours auprès de lui ; tandis que son oncle, qu'il voit plus rarement... »

— « Plus rarement ? Mais il est bien plus souvent avec son oncle qu'avec nous, à cause de l'hôpital ! C'est Daniel qui le garde, presque toute la journée. »

— « Daniel ? »

Elle retira sa main, qui était restée sur l'épaule d'Antoine, s'écarta légèrement, et s'assit :

— « Oui. Pourquoi ? Ça t'étonne ? »

— « J'imagine assez mal Daniel dans ce rôle de *nurse*... »

Gise ne comprenait pas : elle ne connaissait Daniel de Fontanin que depuis son amputation.

— « Au contraire. Le petit lui tient compagnie. Les journées sont longues, à Maisons. »

— « Mais, maintenant qu'il a sa réforme, il doit s'être remis à travailler ? »

— « A l'hôpital ? »

— « Non, à sa peinture ! »

— « Sa peinture ? Je ne l'ai jamais vu peindre... »

— « Et il ne va pas souvent à Paris ? »

— « Jamais. Il ne quitte même pas le chalet, ou le jardin. »

— « Il a vraiment tant de peine à marcher ? »

— « Oh, ce n'est pas ça. Il faut même l'observer avec attention, pour s'apercevoir qu'il boite ; surtout depuis son nouvel appareil... Mais il n'a pas envie de sortir. Il lit les journaux. Il surveille Jean-Paul, il le fait jouer, il le promène autour de la maison. Quelquefois il va aider Clotilde à écosser des pois, à éplucher des fruits pour les confitures. Quelquefois aussi il ratisse le gravier de la terrasse. Pas souvent... Je crois, que c'est une nature comme ça, tranquille, indifférente, un peu endormie... »

— « Daniel ? »

— « Mais oui. »

— « Il n'était pas du tout comme tu dis... Il doit être très malheureux. »

— « Quelle idée ! Il n'a même pas l'air de s'ennuyer. En tout cas, il ne se plaint jamais. S'il est quelquefois un peu maussade, — avec les autres, jamais avec moi — c'est parce qu'on ne sait pas le prendre. Nicole le taquine, l'asticote, inutilement. Jenny aussi est maladroite : elle le blesse par ses silences, ses raideurs... Elle est bonne, Jenny, très bonne : mais elle ne sait pas le montrer : elle n'a jamais le mot, le geste, qui font plaisir... »

Antoine ne protestait plus. Mais il gardait un air si stupéfait que Gise se mit à rire :

— « Je crois que tu ne connais pas bien la nature de Daniel. Il a toujours dû être un peu trop gâté... Et affreusement paresseux ! »

Le repas était achevé depuis longtemps. Elle consulta sa montre, et se leva vivement :

— « Je vais débarrasser la table, et puis il faudra que je parte. »

Elle se tenait debout, devant lui, et le considérait tendrement. Elle était désespérée de le laisser seul, malade, dans cette maison déshabitée. Elle hésitait à dire quelque chose. Un sourire engageant et timide passa dans son regard et vint jusqu'à ses lèvres :

— « Si je revenais te prendre, à la fin de la journée ? Et si tu passais la soirée avec nous, à Maisons, au lieu de rester ici, tout seul ? »

Il secoua la tête :

— « Pas ce soir, en tout cas. Aujourd'hui, j'ai à voir

Rumelles. Demain, j'ai à voir Philip. Et puis des rangements à faire en bas, des dossiers à chercher... »

Il réfléchissait. Il suffisait qu'il fût de retour au Mousquier vendredi soir. Rien ne l'empêchait donc d'aller passer deux jours à Maisons-Laffitte.

— « Mais, où logerai-je là-bas ? »

Avant de répondre, elle se pencha, très vite, et l'embrassa joyeusement.

— « Où ? Au chalet, bien sûr ! Il reste deux chambres inoccupées. »

Il avait gardé à la main la photo de Jean-Paul, et, de temps à autre, il y jetait un regard.

— « Eh bien, je vais faire le nécessaire, pour la prolongation... Et, demain, à la fin de la journée... » Il souleva la photo entre ses doigts : « Tu me la donnes ? »

V

Bien que ce fût dimanche, Rumelles était à son bureau du Quai d'Orsay, lorsque Antoine, resté seul après le départ de Gise, l'appela au téléphone. Le diplomate s'excusa de ne pouvoir disposer d'une heure dans le courant de l'après-midi, et invita Antoine à venir le prendre pour dîner.

A huit heures, Antoine arriva au ministère. Rumelles l'attendait au bas de l'escalier, où brûlait une ampoule en veilleuse. Dans cette pénombre réglementaire, le va-et-vient silencieux des employés qui quittaient leurs bureaux et de quelques visiteurs tardifs prenait un aspect étrange, clandestin.

— « Je vous emmène chez *Maxim's*, ça vous changera un peu de votre vie d'hôpital », proposa Rumelles, avec un sourire gentiment protecteur, en conduisant Antoine vers l'une des autos à fanion qui stationnaient dans la cour.

— « Je suis un piètre convive », avoua Antoine, « le soir, je ne prends que du lait. »

— « Ils en ont de l'excellent, en carafes frappées », affirma Rumelles, qui avait décidé de dîner chez *Maxim's*.

Antoine acquiesça d'un mouvement de tête. Il était exténué de sa journée, qu'il avait passée chez lui à fouiller dans ses cartonniers et ses bibliothèques. Cette soirée de conversation n'était pas sans lui faire peur. Il se hâta de prévenir Rumelles qu'il parlait avec effort, et devait ménager ses cordes vocales.

— « Bonne aubaine pour un bavard comme moi », s'écria le diplomate. Il affectait un ton plaisant, pour ne rien laisser paraître de la fâcheuse impression que lui causaient les traits tirés, la voix caverneuse et oppressée, de son ami.

Dans la salle illuminée du restaurant, l'amaigrissement, la mauvaise mine d'Antoine, le frappèrent davantage encore. Mais il évita de l'interroger avec trop d'intérêt sur sa santé, et, après quelques questions imprécises, s'empressa de parler d'autre chose :

— « Pas de potage. Quelques huîtres, plutôt. C'est la fin de la saison, mais elles sont encore bonnes... Je dîne souvent ici. »

— « J'y suis beaucoup venu, moi aussi », murmura Antoine. Son regard fit lentement le tour de la salle, et s'arrêta sur le vieux maître d'hôtel, qui, debout, attendait la commande. « Vous ne me reconnaissez pas, Jean ? »

— « Oh, parfaitement si, Monsieur », fit l'autre, en s'inclinant avec un sourire banal.

« Il ment », songea Antoine, « il m'appelait toujours : *Monsieur le docteur...* »

— « C'est si près de mon bureau », continua Rumelles. « Et, les soirs d'alerte, c'est assez commode : je n'ai qu'à traverser la rue, pour trouver un bon abri au ministère de la Marine. »

Antoine l'observa, tandis qu'il composait son menu. Il avait changé, lui aussi. Son masque léonin s'était empâté ; la crinière avait passablement blanchi ; autour des yeux, d'innombrables petites rides plissaient en tous sens sa peau de blond vieillissant. Le regard restait bleu et vif ; mais, sous les paupières inférieures, des boursouflures mauves surplombaient des pommettes vermiculées de couperose.

— « Pour le dessert, je verrai », acheva-t-il d'un air las, en rendant la carte au maître d'hôtel. Il renversa la tête, posa un instant ses mains à plat sur sa figure, appuyant ses doigts sur ses paupières brûlantes, et soupira profondément : « Tel que vous me voyez, cher ami, je n'ai pas pris un jour de vacances depuis la mobilisation. Je suis à bout. »

Cela se voyait. La fatigue accumulée se traduisait, chez ce nerveux, par une extrême fébrilité. Antoine avait quitté un Rumelles-1914, assuré, maître de lui, un peu suffisant et qui pérorait volontiers sur toutes choses, mais avec une retenue étudiée. Quatre années de surmenage en avaient fait cet homme au rire brusque et convulsif, au regard papillotant, cet homme gesticulant, qui sautait sans transition d'un sujet à l'autre, et dont le visage congestionné passait soudain d'une agitation maladive au plus morne abattement. Néanmoins, il s'efforçait de porter beau, comme naguère. A chaque aveu de fatigue, à chaque abandon, succédait un bref redressement : il renversait un peu la tête, peignait sa chevelure d'un ample geste de la

Épilogue

main et arborait un sourire plein d'ardeur retrouvée.

Antoine voulut le remercier de sa longue enquête sur la mort de Jacques, et de l'aide qu'il avait apportée à Jenny lorsqu'elle avait voulu gagner la Suisse. Rumelles l'arrêta avec vivacité :

— « Tout naturel, voyons ! Laissez donc, mon cher !... » Puis il lança étourdiment : « La jeune femme m'a paru charmante... tout à fait charmante... »

« Trop homme du monde pour n'être pas souvent un sot », pensa Antoine.

Rumelles lui avait coupé la parole et il ne la lâchait plus. Il entreprit un récit détaillé des démarches qu'il avait faites, comme si Antoine eût été étranger à l'affaire. Tout était demeuré étonnamment précis dans sa tête : il citait sans hésiter des noms d'intermédiaires, des dates.

— « Triste fin ! » soupira-t-il, en conclusion. « Vous ne buvez pas votre lait ? Il va tiédir... » Il coula vers Antoine un regard hésitant, trempa ses lèvres dans son verre, essuya ses moustaches ébouriffées de chat, et soupira de nouveau : « Oui, triste fin... Bien pensé à vous, je vous assure... Mais, étant donné les circonstances... vos idées... l'honorabilité du nom... on peut se demander si, — pour la famille, du moins, — cette fin... n'a pas été, somme toute, une chose... heureuse ?... »

Antoine fronça les sourcils, sans répondre. Le propos de Rumelles le blessait au vif. Pourtant, cette pensée, il lui fallait bien reconnaître qu'il l'avait eue lui-même, lorsqu'il avait connu la vérité sur les derniers jours de Jacques. Oui, il l'avait eue ; mais aujourd'hui il ne l'avait plus ; et il éprouvait même, à se souvenir qu'il l'avait eue, une poignante confusion. Ces dernières années de guerre, les réflexions qu'il avait été amené à faire pendant les longues insomnies de la clinique, avaient mis un grand désarroi dans la plupart de ses jugements antérieurs.

Il n'avait aucune velléité d'aborder avec Rumelles ces questions personnelles. Et ici moins qu'ailleurs. Sa présence, dans cette salle où il était si fréquemment venu dîner avec Anne, lui causait, depuis son arrivée, un surcroît de gêne. Il était surpris, naïvement, qu'il y eût tant de monde dans ce restaurant de luxe, en ce quarante-quatrième mois de guerre. Toutes les tables étaient occupées, comme autrefois aux soirs d'affluence. Les femmes étaient peut-être moins nombreuses, — moins élégantes aussi : beaucoup d'entre elles gardaient leur allure d'infirmière. La grande majorité des hommes appartenait à l'armée : sanglés dans leurs baudriers bien cirés, ils plastronnaient, la tunique barrée de rubans multicolores. Quelques permissionnaires, officiers de troupe ; mais, la plupart, officiers de la Place de Paris ou du Grand Quartier général. Un grand nombre d'aviateurs, bruyants et fêtés, le regard triste, un peu fou, et qui paraissaient ivres avant d'avoir bu. Un échantillonnage bariolé d'uniformes italiens, belges, roumains, japonais. Quelques officiers de marine. Mais surtout des Anglais, — vestes kaki à cols ouverts et linge impeccable, — qui venaient là pour dîner au champagne.

— « N'oubliez pas de me prévenir quand vous serez à la fin de votre convalescence », dit aimablement Rumelles. « Il ne faut pas qu'on vous renvoie sur le front. Vous avez largement payé votre part... »

Antoine voulut rectifier. Depuis l'hiver 17, époque où il avait été jugé guéri de sa première blessure, on l'avait affecté à des hôpitaux de l'arrière. Mais Rumelles continuait de parler :

— « Moi, je suis à peu près sûr, maintenant, que je finirai la guerre sans quitter le ministère. A l'arrivée de

M. Clemenceau, j'ai failli être envoyé à Londres : sans le président Poincaré, avec qui je suis resté en excellents termes, et surtout sans la protestation de M. Berthelot, dont je connais toutes les manies et qui a besoin de moi, j'étais débarqué. Évidemment, la vie là-bas, en ce moment, n'aurait pas été sans intérêt. Mais je n'aurais plus été au centre de tout, comme je suis ici. Ce qui est passionnant ! »

— « Je le crois sans peine... Vous, au moins, vous êtes de ces privilégiés qui peuvent comprendre quelque chose aux événements... Et, qui sait ? prévoir un peu l'avenir. »

— « Oh », coupa Rumelles, « comprendre, non ; et prévoir, moins encore... On a beau connaître le dessous des cartes, mon cher, on ne comprend rien à ce qui se passe ; à peine si, rétrospectivement, on comprend quelque chose à ce qui s'est passé... Ne croyez pas qu'un homme d'État d'aujourd'hui, fût-il entier et tyrannique comme M. Clemenceau, ait prise directe sur les faits. Il est à la remorque des circonstances... Gouverner, en temps de guerre, c'est quelque chose comme piloter un navire qui fait eau de toutes parts : il s'agit d'improviser, d'heure en heure, des trucs pour aveugler les voies d'eau les plus menaçantes ; on vit dans une atmosphère de naufrage ; à peine si on a, de temps à autre, le loisir de faire le point, de regarder la carte, d'indiquer une vague direction... M. Clemenceau fait comme les autres : il subit les événements, et, quand il le peut, il les exploite. Je le vois d'assez près, au poste où je suis. Curieux phénomène... » Il prit un air pensif, et débita, avec des hésitations étudiées : « M. Clemenceau, voyez-vous, c'est un paradoxal mélange de scepticisme naturel... de pessimisme réfléchi... et d'optimisme résolu ; mais il faut reconnaître que le dosage est excellent ! » Il souriait finement, jusque dans le coin des paupières, comme s'il s'amusait lui-même de son improvisation et savourait la qualité des formules qu'il venait de trouver. Or, de toute évidence, c'était un cliché qu'il servait depuis des mois à chaque nouvel interlocuteur. « Et puis », continua-t-il, « ce grand douteur est mû par une foi de charbonnier : il croit dur comme fer que la patrie de M. Clemenceau ne peut pas être battue. Cela, mon cher, c'est une force incomparable ! Même en ce moment, — où pourtant, avouons-le tout bas, je vois chanceler la confiance des plus optimistes, — eh bien, pour ce vieux patriote, la victoire reste absolument certaine ! Certaine, comme si, par droit divin, la cause de la France ne pouvait pas ne pas triompher glorieusement ! »

Antoine, toussotant, — à la table voisine, un major anglais venait d'allumer un cigare, — essaya de prendre la parole. Mais la voix était si faible, étouffée encore par la serviette qu'il appuyait sur ses lèvres, que, seuls, quelques mots furent intelligibles :

— « ... aide américaine... Wilson... »

Rumelles trouva plus simple de faire comme s'il avait entendu. Il prit même un air particulièrement intéressé :

— « Peuh », fit-il, en se caressant la joue d'un geste rêveur, « vous savez, pour nous autres, le président Wilson !... Nous sommes bien obligés, en France et en Angleterre, d'afficher une respectueuse considération pour les fantaisies de ce professeur américain ; mais nous ne nous méprenons pas sur son compte. C'est un esprit obtus, et qui n'a aucune notion du relatif. Pour un homme d'État... ! Il vit dans un univers irréel que son imagination mystique a créé de toutes pièces... Dieu nous préserve de voir le moralisme simpliste de ce puritain, venir fausser les rouages subtils de nos vieilles affaires européennes ! »

Antoine aurait souhaité pouvoir intervenir. L'état de sa voix ne le lui permettait guère. Wilson était le seul, parmi les grands responsables de l'heure, qui lui parût capable de regarder au-delà de la guerre ; le seul, capable de penser l'avenir du monde. Il se contenta d'ébaucher un geste énergique de protestation.

Rumelles sourit, amusé :

— « Non, sans blague, mon cher ? Vous ne marchez tout de même pas pour les billevesées du président Wilson ! Cela peut être pris au sérieux de l'autre côté de l'Atlantique, dans un pays d'enfants, à demi sauvage. Mais dans notre vieille et sage Europe, allons donc ! Acclimater chez nous ces utopies, ce serait préparer un beau gâchis ! Voyez-vous, on ne se méfiera jamais assez du mal que peuvent faire certains grands mots à majuscules : « Droit », « Justice », « Liberté », etc. Dans la France de Napoléon III, on devrait pourtant savoir à quels désastres conduisent les politiques « généreuses » ! »

Il allongea le bras, posa sur la nappe sa main trapue, tachée de son, et, se penchant, confidentiel :

— « D'ailleurs, les gens renseignés prétendent que le président Wilson est bien moins naïf qu'il ne le paraît, et qu'il n'est pas dupe lui-même de ses *Messages*... Ce champion de la « paix sans victoire » aurait tout simplement l'ambition très réaliste de profiter des circonstances pour mettre le Vieux Continent sous la tutelle américaine, en empêchant les Alliés de prendre, demain, dans les affaires du monde, la place prépondérante qu'une victoire pourrait leur assurer. Ce qui, entre parenthèses, révèle une fameuse dose d'ingénuité ! Car il faut être bien naïf pour supposer que la France et l'Angleterre accepteraient de s'être épuisées pendant des années dans une lutte aussi ruineuse, sans en tirer de sérieux profits *matériels !* »

« Mais », répliquait Antoine en son for intérieur, « est-ce que l'établissement d'une véritable paix, d'une paix enfin durable, ne serait pas, pour les peuples européens, le plus *matériel* des profits de guerre ? » Il se taisait, néanmoins. La chaleur, le bruit, l'odeur des victuailles mêlée à la fumée du tabac, lui causaient un malaise croissant. Son oppression ne cessait d'augmenter. « Pourquoi suis-je là ? » songeait-il, furieux contre lui-même. « Je me prépare une belle nuit ! »

Rumelles ne s'apercevait de rien. Il semblait prendre un plaisir personnel à dénigrer Wilson. Dans les couloirs du Quai d'Orsay, c'était depuis des mois la cible sur laquelle la verve de ces messieurs s'exerçait férocement. Il coupait ses phrases d'un rire de gorge, vindicatif, et s'agitait sur sa chaise comme s'il eût été assis sur des chardons :

— « Heureusement, le président Poincaré et M. Clemenceau, en bons réalistes, en bons Latins qu'ils sont, ont compris, non seulement l'inanité de ses chimères, mais aussi la secrète mégalomanie du président Wilson... Laquelle peut être utilisée à des fins... qui rapportent ! L'important, à l'heure présente, c'est de soutirer d'Amérique autant de pétrole, de matériel, d'avions et d'hommes que possible. Pour cela, prendre bien garde de contredire le puissant pourvoyeur. Au besoin, même donner complaisamment dans ses marottes. Comme on fait avec les doux aliénés. Et, ma foi, jusqu'ici, les résultats de cette tactique sont appréciables... » Il inclina le buste vers Antoine et lui souffla à l'oreille : « Saviez-vous que c'est grâce aux deux mille tonnes d'essence qu'il nous a procurées en quelques semaines, et grâce aux trois cent mille hommes qu'il nous expédie chaque mois, que nous avons pu tenir le coup, cette année, après le désastre anglais en Picardie ?... Il n'y a donc qu'à continuer. A flatter les manies chimériques de ce Lohengrin à binocle... Quand nous aurons, sur notre sol français, une solide armée américaine pour prendre la relève, alors nous pourrons souffler un peu, et attendre en spectateurs que l'Amérique nous tire les marrons du feu ! »

Antoine, pensivement, regardait Rumelles mordre dans son tournedos, — qu'il avait commandé : « à peine cuit : bleu ! » Il souleva la main comme pour demander la parole :

— « Ainsi, vous croyez... à plusieurs années de guerre encore ? »

Rumelles repoussa son assiette, se renversa légèrement en arrière :

— « Plusieurs années, non ; en réalité, je ne crois pas. Je crois même que nous pourrions avoir d'heureuses surprises... » Il examina un instant ses ongles, en silence : « Écoutez, Thibault », reprit-il, baissant de nouveau la voix pour ne pas être entendu des voisins. « Je me rappelle. C'était en février 15. M. Deschanel, un soir, a déclaré devant moi : " La durée et les péripéties de cette guerre sont incalculables. Pour moi, c'est le recommencement des guerres de la Révolution et de l'Empire. Peut-être y aura-t-il des *trêves* ; mais *la paix finale* est loin ! " Eh bien, à ce moment-là, j'ai cru que c'était une boutade. Aujourd'hui... Aujourd'hui, je suis bien près de considérer cela comme une vision prophétique. » Il fit une pause, joua un instant avec la salière, et ajouta : « A telle enseigne que si, demain, après un succès écrasant des Alliés, les Centraux proposaient de déposer les armes, je penserais, avec M. Deschanel : Voilà *la trêve* ; mais *la paix finale* est encore loin. »

Il soupira, et, sans quitter ce ton de leçon apprise, qui agaçait tant Antoine, il se lança dans un brillant compte rendu des diverses phases de la guerre depuis l'invasion de la Belgique. Ainsi décantés, réduits à des schèmes bien nets, les événements s'enchaînaient avec une logique impressionnante. On eût dit le récit d'une partie d'échecs. Cette guerre, — qu'Antoine, lui, jour après jour, avait faite, — elle lui apparaissait soudain avec le recul du temps et sous son aspect historique. Dans la bouche diserte du diplomate, la Marne, la Somme, Verdun, — ces noms qui, jusqu'alors, évoquaient pour Antoine des souvenirs concrets, personnels et tragiques, — devenaient, dépouillés soudain de leur réalité, les jalons précis d'un exposé technique, les têtes de chapitres d'un manuel pour les générations futures.

— « Et nous voici en 18 », conclut Rumelles. « L'entrée des États-Unis dans la guerre, c'est le resserrement du blocus, la démoralisation des peuples germaniques. Logiquement, c'est leur défaite inévitable. Devant ce fait neuf, ils avaient le choix entre deux attitudes : négocier une paix boiteuse, tandis qu'il en était encore temps ou bien, reprendre désespérément l'offensive pour essayer de vaincre avant l'arrivée massive des Américains. Ils ont opté pour l'offensive. D'où le formidable coup de bélier de mars, en Picardie. Une fois de plus il s'en est fallu de peu qu'ils ne l'emportent. Aussi reviennent-ils à la charge. Et nous en sommes là. Réussiront-ils ce coup-ci ? C'est possible : rien ne permet de dire que nous ne serons pas réduits à demander la paix, avant cet été. Mais, s'ils échouent, alors ils auront joué leur ultime carte. Alors ils auront perdu la guerre. Soit que nous attendions passivement l'heure de la ruée américaine ; soit que — ce qui, paraît-il, serait le projet du général Foch — nous jetions nos dernières forces dans une attaque sur tous les fronts, et prenions des gages sérieux, avant que les Américains se soient mis en branle. C'est pourquoi je dirais volontiers : la véritable paix, *la paix finale*, elle est peut-être encore éloignée ; mais une *trêve* est vraisemblablement assez proche. »

Il dut s'interrompre : Antoine était en proie à une quinte si violente qu'il était difficile, cette fois, de ne pas paraître s'en apercevoir.

— « Excusez-moi, mon cher... Je vous éreinte avec mes bavardages... Partons. »

Il fit un signe au maître d'hôtel, sortit de la poche de son pantalon — à la manière des soldats américains — une poignée de billets froissés, et régla négligemment l'addition.

La rue Royale était obscure. L'auto, feux éteints, attendait au bord du trottoir.

Rumelles leva le nez en l'air :

— « Le ciel est clair, *ils* pourraient bien venir, cette nuit... Je retourne au ministère, voir s'il y a du neuf. Mais, d'abord, je vais vous déposer chez vous. »

Avant de monter dans la voiture, où déjà Antoine avait pris place, il acheta plusieurs feuilles du soir à une vendeuse de journaux.

— « Bourrage de crâne », murmura Antoine.

Rumelles ne répondit pas tout de suite. Il prit la précaution de clore le châssis vitré qui les séparait du chauffeur.

— « Bien sûr, bourrage de crâne ! » fit-il alors, en se tournant presque agressif vers Antoine. « Comment ne comprenez-vous pas que l'approvisionnement régulier en nouvelles rassurantes est aussi essentiel pour le pays que le ravitaillement en vivres ou en munitions ? »

— « C'est vrai, vous avez charge d'âmes », lança ironiquement Antoine.

Rumelles lui tapota familièrement le genou :

— Allons, allons, Thibault, soyez sérieux. Réfléchissez. Que peut un gouvernement en guerre ? Diriger les événements ? Vous savez bien que non. Mais diriger l'opinion ? ça, oui : c'est même la seule chose qu'il puisse faire !... Eh bien, nous nous y employons. Notre principal travail, c'est — comment dirais-je ? — la transmission *arrangée* des faits... Il faut bien alimenter sans cesse la foi de la nation en sa victoire finale... Il faut bien protéger, quotidiennement, la confiance qu'elle a mise, à tort ou à raison, dans la valeur de ses chefs, militaires ou civils... »

— « Et tous les moyens vous sont bons ! »

— « Bien sûr ! »

— « Le mensonge organisé ! »

— « Franchement : croyez-vous possible de laisser dire — je ne sais pas, moi... — que nos bombardements aériens sur Stuttgart et sur Carlsruhe ont fait, dans la population civile, infiniment plus « d'innocentes victimes », que tous les obus que la *Bertha* pourra lancer sur Paris ?... Ou bien, que la campagne des sous-marins boches, que nous avons présentée comme un crime de lèse-humanité, était, pour les Centraux, une opération nécessaire, la seule chance qui leur restait de briser notre résistance après l'échec des offensives de 1916 ?... Ou bien, que le fameux torpillage du *Lusitania* était, à tout prendre, un acte de représailles parfaitement justifié, une très bénigne réponse, en somme, à ce blocus implacable qui a déjà tué, en Allemagne et en Autriche, dix ou vingt mille fois plus de femmes et d'enfants qu'il n'y en avait sur le *Lusitania* ?... Non, non, la vérité est très rarement bonne à dire ! Il est indispensable que l'ennemi ait toujours tort, et que la cause des Alliés soit la seule juste ! Il est indispensable... »

— « ... de mentir ! »

— « Oui, ne fût-ce que pour cacher, à ceux qui se battent, ce qui se trame à l'arrière ! Ne fût-ce que pour cacher à ceux de l'arrière les choses effroyables qui se passent au front !... Indispensable de taire, aux uns comme aux autres, ce qui se fait dans la coulisse des chancelleries, chez l'adversaire, chez les neutres ! Mais oui, mon cher ! Aussi, le plus clair de notre activité — je veux dire l'activité des chefs civils — est-elle employée... pas seulement à mentir, comme vous dites, mais à *bien* mentir ! Ce qui n'est pas toujours facile, veuillez le croire ! Ce qui exige une longue expérience, et une ingéniosité, un esprit d'invention, qui ne soient jamais à court. Il y faut une espèce de génie... Et, je peux l'affirmer : l'avenir nous rendra justice ! Dans ce domaine du *mensonge utile*, nous avons, en France, accompli des prodiges, depuis quatre ans ! »

La voiture, après avoir suivi, à faible allure, le boulevard Saint-Germain et la rue de l'Université, à peine éclairés, venait de stopper devant la porte d'Antoine. Les deux hommes descendirent.

— « Tenez », poursuivit Rumelles, « je me rappelle la semaine de l'offensive Nivelle, en avril 17... » Sa voix trahit soudain une recrudescence de fébrilité. Il saisit Antoine par le bras, pour l'entraîner à quelque distance du chauffeur : « Vous n'imaginez pas ce que cela a pu être, pour nous qui savions tout, heure par heure... — qui assistions à cette accumulation de fautes... — qui pouvions calculer, chaque soir, le total des pertes ! Trente-quatre mille tués, plus de quatre-vingt mille blessés, en quatre ou cinq jours !... Et la rébellion de ces régiments décimés !... Pourtant, il ne s'agissait ni d'être véridiques ni d'être justes. Il fallait, coûte que coûte, réprimer impitoyablement l'insurrection des troupes avant qu'elle ne gagne toute l'armée ! Question de vie ou de mort pour le pays... Il fallait, coûte que coûte, soutenir le commandement, camoufler ses fautes, sauvegarder son prestige... Pire encore : il fallait, sciemment, persévérer dans l'erreur, et reprendre l'offensive, et jeter d'autres divisions dans la fournaise, et sacrifier vingt ou vingt-cinq mille nouveaux soldats, au Chemin des Dames, devant Laffaux... »

— « Mais pourquoi ? »

— « Pour obtenir un petit succès, si mince fût-il, sur lequel nous puissions greffer *le mensonge salutaire !* Et redresser la confiance, qui flanchait de toutes parts !... Enfin, nous avons eu l'heureux coup de main de Craonne. Nous avons pu en faire une éclatante victoire. Nous étions sauvés !... Dix jours plus tard, le gouvernement limogeait les chefs, et nommait le général Pétain... »

Antoine, épuisé, incapable de rester plus longtemps debout, s'était adossé au mur. Rumelles le soutint jusqu'à la porte cochère :

— « Oui », poursuivait-il, « nous étions sauvés ; mais, je vous jure, je donnerais un an de ma vie plutôt que d'avoir à revivre ces quatre ou cinq semaines-là ! » Il semblait sincère. « Je vous laisse. J'ai été si heureux de vous revoir... » Et tandis qu'Antoine franchissait le seuil : « Soignez-vous sérieusement, mon cher ! Les médecins sont tous les mêmes : quand il s'agit de leur propre santé, les plus consciencieux sont d'une négligence !... »

La chambre avait été préparée par Gise. Les volets et les rideaux étaient clos, les housses retirées des sièges, le lit fait ; un verre et une carafe d'eau fraîche avaient été posés à portée de la main, sur la table de chevet. Ces menues attentions troublèrent Antoine si fort, qu'il se dit : « Je dois être encore plus fatigué que je ne crois... »

Son premier soin fut de se faire une injection d'oxygène. Après quoi, il se laissa tomber dans un fauteuil, et demeura une dizaine de minutes, immobile, le buste droit, la nuque appuyée au dossier.

Il pensait à Rumelles avec une hostilité soudaine, violente, injuste sans doute, et dont il était lui-même surpris : « Ceux qui *la* font... Ceux qui ne *la* font pas... Entre nous et eux, jamais plus la réconciliation ne sera possible ! »

Son étouffement cédait peu à peu. Il se leva pour prendre sa température, 38°1... Rien d'excessif après une pareille journée...

Il prit encore le temps de faire une bonne inhalation, avant de se mettre au lit.

« Non », se dit-il, en enfonçant rageusement sa tête dans l'oreiller, « pas d'entente possible avec eux ! Le jour de la démobilisation, ceux qui ne *l*'auront pas faite, devront se cacher, disparaître. La France, l'Europe, de demain, seront, de droit, aux anciens combattants. Nulle part, ceux qui *l*'auront faite n'accepteront de collaborer avec ceux qui n'y auront pas été ! »

L'obscurité lui pesait, mais il se retint de rallumer. Sa chambre était l'ancienne chambre de M. Thibault, celle où le vieillard avait tant lutté, tant souffert, avant de mourir. Antoine se rappelait les moindres détails, le dernier bain, Jacques, la piqûre libératrice, toutes les péripéties de cette agonie. Et c'était la chambre de son père, avec le grand lit d'acajou, le prie-Dieu de tapisserie, et la commode chargée de médicaments, que ses yeux, grands ouverts dans le noir, croyaient apercevoir autour de lui.

VI

La nuit n'avait pas été mauvaise, grâce à la piqûre d'oxygène ; mais Antoine n'avait pour ainsi dire pas dormi. A l'aube enfin, le sommeil l'avait pris, un bref instant : le temps de se débattre dans un absurde cauchemar, d'où l'avait tiré un accès de transpiration, si violent qu'il avait dû changer de linge. Recouché, et bien certain qu'il ne se rendormirait plus, il chercha à se rappeler les détails du rêve saugrenu qu'il venait de faire :

« Voyons... Il y a eu trois épisodes distincts... Trois scènes, mais dans un décor unique : le vestibule de mon appartement...

« Au début, je m'y trouvais avec Léon. En proie à une folle angoisse, parce que, d'une minute à l'autre Père allait arriver. La situation était terrible. J'avais profité de l'absence de Père pour m'emparer de tout ce qu'il possédait, pour bouleverser de fond en comble la maison. Et Père allait revenir ; et j'allais être pris sur le fait. C'était affreux. J'arpentais le vestibule, ne sachant que faire pour éviter la catastrophe. Et il m'était impossible de fuir. A cause de quoi ? A cause de Gise, qui allait bientôt rentrer... Léon, aussi affolé que moi, était au guet, la joue collée à la porte d'entrée. Je vois encore son œil godiche, écarquillé de peur. A un moment, il a tourné la tête pour dire : « Si j'allais vite prévenir Madame ? »

« Ça, c'est la première scène. Ensuite, Père s'est tout à coup trouvé là, devant moi, debout au milieu du vestibule, en redingote, avec un chapeau garni d'un crêpe (comme celui de Chasle), *à cause de l'enterrement*.

Quel enterrement ? Autour de lui, par terre, une valise neuve (comme celle du type avec qui j'ai voyagé avant-hier). Léon avait disparu. Père fouillait dans ses poches, d'un air digne et affairé. Il m'a aperçu, il m'a dit : " Ah, c'est toi ?... Mademoiselle n'est pas là " Et puis, il m'a dit aussi : " Mon cher, je te raconterai : j'ai visité des pays très *pittoresques*... " (Sur ce ton paterne et solennel qu'il prenait dans ces cas-là.) Moi, j'avais la bouche sèche, j'étais incapable de dire un mot. Je me sentais redevenu le petit garçon qui tremble devant une correction méritée... Et, en même temps, je me demandais, avec stupéfaction : " Comment se fait-il qu'il n'ait pas remarqué, en montant, les changements de l'escalier ? La suppression des vitraux ? Le tapis neuf ? " Et puis, j'ai pensé avec terreur : " Comment l'empêcher d'entrer dans *notre* chambre, de voir le lit ?... " Et puis, je ne sais plus ; je crois qu'il y a eu une coupure...

« En tout cas, — et c'est la troisième scène, — je revois Père, toujours debout à la même place, mais en chaussons et sans sa vieille vareuse d'intérieur. Il avait son air mécontent. Il dressait par à-coups sa barbiche, et tirait son cou pincé entre les pointes de son faux-col. Et alors il m'a dit, avec son petit rire froid : " Dis-moi, mon cher : où diable as-tu mis mon lorgnon ? " Et ce lorgnon qu'il réclamait, c'était ce lorgnon d'écaille que je me souviens d'avoir trouvé sur son bureau, et que j'ai donné, en même temps que sa garde-robe et toutes ses affaires, aux Petites Sœurs des pauvres... Et alors, sa colère a brusquement éclaté. Il s'est avancé sur moi en criant : " Et mes titres ? Qu'est-ce que tu as fait de mes titres ? " Je balbutiais : " Quels titres, Père ? " Je suais à grosses gouttes, je m'épongeais, et, tout en m'épongeant, je me souviens que je prêtais l'oreille : je m'attendais, d'un instant à l'autre, à entendre le déclic de l'ascenseur, et à voir entrer Gise (en infirmière, parce que c'était l'heure où elle rentrait de sa clinique)... Et, à ce moment-là, je me suis éveillé, effectivement trempé de sueur... »

Il souriait au souvenir de son épouvante. Mais il en était encore tout ébranlé. « Je dois avoir un peu de température », se dit-il. En effet. 37°8. Un peu moins que la veille au soir ; mais un peu plus qu'il n'aurait fallu, ce matin.

Deux heures plus tard, vaquant aux soins de sa toilette et de son traitement, sa pensée le ramena au souvenir de son rêve.

« Curieux », remarqua-t-il. « Ce rêve, en somme, a été très court. En tout, trois tableaux rapides : l'attente anxieuse avec Léon ; puis, l'irruption de Père, avec la valise ; puis, cette histoire de lorgnon, et de titres... Oui, mais tout ce qu'il y avait *autour !* Tout ce passé, très particulier, très complet, dans lequel ce rêve prenait racine ! »

Comme il éprouvait un peu d'oppression pour avoir fait une station trop prolongée devant son lavabo, il s'assit sur le rebord de la baignoire, et demeura un moment pensif :

« Ce passé, dans lequel baignent, en quelque sorte, les rêves, c'est évidemment un phénomène connu, et qui doit avoir été étudié... Je n'y avais jamais réfléchi... Pour mon rêve de cette nuit, le cas est particulièrement net... Au point que, si j'avais le courage, ça mériterait que je le note... Sans quoi, dans deux jours, j'aurai tout oublié. »

Il regarda l'heure. Rien ne le pressait. Il prit l'agenda où il inscrivait chaque soir ses observations de malade et qu'il n'avait pas omis d'apporter, en arracha quelques pages blanches, et, s'enveloppant dans le peignoir de bain que Gise avait pendu à une patère du cabinet de toilette (« elle a pensé à tout, cette petite », se dit-il en souriant), il alla se remettre sur son lit.

Il griffonnait avec entrain depuis trois quarts d'heure, lorsqu'un coup de sonnette l'interrompit.

C'était un pneumatique du Patron. En termes très affectueux, le docteur Philip s'excusait de ne pouvoir recevoir Antoine avant le surlendemain soir : il quittait Paris pour deux jours, à la tête d'une commission chargée d'inspecter quelques hôpitaux du Nord.

Antoine était fort désappointé. Pour se consoler, il se dit qu'il avait encore de la chance que Philip revînt avant son départ. Il dînerait mercredi avec lui, et reprendrait jeudi le train pour Grasse.

Les feuillets étaient épars sur le lit. Ils étaient au nombre de cinq, couverts de sa bizarre écriture hiéroglyphique où chaque lettre était isolée, — habitude qui datait de l'époque où il faisait des thèmes grecs. Antoine les rassembla, et les relut. Les deux premiers étaient consacrés au récit analytique du rêve, avec les détails caractéristiques dont il se souvenait. Les trois autres contenaient un commentaire assez confus. « *Ce que l'on conçoit bien...* », grommela-t-il, dépité. Autrefois, il excellait pourtant à la rédaction de ces notes substantielles où, en quelques lignes, son esprit net savait condenser l'essentiel d'une longue réflexion. « Un entraînement à refaire », se dit-il, « si je veux me remettre à travailler pour les revues... »

Voici ce qu'il avait écrit :
....

Dans un rêve, deux choses bien distinctes :
1° *Le rêve lui-même, l'épisode (auquel le rêveur est toujours plus ou moins mêlé).* Action, *généralement*

brève, fragmentaire, mouvementée, analogue à une scène de théâtre jouée par des acteurs.

2° Autour de ce court moment dramatique, il y a une situation *donnée. Qui commande ce moment, et qui le rend plausible. Une situation qui reste en dehors, en marge, de l'action. Mais dont le rêveur a une conscience précise. Situation dans laquelle, d'après l'affabulation du rêve, le rêveur se trouve installé depuis longtemps. Comparable à ce que représente, pour chacun de nous, à l'état de veille, notre passé.*

Dans l'exemple du rêve que je viens d'avoir, je remarque, autour des trois épisodes qui constituent l'action, tout un faisceau de circonstances qui, sans faire partie intégrante de mon rêve, y étaient implicitement contenues. Et même, à bien considérer, ces circonstances sont de deux sortes, constituent comme deux zones différentes : il y a les circonstances immédiates, dans lesquelles le rêve est comme enveloppé. Et puis, il y a une seconde zone, plus éloignée dans le temps : un ensemble de circonstances beaucoup plus anciennes, formant un passé imaginaire sans lequel le rêve n'aurait pas été possible. Ce passé, dont moi, le rêveur, j'étais constamment conscient, n'a joué au cours du rêve aucun rôle : il était seulement préexistant *à ce rêve, comme le passé des personnages est préexistant à l'action qui les rassemble fortuitement sur la scène.*

Précisons un peu. Ce que j'entends par circonstances de la première zone, c'est, par exemple, que je savais l'heure qu'il était, bien qu'il n'ait pas été question de l'heure pendant le rêve. Je savais *qu'il était midi moins quelques minutes, et que j'attendais Gise pour déjeuner, comme tous les jours.* Je savais *que, le matin même, en son absence et sans pouvoir l'avertir, j'avais reçu un télégramme de Père, annonçant son retour, à cause de l'enterrement. (Ici, un point qui reste obscur : l'enterre-*

ment de qui ? Ce n'était pas l'enterrement de Mademoiselle. Mais c'était l'enterrement d'un proche, car nous étions tous atteints par ce deuil.) Je savais que Père fouillait dans ses poches à la recherche de monnaie pour payer sa voiture, car je savais qu'un taxi, chargé de bagages, venait de le déposer devant la maison. (Je crois même pouvoir dire que je voyais ce taxi, arrêté dans la rue, en même temps que je voyais Père dans le vestibule.) Etc.

Circonstances de seconde zone. J'entends par là une série d'événements assez anciens, dont l'Antoine du rêve connaissait l'existence. Ces événements, je ne puis pas dire précisément que j'y pensais, au cours du rêve ; mais leur souvenir était en moi, comme sont les souvenirs de notre vie réelle. Ainsi je savais (en réalité je devrais écrire : j'étais sachant) que Père avait quitté la France depuis longtemps, envoyé à l'autre bout du monde, par je ne sais quelle Société de bienfaisance pour procéder à des enquêtes relatives à ses œuvres. (Inspection des services pénitentiaires étrangers, ou quelque chose de ce genre.) Voyage si lointain, que c'était comme s'il n'avait jamais dû en revenir... Je savais également les réactions que nous avions eues au moment de ce départ, accueilli par nous tous comme une aubaine inespérée. Je savais que, aussitôt libéré de sa tutelle, j'avais épousé Gise. Que nous avions pris possession de l'appartement, déménagé tout, vendu les meubles, distribué aux Sœurs les affaires personnelles de Père, abattu des cloisons pour transformer totalement la maison. (Et, ce qui est étrange : ces transformations, dans le rêve, n'étaient pas celles que j'ai faites, dans la réalité. Ainsi, le vestibule du rêve était bien repeint en ocre clair ; mais il était garni d'un tapis rouge et non havane ; et, à la place de la console, il y avait l'ancienne horloge de chêne de l'antichambre de Père.) Ce n'est pas tout. Je n'en finirais pas de noter ce que je savais. *Ceci, par exemple : je savais, très précisément, que notre chambre, à Gise et à moi (où pourtant aucune scène de rêve ne s'est passée), était l'ancienne chambre de Père, et qu'elle était devenue semblable à la chambre d'Anne, avenue de Wagram. Bien plus : je savais que, ce matin-là, Léon n'avait pas eu le temps de faire le ménage, que notre grand lit était resté en désordre ; et j'étais terrifié à l'idée que Père allait ouvrir la porte de cette chambre... Enfin je savais mille autres détails de notre vie, et de celle de notre entourage. Notamment ceci, qui me paraît curieux, puisque mon frère n'a eu absolument aucun rôle dans ce rêve ; je savais que Jacques, désespéré de jalousie après notre mariage, avait émigré en Suisse, et qu'il...*

La rédaction s'arrêtait là. Antoine n'avait plus aucune envie de poursuivre. Il prit son crayon et inscrivit en marge :

Rechercher ce qu'ont dit, à ce sujet, ceux qui se sont occupés du Rêve.

Puis il plia les feuillets, se leva, et mit de l'eau à chauffer pour son inhalation.

Quelques instants plus tard, la tête enfouie sous les serviettes, la figure ruisselante, les yeux clos, il respirait profondément la buée bienfaisante, tout en continuant à ruminer son rêve de la nuit. Il s'avisa soudain que le sujet même de ce rêve témoignait d'un certain état de mauvaise conscience, d'un certain sentiment de responsabilité, voire de culpabilité, que, à l'état de veille, son orgueil parvenait à maintenir dans l'ombre. « Et, en effet », reconnut-il, « je n'ai pas lieu d'être bien fier de tout ce qui s'est passé après la mort de Père. » (Il entendait par là, non seulement son installation luxueuse, mais aussi sa liaison avec Anne, ses sorties du soir ; tout un irrésistible glissement vers la vie facile.) « Sans compter », ajouta-t-il, « la perte d'une grande partie de la fortune laissée par Père... » (Il avait englouti, dans les dépenses faites pour la transformation de la maison, une bonne moitié de la fortune mobilière ; le reste, dédaignant le taux des sages placements de M. Thibault, il l'avait converti en valeurs russes, aujourd'hui tombées à zéro.) « Bah », se dit-il, « pas de regrets stériles... » C'est ainsi qu'il avait coutume d'apaiser ses scrupules. Cependant — et ce rêve en était le sûr indice, — il conservait, au fond, la conception bourgeoise du « bien familial », de l'argent économisé pour être transmis ; et, bien qu'il n'eût de comptes à rendre à personne, il éprouvait un sentiment de honte à avoir dilapidé, en moins d'un an, un patrimoine que plusieurs générations avaient sagement constitué.

Il dégagea sa tête pendant quelques secondes, respira un peu d'air frais, tamponna ses yeux congestionnés, puis se blottit de nouveau sous les linges humides et brûlants.

Ces réflexions de ce matin, sur son hiver de 1914, rejoignaient les impressions irritantes qu'il avait éprouvées, la veille, après le départ de Gise, en parcourant ses beaux laboratoires déserts, et la pièce pompeusement baptisée « des archives », avec ses fichiers de *tests*, ses rangées de cartons neufs, numérotés et vides. Il avait pénétré dans la « salle de pansement », si bien agencée, et qui, pas une fois, n'avait servi. Et là, se souvenant de sa modeste installation de jadis, au rez-de-chaussée, de son existence active, utile, de jeune médecin, il avait compris que, depuis la mort de son père, il était engagé dans une fausse route.

L'inhalateur, attiédi, ne produisait plus qu'une faible vapeur. Il jeta loin de lui les serviettes trempées, s'épongea le visage, et regagna sa chambre.

— « Ah... Eh... Ah... Oh... », fit-il, debout devant la glace, pour essayer sa voix. Elle était rauque, mais elle avait retrouvé du timbre, et il sentait son larynx momentanément dégagé.

« Vingt minutes de gymnastique respiratoire... Puis, dix minutes de repos. Après quoi, je m'habillerai, je préparerai ma valise, et, puisque je ne peux pas voir Philip aujourd'hui, j'irai prendre le premier train pour Maisons. »

Dans l'auto qui le conduisait à la gare, tandis qu'il traversait les parterres des Tuileries et regardait, sous le soleil de mai, les statues blanches se dresser sur les gazons, et une buée mauve estomper les contours de l'arc du Carrousel, il se rappela soudain ce matin de printemps où Anne et lui s'étaient donné rendez-vous dans la cour du Louvre ; et une idée subite lui traversa l'esprit :

— « Menez-moi à l'entrée du Bois », cria-t-il au chauffeur. « Et vous prendrez la rue Spontini. »

Parvenu à proximité de l'hôtel Battaincourt, il fit ralentir l'allure, et se pencha à la portière. Tous les volets étaient clos ; la grille, fermée. Sur le pavillon du concierge était pendu un écriteau :

BEL HÔTEL A VENDRE
Cour intérieure — Garage — Jardin
(Superficie totale : 625 m^2)

Au-dessus de : A VENDRE, on avait ajouté, à la main : OU A LOUER.

L'auto longea lentement le mur du jardin. Antoine n'éprouvait rien. Exactement, rien : ni émotion ni regret. Et il se demanda pourquoi il était venu faire ce pèlerinage.

— « Demi-tour... Gare Saint-Lazare », cria-t-il au chauffeur.

« Oui », se dit-il, presque aussitôt, comme si rien n'avait interrompu ses méditations du matin, « je me suis bien dupé moi-même en me persuadant qu'il était indispensable de mieux organiser ma vie professionnelle... Au lieu de stimuler le travail, toutes ces facilités matérielles ne faisaient que le paralyser ! Tout ce beau mécanisme fonctionnait à vide. Tout était prêt pour des réalisations de grande envergure. Et, en réalité, je ne fichais plus rien... » Il se rappela, soudain, l'attitude de son frère devant l'héritage paternel, et ce dégoût de Jacques pour l'argent, qu'Antoine, alors, avait jugé si niais. « C'est lui qui avait raison. Comme nous nous comprendrions mieux, aujourd'hui !... L'empoisonnement par l'argent. Par l'argent hérité, surtout. L'argent qu'on n'a pas gagné... Sans la guerre, j'étais foutu. Je ne me serais jamais purgé de cette intoxication. J'en étais arrivé à croire que tout s'achète. Je m'attribuais déjà, comme un privilège naturel d'homme riche, le droit de travailler peu, de faire travailler les autres. Je me serais, sans vergogne, attribué le mérite de la première découverte faite par Jousselin ou par Studler dans *mes* laboratoires... Un profiteur, voilà ce que je m'apprêtais à devenir !... J'ai connu le plaisir de dominer, par l'argent... J'ai connu le plaisir d'être considéré pour mon argent... Et je n'étais pas loin de trouver cette considération naturelle, pas loin de penser que l'argent me conférait une supériorité... Pas beau !... Et ces rapports faussés, équivoques, que l'argent établit entre le richard et les autres ! Un des plus sournois méfaits de l'argent ! Je commençais déjà à me méfier de tout et de tous. Je commençais à penser, de mes meilleurs amis : « Pourquoi me raconte-t-il ça ? Est-ce à mon carnet de chèques qu'il en a ?... » Pas beau, pas beau !... »

Il ressentait, à remuer cette lie, une telle amertume, que son arrivée à la gare Saint-Lazare lui parut une délivrance. Et il s'élança dans la cohue qui encombrait le hall, sans prendre garde à son essoufflement, heureux de cette diversion qui lui permettait d'échapper à lui-même.

— « Un billet de... Non : une *troisième* militaire pour Maisons-Laffite... A quelle heure est le train ? »

Il n'était pas bien souvent monté dans un wagon de troisième. Il y prenait aujourd'hui un âpre plaisir.

VII

Clotilde avait frappé. Le plateau en équilibre sur une main, elle attendit quelques secondes, puis frappa de nouveau. Pas de réponse. Dépitée à la pensée qu'Antoine était sorti sans avoir déjeuné, elle ouvrit la porte. L'obscurité régnait dans la chambre. Antoine était encore au lit. Il avait entendu ; mais, le matin, avant son inhalation, il était si aphone qu'il renonçait d'avance à tout effort pour émettre un son. C'est ce qu'il essaya de faire comprendre, par gestes, à Clotilde.

Bien qu'il eût accompagné sa mimique d'un sourire rassurant, la brave femme restait sur le seuil, les sourcils levés de surprise et de saisissement : en voyant Antoine incapable d'articuler un mot, — alors que, la veille au soir, à son arrivée, il était venu causer avec elle dans la cuisine, — l'idée qu'il avait eu une attaque et qu'il était à demi paralysé lui avait subitement traversé l'esprit. Antoine devina vaguement sa pensée, lui sourit davantage, lui fit signe d'apporter le plateau jusqu'au lit, et prenant le crayon et le bloc posés sur la table de chevet, il griffonna :

Excellente nuit. Le matin, suis toujours sans voix.

Elle déchiffra lentement le papier, considéra un instant Antoine avec stupéfaction, puis déclara, sans ambages :

— « Ça ne fait rien, on ne s'attendait pas à retrouver Monsieur dans cet état... *Ils* vous ont proprement arrangé ! »

Elle alla pousser les persiennes. Le soleil matinal envahit la pièce. Le ciel était bleu, et, par-delà l'encadrement de la vigne vierge qui pendait au balcon de bois, les sapins tout proches, et, plus loin, les cimes déjà verdoyantes de la forêt de Saint-Germain, frémissaient sous un souffle léger.

— « Monsieur va-t-il seulement pouvoir manger ? » fit-elle, en revenant près du lit. Elle emplit la tasse de lait chaud ; et, tandis qu'Antoine y émiettait un peu de pain, elle recula d'un pas, attentive, les mains dans les poches de son tablier. Il avalait si difficilement, qu'elle ne se retint pas de répéter :

— « On ne s'y attendait pas, non, pour sûr ! On savait bien que Monsieur était gazé. Mais on se disait : " Les gaz, c'est tout de même moins pire qu'une blessure... " Faut croire que non !... C'est vrai qu'aux maladies, j'y connais rien. Quand Monsieur nous a écrit, à ma sœur et à moi, de venir avec Mlle Gise chez Mme Fontanin, Adrienne, elle, tout de suite, elle a dit : " Je veux soigner des blessés. " Mais moi, j'ai dit : " Tout ce qu'on voudra, cuisine, ménage, j'ai jamais boudé le travail. Seulement, pour ce qui est des blessés, non, c'est pas mon goût. " Ça fait que ces dames ont pris Adrienne à l'hôpital, et que je suis restée au chalet. Je ne me plains pas, quoiqu'il n'y ait guère le temps de musarder, Monsieur se rend compte : pour faire proprement tout ce qu'il y a à faire ici, une femme seule, il lui faudrait des jours de vingt-cinq heures. Mais, moi, ça me plaît mieux que de tripoter dans les plaies. »

Antoine l'écoutait en souriant. (A défaut de Gise, être soigné par cette fille dévouée n'eût pas été désagréable... Dommage qu'elle eût si peu la vocation de garde-malade...)

Pour marquer qu'il savait apprécier à sa valeur le fardeau de cette tâche quotidienne, il pinça les lèvres avec considération, et secoua plusieurs fois la tête.

— « Oh », reprit-elle aussitôt, prise de scrupule, « à bien regarder, ça fait moins de tracas qu'on ne croit. Ces dames sont quasiment toujours parties à l'hôpital. Je ne les ai guère que pour le dîner. Au midi, j'ai seulement M. Daniel et Mme Jenny, avec le petiot. »

Plus familière qu'autrefois, comme si les années de guerre avaient aboli d'anciennes distances, elle assourdissait Antoine de son bavardage, s'exprimant en toute liberté sur chacun : « ... Mlle Gise, toujours si serviable avec nous... » « ... Mme Fontanin, pas fière dans le fond, mais si intimidante qu'on ne sait jamais comment lui causer... » « ... Mme Nicole, qui a si peu d'ordre, — et qui sait bien se faire servir, elle ! » « ... Mme Jenny, pas très parlante, mais forte au travail, et qui comprend les choses... » Et toujours elle revenait au « petiot », sur un ton d'admiration et de tendresse : « Un petiot qui promet ! Et qui saura commander, comme feu Monsieur !... » (« C'est vrai qu'il est le petit-fils de Père », se dit Antoine.) « Il ferait déjà tourner tout son monde en bourriques, si on le laissait faire... Monsieur n'imagine pas ce que c'est : un vif-argent, un touche-à-tout ! Ça n'écoute rien ni personne... Encore heureux que M. Daniel soit toujours là pour le garder : moi, avec mon ouvrage, ça ne serait pas possible. Faut jamais le perdre de vue... M. Daniel, lui, ça l'occupe : toute la journée, là, tout seul, à ne rien faire que de mâcher son élastique, le temps lui durerait, sans ça... » Elle branla un instant la tête, d'un air plein de sous-entendus : « On ne m'ôtera pas de l'idée que, par le temps qui court, il y en a d'aucuns qui ne sont pas fâchés de pouvoir boiter... »

Antoine prit son bloc, et écrivit : *Léon ?*

— « Ah, le pauvre Léon... » Elle n'avait guère de nouvelles à lui donner du domestique. (Il avait été fait prisonnier, près de Charleroi, après quatorze heures de campagne, le lendemain même du jour où il était arrivé sur le front ; et Antoine, dès qu'il avait connu le numéro du camp, avait chargé Clotilde d'expédier, chaque mois, un colis de provisions. Léon remerciait, régulièrement, par trois mots sur une carte. Il ne donnait aucun détail sur sa vie.) « Monsieur sait qu'il nous a demandé une flûte ? Mlle Gise en a acheté une, à Paris. »

Antoine avait depuis longtemps achevé de boire son lait.

— « Faut que je redescende aider Mme Jenny », dit Clotilde, en le débarrassant du plateau. « Mardi, c'est son blanchissage, et la lessiveuse est lourde à manier : ça salit, un petiot !... »

Elle avait déjà gagné la porte, lorsqu'elle se retourna pour jeter sur Antoine un dernier regard. Son visage plat prit soudain un air songeur :

— « Monsieur Antoine, on en aura vu, quand même, en ces années, dites ? On en aura vu de toutes !... Je le dis souvent avec Adrienne : « Si défunt Monsieur revenait ! S'il pouvait voir tout ce qui s'est passé, depuis qu'il n'est plus là ! »

Resté seul, Antoine commença flâneusement sa toilette. Rien ne le pressait. Il avait l'intention de faire, avec application, son traitement.

« Si défunt Monsieur revenait... » La phrase de Clotilde lui avait remis en mémoire son rêve de la veille. « Quelle emprise Père exerce encore sur nous tous ! » songea-t-il.

Il était onze heures passées, lorsqu'il rouvrit la fenêtre, — qu'il avait fermée pour faire, sans être entendu, ses vocalises respiratoires.

Une voix d'homme s'éleva dans le jardin : « Jean-Paul ! Descends de là ! Viens près de moi ! » Et, comme un écho éloigné, une voix de femme, calme et fraîche : « Jean-Paul ! Veux-tu obéir à l'oncle Dane ! »

Il s'avança sur le balcon. Sans écarter le rideau de vigne vierge, il glissa un regard dehors. Au-dessous de lui s'étendait l'étroite terrasse dominant le saut de loup qui séparait le jardin de la forêt. A l'ombre des deux platanes (où Mme de Fontanin se tenait toujours autrefois), Daniel était allongé sur une chaise d'osier, un livre sur les genoux. A quelques pas, un bambin en tricot bleu pâle cherchait à grimper sur le parapet de la terrasse à l'aide d'un petit seau, renversé à dessein au pied du mur. De l'autre côté du terre-plein, dans l'ancienne maison du jardinier, dont la porte ensoleillée était grande ouverte, Jenny, les bras nus, à demi agenouillée devant un baquet, savonnait du linge.

— « Viens, Jean-Paul ! » répéta Daniel.

Un rayon de soleil fit flamber, une seconde, la tignasse rousse. L'enfant s'était décidé à se retourner. Mais, pour ne pas paraître céder, il s'assit gravement par terre, prit sa pelle, et remplit le seau de sable.

Lorsque Antoine, quelques instants plus tard, descendit le perron, Jean-Paul était toujours à la même place.

— « Viens dire bonjour à l'oncle Antoine », fit Daniel.

Le gamin, accroupi au pied du parapet, s'affairait à manier sa pelle, sans paraître avoir entendu. Il vit Antoine approcher, lâcha sa pelle et baissa davantage la tête. Saisi à bras-le-corps, soulevé, il gigota une seconde : puis, acceptant le jeu, il éclata d'un rire clair. Antoine lui planta un baiser sur les cheveux, et lui demanda à l'oreille :

— « Tu le trouves méchant, l'oncle Antoine ? »

— « Oui », cria l'enfant.

L'effort avait essoufflé Antoine. Il reposa le petit à terre, et revint auprès de Daniel. Il était à peine assis, que Jean-Paul revint à lui, en courant, escalada ses genoux, et, se blottissant contre la tunique, feignit de dormir.

Daniel n'avait pas bougé de sa chaise longue. Il était sans cravate, vêtu d'un vieux pantalon sombre et d'une ancienne veste de tennis en flanelle à raies. Sa jambe artificielle était chaussée d'une bottine noire ; l'autre pied était nu dans une pantoufle. Il avait engraissé : il gardait une noble régularité de traits, mais dans un masque empâté. Avec ses cheveux trop longs, ce menton bleu, il faisait songer, ce matin, à quelque tragédien de province qui se néglige à la ville, mais qui, le soir, à la rampe, fait encore de l'effet en empereur romain.

Antoine qui, depuis son lever, s'occupait de ses bronches et de son larynx, remarqua, sans d'ailleurs y attacher autrement d'importance, que le jeune homme, après s'être laissé serrer la main, n'avait même pas pensé à le questionner sur sa santé. (La veille au soir, à vrai dire, ils avaient eu l'occasion de s'entretenir l'un l'autre de leur état, et de se confier leurs misères.) Par contenance, il se pencha, avec un geste interrogatif, vers l'in-quarto relié que Daniel venait de fermer et de poser sur le gravier.

— « Ça ? » fit Daniel. « *Le Tour du monde*... Un vieux périodique de voyages... *L'Année 1877.* » Il avait repris le volume et le feuilletait d'un doigt nonchalant : « C'est plein de gravures... Nous avons toute la collection là-haut. »

Antoine, distraitement, caressait les cheveux du petit qui semblait perdu dans une profonde songerie, la tête appuyée à la poitrine de son oncle, et les yeux largement ouverts.

— « Quoi de neuf, ce matin ? Vous avez eu les journaux ? »

— « Non », fit Daniel.

— « Le Conseil interallié semblait décidé, ces jours-ci, à étendre au front italien les pouvoirs de Foch. »

— « Ah ? »

— « Ce doit être officiel maintenant. »

Comme si tout à coup il avait découvert qu'il s'ennuyait, Jean-Paul se laissa glisser à terre.

— « Où vas-tu ? » dirent, en même temps, l'oncle Dane et l'oncle Antoine.

— « Avec maman. »

Le gamin, sautant deux fois sur chaque pied, s'élança gaiement vers la maison du jardinier. Les deux hommes échangèrent un coup d'œil amusé.

Daniel avait sorti de sa poche un paquet de *chewing-gum*. Il le présenta à Antoine.

— « Non, merci. »

— « Ça occupe », expliqua Daniel. « Je ne fume plus. »

Il choisit une tablette, l'introduisit tout entière dans sa bouche, et commença à mastiquer.

Antoine le regardait faire en souriant :

— « Vous me rappelez un souvenir de guerre... A Villers-Bretonneux... Nous avons eu à installer notre ambulance dans une ferme qui avait été occupée longtemps par des formations sanitaires américaines. Nos infirmiers ont perdu toute une journée à détacher à coups de marteaux les dépôts de chiques que ces dégoûtants avaient collées partout, aux plinthes, aux portes, sous les tables, sous les bancs... Ça devient dur comme du ciment, cette saleté-là !... Pour peu que l'occupation anglo-saxonne dure encore quelques années, tous les mobiliers de l'Artois et de la Picardie auront perdu leur silhouette primitive, pour devenir d'informes agglomérats de *chewing-gum*... » Une légère quinte l'interrompit quelques secondes. « ... A la façon... dont certains rochers du Pacifique... sont devenus des montagnes de *guano !* »

Daniel sourit ; et Antoine qui avait toujours été, comme Jacques, très sensible au charme de ce sourire, éprouva un sentiment de plaisir à constater que ce sourire n'avait rien perdu de sa séduction, et que, malgré l'empâtement des traits, la lèvre supérieure se retroussait toujours de même, vers la gauche, de biais, avec une spirituelle lenteur, tandis qu'une lueur malicieuse s'allumait insensiblement entre les paupières plissées.

Il n'en finissait pas de tousser. Il eut un geste d'impatience et de découragement :

— « Vous voyez... quel vieux... catarrheux... je suis devenu... », articula-t-il, avec effort. Puis, après avoir repris son souffle : « *Ils* nous ont proprement arrangés, — comme dit Clotilde. Et encore : nous sommes, sans doute, parmi les privilégiés !... »

— « Vous, peut-être », dit Daniel, vite et bas.

Il y eut une minute de silence. Ce fut, cette fois, Daniel qui le rompit :

— « Vous me demandiez si j'avais lu les journaux ? Non. Le moins possible. Je ne pense que trop à tout ça ! Je ne peux plus penser à rien d'autre... La lecture du communiqué, quand on sait, comme nous, ce que les mots veulent dire : *Légère activité sur le front de...* Ou bien : *Coup de main heureux à...* Non ! » Il renversa la tête sur le dossier de sa chaise longue, et ferma les yeux, tout en continuant à mi-voix : « Il faut avoir *attaqué*, et attaqué comme fantassin, pour comprendre... Tant que j'étais cavalier, je ne savais pas ce qu'était la guerre... J'avais pourtant chargé, oui, trois fois... Et, ça non plus, une charge, ça ne peut pas se raconter... Mais ce n'est rien, à côté d'un assaut d'infanterie, d'une " sortie ", à l'heure H, avec la baïonnette... »

Il frissonna, rouvrit les yeux, et regarda fixement devant lui, en mâchant rageusement sa gomme, avant de poursuivre :

— « Au fond, combien sommes-nous, à l'arrière, qui savons ce que c'est ? Ceux qui en sont revenus, combien sont-ils ?... Et ceux-là, pourquoi en parleraient-ils ? Ils ne peuvent, ils ne veulent rien dire. Ils savent qu'on ne peut pas les comprendre. »

Il se tut, et les deux hommes restèrent plusieurs minutes sans échanger un mot, sans même se regarder. Puis, Antoine, à son tour, commença, d'une voix hésitante, entrecoupée de toux :

— « Il y a des moments où je me dis que c'est la dernière ; que, après celle-là, non, il n'est pas possible de penser qu'il puisse y en avoir d'autres !... Des moments, où j'en suis sûr... Mais, à d'autres moments, je doute... Je ne sais plus... »

Daniel mastiquait en silence, les regards perdus. Que pensait-il ?

Antoine s'était tu. Il avait vraiment trop de peine à parler plusieurs minutes de suite. Mais il continuait à réfléchir aux mêmes choses, pour la centième, pour la millième fois. « On est épouvanté », se disait-il, « quand on mesure froidement tout ce qui s'oppose à la pacification entre les hommes... Combien de siècles encore avant que l'évolution morale, — s'il y a une évolution morale ? — ait enfin purgé l'humanité de son intolérance instinctive, de son respect inné de la force brutale, de ce plaisir fanatique qu'éprouve l'animal humain à triompher par la violence, à imposer, par la violence, ses façons de sentir, de vivre, à ceux, plus faibles, qui ne sentent pas, qui ne vivent pas, comme lui ?... Et puis, il y a la politique, les gouvernements... Pour l'autorité qui déclenche la guerre, pour les hommes au pouvoir qui la décident et la font faire aux autres, ce sera toujours, aux heures de faillite, une solution si tentante, si facile... Peut-on espérer que jamais plus les gouvernements n'y auront recours ?... Il faudrait alors que ce leur soit devenu impossible : il faudrait que le pacifisme ait de telles racines dans l'opinion, ait pris une telle extension, qu'il oppose un infranchissable obstacle à la politique belliqueuse des États. C'est chimère que d'espérer ça... Et puis, le triomphe du pacifisme serait-il seulement une sérieuse garantie de paix ? Même si, un jour, dans nos pays, les partis pacifistes tenaient le pouvoir, qui nous dit qu'ils ne céderaient pas à la tentation de faire la guerre pour le plaisir d'imposer, par la violence, l'idéologie pacifiste du reste du monde ?... »

— « Jean-Paul ? » lança gaiement Clotilde, à la cantonade.

Elle s'avançait vers eux, portant, sur un plateau, une

écuelle de porridge, des pruneaux cuits, une timbale de lait, qu'elle déposa sur la table du jardin.

— « Jean-Paul ! » appela Daniel.

Le bambin traversa la terrasse, courant dans le soleil de toute la vitesse de ses jambes. Le bleu de son tricot, déteint par les lavages, avait exactement la nuance de ses yeux. Sa ressemblance avec Jacques enfant frappa de nouveau Antoine, tandis que Jean-Paul, enlevé par la robuste Clotilde, se laissait installer sur une chaise. « Le même front », songeait-il. « Le même épi dans les cheveux... Le même teint brouillé, le même semis de taches de son autour du petit nez froncé... » Il lui sourit ; mais l'enfant, croyant qu'il se moquait, détourna la tête, et, crispant ses sourcils, lui jeta un coup d'œil furtif et rancunier. Ses yeux, semblables à ceux de Jacques, étaient d'une expression insaisissable, trop changeante : tantôt rieux et câlins, tantôt inquiets, tantôt, comme en ce moment, sauvages et durs, du ton de l'acier. Mais, sous ces expressions diverses, le regard demeurait extraordinairement aigu, observateur.

Jenny, à son tour, traversa le terre-plein ensoleillé. Elle avait les manches retroussées, les mains gonflées par l'eau ; son tablier était trempé. Elle eut un bref et affectueux sourire pour Antoine :

— « Comment s'est passée la nuit ?... Non, j'ai les doigts mouillés... Avez-vous dormi ? »

— « Plutôt mieux que de coutume, merci. »

Devant cette jeune mère, au buste épanoui, et qui accomplissait avec simplicité ces besognes de femme de ménage, Antoine se souvint brusquement de la jeune fille réservée, distante, raidie dans son tailleur de drap sombre, et les mains gantées — que Jacques avait amenée rue de l'Université, le jour de la mobilisation.

Elle se tourna vers Daniel :

— « Tu serais gentil de lui faire manger son porridge. Je n'ai pas encore étendu mon linge. » Elle s'approcha de son fils, lui noua une serviette au cou, et caressa la petite nuque d'oiseau : « Jean-Paul va manger sagement sa bouillie avec l'oncle Dane... Je vais revenir », ajouta-t-elle en s'éloignant.

— « Oui, maman. » (Il prononçait : *ma-man*, en détachant les syllabes, comme faisaient aussi Jenny et Daniel.)

Celui-ci avait quitté sa chaise longue pour venir s'asseoir à côté de l'enfant. Il n'avait pas cessé de suivre sa pensée, car, dès que sa sœur se fut éloignée, il dit, comme si rien ne l'avait interrompu :

— « Et autre chose encore dont on ne peut pas parler, une chose dont personne, à l'arrière, ne pourra jamais se faire une idée : cette espèce de miracle qui se produisait toujours, dès qu'on entrait dans la zone de feu : d'abord, cette sensation d'affranchissement suprême que donnaient la soumission absolue aux hasards, l'interdiction de choisir, l'abdication de toute volonté individuelle ; et puis », ajouta-t-il, d'une voix qui trahissait son émotion, « la camaraderie, la *fraternité* qu'il y avait là-bas, entre tous, dans la menace du danger... C'était si vrai, qu'il nous suffisait de passer " en soutien ", de faire quatre kilomètres vers l'arrière pour redevenir des hommes... »

Antoine acquiesça en silence. De la guerre, il avait surtout des souvenirs de boue et de sang. Mais il comprenait ce que Daniel voulait dire. Il avait connu ce « miracle », cette communauté mystique des troupes au feu, cette épuration de l'individu, cette formation soudaine d'une âme collective et fraternelle, sous le poids d'une même fatalité.

Jean-Paul, intimidé par la présence d'Antoine, se laissait donner la becquée par Daniel, dont l'adresse à enfourner, tout en causant, la cuiller pleine dans la bouche ouverte de l'enfant, témoignait qu'il n'en était pas à ses débuts dans ce rôle de père nourricier.

« Ce qui se passe là, devant moi », se dit tout à coup Antoine, « aurait été jadis absolument imprévisible... Daniel, infirme, mal tenu, métamorphosé en bonne d'enfant!... Et ce petit, qui est le fils de Jenny et de Jacques!... Pourtant, cela est. Et c'est à peine si je m'étonne... Tant la réalité a d'évidence... Tant cette évidence s'impose!... Dès que les choses sont arrivées, nous ne pensons même plus qu'elles auraient pu ne pas être... Ou qu'elles auraient pu être toutes différentes... » Il pataugea une demi-minute dans ces pensées confuses : « Si Goiran m'entendait, je n'y couperais pas d'un discours en quatre points sur le libre arbitre... », observa-t-il.

— « Allons, fais donc attention », gronda l'oncle Dane. Le gavage devenait plus laborieux depuis que le porridge avait cédé la place aux pruneaux. Le gamin, distrait, suivait des yeux le va-et-vient de sa mère, qui, de l'autre côté de la terrasse, suspendait sa lessive au grillage du poulailler ; et Daniel restait souvent, un bon moment, la cuiller levée, attendant que Jean-Paul consentît à ouvrir le bec. Mais il ne s'impatientait pas.

Lorsque Jenny eut terminé sa besogne, elle se hâta de venir relayer son frère. Antoine la regarda traverser de nouveau l'espace ensoleillé ; elle avait quitté son tablier, et baissait ses manches en marchant. Elle voulut délivrer Daniel. Mais il protesta :

— « Laisse. Nous avons fini. »

— « Et notre lait ? » fit-elle, d'une voix gaie. « Vite ! Qu'est-ce que va dire l'oncle Antoine si Jean-Paul n'a pas bu son lait ? »

L'enfant qui, le coude dressé, repoussait déjà la timbale, s'arrêta pour fixer sur l'oncle Antoine un regard volontaire, chargé de défi. Il s'attendait à quelque menace. Déconcerté par le sourire complice et le clignement d'œil qu'Antoine lui décochait, il hésita une seconde ; puis, une gaieté malicieuse éclaira sa frimousse ; et, sans quitter Antoine des yeux, comme pour le prendre à témoin de sa docilité, il vida sa timbale sans reprendre souffle.

— « Maintenant, Jean-Paul va venir faire un bon somme, pour que maman puisse déjeuner tranquille avec l'oncle Antoine et l'oncle Dane », reprit Jenny, en dénouant la serviette, et en aidant le petit à descendre de sa chaise.

Les deux hommes restèrent seuls.

Daniel fit quelques pas sur place, arracha au tronc du platane une lamelle d'écorce qu'il considéra distraitement avant de la briser entre ses doigts. Puis, il tira de sa poche une nouvelle tablette de gomme, et se remit à mastiquer. Enfin, il revint à sa chaise longue, et s'y allongea.

Antoine se taisait. Il songeait à Daniel, à la guerre, à l'attaque ; il songeait à cette confrérie mystique de la première ligne. Le petit Lubin, au Mousquier — ce petit Lubin, qui, si souvent, lui rappelait son ancien collaborateur, le jeune Manuel Roy — n'avait-il pas, un jour, à table, soutenu, avec un frémissement de la voix et de la nostalgie dans le regard, qu' « on peut dire ce qu'on voudra, la guerre a aussi sa *beauté* » ? Parbleu : c'était un gamin de vingt ans qui avait brusquement passé des bancs de la Sorbonne à la caserne, d'une équipe de football aux tranchées ; qui était arrivé au front sans avoir rien « commencé » dans le civil, sans rien laisser derrière lui. Il s'était enivré gaillardement de ce sport périlleux. « *La beauté* de la guerre », se disait Antoine. « Est-ce que ça compte, auprès de toutes les horreurs que j'ai vues ? »

Brusquement, un souvenir lui revint. Une nuit — au début de septembre 14, au cours de cette longue bataille qu'Antoine, en lui-même, continuait à appeler « les attaques de Provins », et qui était pour tous la bataille de la Marne — il avait eu à déménager en vitesse son poste de secours, sous un violent bombardement. Après avoir réussi à évacuer les blessés, il était parvenu, en rampant dans un fossé, suivi de ses infirmiers, à s'éloigner des points de chute et à atteindre une masure décapitée, dont les murs épais et la cave voûtée pouvaient offrir un refuge provisoire. A ce moment, les canons ennemis avaient allongé leur tir. Les obus se rapprochaient. Il avait aussitôt fait descendre tous ses hommes dans la cave, et refermé lui-même la trappe sur eux. Puis il était resté seul, une vingtaine de minutes, au rez-de-chaussée de la maison, accoté à la porte d'entrée, guettant la fin de la rafale. Et c'est alors que la chose s'était produite. Un éclatement brutal, à trente ou quarante mètres, l'avait fait reculer précipitamment au fond de la salle, sous un nuage de plâtras ; et là, il s'était heurté à ses hommes, debout, alignés dans l'obscurité. Comment étaient-ils là ? Voyant que le major dédaignait de se « planquer » avec eux, ils avaient, un à un, soulevé la trappe, et, sans se donner le mot, ils étaient venus se ranger silencieusement derrière leur chef.

« C'était pourtant un assez sale moment », songea Antoine. « Mais cette preuve de solidarité, de fidélité, m'a procuré une minute de joie que je n'oublierai jamais... Cette nuit-là, si quelque Lubin m'avait dit : « La guerre a aussi sa beauté », peut-être que j'aurais dit : oui... »

Aussitôt il se ressaisit :

— « Non ! »

Daniel, surpris, tourna la tête. Antoine, sans s'en apercevoir, avait parlé à mi-voix.

Il sourit légèrement :

— « Je veux dire... », commença-t-il.

Il souriait, comme pour s'excuser. Il renonça à s'expliquer, et se tut.

Au premier étage, on entendait pleurer Jean-Paul, qui refusait de se laisser mettre au lit.

VIII

Jenny avait couché l'enfant dans son petit lit, et, comme chaque matin, en attendant qu'il fût endormi, elle s'habillait pour pouvoir, aussitôt après le déjeuner, aller prendre son service à la lingerie de l'hôpital. Lorsqu'elle passait devant l'une des fenêtres, elle apercevait à travers le tulle les deux hommes qui devisaient sous les platanes. La voix sans timbre d'Antoine ne parvenait pas jusqu'à elle ; celle de Daniel, lasse, avec de brusques éclats, montait par instants, sans toutefois que Jenny pût distinguer les paroles.

Elle se rappelait, avec un serrement de cœur, les deux jeunes hommes qu'ils avaient été, robustes, insouciants, gonflés l'un et l'autre de projets ambitieux. La guerre en avait fait ce qu'ils étaient aujourd'hui... Du moins ils étaient là, eux ! Ils continuaient à vivre ! Leur état s'améliorerait ; Antoine retrouverait sa voix ; Daniel s'accoutumerait à sa boiterie ; bientôt ils reprendraient leurs existences !... Jacques, non ! Lui aussi, par ce clair matin de mai, il aurait pu être vivant, quelque part... Elle aurait tout quitté pour le rejoindre... Ils seraient deux pour élever leur fils... Mais tout était à jamais fini !

La voix de Daniel s'était tue. Jenny s'approcha de la croisée et vit qu'Antoine se dirigeait vers la maison. Elle cherchait, depuis la veille, une occasion de le voir seul. Elle s'assura d'un coup d'œil que Jean-Paul ne s'agitait plus, acheva d'agrafer sa jupe, mit rapidement un peu d'ordre dans sa chambre, et ouvrit la porte sur le palier.

Antoine gravissait lentement l'escalier, la main agrippée à la rampe. Lorsqu'il leva la tête et l'aperçut, elle sourit, posa un doigt sur ses lèvres, et vint au-devant de lui :

— « Venez le voir dormir. »

Trop essoufflé pour répondre, il la suivit sur la pointe des pieds.

La chambre, tapissée d'une toile de Jouy à dessins bleus, était très grande ; plus longue que large. Le fond était occupé par deux lits pareils, entre lesquels était placé celui de l'enfant. « Ce doit être l'ancienne chambre des parents Fontanin », se dit Antoine, cherchant à s'expliquer ces lits jumeaux, qui, chose curieuse, semblaient être utilisés l'un et l'autre, car chacun d'eux était flanqué d'une table de chevet garnie d'objets familiers. Au-dessus des lits, au centre du panneau, attirant le regard comme une présence, était accroché un portrait de Jacques, grandeur nature : une peinture à l'huile, de facture moderne, et qu'Antoine voyait pour la première fois.

Jean-Paul sommeillait, recroquevillé, une épaule enfouie sous le traversin, les cheveux emmêlés, les lèvres entrouvertes et humides ; le bras libre était allongé sur la couverture, mais sans abandon : le petit poing était serré, comme pour un pugilat.

Antoine désigna le portrait, avec une mimique interrogative.

— « Une toile que j'ai rapportée de Suisse », souffla Jenny. Elle contempla à son tour la peinture, puis l'enfant : « Ce qu'ils se ressemblent ! »

— « Et si vous aviez connu Jacques à cet âge-là ! »

« Mais », songeait-il, « ça n'implique en rien qu'ils se ressembleront moralement... Les innombrables éléments étrangers à Jacques que ce gosse porte en lui ! » Il acheva sa pensée à mi-voix :

— « Étrange, n'est-ce pas ? cette multitude d'ancêtres, proches et lointains, directs et indirects, qui ont collaboré à cette petite existence ! Quels sont ceux dont l'influence prédominera ? Mystère... Chaque naissance est un miracle inédit ; chaque être est un ensemble d'éléments anciens, mais un assemblage entièrement neuf... »

L'enfant, sans s'éveiller, sans desserrer le poing, replia brusquement le bras devant son visage, comme pour se dérober à l'examen. Antoine et Jenny sourirent en même temps.

« Étrange aussi », se dit-il, tandis que tous deux, en silence, reculaient à l'autre bout de la pièce, « étrange que, sur toutes les possibilités d'êtres différents que Jacques portait en lui, celui-là seul, — ce composé-là, Jean-Paul, et aucun autre — ait trouvé sa forme, **ait** éclos à la vie... »

— « De quoi ce pauvre Daniel vous parlait-il **avec** tant d'animation ? » demanda-t-elle, en retenant un peu sa voix.

— « De la guerre... Quoi qu'on fasse, c'est toujours par cette obsession-là qu'on est repris. »

Les traits de Jenny se durcirent :

— « Avec lui, c'est un sujet que je n'aborde jamais plus. »

— « Non ? »

— « Il émet trop souvent des opinions qui me font honte pour lui... Des choses qu'il trouve dans ses journaux nationalistes... Des choses que Jacques n'aurait jamais supporté qu'il dise devant lui ! »

« Et elle, quels journaux lit-elle donc ? » se demanda Antoine. « *L'Humanité*, en souvenir de Jacques ? »

Elle se rapprocha brusquement :

— « Le soir de la mobilisation (je vois encore l'endroit : devant la Chambre, près d'une guérite de factionnaire), Jacques m'a dit, en me saisissant le bras : « Voyez-vous, Jenny ! à partir d'aujourd'hui, il faudra classer les gens d'après leur acceptation ou leur refus de l'idée de guerre ! »

Elle demeura un instant immobile ; les paroles de Jacques résonnaient encore en elle. Puis elle eut un soupir étouffé, tourna sur elle-même, et vint s'asseoir devant un secrétaire d'acajou, dont le battant était ouvert. D'un geste, elle invita Antoine à prendre un siège.

Il restait debout, examinant le portrait. Jacques y était peint de trois quarts, assis, la tête hardiment levée, une main crispée sur la cuisse. Il y avait un peu de défi dans cette pose. Mais elle était naturelle, et Jacques aimait à s'asseoir ainsi. La mèche roux sombre barrait durement le front. (« Plus tard, les cheveux du petit fonceront aussi », se dit Antoine.) Le regard encaissé, la grande bouche au pli amer, la mâchoire tendue, donnaient au visage une expression tourmentée, presque farouche. Le fond était inachevé.

— « Ça date de juin 14 », expliqua Jenny. « C'est l'œuvre d'un Anglais, un nommé Paterson, — qui se bat maintenant dans les rangs bolchevistes, paraît-il...

Vanheede avait recueilli ce portrait chez lui, et me l'a donné, à Genève. Vous savez, le petit Vanheede, l'albinos, l'ami de Jacques... J'ai dû vous en parler, dans mes lettres. »

De souvenir en souvenir, elle se mit à raconter tout son séjour en Suisse. (Elle était visiblement heureuse de s'entretenir avec Antoine, de ces choses qu'elle taisait à tous.) Vanheede l'avait conduite à l'*Hôtel du Globe*, lui avait montré la chambre de Jacques (« une mansarde, sur un palier, sans fenêtre... »), l'avait emmenée au *Café Landolt*, au *Local*, l'avait présentée aux survivants des réunions de *la Parlote*... C'est parmi eux qu'elle avait retrouvé Stefany, l'ancien collaborateur de Jaurès à *l'Humanité* (que Jacques lui avait fait connaître à Paris). Stefany avait réussi à gagner la Suisse, où il avait créé un journal : *Leur Grande Guerre*. Il était un des plus actifs de ce groupe de purs socialistes internationaux... « Vanheede m'a aussi accompagnée à Bâle », dit-elle, les yeux songeurs.

Elle se pencha vers son secrétaire, ouvrit un tiroir fermé à clef, et, avec précaution, comme d'un reliquaire, elle en tira un paquet de feuilles manuscrites. Avant de les donner à Antoine, elle les garda quelques secondes dans ses mains.

Antoine, intrigué, avait pris les papiers, et les feuilletait. Cette écriture...

Vous voilà aujourd'hui face à face, avec des balles dans vos fusils, stupidement prêts à vous entre-tuer...

Tout à coup, il comprit. Il tenait là, entre ses doigts, les dernières pages griffonnées par Jacques à la veille de sa mort. Les feuillets étaient froissés, surchargés de ratures, tachés d'encre d'imprimerie. L'écriture était bien celle de Jacques, mais méconnaissable, déformée par la hâte et la fièvre, tantôt violente et appuyée, tantôt tremblée comme celle d'un enfant :

L'État français, l'État allemand, ont-ils donc le droit de vous arracher à votre famille, à votre travail, et de disposer de votre peau, contre vos intérêts personnels les plus évidents, contre votre volonté, contre vos convictions, contre les plus humains, les plus légitimes, de vos instincts ? Qu'est-ce qui leur a donné, sur vous, ce monstrueux pouvoir de vie et de mort ? Votre ignorance ! Votre passivité !...

Antoine leva les yeux.
— « Le brouillon du *manifeste* », murmura Jenny, d'une voix altérée. « Plattner me l'a remis à Bâle... Plattner, le libraire qui s'était chargé de l'impression... Ils avaient gardé le manuscrit, ils m'ont... »
— « Ils ? »
— « Plattner et un jeune Allemand, Kappel, qui avait connu Jacques... Un médecin... Qui m'a été d'un précieux secours pour l'accouchement... Ils m'ont fait visiter le taudis où Jacques avait logé, où il avait écrit ça... Ils m'ont menée sur le plateau d'où il est parti en avion... » Elle revivait, en le racontant, son séjour dans la ville frontière, remplie de soldats, d'étrangers, d'espions... Elle revoyait ces bords du Rhin qu'elle essayait de décrire à Antoine, les ponts gardés militairement, la vieille maison de Mme Stumpf, la soupente habitée par Jacques, l'étroite lucarne qui s'ouvrait sur un paysage charbonneux de docks... Le trajet qu'elle avait fait jusqu'au plateau, avec Vanheede, Plattner et Kappel, dans la carriole branlante d'Andrejew, la même qui avait conduit Jacques au rendez-vous de Meynestrel... Elle entendait encore la voix gutturale de Plattner expliquer : " Ici, nous avons grimpé le talus...

Il faisait nuit... Ici, nous nous sommes couchés, en attendant le petit jour... Ici, dans l'échancrure de la crête, l'avion est apparu... Il s'est posé là-bas... Thibault est monté... "

— « Qu'a-t-il fait, à quoi songeait-il, pendant cette attente sur le plateau ? » soupira-t-elle. « Ils disent qu'il s'est éloigné d'eux... Qu'il a été s'étendre à l'écart, tout seul... Il a dû pressentir sa mort. Quelles ont été ses dernières pensées ? Je ne le saurai jamais. »

Antoine, les regards attirés vers le portrait, réfléchissait, lui aussi, en écoutant la jeune femme, à cette veillée sur le plateau, à cette arrivée de l'avion fatal, — à cet absurde sacrifice ! Il songeait à l'inutilité tragique de cet héroïsme et de tant d'autres... A l'inutilité de presque tous les héroïsmes. Vingt souvenirs de guerre lui revenaient à l'esprit, sublimes et vains ! « Presque toujours », pensait-il, « c'est une faute de jugement qui est à la base de ces folies courageuses : une confiance illusoire en certaines valeurs dont on ne s'est pas demandé, froidement, si elles méritaient la suprême abnégation... » Il avait — jusqu'au fétichisme — le culte de l'énergie et de la volonté ; mais sa nature répugnait à l'héroïsme ; et quatre années de guerre n'avaient fait que fortifier cette répugnance. Il ne cherchait nullement à rapetisser l'acte de son frère. Jacques était mort pour défendre ses convictions ; il avait été conséquent avec lui-même, jusqu'au sacrifice. Une telle fin ne pouvait inspirer que du respect. Mais, chaque fois qu'Antoine songeait aux « idées » de Jacques, il se heurtait toujours à cette contradiction fondamentale : comment son frère, qui, de toutes les forces de son tempérament et de son intelligence, haïssait la violence — (et ne l'avait-il pas prouvée, cette haine foncière, lorsqu'il n'avait pas hésité à risquer sa vie pour lutter contre la violence, pour prêcher la fraternisation et le sabotage de la guerre ?) — comment avait-il pu, pendant des années, militer pour la révolution sociale, c'est-à-dire soutenir la pire violence, la violence théorique, calculée, implacable, des doctrinaires ? « Jacques n'était tout de même pas assez naïf », se disait-il, « Jacques n'avait tout de même pas assez d'illusions sur la nature de l'homme, pour croire que la révolution totale qu'il espérait pût se faire sans de sanglantes injustices, sans une hécatombe d'innombrables victimes expiatoires ! »

Ses regards, cessant d'interroger l'énigmatique visage du portrait, revinrent se poser sur celui de Jenny. Elle poursuivait simplement son récit ; et une merveilleuse exaltation intérieure la transfigurait.

« Après tout », se dit-il, « je n'ai jamais rien accompli qui me donne le droit de juger ceux que leur foi jette dans l'action extrême... Ceux qui ont l'audace de tenter l'impossible. »

— « Une des choses qui me torturent le plus », ajouta Jenny, après un bref silence, « c'est de penser qu'il n'a pas su que j'allais avoir un enfant. » Tout en parlant, elle avait repris les feuillets et les avait remis dans le tiroir. Elle se tut de nouveau, quelques secondes. Puis, comme si elle continuait à penser tout haut (et Antoine lui savait un gré infini de cette simple confiance) : « Vous savez, je suis heureuse que le petit soit né à Bâle ; là où son père a vécu ses derniers jours ; là où, sans doute, il a vécu les heures les plus intenses de sa vie... »

Chaque fois qu'elle évoquait le souvenir de Jacques, le bleu de ses prunelles fonçait insensiblement, un peu de rougeur envahissait ses tempes, et sur tout le visage affleurait une expression particulière, ardente et comme inassouvie, qui s'évanouissait aussitôt. « Cet amour l'a marquée pour toujours », se dit Antoine. Il en était irrité, et il s'étonna de cette irritation. « Amour absurde », ne pouvait-il s'empêcher de penser. Entre ces deux êtres si manifestement mal faits l'un pour l'autre, l'amour n'a pu être qu'un malentendu... Un malentendu qui n'aurait sans doute pas duré, mais qui se prolonge maintenant dans le souvenir qu'elle garde de Jacques, et qui perce dans tout ce qu'elle dit de lui ! » (C'était une idée à laquelle il tenait : qu'il y a, fatalement, à la base de tout amour passionné, un malentendu, une illusion généreuse, une erreur de jugement : une conception fausse qu'on s'est faite l'un de l'autre, et sans laquelle il ne serait pas possible de s'aimer aveuglément.)

— « Le devoir qui me reste est lourd », dit-elle, « faire de Jean-Paul ce que Jacques aurait voulu faire de son fils. Par instants, ça m'épouvante... » Elle releva le front : une lueur d'orgueil glissa dans son regard. Elle semblait penser : « Mais j'ai confiance en moi. » Elle dit :

— « Mais j'ai confiance en ce petit ! »

Il était enchanté, d'ailleurs, de la voir aussi virile, aussi vaillante en face de l'avenir. D'après le ton de certaines lettres, il s'était attendu à la trouver plus hésitante, plus vulnérable, moins bien préparée à sa tâche. Il constatait avec plaisir qu'elle avait su échapper à l'envoûtement du désespoir ; qu'elle ne s'était pas, comme tant de femmes éprouvées, offerte avec complaisance en pâture au malheur, pour sublimer à ses propres yeux et au regard de tous son amour brisé. Non : elle avait fait le rétablissement salutaire ; elle avait, énergiquement, repris la maîtrise d'elle-même, et assumé, seule, la direction de sa vie. Il lui laissa entendre combien une telle attitude lui inspirait d'estime :

— « En cela, vous avez donné la mesure de votre trempe ! »

Elle l'avait écouté en silence. Puis, très simplement :

— « Je n'ai aucun mérite... Ce qui m'a considérablement aidée, je crois, c'est que nous n'avions jamais eu de vie commune, Jacques et moi. Sa mort ne changeait rien aux habitudes de mon existence quotidienne... Oui, au début du moins, ça m'a aidée... Ensuite, il y a eu le petit. Bien avant sa naissance, c'est sa présence qui m'a soutenue. Ma vie gardait encore un but : élever l'enfant que Jacques m'avait laissé... »

Elle se tut de nouveau. Puis elle reprit :

— « C'est une entreprise difficile... Cette petite nature est si délicate à manier ! Parfois, il me fait peur, ce petit... » Elle l'enveloppa d'un regard scrutateur, presque soupçonneux : « Daniel a dû, naturellement, vous parler de lui ? »

— « De Jean-Paul ? Non, pas particulièrement. »

Il flaira aussitôt que le frère et la sœur ne portaient pas le même jugement sur le caractère de l'enfant, et que cette divergence créait entre eux un point de désaccord.

— « Daniel prétend que Jean-Paul éprouve du plaisir à désobéir. C'est injuste. Et c'est faux. En tout cas, c'est plus compliqué que ça... J'y ai bien réfléchi. Il est exact que, d'instinct, cet enfant dit : non. Mais ce n'est pas une mauvaise volonté : c'est un besoin de s'opposer. Je veux dire : un besoin de s'affirmer. Quelque chose comme le besoin de se prouver à lui-même qu'il existe... Et c'est, si manifestement, l'expression d'une force intérieure irrésistible qu'on ne peut pas lui en vouloir... C'est un instinct qui est en lui, comme l'instinct de conservation !... Moi, le plus souvent, je n'ose pas le punir. »

Antoine écoutait avec un intérêt amusé. Il fit un

signe d'approbation pour encourager Jenny à poursuivre.

— « Vous me comprenez ? » dit-elle, avec un sourire rassuré et confiant. « Vous qui avez l'habitude des enfants, il est probable que ça ne vous surprend pas... Moi, devant ce caractère rétif, je me sens devant un mystère... Oui : souvent, je le regarde me désobéir, avec une sorte de stupeur, de surprise intimidée, — j'allais presque dire : d'émerveillement, — comme je le regarde grandir, se développer, comprendre... S'il est seul dans le jardin, et qu'il tombe, il pleure ; mais je l'ai bien rarement vu pleurer s'il se fait du mal en présence de l'un de nous... Sans aucune raison perceptible, il refusera le bonbon que je lui offre ; mais il reviendra, en cachette, voler la boîte. Non par gourmandise : il n'essayera même pas de l'ouvrir : il ira la cacher sous le coussin d'une bergère, ou l'enfouir dans son tas de sable. Pourquoi ? Par simple désir, je crois, de faire un acte *d'indépendance*... Si je le gronde, il se tait : tous ses petits muscles se raidissent de révolte ; son regard change de couleur et se fixe sur moi si durement que je n'ose pas continuer. Un regard irréductible... Mais aussi un regard pur, solitaire... Un regard qui m'en impose ! Le regard de Jacques enfant, sans doute... »

Antoine sourit :

— « Et le vôtre, peut-être, Jenny ! »

Elle écarta cette supposition d'un geste de la main, et enchaîna aussitôt :

— « Je dois dire que, s'il résiste à toute contrainte, il cède, en revanche, au moindre geste de tendresse... Ainsi, au cours d'une bouderie, quand je parviens à l'attirer dans mes bras, tout est sauvé : il cache sa figure dans mon cou, il m'embrasse, il rit : c'est comme si quelque chose de dur, qu'il portait en lui, s'amollissait et fondait tout à coup... Comme s'il était brusquement délivré de son démon ! »

— « Avec Gise, il doit être encore plus désobéissant ? »

— « Ce n'est pas la même chose », fit-elle, avec une soudaine raideur. « *Tante Gi*, c'est une passion : dès qu'elle est là, rien ne compte plus ! »

— « Obtient-elle de lui ce qu'elle veut ? »

— « Moins encore que moi, ou que Daniel. Il ne peut se passer d'elle, mais c'est pour la plier à tous ses caprices ! Et les services qu'il exige d'elle, ce sont, en général, ceux qu'il ne demandera à personne d'autre, par orgueil : comme de lui déboutonner sa culotte, ou de prendre un objet qu'il n'est pas assez grand pour atteindre. Et, si je ne suis pas là, jamais il ne lui dira merci ! Il faut entendre de quel air il la commande ! On croirait... » Elle s'interrompit une seconde, avant d'achever sa pensée : « Ce n'est pas très gentil pour Gise, ce que je vais dire là, mais je crois que c'est vrai : on croirait que Jean-Paul a flairé en elle l'esclavenée... »

Antoine, intrigué par ces derniers mots, considérait Jenny avec une attention interrogative. Mais elle évita son regard ; et comme, à ce moment-là la cloche du déjeuner se mettait à tinter, elle se leva.

Ils s'approchèrent ensemble de la porte. Jenny semblait désireuse de dire quelque chose. Elle posa la main sur la serrure, puis la retira.

— « Ça m'a fait du bien... », murmura-t-elle. « Depuis mon retour de Suisse, je n'ai pu parler de Jacques avec personne... »

— « Et pourquoi pas avec Gise ? » hasarda Antoine, se souvenant des confidences et des regrets de la jeune fille.

Jenny, debout, les yeux baissés, l'épaule appuyée

au chambranle, paraissait ne pas avoir entendu.
— « Avec Gise ? » répéta-t-elle enfin, comme si les sons avaient mis plusieurs secondes pour arriver jusqu'à elle.
— « Gise est la seule qui pourrait vous comprendre. Elle aimait Jacques. Elle a beaucoup de chagrin... — elle aussi. »

Jenny, sans lever les paupières, secoua la tête. Elle semblait vouloir se dérober à toute explication. Puis elle regarda Antoine, et avec une rudesse inattendue :
— « Gise ? Elle a son chapelet ! Ça occupe ses doigts, ça l'aide à ne pas penser ! » Elle avait de nouveau courbé la tête. Après une pause, elle ajouta : « Parfois, je l'envie ! » Mais le ton, et un bruit de gorge semblable à un rire avorté, démentaient violemment ses paroles. Elle parut aussitôt regretter ce qu'elle venait de dire : « Vous savez, Antoine, Gise est devenue une véritable amie pour moi », murmura-t-elle, d'une voix radoucie, et d'un accent sincère. « Quand je songe à notre avenir, elle y tient une grande place. C'est une espèce de consolation pour moi d'espérer que, sans doute, elle restera toujours auprès de nous... »

Antoine attendait un « mais », qui vint, en effet, après une brève hésitation :
— « Mais Gise est comme elle est, n'est-ce pas ? Chacun sa nature... Gise a d'immenses qualités. Gise a aussi ses défauts... » Après une nouvelle hésitation, elle déclara : « Par exemple, Gise n'est pas très franche. »
— « Gise ? Avec son regard si droit ! »

Le premier mouvement d'Antoine avait été de protester. A la réflexion, il entrevoyait maintenant ce que Jenny voulait dire. Sans être fausse, Gise, en effet, gardait volontiers certaines pensées secrètes ; elle évitait d'affirmer ses préférences ou ses antipathies ; elle redoutait les explications ; elle savait taire un ressentiment, et se montrer sans effort souriante, serviable, avec ceux qu'elle aimait le moins. Timidité ? Pudeur ? Dissimulation ? Ou plutôt, instinctive duplicité de ces noirs dont un peu de sang coulait dans ses veines —, défense naturelle des races longtemps asservies ? « L'esclave-née... »

Il rectifia presque aussitôt :

— « Si, si, je comprends. »

— « Et vous voyez alors pourquoi, en dépit d'une affection qui est très grande, en dépit d'une intimité quotidienne, eh bien... malgré tout... il y a des sujets que je ne peux pas aborder avec elle... » Elle se redressa : « Absolument pas ! »

Et, d'un geste vif, comme pour mettre un point final à l'entretien, elle ouvrit la porte :

— « Venez à table ! »

IX

Le couvert était mis dehors, sous le porche de la cuisine.

Le déjeuner fut rapide. Jenny n'avait guère d'appétit. Antoine, à qui le temps avait manqué pour faire son traitement avant le repas, avalait avec difficulté. Daniel fut le seul à faire honneur aux tendrons de veau et aux petits pois de Clotilde. Il mangeait en silence, indifférent et distrait. A la fin du repas, à propos d'une remarque d'Antoine sur Rumelles et les « mobilisés de l'arrière », il sortit brusquement de son mutisme pour se lancer dans une apologie féroce des « profiteurs » (« les seuls qui ont su ramener les événements à la mesure de l'homme... ») Et, à titre d'exemple, il cita, avec une admiration ricanante, l'essor pris par son ancien patron, « ce génial forban de Ludwigson », installé à Londres depuis le début des hostilités, et qui, affirmait-on, avait plusieurs fois décuplé sa fortune en créant, avec l'appui équivoque des banquiers de la City et de quelques politiciens anglais, une Société Anonyme de Carburants, la fameuse S.A.C.

« Oui, plus tard, elle ressemblera étrangement à sa mère », se disait Antoine, frappé de voir combien le physique de Jenny s'était modifié en ces quatre ans. La maternité, l'allaitement, avaient développé les hanches, les seins, épaissi la base du cou. Mais cet alourdissement n'était pas désagréable : il corrigeait ce qui subsistait encore de raideur protestante dans son maintien, son port de tête, et jusque dans la finesse un peu sèche des traits. » Le regard était bien resté le même : il avait toujours cette expression de solitude, de courage silencieux, de détresse, qui avait tant intrigué Antoine, jadis, la première fois qu'il l'avait vue, enfant, au moment de la fugue de son frère et de Jacques... « Mais, malgré tout », se disait-il, « elle paraît maintenant être plus à l'aise dans son personnage... Je m'étonne de l'attrait qu'elle exerçait sur Jacques... Comme elle était rebutante, autrefois ! Cet inconfortable mélange de timidité et d'orgueil ! Cette réserve glaciale ! Maintenant au moins elle ne donne plus cette impression d'avoir un effort surhumain à faire pour livrer un peu d'elle à autrui... Ce matin, elle m'a vraiment parlé avec confiance... Oui, elle a vraiment été parfaite, ce matin, avec moi... Oh, elle n'aura jamais la grâce, l'aménité de sa mère... Non : il y aura toujours, dans ce genre de distinction qu'elle a, je ne sais quoi que semble dire : " Je ne cherche pas à paraître. Je n'ai pas le souci de plaire. Je me suffis à moi-même... " Il en faut pour tous les goûts. Ce ne sera jamais mon type... N'empêche : elle a beaucoup gagné. »

Il avait été convenu qu'Antoine, aussitôt le déjeuner fini, accompagnerait Jenny à l'hôpital pour rendre visite à Mme de Fontanin.

Tandis que Daniel, allongé de nouveau sur sa chaise longue, prenait son café, Jenny monta éveiller Jean-Paul ; et Antoine en profita pour gagner lui aussi sa chambre, et procéder à une rapide inhalation : il redoutait les fatigues de la journée.

Jenny avait coutume de faire le trajet à bicyclette. Elle prit sa machine pour l'avoir au retour, et elle partit à pied avec Antoine à travers le parc.

— « Daniel me semble assez changé », hasarda Antoine, dès qu'ils eurent traversé le jardin et atteint l'avenue. « Est-ce que vraiment il ne travaille plus ? »

— « Plus du tout ! »

Le ton était chargé de reproche. Au cours de la matinée et pendant le repas, Antoine avait observé quelques indices de mésentente entre le frère et la sœur. Il en avait été surpris, se souvenant des prévenances que Daniel, naguère, prodiguait à Jenny. Et il s'était demandé si, sur ce terrain-là aussi, Daniel ne se négligeait pas.

Ils marchèrent quelques minutes en silence. Le feuillage naissant des tilleuls projetait sur le sol une ombre parsemée de taches lumineuses. L'air, sous ces vieux arbres, était lourd et mou comme avant la pluie, bien que le ciel fût pur.

— « Sentez-vous ? » dit-il en dressant la tête. Par-dessus la palissade d'un jardin une haie de lilas en fleur embaumait.

— « Il pourrait, s'il voulait, se rendre utile à l'hôpital », reprit-elle, sans attacher d'attention aux lilas. « Maman le lui a demandé bien des fois. Il dit : " Avec ma patte en bois, je ne suis plus bon à rien ! " Mais ce n'est qu'un prétexte... » Elle changea la main qui tenait le guidon, pour se rapprocher d'Antoine. « Le vrai, c'est qu'il n'a jamais été capable de faire grand-chose pour les autres. Et maintenant moins que jamais. »

« Elle est injuste », se dit-il, « elle devrait lui savoir gré de s'occuper de l'enfant. »

Jenny s'était tue. Puis elle décréta avec raideur :

— « Il n'a jamais eu aucun sens social. »

Le mot était inattendu... « Elle rapporte tout à Jacques », remarqua-t-il, agacé. « C'est d'après Jacques, maintenant, qu'elle juge son frère. »

— « Vous savez », dit-il tristement, « on est à plaindre quand on se sent un homme diminué... »

Elle ne songeait qu'à Daniel ; elle répliqua brutalement :

— « Il pourrait avoir été tué ! De quoi se plaint-il ? Il est vivant, lui ? »

Elle reprit aussitôt, sans avoir conscience de sa cruauté :

— « Sa jambe ? Il boite à peine... Qu'est-ce qui l'empêcherait d'aider maman à tenir la comptabilité de l'hôpital ? Ou même, s'il n'éprouve pas le désir d'être utile à la collectivité... »

« Encore un mot qui vient de Jacques », pensa Antoine.

— « ... qu'est-ce qui l'empêcherait de se remettre à sa peinture... Non, voyez-vous, il y a autre chose. Ce n'est pas une question de santé, c'est une question de caractère ! » Sa fébrilité lui avait fait insensiblement accélérer l'allure. Antoine s'essoufflait. Elle s'en aperçut, et ralentit le pas. « Daniel a toujours eu la vie trop facile... Tout lui était dû! Aujourd'hui, c'est dans sa vanité qu'il souffre, tout bêtement. Il ne sort jamais du jardin, il ne va jamais à Paris. Pourquoi ? Parce qu'il a honte de se montrer. Il ne prend pas son parti d'avoir dû renoncer à ses « succès » d'autrefois! de ne plus pouvoir mener l'existence qu'il menait! son existence de joli garçon! son existence dissolue! son existence immorale d'avant la guerre! »

— « Vous êtes sévère, Jenny! »

Elle regarda Antoine, qui souriait, et elle attendit que ce sourire fût dissipé pour déclarer, d'un ton tranchant :

— « J'ai peur pour mon petit! »

— « Pour Jean-Paul ? »

— « Oui! Jacques m'a fait comprendre bien des choses... J'étouffe, maintenant, dans ce milieu, — qui n'est plus le mien! Et je ne peux pas accepter la pensée que c'est dans cette atmosphère-là que Jean-Paul est appelé à grandir! »

Antoine eut un bref redressement du buste, comme s'il ne saisissait pas bien.

— « Je vous dis tout cela parce que j'ai confiance », dit-elle. « Parce que j'aurai besoin de vos conseils, plus tard... J'ai pour maman une affection profonde. J'admire son courage, la dignité de sa vie. Je n'oublie pas tout ce qu'elle a fait pour moi... Mais, qu'y puis-je ? Nous n'avons plus une seule idée commune! Sur rien!... Évidemment, je ne suis plus celle que j'étais en 1914. Mais maman a tant changé, elle aussi!... Voilà quatre ans qu'elle est à la tête de cet hôpital; quatre ans qu'elle organise, qu'elle décide, qu'elle ne fait pas autre chose que de donner des ordres, de se faire respecter, de se faire obéir... Elle a pris le goût de l'autorité. Elle... Enfin, elle n'est plus la même, je vous assure!... »

Antoine esquissa un geste évasif, vaguement incrédule.

— « Maman était toute indulgence », continua Jenny. « Elle avait beau être très croyante, jamais elle ne cherchait à imposer aux autres ses façons de voir. Aujourd'hui !... Si vous l'entendiez catéchiser ses malades !... Et ce sont toujours les plus dociles qui obtiennent les plus longues convalescences... »

— « Vous êtes sévère », répéta Antoine. « Injuste, sans doute. »

— « Peut-être... Oui... J'ai peut-être tort de vous raconter tout ça... Je ne sais comment me faire comprendre... Tenez, par exemple : maman dit " nos poilus "... Maman dit " les Boches "... »

— « Nous tous ! »

— « Non. Pas de la même manière... Tous les crimes que l'on a pu commettre, depuis quatre ans, au nom du patriotisme, maman les absout ! Maman les approuve ! Maman est convaincue que la cause des Alliés est la seule pure, la seule juste ! La guerre doit durer aussi longtemps que l'Allemagne ne sera pas anéantie !... Et ceux qui ne pensent pas comme elle sont de mauvais Français... Et ceux qui cherchent les vraies origines du mal, et qui rendent le capitalisme responsable de tout ça, sont... »

Il l'écoutait avec étonnement. Ce que ces confidences lui révélaient sur l'état d'esprit de Jenny, sur sa vision du monde, sur cette nouvelle échelle des valeurs qu'elle avait adoptée sous l'influence posthume de Jacques, intéressait Antoine bien plus que les modifications survenues dans le caractère de Mme de Fontanin. Il avait envie de dire, à son tour : « J'ai peur pour le petit ! » Car il se demandait avec inquiétude si cette évolution de Jenny (qui ne pouvait être, selon lui, qu'assez factice, assez superficielle), ne risquait pas de créer autour de Jean-Paul une atmosphère dangereuse, plus dangereuse, en tout cas, pour le développement d'un jeune cerveau, que l'exemple oisif de l'oncle Dane, ou que le chauvinisme à courte vue de la grand-mère...

Ils débouchaient sur le rond-point ensoleillé d'où l'on apercevait l'entrée de la villa Thibault. Distrait malgré lui, Antoine parcourait du regard ces lieux qu'il lui semblait avoir connus dans un lointain passé, dans une existence antérieure...

Tout était cependant demeuré immuablement pareil : la large avenue, à large bas-côté, que bornait la perspective solennelle du château ; la petite place, avec son bassin rond et son jet d'eau des dimanches, ses parterres gazonnés et leurs bordures de buis, ses lices blanches, et, là-bas, enfouie sous les branches basses des arbres du jardin paternel, la barrière de service où Gise enfant venait guetter son arrivée. Ici, la guerre semblait n'avoir touché à rien...

Jenny s'arrêta avant de traverser la place :

— « Maman, depuis plus de trois ans, vit en contact quotidien avec les souffrances de la guerre... Et on dirait qu'elle n'est plus capable d'en être émue, tant sa sensibilité s'est endurcie à faire ce métier révoltant... »

— « Le métier d'infirmière ? »

— « Non », fit-elle durement, « le métier qui consiste à soigner, à guérir, de jeunes hommes uniquement pour qu'ils puissent repartir se faire tuer ! Comme on recoud les chevaux éventrés des picadors avant de les relancer dans l'arène ! » Elle baissa le front, et, soudain, se tourna vers Antoine avec une tardive timidité : Je vous scandalise ? »

— « Non ! »

Il fut surpris lui-même par la spontanéité de ce « non » ; surpris de s'apercevoir qu'il était, aujourd'hui, infiniment plus éloigné du patriotisme d'une

Mme de Fontanin que des réprobations, des indignations, d'une Jenny. Et, songeant à son frère, il se répéta, une fois de plus « Comme je le comprendrais mieux qu'autrefois. »

Ils arrivaient à la grille.

Elle soupira ; elle regrettait que leur promenade prît fin. Elle lui sourit affectueusement :

— « Merci... C'est si bon, une fois par hasard, de pouvoir parler à cœur ouvert... »

X

La grille ouvragée de la villa (avec son prétentieux monogramme O.T., à peine dédoré par le temps) était ouverte. Les roues des ambulances avaient creusé des ornières dans l'allée, où il ne restait plus trace du gravier fin que M. Thibault faisait jadis ratisser chaque jour. Ouvertes aussi, la plupart des fenêtres de la maison, dont on apercevait entre les branches la façade ensoleillée, gaiement pavoisée de stores neufs à raies rouges.

— « C'est ici mon domaine de lingère », dit Jenny, lorsqu'ils arrivèrent devant les portes des anciennes remises. « Je vous laisse... Traversez la véranda, et entrez droite, au bureau. Vous y trouverez maman. »

Resté seul, il fit halte pendant quelques secondes, pour souffler. Chaque buisson, chaque tournant d'allée où se posait son regard, lui redevenait immédiatement familier. Les sons d'un piano, qui arrivaient jusqu'à lui par bouffées, évoquèrent soudain une vision d'autrefois : Gise, juchée sur un tabouret, sa natte sur le dos, et ânonnant des gammes sous le double contrôle de la vieille Mademoiselle et d'un métronome au rythme impératif...

A travers les massifs, il apercevait, devant la villa, une animation de kermesse : de jeunes hommes, coiffés de bonnets de police et vêtus de flanelle grise, en espalier sur les degrés du perron, devisaient au soleil. D'autres, réunis autour des tables de jardin, jouaient aux cartes ou lisaient les journaux. Deux soldats, sans veste, en culottes bleues d'uniforme et en bandes molletières, coupaient l'herbe de la pelouse, et Antoine reconnut le cliquetis exaspérant de la tondeuse à gazon. Plus loin, sous le hêtre, une demi-douzaine de convalescents s'ébrouaient autour du vieux jeu de tonneau, et l'on entendait tinter les palets contre la grenouille de bronze.

A l'approche de ce major étranger, les hommes vautrés sur les marches se soulevèrent pour saluer militairement. Antoine gravit le perron. La véranda avait été entièrement vitrée et transformée en un jardin d'hiver, clos et tiède comme une serre. C'est là que venaient s'étendre les malades que leur état n'autorisait pas encore à sortir. A gauche, se dressait le piano, — et c'était bien l'antique instrument en noyer clair sur lequel s'exerçait Gise enfant. Un soldat, assis au clavier, y cherchait d'un doigt novice le refrain de *la Madelon*.

Le piano se tut, et des mains se levèrent pour saluer le passage du major. Antoine pénétra dans le salon. Il était désert à cette heure. Il avait pris l'aspect d'un hall d'hôtel : fauteuils et chaises étaient groupés autour de quatre tables à jeu.

La porte du cabinet de M. Thibault était fermée. Sur un carton fixé par des punaises, il lut : *Secrétariat*. Il entra. Et, d'abord, il ne vit personne. La pièce avait conservé son mobilier : la grande table de chêne, le fauteuil, les bibliothèques, trônaient solennellement à leurs places consacrées. Mais le cabinet était divisé en deux par un paravent déplié. Au bruit de la porte, une machine à écrire stoppa, et la tête d'un jeune secrétaire émergea au-dessus du paravent. Il eut à peine dévisagé l'arrivant, qu'il s'écria, joyeux :

— « Monsieur le docteur ! »

Antoine, interloqué, sourit. A vrai dire, il ne reconnaissait pas du tout le grand garçon qui venait à lui ; mais ce devait être Loulou, le plus jeune des deux orphelins de la rue de Verneuil, le gamin qu'il avait jadis opéré d'un abcès au bras. (En quittant Paris au début de la guerre, Antoine avait confié les deux enfants à Clotilde et à Adrienne. Il se rappela vaguement avoir appris que Mme de Fontanin leur avait trouvé un emploi à l'hôpital.)

— « Ce que tu as grandi ! » fit-il. « Quel âge, maintenant ? »

— « Classe 20, Monsieur le docteur. »

— « Et qu'est-ce que tu fais ici ? »

— « J'ai commencé par être vaguemestre. Maintenant, je fais les écritures. »

— « Et ton frère ? »

— « En Champagne... Il a été blessé, vous avez su ? A la main. En avril 17. Près de Fismes. Vous connaissez ? Il s'était engagé en 16... On lui a rogné ces deux doigts-là... Heureusement, c'est la gauche... »

— « Et il est reparti au front ? »

— « Oh, il sait se débrouiller ! Il s'est fait affecter à la météo... Il ne risque plus. » Loulou regardait Antoine avec une curiosité apitoyée. Il murmura enfin : « Vous, c'est les gaz ? »

— « Oui », répondit Antoine. Il avisa un petit fauteuil de velours grenat à clous dorés, qui lui rappelait son enfance, et s'assit d'un air las.

— « C'est moche, les gaz », constata Loulou, en fronçant le museau. « Et puis, moi je trouve que ça n'est pas loyal, pas régulier... »

— « Mme de Fontanin n'est pas là ? » interrompit Antoine.

— « Elle est montée... Je vais la prévenir... On s'attend à un arrivage : on rajoute des lits partout. »

Antoine demeura seul. Seul, avec son père. La forte personnalité de M. Thibault habitait encore cette pièce. Elle émanait de chaque objet, de la place choisie pour chacun d'eux et conforme à un usage déterminé, — de l'encrier à capsule d'argent, de la lampe de bureau, du tampon buvard, de l'essuie-plume, du baromètre pendu au mur. Personnalité si tenace, qu'il ne suffisait pas d'un déplacement de meuble ou de la pose d'un paravent pour en venir à bout : elle restait opiniâtrement enracinée dans ces lieux qu'elle avait, durant un demi-siècle, encombrés de son autoritaire prédominance. Antoine n'avait qu'à jeter les yeux sur cette porte de faux chêne pour l'entendre s'ouvrir et se refermer d'une certaine manière, inoubliable, à la fois contenue, sournoise et violente. Il n'avait qu'à regarder sur le tapis cette traînée d'usure, pour revoir aussitôt son père, dans sa jaquette aux basques flottantes, les yeux mi-clos, ses grosses mains gonflées solidement nouées sur sa croupe, allant, d'un pas pesant, de la bibliothèque à la cheminée. Et il lui suffisait de contempler un instant cette copie du *Christ* de Bonnat, et, au-dessous, ce fauteuil vide, avec ces initiales enlacées en creux dans le cuir : il y ressuscitait immédiatement la volumineuse présence de M. Thibault, lourdement tassé sur son siège, les épaules rondes, levant sa barbiche vers quelque visiteur important, et, avant de parler, cueillant son lorgnon entre ses sourcils pour le glisser dans la poche de son gilet, d'un geste recueilli et assuré qui ressemblait à un signe de croix.

Le bruit de la serrure, le fit se lever. Mme de Fontanin entra.

Elle était en blouse, comme ses infirmières, mais ne portait pas de voile sur les cheveux, devenus tout à fait blancs. Le visage était pâle et amaigri. « Teint de cardiaque », songea machinalement Antoine. « ... Ne fera peut-être pas de vieux os... »

Elle lui saisit les deux mains, le fit rasseoir, et alla s'installer de l'autre côté de la grande table, dans le fauteuil à initiales. C'était, de toute évidence, la place habituelle de la « huguenote... » (Si défunt Monsieur revenait... ! »)

Tout de suite, elle le questionna sur sa santé. Ces quelques minutes d'attente l'avaient reposé ; il sourit :

— « Si j'avais dû y rester, ce serait déjà fait... Heureusement, le fond est solide... »

A son tour, il l'interrogea sur l'hôpital, sur la vie qu'elle s'était faite. Elle s'anima aussitôt :

— « Je n'ai aucun mérite... J'ai un personnel admirable. Sous les ordres de Nicole. La chère enfant a tous ses diplômes, comme vous savez. Elle me rend d'immenses services... Oui : un personnel admirable ! Et entièrement composé de jeunes femmes et de jeunes filles qui habitent Maisons, de sorte que toutes mes chambres sont pour mes malades. Et mes infirmières sont bénévoles, ce qui me permet de boucler mon budget, malgré la modicité des allocations. Mais je suis très aidée ! Je l'ai été depuis le premier jour ! Le pays s'est montré si généreux ! Songez que tout mon matériel, lits, cuvettes, vaisselle, linge, tout m'a été fourni par des voisins ! Et, tenez : nous prévoyons un nouvel arrivage... Nicole et Gisèle sont parties quêter de la literie. Je suis sûre qu'elles trouveront tout ce qui me manque ! » Ses yeux levés, son sourire triomphant, épanoui de gratitude, semblaient rendre grâce au Tout-Puissant d'avoir peuplé le monde, et singulièrement Maisons-Laffitte, de créatures serviables et de cœurs compatissants.

Elle décrivit en détail les modifications apportées à la villa, et celles qu'elle projetait encore. L'idée que la guerre et sa vie d'hôpital pussent jamais prendre fin ne paraissait pas l'effleurer.

— « Venez voir ! » fit-elle allégrement.

Tout était transformé, en effet. La salle de billard était devenue une infirmerie ; l'office, un cabinet de consultation ; la salle de bains, une salle de pansement. L'orangerie, bien chauffée, était convertie en chambrée où douze lits tenaient à l'aise.

— « Montons. »

Les chambres, désertes à cette heure, formaient des petits dortoirs. Quinze malades logeaient au premier ; dix au second ; et, à l'étage des combles, une demi-douzaine de lits supplémentaires étaient utilisés en cas de presse.

Antoine eut la curiosité de revoir son ancienne chambre, mais elle était fermée à clef. On attendait le service de désinfection : la pièce venait d'être occupée par un paratyphique qu'on avait transféré le matin même à l'hôpital de Saint-Germain.

Mme de Fontanin allait de chambre en chambre, ouvrant les portes avec l'autorité d'un chef d'entreprise, inspectant tout d'un œil averti, vérifiant au passage la propreté des lavabos, la température des radiateurs, et jusqu'aux titres des livres et des revues qui traînaient sur les tables. Par intervalles, d'un geste qui était devenu un tic, elle soulevait son poignet et vérifiait l'heure.

Antoine suivait, un peu essoufflé. La phrase de Clotilde lui trottait en tête : « Si défunt Monsieur...! »

Au second étage, comme Mme de Fontanin le faisait entrer dans une chambre tendue d'un papier à fleurs et dont la croisée s'ouvrait sur les cimes des marronniers, il s'arrêta sur le seuil, saisi par ses souvenirs :

— « La chambre de Jacques... »

Elle le regarda, surprise. Et, soudain, ses yeux s'emplirent de larmes. Par contenance elle alla fermer la fenêtre. Puis, comme si ce rappel imprévu lui faisait désirer un entretien plus intime :

— « Maintenant, je vous emmène au pavillon des écuries, où j'ai établi mon quartier général. Nous y serons mieux pour causer. »

Ils descendirent l'escalier en silence. Afin d'éviter le passage par la véranda, ils gagnèrent le jardin par la porte de service. Quatre soldats, à l'ombre, repeignaient en blanc des lits de fer. Mme de Fontanin s'approcha :

— « Dépêchons, mes enfants... Il faut que ce soit sec pour demain... Et vous, Roblet, descendez de là ! » (Un homme, perché sur l'auvent de la cuisine, rattachait les tiges de la clématite.) « Avant-hier vous étiez encore au lit, et aujourd'hui vous grimpez aux échelles ? » L'homme, un barbu qui devait être dans la territoriale, obéit en souriant. Dès qu'il fut à terre, elle alla vers lui, défit deux boutons de sa veste, et lui tâta les côtes : « Naturellement. Votre bandage est desserré. Allez montrer ça à l'infirmerie ! » Et, prenant Antoine à témoin : « Un garçon qui a été opéré il n'y a pas trois semaines ! »

Ils firent le tour de la pelouse pour arriver aux anciennes écuries. Les malades qu'ils croisaient tournaient vers Mme de Fontanin un visage amical, et soulevaient leurs bonnets de police, à la manière des civils.

— « Mon logis est là-haut », dit-elle, en poussant la porte du pavillon.

Au rez-de-chaussée, des établis occupaient les stalles des chevaux ; le sol était jonché de débris.

— « Ici, c'est ce qu'ils appellent l'atelier de *bricolage* », expliqua-t-elle, en s'engageant dans le petit escalier de moulin qui donnait accès à l'ancien logement du cocher. « Je n'ai plus jamais de travaux à faire faire au-dehors. Ces braves enfants me font toutes mes réparations : plomberie, menuiserie, électricité... »

Elle le précéda dans la première des deux mansardes, dont elle s'était fait un petit bureau personnel. Le mobilier se composait de deux fauteuils de jardinet, d'une table chargée de dossiers et de livres de comptes ; une natte usée était jetée en travers du carrelage. Sur la table, Antoine, en entrant, avait tout aussitôt reconnu *sa* lampe, — une grosse toupie à pétrole, coiffée d'un abat-jour de carton vert, sous lequel, jadis, par les nuits chaudes de juin bourdonnantes de phalènes, il avait préparé tant d'examens, tandis que tout dormait dans la maison. Le mur était fraîchement blanchi à la chaux. Quelques photographies y étaient épinglées : Jérôme, jeune homme, la taille cambrée, une main posée sur le dossier d'un fauteuil à capitons ; Daniel, les mollets nus, en costume de marin anglais ; Jenny, enfant, les cheveux flottants, un pigeon apprivoisé sur son poing tendu ; et une autre Jenny, jeune femme, en deuil, avec son fils sur les genoux.

Une quinte de toux obligea Antoine à prendre un siège, sans attendre d'y être invité. Lorsqu'il redressa la tête, il surprit le regard attentif de Mme de Fontanin fixé sur lui ; mais elle ne fit aucune réflexion sur sa santé.

— « Je vais profiter de votre visite pour avancer un peu mes raccommodages », dit-elle, riant avec un rien de coquetterie. « Je n'ai plus jamais le temps de faire un point. » Elle repoussa la bible noire qui était sur la table pour installer à la place sa corbeille à ouvrage ; et, après un nouveau coup d'œil à sa montre, elle s'assit.

— « Daniel vous a-t-il un peu parlé ? Vous a-t-il seulement laissé examiner sa jambe ? » demanda-t-elle, en étouffant un soupir. (Daniel ne lui avait jamais laissé voir son membre mutilé.)

— « Non. Mais il m'a conté toutes ses misères... Je lui ai conseillé certains exercices de rééducation. On arrive à des résultats prodigieux avec un peu de persévérance... Il reconnaît d'ailleurs qu'il ne peine presque plus à marcher, depuis qu'il a ce nouvel appareil. »

Elle semblait ne pas avoir écouté. Les mains au creux de sa jupe, la tête levée vers la croisée, elle laissait son regard songeur errer sur les verdures du jardin.

Brusquement, elle se tourna :

— « Vous a-t-il raconté ce qui s'est passé, ici, le jour où il a été blessé ? »

— « Ici ?... Non... »

— « Dieu m'a fait la grâce de me prévenir », expliqua-t-elle gravement : « Au moment où Daniel a été atteint, j'ai reçu l'avertissement de l'Esprit. » Sa main se souleva légèrement et elle se tut, troublée. Puis, non sans quelque solennité dans sa simplicité voulue (comme si elle récitait une page des Écritures, — et aussi comme si elle avait un devoir à remplir en portant, devant les hommes, témoignage d'un miracle), elle poursuivit : « Ce jour-là était un jeudi. Je me suis éveillée au petit jour. J'ai senti la présence de

Dieu, et j'ai voulu prier. Mais j'éprouvais un grand malaise... Depuis la création de l'hôpital, c'était la première fois que j'étais souffrante ; et je ne l'ai plus jamais été après... J'ai voulu aller ouvrir ma fenêtre pour appeler une des gardes de nuit. Je n'ai pu tenir debout. Heureusement, ne me voyant pas venir comme à l'habitude, l'une d'elles est accourue. Elle m'a trouvée immobilisée dans mon lit. Dès que je me soulevais, je retombais, prise de vertige. J'étais sans forces, comme si j'avais perdu mon sang par une plaie. Je ne cessais de penser à Daniel. J'ai prié. Mais mon état n'a fait qu'empirer pendant toute la matinée. Jenny m'a plusieurs fois amené le médecin. On m'a donné du sirop d'éther. Je ne pouvais presque pas parler. Enfin, à onze heures et demie, un peu après la première cloche du déjeuner, j'ai poussé un cri involontaire, et j'ai eu une courte syncope. Aussitôt revenue à moi, je me suis sentie mieux. Tellement mieux que, à la fin de l'après-midi, j'ai pu me lever, descendre au secrétariat, signer les états et le courrier. C'était fini. » Elle parlait d'une voix égale, un peu retenue ; elle fit une pause avant de continuer : « Eh bien, mon ami, c'est ce jeudi-là, au petit jour, que le régiment de Daniel a reçu l'ordre d'attaquer. Toute la matinée, il s'est battu comme un héros, le cher enfant, sans être blessé. Mais, un peu après onze heures et demie, un éclat d'obus lui a fracassé la cuisse. Un peu après onze heures et demie... On l'a porté au poste de secours, et de là dans une ambulance où il a été amputé, quelques heures après. Il était sauvé... » Elle secoua la tête, plusieurs fois, en le regardant. « Tout cela, naturellement, je ne l'ai su que dix jours plus tard. »

Antoine se taisait. Qu'aurait-il pu dire ?... Ce récit lui remit en mémoire la méningite de Jenny enfant, et l'intervention « miraculeuse » du pasteur Gregory. Il se souvint aussi d'un mot que le docteur Philip disait quelquefois en souriant : « Les gens ont toujours les histoires qu'ils méritent... »

Mme de Fontanin était demeurée quelques instants silencieuse. Elle avait pris son ouvrage. Mais, avant de commencer à coudre, elle pointa vers la photo de Jenny et de Jean-Paul ses lunettes qu'elle venait de tirer de leur étui :

— « Vous ne m'avez pas encore dit comment vous trouviez notre petit ? »

— « Magnifique ! »

— « N'est-ce pas ? dit-elle, triomphalement. « Daniel me l'amène, de loin, le dimanche. Chaque fois, je le trouve plus développé, plus vigoureux !... Daniel se plaint que cet enfant soit difficile, désobéissant. Mais si ce petit a du caractère, comment s'en étonner ? Et puis, il faut qu'un garçon ait de l'énergie, de la volonté... Vous ne me contredirez pas ! » dit-elle, malicieusement. « C'est dur pour moi de le voir aussi rarement. Mais il a moins besoin de moi que mes malades... » Et, comme un cours d'eau un instant détourné qui retrouve sa pente, elle se remit à parler de son hôpital.

Il l'approuvait en silence, peu désireux de répondre, car il craignait de réveiller sa toux. Depuis qu'elle avait mis ses lunettes, c'était une vieille femme. « Un teint de cardiaque », pensa-t-il de nouveau. Elle se tenait très droite dans son fauteuil, et elle cousait sans hâte dans une pose à la fois familière et majestueuse, tout en expliquant le fonctionnement de ses services et les mille soucis de la responsabilité qu'elle assumait.

« A quelque chose malheur est bon », songea Antoine. « La guerre a procuré aux femmes de cette espèce, et de cet âge, une forme inespérée de bonheur ;

une occasion de dévouement, d'activité publique ; le plaisir de la domination, dans une atmosphère de gratitude... »

Comme si Mme de Fontanin eût deviné ses pensées, elle dit :

— « Oh, je ne me plains pas ! Si lourde que soit parfois ma tâche, elle m'est devenue nécessaire : je ne crois pas que je pourrai jamais reprendre ma vie d'autrefois. J'ai maintenant besoin de me sentir utile. » Elle sourit : « Savez-vous ? Il faudrait que vous fondiez, plus tard, une clinique pour vos malades : et moi, je vous la dirigerais ! » Elle ajouta aussitôt : « Avec Nicole, avec Gisèle... Avec Jenny, peut-être... Pourquoi non ? »

Il répéta, complaisamment :

— « Pourquoi non, en effet ? »

Après une courte pause, elle reprit :

— « Jenny aussi aura besoin d'une occupation dans la vie. » Elle soupira soudain, et, sans chercher à exprimer l'association secrète de ses pensées : « Pauvre Jacques. Je n'oublierai jamais cette dernière fois où je l'ai vu... »

Elle se tut de nouveau. Son retour de Vienne, au lendemain de la mobilisation, lui revint à l'esprit. Mais elle excellait à chasser les souvenirs pénibles. Elle fit, en même temps, un geste de la main pour rejeter une mèche blanche qui lui frôlait le front. Néanmoins, elle était résolue à aborder avec Antoine certaines questions qui lui tenaient à cœur :

— « Nous devons avoir confiance en la Sagesse suprême », commença-t-elle (de ce ton aimablement sentencieux qui semblait dire : « Ne m'interrompez pas »). « Nous devons accepter les choses voulues par Dieu. La mort de votre frère a été une de ces choses-là. » Elle se recueillit une seconde avant de prononcer son jugement : « Cet amour était voué aux pires souffrances. Pour l'un et pour l'autre... Pardonnez-moi de vous dire cela. »

— « Je pense exactement comme vous », fit-il vivement. « Si Jacques avait vécu, leur existence à tous deux eût été un enfer. »

Elle l'enveloppa d'un regard satisfait, approuva en remuant plusieurs fois la tête, et se remit à coudre.

Après un nouveau silence, elle repartit de l'avant :

— « Je mentirais si je n'avouais pas que j'ai beaucoup souffert de... de tout cela... Le jour où j'ai su que ma Jenny attendait un enfant... »

Il avait souvent pensé à elle, à ce propos. Et, comme elle levait les yeux vers lui, il battit doucement des paupières, pour lui faire comprendre qu'il l'entendait fort bien.

— « Oh », fit-elle, craignant qu'il ne se méprît sur ce qu'elle avait voulu dire, « pas à cause de... de l'irrégularité de cette naissance... Non... Pas tellement à cause de cela... J'étais surtout accablée par la pensée que cette terrible aventure allait laisser, dans notre vie, ce témoignage, cette conséquence durable... Je vous parle librement, n'est-ce pas ? Je me suis dit : « Voilà l'existence de Jenny entravée pour toujours... C'est la punition ! *Fiat !* »... Eh bien, mon ami, je me trompais. J'ai manqué de foi. Les desseins de l'Esprit sont impénétrables ; ses voies, secrètes ; sa bonté, infinie... Ce que je supposais devoir être une épreuve, un châtiment, c'était au contraire une bénédiction divine... Un signe de pardon... Une source de joie... Et, en effet, pourquoi Dieu aurait-il châtié ? Ne savait-Il pas, mieux que nous, que le Mal n'avait joué aucun rôle dans cet entraînement ? que le cœur de ces deux enfants était demeuré pur, et chaste, même dans la faute ? »

« Comme c'est étrange », songeait Antoine, « elle

devrait m'agacer au-delà de toute mesure... Et non : il y a en elle je ne sais quoi qui force le respect. Plus que le respect : la sympathie... Sa bonté, peut-être ?... En somme, c'est extrêmement rare, la bonté : la vraie, la *naturelle*... »

— « La part de Jenny est belle », continuait Mme de Fontanin, de sa voix chantante et ferme, sans cesser de tirer l'aiguille. « Elle possède maintenant au fond d'elle un trésor qui ennoblira toute sa vie : le souvenir d'un don total, d'un instant merveilleux ; et qui — chose exceptionnelle — n'a pas été suivi de lendemains avilissants... »

« Il y a des gens », se dit Antoine, « qui se sont fabriqué, une fois pour toutes, une conception satisfaisante du monde... Après, ça va tout seul... Leur existence ressemble à une promenade en barque, par temps calme : ils n'ont qu'à se laisser glisser au fil de l'eau — jusqu'au débarcadère... »

— « ... Et il lui reste la plus noble des tâches : un enfant à... »

— « Je l'ai trouvée toute différente, tout autre », interrompit résolument Antoine. « Très mûrie... Non, pas mûrie... Enfin, très... »

Mme de Fontanin avait posé son ouvrage sur ses genoux et retiré ses lunettes :

— « Je vais vous confesser quelque chose, mon ami : eh bien, je crois Jenny *heureuse !*... Oui... Heureuse, comme elle ne l'a jamais été, — heureuse, autant qu'il lui est permis de l'être... Car Jenny n'est pas née pour le bonheur. Enfant déjà, elle était profondément malheureuse et personne n'y pouvait rien : la souffrance était installée en elle. Pis encore : la haine de soi : elle ne parvenait pas à s'aimer, à aimer en elle la créature de Dieu. Son âme, hélas, n'a jamais été religieuse : son âme a toujours été un temple désaffecté... Eh bien, voyez les miracles que l'Esprit opère, chaque jour, en nous, autour de nous ! Toute douleur a sa récompense ; tout désordre concourt à l'Harmonie universelle... Aujourd'hui, la grâce est venue. Aujourd'hui, — et mon intuition ne me trompe pas, — aujourd'hui la chère enfant a trouvé, dans ce rôle de veuve et de mère, tout ce qu'elle peut atteindre de bonheur humain, tout ce que sa nature peut réaliser d'équilibre, de contentement... Et je sens maintenant en elle... »

— « Tante ! » appela une voix, dans le jardin.

Mme de Fontanin se leva :

— « Voilà Nicole de retour. »

— « Monsieur le maire est là, tante », reprit la voix. « Il voudrait vous parler. »

Mme de Fontanin avait déjà gagné la porte. Antoine l'entendit crier gaiement, du haut de l'escalier :

— « Monte un instant, ma chérie. Tu tiendras compagnie à... à quelqu'un que tu connais ! »

Lorsque Nicole eut poussé la porte, elle s'arrêta, interdite, dévisageant Antoine comme si elle n'était pas certaine de le reconnaître.

Il en eut un pinçon au cœur, et balbutia :

— « Vous me trouvez bien amoché, n'est-ce pas ? »

Elle rougit, et, dominant sa gêne, se mit à rire.

— « Mais non... Simplement, je ne m'attendais pas à vous trouver là. »

Ils ne s'étaient pas encore revus, car elle n'était pas venue dîner au chalet la veille, retenue auprès de ce paratyphique qu'elle n'avait pas voulu confier à une garde de nuit.

Elle, en revanche, avait plutôt rajeuni. L'éclat laiteux de son teint n'avait même pas été altéré par cette nuit blanche ; les yeux bleus avaient toujours leur eau incomparable.

Il lui demanda des nouvelles de son mari, qu'il avait rencontré deux fois, au cours de la guerre.

— « Actuellement, son *auto-chir* est sur le front de Champagne », dit-elle sans cesser de promener autour d'elle son regard brillant où se mélangeaient, sans qu'on pût jamais les dissocier tout à fait, une innocence de fillette et une coquette sensualité de femme. « Beaucoup de travail... Mais il trouve encore le temps d'écrire pour des revues... J'ai reçu cette semaine un travail à faire taper... Sur la pratique du garrot, ou quelque chose de ce genre... »

Un rayon de soleil, glissant sur la rondeur de l'épaule que moulait la toile de la blouse, jouait, à chacun de ses mouvements, dans les plis de son voile, dorait la chair duveteuse de l'avant-bras nu, et faisait luire ses dents, dès qu'elle souriait. « Ce qu'elle doit éveiller de désirs chez tous ces jeunes rescapés », songea-t-il rapidement.

— « J'ai bien regretté hier de ne pouvoir rentrer au chalet », dit-elle. « Comment s'est passée la soirée ? Daniel a-t-il été aimable ? Avez-vous réussi à l'apprivoiser un peu ? »

— « Mais oui. Pourquoi ? »

— « Il est si sombre, si maussade... »

Antoine esquissa un geste apitoyé :

— « Il est à plaindre, vous savez ! »

— « Il faudrait le sortir de là », reprit-elle. « Le décider à reprendre sa peinture. » L'accent était sérieux, comme s'il se fût agi d'un véritable problème, et qu'elle eût précisément attendu la visite d'Antoine pour le résoudre. « Cette vie qu'il mène ici ne peut pas durer. Il s'abrutit. Il deviendra... »

Antoine sourit :

— « Je n'ai pas remarqué. »
— « Oh, si... Demandez à Jenny... Il est vraiment impossible... Ou bien il monte dans sa chambre dès que nous arrivons, — par sauvagerie ? par bouderie ? on ne sait pas... — Ou bien il reste auprès de nous, sans ouvrir le bec ; et alors, c'est comme si brusquement la température baissait dans le salon !... Sa présence gêne tout le monde... Je vous assure : vous lui rendriez un inestimable service si vous le persuadiez qu'il doit travailler, retourner à Paris, revoir des gens, revivre ! »

Antoine se contenta de hocher la tête et de murmurer, à nouveau :

— « Il est à plaindre. »

Une défiance instinctive le tenait sur ses gardes. Sans pouvoir expliquer pourquoi, il avait l'impression que la jeune femme était mue par des pensées secrètes qu'elle n'exprimait pas.

(Ce n'était pas complètement faux. Nicole avait son idée sur Daniel, depuis un certain soir du dernier hiver. Ce jour-là, il était tard, Jenny et Gise étaient montées se coucher, et Nicole, attardée à quelque besogne qu'elle désirait finir, se trouvait seule avec son cousin devant la cheminée du salon. Soudain, il avait dit : « Attends, Nico, ne bouge pas ! » Et, sur le dos d'un prospectus qui traînait là, il s'était mis à crayonner un profil de Nicole. Elle s'était prêtée de bonne grâce à ce caprice imprévu. Mais, au bout d'un instant, comme avertie par un pressentiment confus, elle avait brusquement tourné la tête : Daniel ne dessinait plus ; il la couvait des yeux ; un regard odieux, chargé de désir, de fureur sombre, de honte, et peut-être de haine... Baissant aussitôt le front, il avait violemment froissé le prospectus et l'avait jeté dans le feu. Puis, sans un mot, il avait quitté la pièce. « C'est donc ça ! » s'était dit Nicole, atterrée, « il m'aime encore. » Elle n'avait rien oublié du temps lointain où elle habitait chez sa tante, à Paris, et où Daniel adolescent la traquait, comme un possédé, dans tous les coins de l'appartement. Cet amour frénétique et vain, qu'elle croyait depuis longtemps dissipé, s'était réveillé sans doute dans la cohabitation au chalet... De ce jour-là, tout était devenu clair aux yeux de Nicole ; l'amour de Daniel expliquait tout : son air renfermé, inquiet, ses bouderies, son obstination à ne pas quitter Maisons et à mener cette existence recluse, oisive et chaste, si opposée à ses habitudes et à son tempérament.)

— « Voulez-vous mon avis ? » reprit Nicole, sans se douter combien son insistance paraissait suspecte à Antoine. « Daniel est à plaindre, vous avez raison. Mais ce n'est pas seulement de son infirmité qu'il souffre. Non... Les femmes ont de ces intuitions, vous savez... Il doit souffrir d'autre chose encore... D'une chose intime, et qui le ronge... Quelque amour malheureux, peut-être... Quelque passion sans espoir... »

Elle craignait brusquement de s'être trahie, et rougit légèrement. Mais Antoine ne la regardait pas. La vision de Daniel, allongé à l'ombre des platanes, mâchonnant sa chique, l'œil vague et les mains sous la nuque, passa devant les yeux d'Antoine.

— « C'est possible », fit-il, naïvement.

Elle se mit à rire, rassurée.

— « Enfin, voyons, vous vous rappelez comme moi la vie que Daniel menait à Paris, avant la guerre !... »

Elle n'acheva pas : elle venait d'entendre le pas de sa tante sur le palier.

Mme de Fontanin portait un paquet de paperasses :

— « Excusez-moi ; je reviens, mais c'est pour repartir tout de suite... » Elle souleva le tas de lettres et de plis administratifs qu'on venait de lui remettre. « Nous sommes accablés d'*états* quotidiens, que nous devons envoyer en plusieurs exemplaires aux autorités. Mon courrier de l'après-midi me demande deux heures, tous les jours ! »

— « Je vais vous laisser », dit Antoine, qui s'était levé.

— « Il faudra revenir. Restez-vous quelque temps avec nous ? »

— « Hé, non... Je pars demain. »

— « Demain ? » fit Nicole.

— « Je dois être de retour au Mousquier vendredi. »

Ils descendirent tous trois le petit escalier branlant. Mme de Fontanin consulta son poignet :

— « Je vais tout de même vous accompagner jusqu'à la grille... »

— « Et moi, je vous quitte », s'écria Nicole. « A ce soir. »

Dès que la jeune femme se fut éloignée, Mme de Fontanin, sans s'arrêter, demanda, d'une voix troublée :

— « Nicole vous parlait de Daniel, n'est-ce pas ? Le pauvre enfant... Je pense à lui bien des fois chaque jour. Je prie pour lui... Elle est si lourde, la croix qu'il porte ! »

— « Au moins, vous êtes sûre qu'il vivra, Madame. Malgré tout, par le temps qui court, cette certitude n'est pas sans prix ! »

Elle n'eut pas l'air de vouloir comprendre. Ce n'était pas sous cet angle-là qu'elle voyait les choses.

Ils firent quelques pas en silence.

— « Toute la journée, seul... », reprit-elle. « Seul, avec son infirmité ! Seul avec ce regret, qu'il ne confie à personne... Pas même à moi ! »

Antoine s'arrêta au milieu de l'allée, avec un regard franchement interrogatif.

— « On comprend si bien ce qu'il peut éprouver, le cher enfant », continua Mme de Fontanin, sur le même ton, assuré et douloureux : « Avec sa nature ardente, généreuse... Se sentir encore plein de courage, de santé ! Et voir sa Patrie envahie... menacée... Sans plus rien pouvoir pour elle ! »

— « Vous croyez que c'est cela ? » hasarda Antoine. Il s'attendait si peu à cette explication, qu'il n'avait pu dissimuler son incrédulité.

Elle redressa le buste, et un sourire entendu, avivé d'une pointe de fierté, passa sur ses lèvres :

— « Daniel ? C'est très simple, et c'est, hélas, sans remède... Daniel est inconsolable de ne plus pouvoir faire son devoir. » Et, comme Antoine ne semblait pas encore complètement convaincu, elle ajouta, avec un visage austère et buté :

— « Tenez, ce que je vous dis est si vrai que, si Daniel redoute de venir à l'hôpital, ce n'est pas tant, comme il le dit, parce que le trajet le fatigue. Non : c'est parce qu'il lui est intolérable de se trouver parmi tous ces garçons, tous ces soldats, qui ont le même âge que lui, qui ont été blessés comme lui, mais qui, eux, sont à la veille de pouvoir repartir se battre ! »

Il ne répondit rien. Ils arrivèrent en silence à proximité de la grille. Mme de Fontanin s'arrêta :

— « Dieu seul sait quand nous nous reverrons », dit-elle, en le considérant avec émotion. Elle prit la main qu'Antoine lui tendait, et la retint un moment entre les siennes : « Bonne chance, mon ami. »

XI

« Ils parlent tous de Daniel comme d'une énigme », songeait Antoine, en traversant la place. « Et chacun me donne son interprétation personnelle... Et, bien probablement, il n'y a pas d'énigme du tout ! »

Un peu las, — mais surpris et satisfait de ne pas l'être davantage, — il s'achemina sans hâte vers la propriété des Fontanin. Il était soulagé d'être seul. La grande avenue de tilleuls s'allongeait devant lui, jusqu'à la forêt. Le soleil de quatre heures, déjà bas, s'insinuait entre les troncs, et couchait sur le sol de longues traînées flamboyantes. Par instants, se souvenant des routes poussiéreuses du Midi, il humait avec gourmandise cet air léger, aigrelet, saturé de senteurs printanières de l'Ile-de-France.

Mais le cours de ses pensées était triste. Ce séjour à Maisons remuait trop de souvenirs. La visite à la villa Thibault avait fait lever trop de fantômes. Ils l'accompagnaient, sans qu'il pût se défendre d'eux. Sa jeunesse, sa santé d'autrefois... Son père, Jacques... Jacques, en ces vingt-quatre heures, lui était redevenu tout proche. Jamais encore il n'avait senti à ce point que la disparition de Jacques le privait d'un être absolument irremplaçable : son seul *frère*... Non, jamais, depuis la mort de Jacques, jamais il n'avait si exactement mesuré l'irréparable de cette perte. Il se reprochait même d'avoir attendu jusqu'à maintenant pour ressentir ce désespoir vrai, ce désespoir nu. Comment cela était-il possible ? Les circonstances, la guerre... Il se souvenait très bien du moment où il avait reçu la lettre de Rumelles, — cette lettre après laquelle il eût été insensé de conserver le moindre espoir. Elle lui avait été remise, un soir, dans la cour de l'ambulance de Verdun, quelques heures à peine avant le départ de sa division pour le secteur des Éparges. Il s'attendait à la nouvelle ; et, cette nuit-là, dans le tohu-bohu du départ, il n'avait pas eu le temps de s'abandonner au chagrin. Pas davantage, d'ailleurs, au cours des deux semaines qui avaient suivi : des déplacements successifs, sous la pluie, dans la boue ; la difficulté d'assurer son service dans les ruines de ces petits villages de la Woëvre ; une vie harassante, qui ne laissait aucune place aux soucis personnels. Plus tard, au repos, quand il avait relu la lettre, répondu à Rumelles, il s'était trouvé habitué à cette mort, sans y avoir beaucoup pensé. Mais aujourd'hui, dans ce cadre retrouvé de la vie familiale, son regret prenait tardivement consistance ; l'irréparable l'obsédait avec une acuité insolite. Même là, dans ces avenues, chaque détail du paysage lui rappelait des souvenirs, des jeux. Ensemble, malgré leur différence d'âge, Jacques et lui avaient, d'un bond, franchi ces barrières blanches ; ensemble, ils s'étaient roulés dans cette herbe de mai, avant la fenaison ; ensemble, ils avaient bouleversé, à la pointe d'un bâton, ces nids d'insectes à dos plats qui grouillent entre les racines moussues des tilleuls, et qu'ils appelaient des « soldats » parce que leur carapace est d'un rouge garance et porte d'étranges soutaches noires. Ensemble, par des après-midi pareils à celui-ci, ils avaient longé ces palissades et ces haies, arraché au passage des grappes de cytise ou de lilas, suivi ce chemin à bicyclette, avec, sur leur guidon, un maillot de bain ou une raquette. Et là-bas, ce portail ombragé d'acacias lui rappelait l'année où, encore un gamin, il allait pendant les vacances prendre des répétitions chez un professeur de lycée, en villégiature à Maisons. Souvent, à la tombée du jour, en septembre, pour qu'il n'errât pas seul dans le parc, Mademoiselle et Jacques venaient l'attendre à ce portail. Il revit son frère, bambin de trois ans, s'échappant des mains de Mademoiselle, courant à sa rencontre, et se suspendant à son bras pour lui conter dans son jargon les menus faits de la journée.

Il y rêvait encore lorsqu'il arriva au chalet. Et quand il eut poussé la petite porte, et qu'il vit, à l'entrée du jardin, Jean-Paul quitter soudain la main de l'oncle Dane pour se précipiter au-devant de lui, c'est Jacques qu'il crut voir courir, avec sa tignasse rousse et ses gestes décidés. Plus ému qu'il ne voulait le laisser voir, il saisit le petit dans ses bras, comme il faisait jadis avec son frère, et le souleva pour l'embrasser. Mais Jean-Paul, qui ne supportait pas d'être contraint, fût-ce à recevoir une caresse, se débattit et gigota avec une telle vigueur qu'Antoine, essoufflé et riant, dut le reposer à terre.

Daniel, les mains dans ses poches, contemplait la scène.

— « Est-il musclé, le gaillard ! » dit Antoine, avec une fierté quasi paternelle. « Ces coups de reins qu'il donne ! Un poisson qu'on vient de sortir de l'eau ! »

Daniel sourit, et il y avait, dans son sourire, une fierté toute semblable à celle d'Antoine. Puis il leva la main vers le ciel :

— « Belle journée, n'est-ce pas ?... Encore un été qui commence... »

Antoine, un peu oppressé par sa lutte avec Jean-Paul, s'était assis au bord de l'allée.

— « Vous restez là un instant ? » demanda Daniel. « Il y a longtemps que je suis debout, il faut que j'aille allonger *ma* jambe... Voulez-vous que je vous laisse le petit ? »

— « Volontiers. »

Daniel se tourna vers l'enfant :

— « Tu rentreras tout à l'heure avec l'oncle Antoine. Tu vas être sage ? »

Jean-Paul baissa le front, sans répondre. Il décocha vers Antoine un coup d'œil en dessous, suivi d'un regard hésitant Daniel qui s'en allait, parut un instant vouloir le rejoindre ; mais, l'attention attirée par un hanneton qui venait de choir à ses pieds, il oublia aussitôt l'oncle Dane, s'accroupit, et demeura en contemplation devant les efforts de l'insecte qui ne parvenait pas à se remettre sur ses pattes.

« Le mieux pour l'acclimater, c'est de ne pas avoir l'air de m'occuper de lui », se dit Antoine. Il se souvint d'un jeu qui amusait son frère à cet âge : il ramassa un épais morceau d'écorce de pin, sortit son couteau, et, sans rien dire, se mit à sculpter le bois en forme de barque.

Jean-Paul, qui l'observait à la dérobée, ne tarda pas à s'approcher :

— « A qui c'est le couteau ? »

— « A moi... L'oncle Antoine est soldat, alors il a besoin d'un couteau pour couper son pain, pour couper sa viande... »

Visiblement, ces explications n'intéressaient pas Jean-Paul.

— « Qu'est-ce que tu fais ? »

— « Regarde... Tu ne vois pas ? Je fais un petit bateau. Je fais un petit bateau pour toi. Quand ta maman te donnera ton bain, tu mettras le bateau dans la baignoire, et il restera sur l'eau, sans tomber au fond. »

Jean-Paul écoutait, le front plissé par la réflexion. Par un certain malaise aussi : cette voix faible et rauque lui causait une sensation désagréable.

Il paraissait d'ailleurs n'avoir rien compris au discours d'Antoine. Peut-être n'avait-il jamais vu de bateau?... Il poussa un gros soupir; et s'attaquant au seul détail qui l'avait frappé parce que ce détail était d'une flagrante inexactitude, il rectifia :

— « D'abord, moi, mon bain, c'est pas maman : c'est oncle Dane! »

Puis, parfaitement indifférent au travail d'art d'Antoine, il retourna vers son hanneton.

Sans insister, Antoine jeta la barque, et posa le couteau près de lui.

Au bout d'un instant, Jean-Paul était revenu. Antoine essaya de renouer les relations :

— « Qu'est-ce que tu as fait de beau, aujourd'hui? Tu as été te promener dans le jardin, avec l'oncle Dane? »

L'enfant parut chercher jusque dans l'arrière-fond de sa mémoire, et fit signe que oui.

— « Tu as été sage? »

Nouveau signe affirmatif. Mais presque aussitôt, il se rapprocha d'Antoine, hésita une seconde, et confia, gravement :

— « Ze ne suis pas sûr. »

Antoine ne put s'empêcher de sourire :

— « Quoi? Tu n'es pas sûr d'avoir été sage? »

— « Si! Moi été sage! » cria Jean-Paul, agacé. Puis, repris par le même étrange scrupule, et fronçant comiquement le nez, il répéta, en détachant les syllabes : « Mais ze ne suis pas sûr. »

Il passa derrière Antoine, comme s'il s'éloignait, et, se penchant soudain, voulut subrepticement s'emparer du couteau resté à terre.

— « Non! Pas ça! » gronda Antoine, en posant la main sur son couteau.

L'enfant, sans reculer, lui lança un regard courroucé.

— « Pas jouer avec ça ! Tu te couperais », expliqua Antoine. Il referma le couteau, et le glissa dans sa poche. Le petit, vexé, restait dressé sur ses ergots, dans une pose de défi. Gentiment, pour faire la paix, Antoine lui présenta sa main grande ouverte. Un éclair brilla dans les prunelles bleues ; et, saisissant la main tendue comme s'il voulait l'embrasser, l'enfant y planta ses petits crocs.

— « Aïe », fit Antoine. Il était si surpris, si déconcerté, qu'il n'eut même pas la tentation de se fâcher. « Jean-Paul est méchant », dit-il, en frottant son doigt mordu. « Jean-Paul a fait mal à l'oncle Antoine. »

Le gamin le regardait avec curiosité :

— « Beaucoup mal ? » demanda-t-il.

— « Beaucoup mal. »

— « Beaucoup mal », répéta Jean-Paul, avec une satisfaction manifeste. Et, pivotant sur ses talons, il s'éloigna en gambadant.

L'incident avait rendu Antoine perplexe : « Simple besoin de vengeance ? Non... Alors quoi ? Il y a toutes sortes de choses dans un geste de ce genre... Très possible, que, devant ma défense, devant la difficulté de l'enfreindre, le sentiment de son impuissance ait atteint tout à coup un paroxysme intolérable... Peut-être n'est-ce pas tant pour me faire mal, pour me punir, qu'il s'est jeté sur ma main. Peut-être a-t-il cédé à un besoin physique, un besoin irrésistible de détendre ses nerfs... D'ailleurs, pour juger une réaction comme celle-là, il faudrait commencer par pouvoir mesurer le degré de convoitise. L'envie de saisir ce couteau était peut-être impérieuse, — à un point qu'un adulte ne soupçonne pas !... »

Du coin de l'œil, il s'assura que Jean-Paul restait à portée. L'enfant, à une dizaine de mètres de là, s'efforçait de grimper sur une levée de terre, et ne se souciait de personne.

« Cette réaction rancunière, Jacques, sans aucun doute, en aurait été capable », se disait Antoine. « Mais aurait-il été jusqu'au coup de dents ? »

Il faisait appel à ses souvenirs pour mieux comprendre. Il ne résistait pas à la tentation d'identifier le présent avec le passé, le fils avec le père. Ces sentiments embryonnaires de révolte, de rancune, de défi, d'orgueil concentré et solitaire, qu'il avait déchiffrés au passage dans le regard de Jean-Paul, il les reconnaissait : il les avait maintes fois surpris dans les yeux de son frère. L'analogie lui semblait si frappante, qu'il n'hésitait pas à la pousser plus loin encore : et jusqu'à se persuader que l'attitude insurgée de l'enfant recouvrait ces mêmes vertus refoulées, cette pudeur, cette pureté, cette tendresse incomprise, que Jacques, jusqu'à la fin de sa vie, avait dissimulées sous ses violences cabrées.

Craignant de prendre froid, il s'apprêtait à se lever, lorsque son attention fut sollicitée par les acrobaties bizarres auxquelles se livrait le petit. La butte qu'il essayait de prendre d'assaut pouvait avoir deux mètres de haut ; sur la droite et sur la gauche, ce talus rejoignait le sol par des plans inclinés, d'accès facile ; mais, sur la face centrale, l'escarpement était abrupt, et c'est par ce côté que l'enfant avait justement choisi de grimper. Plusieurs fois de suite, Antoine le vit prendre son élan, gravir la moitié de la pente, glisser et rouler à terre. Il ne pouvait se faire grand mal : un tapis d'aiguilles de pin amortissait les chutes. Il semblait tout à son affaire : seul au monde avec ce but qu'il s'était fixé. Chaque tentative le rapprochait de la crête, et chaque fois il dégringolait de plus haut. Il se frottait les genoux, et recommençait.

« L'énergie des Thibault », songea Antoine complaisamment. « Chez mon père, autorité, goût de domination... Chez Jacques, impétuosité, rébellion... Chez moi opiniâtreté... Et maintenant ? Cette force que ce petit a dans le sang, quelle forme va-t-elle prendre ? »

Jean-Paul s'était de nouveau lancé à l'attaque : avec tant d'intrépidité rageuse, qu'il avait presque atteint le sommet du talus. Mais le sol s'effritait sous ses pieds, et il allait une fois de plus perdre l'équilibre, lorsqu'il saisit une touffe d'herbe, parvint à se retenir, donna un dernier coup de reins, et se hissa sur la plate-forme.

« Je parie qu'il va se retourner pour voir si je l'ai vu », pensa Antoine.

Il se trompait. Le gamin lui tournait le dos et ne s'occupait pas de lui. Il se tint une minute sur le faîte, bien campé sur ses petites jambes. Puis, satisfait sans doute, il descendit tranquillement par l'un des plans inclinés, et, sans même jeter un regard en arrière sur le lieu de son succès, il s'adossa à un arbre, retira une de ses sandales, secoua les cailloux qui y étaient entrés, et se rechaussa avec application. Mais comme il savait qu'il ne pouvait boutonner lui-même la patte de cuir, il vint vers Antoine, et, sans un mot, lui tendit son pied. Antoine sourit et, docilement, rattacha la sandale.

— « Maintenant nous allons rentrer à la maison, veux-tu ? »

— « Non. »

« Il a une façon très personnelle de dire non », remarqua Antoine. « Jenny a raison : c'est moins un désir de se dérober à la chose particulière qui lui est demandée, qu'un refus général, prémédité... Le refus d'aliéner la moindre parcelle de son indépendance, pour quelque motif que ce soit ! »

Antoine s'était levé :

— « Allons, Jean-Paul, sois gentil. L'oncle Dane nous attend. Viens ! »

— « Non. »

— « Tu vas me montrer le chemin », reprit Antoine, pour tourner la difficulté. (Il se sentait fort gauche dans ce rôle de mentor.) « Par quelle allée va-t-on passer ? Par celle-ci ? Par celle-là ? » Et il voulut prendre l'enfant par la main. Mais le petit, buté, avait croisé ses bras sur ses reins :

— « Moi, ze dis : non ! »

— « Bien ! » fit Antoine. « Tu veux rester là, tout seul ? Reste ! » Et il partit délibérément dans la direction de la maison, dont on apercevait, entre les troncs, le crépi rose enflammé par le couchant.

Il n'avait pas fait trente pas qu'il entendit Jean-Paul galoper derrière lui pour le rejoindre. Il résolut de l'accueillir gaiement, comme s'il n'y avait pas eu d'incident. Mais l'enfant le dépassa en courant, et, sans s'arrêter, lui jeta insolemment au passage :

— « Moi, ze rentre ! Parce que, moi, ze veux ! »

XII

Les dîners du chalet étaient généralement assez animés, grâce au bavardage de Gise et de Nicole. Heureuses d'en avoir fini de leur tâche quotidienne, — peut-être aussi de se sentir hors du contrôle maternel mais vigilant de Mme de Fontanin — elles passaient le repas à commenter librement les événements de la journée, à échanger leurs impressions sur les nouveaux arrivés à l'hôpital, à se raconter, avec une verve de jeunes pensionnaires, les menus incidents survenus dans leurs services respectifs.

Bien qu'il fût assez las ce soir, Antoine s'amusait du sérieux avec lequel, en termes techniques, elles discutaient de certains traitements, et portaient des jugements sur les capacités des médecins. A plusieurs reprises, elles en appelèrent à sa compétence ; et il leur donna son avis, en souriant.

Jenny, occupée par son fils qui dînait à table, ne prêtait à la conversation qu'une attention distraite. Quant à Daniel, silencieux comme à son habitude (surtout lorsque sa sœur et Nicole étaient là), il adressa néanmoins plusieurs fois la parole à Antoine.

Nicole avait apporté un journal du soir. Il fut question des bombardements à longue portée sur Paris. Divers immeubles des VIe et VIIe arrondissements avaient été atteints récemment. On comptait cinq cadavres, dont trois femmes et un enfant à la mamelle. La mort de ce bébé avait provoqué dans la presse alliée une explosion unanime contre la barbarie teutonne.

Nicole était révoltée que pareilles atrocités fussent possibles.

— « Ces Boches ! » s'écria-t-elle. « Ils font la guerre comme des brutes ! Déjà, avec leurs lance-flammes, leurs gaz asphyxiants ! Leurs sous-marins ! Mais massacrer d'innocentes populations civiles, ça dépasse tout, c'est monstrueux ! Il faut qu'ils aient perdu tout sens moral, tout sentiment d'humanité ! »

— « Le massacre des innocentes populations civiles vous paraît-il vraiment beaucoup plus inhumain, beaucoup plus immoral, beaucoup plus monstrueux, que celui des jeunes soldats qu'on envoie en première ligne ? » demanda insidieusement Antoine.

Nicole et Gise le regardèrent, stupéfaites.

Daniel avait posé sa fourchette. Il se taisait, les yeux baissés.

— « Attention... », reprit Antoine. « Codifier la guerre, vouloir la limiter, l'organiser (l'*humaniser*, comme on dit !) décréter : " Ceci est barbare ! Ceci est immoral ! " — ça implique qu'il y a une autre manière de faire la guerre... Une manière parfaitement civilisée... Une manière parfaitement morale... »

Il fit une pause et chercha le regard de Jenny. Mais elle était penchée vers son fils, qu'elle faisait boire.

— « Ce qui est monstrueux », poursuivit-il, « est-ce vraiment que telle ou telle façon de tuer soit plus ou moins cruelle ? Et qu'elle atteigne ceux-ci, plutôt que ceux-là... »

Jenny s'interrompit net, et posa si brusquement la timbale qu'elle faillit la renverser :

— « Ce qui est monstrueux », dit-elle, en serrant les dents, « c'est la passivité des peuples ! Ils sont le nombre ! Ils sont la force ! Toute guerre dépend de leur acceptation ou de leur refus ! Qu'est-ce qu'ils attendent ? Il leur suffirait de dire : Non ! Et la paix, qu'ils réclament tous, deviendrait à l'instant même une réalité ! »

Daniel leva les paupières, et enveloppa sa sœur d'un bref et énigmatique coup d'œil.

Il y eut un silence.

Antoine conclut posément :

— « Ce qui est monstrueux, ce n'est ni ceci ni cela : c'est la guerre, tout court ! »

Quelques minutes passèrent sans que personne osât reprendre la parole.

« Les hommes réclament tous la paix », se disait Antoine, songeant à la phrase de Jenny. « Est-ce vrai ?... Ils la réclament dès qu'elle est compromise... Mais leur intolérance réciproque, leur instinct combatif, la rendent précaire, dès qu'ils l'ont... Rejeter la responsabilité des guerres sur les gouvernements et la politique, bien sûr ! Mais ne pas oublier, dans cette responsabilité, la part de la nature humaine... A la base de tout pacifisme, il y a ce postulat : la croyance au progrès moral de l'homme. Je l'ai, cette croyance, — ou plutôt : j'ai sentimentalement besoin de l'avoir : je ne peux pas me résoudre à penser que la conscience humaine n'est pas indéfiniment perfectible ! J'ai besoin de croire que, un jour, l'humanité saura établir l'ordre et la fraternité sur la planète... Mais pour réaliser cette révolution, il ne suffira pas de la volonté ni du martyre de quelques sages : il y faudra des siècles d'évolution ; des millénaires peut-être... (Que peut-on espérer de vraiment grand d'un homme du XXe siècle ?...) Alors, j'ai beau me battre les flancs, je ne parviens pas à trouver, dans une si lointaine perspective, de quoi me consoler d'avoir à vivre dans la faune vorace du monde actuel... »

Il s'aperçut que tous continuaient à se taire autour de lui. L'atmosphère restait lourde, chargée d'électricité. Il regretta d'avoir été la cause de ce brusque orage, et voulut tenter de ranimer l'entretien.

Il se tourna vers Daniel :

— « Au fait, et votre ami, ce type extravagant... Le pasteur, vous savez bien... Qu'est-ce qu'il devient ? »

— « Le pasteur Gregory ? »

Ce nom avait suffi à ramener une lueur de malice dans tous les regards.

Nicole prit une voix attristée, qui contrastait avec l'expression amusée du visage :

— « Tante Thérèse est bien inquiète de lui : depuis Pâques, il est dans un sana d'Arcachon... »

— « Aux dernières nouvelles, il ne quittait plus son lit », ajouta Daniel.

Jenny fit observer que le pasteur était au front depuis le début de la guerre. Puis la conversation retomba.

Antoine, pour dire quelque chose, demanda :

— « Il s'était engagé ? »

— « C'est-à-dire », rectifia Daniel, « qu'il a fait l'impossible pour cela. Mais il n'a pu y parvenir à cause de son âge et de sa santé. Alors il s'est fait admettre dans une section des ambulances américaines. Il a passé sur le front anglais tout ce terrible hiver 17... A transporter des blessés... Bronchites sur bronchites... Crachements de sang... Il a fallu l'évacuer de force. Mais trop tard. »

— « La dernière fois que nous l'avons vu, c'est en 1916, pendant une permission. Il est venu ici », dit Jenny.

Nicole précisa :

— « Et il était déjà méconnaissable... Un spectre... Une longue barbe, à la Tolstoï... Un vrai sorcier de conte de fées ! »

— « Est-ce qu'il se refusait toujours à employer des remèdes ? et à soigner les malades autrement que par ses incantations ? » railla Antoine.

Nicole se mit à rire :

— « Oui, oui... Il nous a tenu là-dessus des propos délirants. Quand il est venu ici, il y avait déjà deux ans qu'il charriait des mourants dans sa camionnette, et il répétait paisiblement : « La mort n'existe pas ! »

— « Nicole ! » fit Gise. Elle souffrait de voir le pasteur exposé aux moqueries, devant Antoine.

— « D'ailleurs, le mot *mort* est un mot qu'il ne prononce jamais », continua Nicole. Il dit : « *L'illusion mortelle*... »

— « Et dans sa dernière lettre à maman », ajouta Daniel, en souriant, « il y a cette phrase étonnante :

" Ma vie se retirera bientôt dans *le champ de l'invisibilité* "... »

Gise jeta vers Antoine un regard de reproche :

— « Ne ris pas, Antoine... C'est un saint homme malgré ses ridicules... »

— « Que veux-tu ? C'est peut-être un saint », concéda Antoine. « Mais je ne peux pas m'empêcher de penser à tous les malheureux *tommies* blessés qui ont eu la guigne de tomber entre ses saintes pattes, — et je persiste à croire qu'il devait faire un dangereux infirmier ! »

Le dessert était achevé.

Jenny fit descendre Jean-Paul de sa chaise, et se leva. Tous l'imitèrent et la suivirent au salon. Elle ne fit que traverser la pièce : il était plus tard que les autres soirs, et elle avait hâte de mettre l'enfant au lit.

Tandis que Gise s'installait, loin de la lumière, sur une chaise basse, pour y tricoter une de ces paires de chaussettes qu'elle remettait, comme un viatique, aux convalescents guéris qui regagnaient leurs dépôts, Daniel prit sur le piano un tome du *Tour du Monde*, et alla s'asseoir sur le canapé, au fond, derrière la table ronde sur laquelle brûlait l'unique lampe à pétrole de la pièce. « Est-ce une contenance ? » se demanda Antoine, en observant le jeune homme, qui, penché sous l'abat-jour, tournait les pages avec une application d'enfant sage ; « ou bien prend-il réellement intérêt à ces vieilles gravures ? »

Il s'approcha de la cheminée, où Nicole, agenouillée devant l'âtre, allumait une flambée.

— « Voilà bien longtemps que je n'ai vu un feu de bois ! »

— « Les soirées sont encore fraîches », dit-elle ; « et puis, c'est si gai ! » Elle se releva à demi : « C'est ici, à Maisons, que nous nous sommes rencontrés pour la première fois. Je m'en souviens si bien... Et vous ? »

— « Moi aussi. »

Il se rappelait, en effet, ce soir d'été lointain, où, cédant aux instances de Jacques, et à l'insu de M. Thibault, il avait consenti à accompagner son frère chez les « Huguenots » ; — son étonnement d'y trouver Félix Héquet, le chirurgien, son aîné de quelques années, — Jenny et Nicole, dans l'allée des roses ; — Jacques, étudiant, qui venait d'être reçu à Normale ; — lui-même, jeune médecin, que Mme de Fontanin était seule à appeler cérémonieusement : « Docteur »... Tous, jeunes ! Tous, confiants dans leur âge et dans la vie, ignorant l'avenir, sans le moindre soupçon du cataclysme que les hommes d'État d'Europe leur prépareraient, et qui devait balayer d'un coup leurs petits projets individuels, anéantir l'existence des uns, métamorphoser celle des autres, accumuler dans chaque destinée particulière les ruines, des deuils, bouleverser le monde pour combien d'années encore ?

— « C'était le début de mes fiançailles », reprit-elle, pensivement. Ce souvenir semblait lourd de mélancolie. « Félix m'avait amenée dans son auto... Nous avons eu une panne, au retour, en pleine nuit, à Sartrouville... »

Daniel leva les paupières, et, sans bouger la tête, décocha dans leur direction un rapide coup d'œil qu'Antoine surprit. Écoutait-il ? Cette évocation du passé remuait-elle en lui des émotions, des regrets ? Ou, simplement, ce papotage l'importunait-il ? Il se remit à feuilleter son livre. Mais, peu après, il étouffa un bâillement, ferma le volume, se leva, et, sans hâte, vint dire bonsoir.

Gise posa son tricot :
— « Vous montez, Daniel ? »

Dans la pénombre, ses cheveux paraissaient plus laineux, son teint plus foncé, le blanc de ses yeux plus luisant. Ainsi éclairée par les flammes du foyer, cette silhouette courbée sur ce siège bas évoquait l'Afrique ancestrale : une femme indigène, accroupie devant un feu de brousse.

Elle s'était levée :

— « Votre lampe, je crois, est restée à l'office. Venez, que je vous l'allume. »

Ils sortirent ensemble du salon. Antoine les suivit machinalement des yeux, puis son regard revint vers Nicole, qui, debout, l'observait. Ils étaient seuls. Elle sourit bizarrement :

— « Il faudrait que Daniel l'épouse », dit-elle, à mi-voix.

— « Quoi ? »

— « Mais oui. Ce serait parfait, vous ne trouvez pas ? »

L'idée était si inattendue pour lui, qu'Antoine était demeuré immobile, l'œil fixe, les sourcils dressés. Elle éclata de rire : un rire de gorge, sonore et roucoulant :

— « Je ne pensais pas vous étonner à ce point ! »

Elle avait approché un fauteuil du feu. Les jambes croisées, dans une pose abandonnée, un peu provocante, elle l'examinait sans rien dire.

Il vint s'asseoir à côté d'elle :

— « Vous croyez qu'il y a quelque chose entre eux ? »

— « Je n'ai pas dit ça », dit-elle vivement. « Daniel, en tout cas, n'y a certainement jamais songé... »

— « Gise non plus », affirma-t-il spontanément.

— « Gise non plus, sans doute. Mais on voit bien qu'elle s'intéresse à lui. C'est toujours elle qui fait ses commissions en ville, qui lui achète ses journaux, ses paquets de *chewing-gum*... Elle l'entoure de mille gentillesses. Qu'il accepte, d'ailleurs, avec un visible plaisir... Vous avez déjà pu remarquer, peut-être, qu'elle est la seule à laquelle il épargne ses mouvements d'humeur ? »

Il se taisait. L'hypothèse du mariage de Gise lui avait été, au premier abord, désagréable : il n'avait pas complètement oublié le passé, la place que, pendant un court moment, Gise avait tenue dans sa vie. Mais, à la réflexion, il ne trouvait aucune objection valable à formuler.

Elle continuait à rire en silence, ce qui creusait deux fossettes au coin de sa bouche. Cette gaieté avait quelque chose d'excessif, de peu naturel. « Aimerait-elle son cousin, par hasard ? » se demanda-t-il.

— « Allons, docteur, convenez que mon idée n'est pas tellement saugrenue », insista Nicole. « Gise se consacrerait à lui ; et c'est dans un dévouement de ce genre qu'une fille comme elle a le plus de chance de se faire une vie acceptable... Quant à Daniel... » Elle renversa lentement la tête jusqu'à ce que ses tresses blondes eussent trouvé l'appui du dossier, et, dans l'écartement des lèvres humides, Antoine vit un instant briller les dents. Puis les paupières s'abaissèrent, et un regard intentionnellement malicieux coula entre les cils : « Vous savez, Daniel est un de ces hommes qui sont toujours prêts à se laisser aimer... »

Un imperceptible signe d'impatience lui échappa : elle venait d'entendre, à travers les cloisons, grincer les marches du vieil escalier.

« C'est comme le paratyphique que j'ai veillé cette nuit », s'écria-t-elle, changeant de sujet avec une prestesse, une fourberie, passablement inquiétantes. « Un Savoyard... Un vieux de la classe 92... » L'entrée de Jenny, suivie de Gise, la fit accélérer encore son débit : « Il délirait dans un patois incompréhensible. Mais, à chaque instant, il appelait : " Maman !... " D'une voix enfantine. C'était déchirant. »

— « Oh », fit Antoine, se prêtant au jeu avec un à-propos dont il se sentit sottement assez fier, « j'ai entendu ça, moi aussi, bien souvent. Mais, ne vous y trompez pas : ce n'est heureusement qu'une plainte machinale, une habitude qui remonte inconsciemment du passé... Sur tous les mourants que j'ai entendu crier : " Maman ! ", il y en a fort peu, je crois, qui pensaient avec précision à leur mère. »

Jenny tenait dans ses bras un paquet d'écheveaux de laine brune, à mettre en pelotes :

— « Qui veut m'aider, ce soir ? »

— « J'ai bien sommeil », confessa Nicole, avec un sourire paresseux. Elle regarda vers la pendule : « Dix heures moins vingt, déjà... »

— « Moi », proposa Gise.

Jenny refusa d'un mouvement de tête.

— « Non, chérie, tu es fatiguée, toi aussi. Monte te reposer. »

Après avoir embrassé Jenny, Nicole s'approcha d'Antoine :

— « Excusez-moi : nous partons le matin à sept heures et je n'ai pas fermé l'œil l'autre nuit. »

Gise, à son tour, s'approcha. Elle avait le cœur serré en songeant qu'Antoine partait le lendemain, et que ce séjour s'achevait sans qu'ils se fussent revus seul à seule, sans qu'ils eussent retrouvé l'intimité de leur rencontre à Paris. Mais elle craignit de fondre en larmes si elle exprimait ce regret. Elle lui tendit son front en silence.

— « Adieu, petite Nigrette », dit-il, à mi-voix, avec une grande douceur.

Elle se persuada aussitôt qu'il avait deviné ce qu'elle pensait ; qu'il ressentait comme elle le déchirement de cette séparation; et cette certitude lui rendit tout à coup cette séparation moins cruelle.

Elle évita de croiser son regard, et rejoignit Nicole.

« Tiens, elle ne dit pas bonsoir à Jenny? » remarqua Antoine. Il n'eut pas le temps de se demander si quelque mésentente était survenue entre elles: Jenny traversait précipitamment le salon, rattrapait Gise sur le seuil, lui, mettait la main à l'épaule :

— « J'ai peur de ne pas avoir suffisamment couvert le petit. Mets-lui quelque chose sur les pieds, veux-tu? »

— « La couverture rose? »

— « La blanche est plus chaude. »

De nouveau elles se séparèrent sans s'être dit bonsoir.

Antoine était resté debout :

— « Et vous, Jenny, vous ne montez pas? Il ne faut pas que vous restiez pour moi. »

— « Je n'ai aucun sommeil », affirma-t-elle, en s'installant dans le fauteuil que Nicole venait de quitter.

— « Alors, travaillons. Je vais remplacer Gise. Passez-moi un écheveau. »

— « Jamais de la vie! »

— « Pourquoi? Est-ce si difficile? »

Il s'empara de la laine et s'accroupit sur la chaise basse. Jenny céda en souriant.

— « Voyez », dit-il, après quelques fausses manœuvres, « maintenant, ça va tout seul! »

Elle était surprise et charmée de le trouver aussi simple, aussi affectueux. Elle avait honte de l'avoir longtemps méconnu. N'était-il pas, maintenant, son plus sûr appui? Comme une quinte obligeait Antoine à s'interrompre : « Pourvu qu'il guérisse ! » pensa-t-elle, « pourvu qu'il retrouve toute sa santé d'autrefois ! » Elle avait besoin de la santé d'Antoine pour son fils.

Lorsque la toux eut diminué, il déclara, sans préambule, en se remettant au travail :

— « Savez-vous, Jenny ? J'éprouve un grand soulagement à vous voir ainsi... Je veux dire : aussi bien... aussi calme... »

Les yeux baissés sur sa pelote, elle répéta, pensivement :

— « Calme... »

C'était vrai, malgré tout. Elle-même, parfois, elle s'étonnait de cette atmosphère apaisée où baignait maintenant son chagrin. Réfléchissant à la remarque d'Antoine, elle comparait son état actuel à la période de désarroi, de vide atroce, qu'elle avait traversée, trois ans et demi plus tôt. Elle se revit, tout au début de la guerre, sans aucune nouvelle de Jacques et pressentant le pire, livrée à des accès contradictoires de faiblesse et de violence, accablée par sa solitude et ne pouvant supporter la présence de personne, fuyant sa mère, sa maison comme si elle était à la recherche d'une chose indispensable qui lui échappait sans cesse et qu'elle était sans cesse sur le point de ressaisir, marchant parfois des après-midi entiers dans ce Paris transformé par la mobilisation, refaisant sans se lasser le pèlerinage de tous les endroits où Jacques l'avait conduite, — la gare de l'Est, le square Saint-Vincent-de-Paul, la rue du Croissant, les bars des environs de la Bourse où elle avait si souvent attendu, les ruelles de Montrouge et cette salle de meeting où Jacques, un soir, avait soulevé contre la guerre une foule effervescente... Enfin, l'épuisement, la nuit, la ramenaient chez elle, brisée. Elle se jetait alors, gémissante, sur ce lit où Jacques l'avait tenue dans ses bras, et s'endormait quelques heures, pour se réveiller bientôt au seuil d'une nouvelle journée de désespoir... Certes oui, comparée à ces semaines-là, sa vie actuelle était merveilleusement « calme » ! En ces trois ans, tout avait changé autour d'elle, en elle. Tout, et même l'image qu'elle gardait de Jacques... Comme c'est étrange que l'amour le plus fervent ne puisse se défendre contre le travail du temps ! Lorsqu'elle pensait à Jacques maintenant, jamais elle ne l'imaginait tel qu'il serait aujourd'hui ; ni même tel qu'il était en juillet 1914. Non : celui que maintenant sa pensée évoquait, ce n'était pas l'être fiévreux, changeant, qu'elle avait connu : c'était un Jacques immobile et figé, assis de trois quarts, une main sur la cuisse, le front violemment éclairé par un vitrage d'atelier ; le Jacques du portrait qu'elle avait nuit et jour sous les yeux.

Et, tout à coup, elle prit conscience d'une chose terrible. Elle venait d'imaginer que Jacques était brusquement de retour ; et, ce qu'elle avait éprouvé, c'était autant de gêne que de joie... Inutile de se mentir : si le Jacques de 1914 lui était soudain rendu, s'il surgissait, par miracle, devant la Jenny d'aujourd'hui, eh bien, la place qu'elle croyait jusqu'alors lui avoir si pieusement conservée, elle ne pourrait pas la lui rendre intacte...

Elle leva vers Antoine un regard de détresse qu'il ne vit pas. Attentif à maintenir l'écheveau bien tendu entre ses poignets crispés, et à guider le dévidage en se penchant avec régularité de droite et de gauche, il n'osait pas quitter des yeux le brin de laine ensorcelé. Il se sentait un peu ridicule. Il souffrait de crampes dans les épaules. Il se disait, en maugréant, qu'il avait eu tort de proposer son concours ; que ce geste de lever le bras augmentait d'instant en instant son oppression ; qu'après être ainsi resté trop près du feu, sur cette chaise basse, il risquait de prendre froid là-haut, en se déshabillant...

Elle eût voulu lui parler d'elle, de Jacques, de l'enfant, — comme elle avait fait, ce matin, dans sa chambre. Ce moment de confiance exceptionnelle lui avait fait un bien dont elle s'était ressentie tout le jour. Mais, ce soir, elle était de nouveau *nouée*... C'était le drame de sa vie intime que cette inaptitude au contact, cette condamnation à demeurer incommunicable ! Même auprès de Jacques, elle n'avait pas su s'abandonner sans réticence. Combien de fois lui avait-il reproché d'être « indéchiffrable » ? Ces souvenirs restaient cuisants, et l'obsédaient encore. Comment serait-elle, plus tard, avec son fils ? Ne le rebuterait-elle pas, malgré elle, par sa réserve, son apparente froideur ?

La sonnerie de la pendule leur fit dresser la tête en même temps, et prendre, ensemble, conscience de leur long silence.

Jenny sourit :

— « Tant pis pour les écheveaux qui restent. Finissons seulement celui-ci. Il va falloir que je monte. » Et, se hâtant de rouler la pelote commencée, elle expliqua : « Sans quoi je risque de trouver Gise endormie et de l'éveiller dans son premier sommeil... Elle a grand besoin de repos. »

Il se souvint alors des deux lits jumeaux, et il comprit pourquoi Gise n'avait pas dit bonsoir à Jenny : elles faisaient chambre commune. Elles dormaient toutes deux, là-haut, sous le portrait de Jacques, de chaque côté du petit lit d'enfant... Songeant à la morne enfance de Gise dans l'appartement de M. Thibault, il eut un élan joyeux : « La pauvre petite a trouvé une famille. » Les paroles de Nicole Héquet lui revinrent à l'esprit. « Épousera-t-elle Daniel ? » Sans bien savoir pourquoi, il ne le croyait guère. D'ailleurs, elle pouvait être heureuse sans cela ? Elle pouvait trouver sa raison d'être et sa joie à vivre dans le sillage de Jenny et de Jean-Paul. A ces deux êtres en qui survivait pour elle la présence de Jacques, elle consacrerait sa tendresse vacante, son attachement de chien fidèle. Elle deviendrait une moricaude à cheveux gris, une vieille et douce « Tante Gi »...

La pelote achevée, Jenny se leva, rangea les écheveaux, couvrit les bûches de cendre, et s'empara de la grosse lampe qui était sur la table.

— « Donnez », proposa Antoine, sans conviction.

Il avait le souffle si rauque, si court, qu'elle voulut lui éviter tout effort :

— « Merci. J'ai l'habitude. C'est toujours moi qui monte la dernière. »

Arrivée près de la porte, elle se retourna et souleva la lampe pour s'assurer que tout était en ordre. Son regard fit le tour du vieux salon familial, puis revint se fixer sur Antoine.

— « Élever le petit hors de tout ça ! » fit-elle, résolument. « Aussitôt la guerre finie, je changerai ma vie, je m'installerai ailleurs ! »

— « Ailleurs ? »

— « Je veux quitter tout ça », reprit-elle, du même ton ferme et réfléchi. « Je veux partir. »

— « Pour où ? » Une supposition traversa son esprit : « Pour la Suisse ? »

Elle le considéra quelques secondes avant de répondre.

— « Non », fit-elle enfin. « J'y ai pensé, naturellement. Mais, là-bas, depuis la Révolution d'octobre, les vrais, ceux qui étaient les amis de Jacques, ont tous gagné la Russie... J'ai pensé aussi, un moment, à la Russie... Non : il est préférable que Jean-Paul reçoive une éducation française. Je resterai en France. Mais je m'éloignerai de Daniel. Je me ferai une vie à moi. En province, peut-être. Je m'installerai quelque part, avec Gise. Nous travaillerons. Et nous élèverons ce petit comme il doit l'être, comme Jacques aurait voulu qu'il le soit. »

— « Jenny », dit Antoine avec vivacité, « j'espère bien, à cette époque-là, avoir repris mon existence de médecin et pouvoir prendre à ma charge... »

Elle l'interrompit d'un mouvement de tête :

— « Merci. De vous, je n'hésiterais pas à accepter une aide, s'il le fallait. Mais je tiens avant tout à être une femme qui gagne sa vie. Je veux que Jean-Paul ait pour mère une femme indépendante, une femme qui se soit assuré, par son travail, le droit de penser ce qui lui plaît, et d'agir selon ce qu'elle croit être bien... Vous me désapprouvez ? »

— « Non ! »

Elle le remercia d'un regard amical. Et, comme si elle avait achevé de dire ce qu'elle voulait qu'il sût, elle ouvrit la porte et s'engagea devant lui dans l'escalier.

Elle le conduisit jusqu'à sa chambre, y posa la lampe du salon, constata qu'il ne manquait rien. Puis elle lui tendit la main.

— « Je vais vous confesser quelque chose, Antoine. »

— « Oui », fit-il, pour l'encourager.

— « Eh bien... Je n'ai pas toujours eu pour vous... les sentiments... que j'ai aujourd'hui. »

— « Moi non plus », avoua-t-il en souriant.

Elle hésitait à continuer, à cause de ce sourire. Elle avait laissé sa main dans celle d'Antoine. Elle le regardait gravement. Elle se décida, enfin :

— « Mais maintenant, quand je pense à l'avenir du petit, je... Vous comprenez, ça augmente mon courage de penser que vous serez là, et que l'enfant de Jacques ne sera pas un étranger pour vous... Il faudra me conseiller, Antoine... Il faut que Jean-Paul ait toutes les qualités de son père, sans avoir... » Elle n'osa pas terminer sa phrase. Mais, aussitôt, elle eut un redressement du buste (il sentit la petite main frémir entre ses doigts) et, pareille à un cavalier qui ramène devant l'obstacle une monture rétive, elle reprit, en avalant sa salive : « Je n'étais pas sans voir les défauts de Jacques, vous savez... » Elle se tut de nouveau ; puis, comme une parenthèse involontaire, elle ajouta, les yeux au loin : « Mais je les oubliais, dès qu'il était là... »

Ses paupières battirent. Elle cherchait en vain la suite de ses idées. Elle demanda :

— « Vous ne partez qu'après le déjeuner, n'est-ce pas ?... Alors... » Elle fit un effort pour sourire : «... Alors, on se reverra encore un peu, dans la matinée... » Elle dégagea sa main, murmura : « Reposez-vous bien », et s'éloigna sans se retourner.

XIII

— « Le docteur Thibault », annonça joyeusement le vieux domestique.

Philip, attablé dans son cabinet, griffonnait quelques lettres en attendant l'arrivée d'Antoine. Il se leva précipitamment, et, de son pas sautillant, dégingandé, s'avança vers Antoine arrêté sur le seuil. Avant de lui saisir les mains, il l'enveloppa d'un de ces regards vifs qui semblaient pétiller entre ses paupières clignotantes ; et, branlant un peu la tête, avec ce sourire gouailleur qui l'aidait à cacher ses émotions :

— « Vous êtes magnifique, mon cher, dans ce bleu horizon ! Comment va ? »

« Qu'il est vieilli », pensa Antoine.

Les épaules de Philip s'étaient voûtées, et son long corps était plus mal affermi que jamais sur ses jambes. Les sourcils broussailleux, la barbe de chèvre, étaient devenus tout à fait blancs ; mais les gestes, le regard, le sourire, gardaient une vivacité, une jeunesse, voire une espièglerie déconcertantes, presque déplacées dans ce visage de vieil homme.

Il portait, sur un ancien pantalon d'uniforme rouge à bandes noires, une jaquette aux basques fripées ; et ce costume amphibie symbolisait assez bien ses fonctions à moitié civiles, à moitié militaires. Il avait été nommé, dès la fin de 1914, à la tête d'une commission chargée d'améliorer les services sanitaires de l'armée, et, depuis cette date, il s'était donné pour tâche de lutter contre les vices d'une organisation qui lui était apparue scandaleusement défectueuse. Sa notoriété dans le monde médical lui assurait une exceptionnelle indépendance. Il s'était attaqué aux règlements officiels ; il avait dénoncé les abus, alerté les pouvoirs ; et les heureuses mais tardives réformes accomplies en ces trois dernières années étaient dues, pour une grande part, à ses courageuses et tenaces campagnes.

Philip tenait toujours les mains d'Antoine, et il les secouait mollement, faisant entendre de petits gloussements mouillés :

— « Allons !... Eh bien !... Depuis le temps !... Comment va ? » Puis, poussant Antoine vers son bureau : « On a tant à se dire qu'on ne sait par où commencer... » Il avait installé Antoine dans le fauteuil qu'il donnait à ses clients ; mais, au lieu d'aller s'asseoir derrière sa table, il allongea le bras, saisit une chaise volante, s'assit à califourchon tout près d'Antoine, et le dévisagea.

— « Voyons, mon cher. Parlons de vous. Cette histoire de gaz, où ça en est-il ? »

Antoine se troubla. Il avait cent fois vu sur les traits de Philip cette attention, cette gravité professionnelles ; mais c'était la première fois qu'il en était l'objet.

— « Vous me trouvez amoché, Patron ? »
— « Un peu maigri... Pas très surprenant ! »

Philip enleva son binocle, l'essuya, le remit avec soin, se pencha et sourit :

— « Alors, racontez ! »
— « Eh bien, Patron, je suis ce qu'on nomme avec respect un *grand gazé*. Ça n'est pas drôle. »

Philip eut un petit mouvement d'impatience.

— « Ta, ta, ta... Commençons par le commencement. Votre première blessure ? Qu'est-ce qu'il en reste ? »

— « Il en serait resté fort peu de chose, si la guerre s'était terminée pour moi l'été dernier, avant ma rencontre avec l'ypérite... J'en ai absorbé assez peu, d'ailleurs, et je ne devrais pas être dans l'état où je suis. Mais il est évident que les lésions produites par le gaz ont été aggravées, à droite, par l'état du poumon, celui qui avait été perforé et qui n'avait pas retrouvé son élasticité normale. »

Philip fit la grimace.

— « Oui », reprit Antoine, pensif, « je suis sérieusement atteint, il ne faut pas se faire d'illusions... Bien entendu, je m'en tirerai. Mais ce sera long. Et... » Une quinte l'interrompit quelques secondes. « Et je suis très probablement handicapé pour le reste du parcours ! »

— « Vous dînez toujours avec moi ? » demanda brusquement Philip.

— « Volontiers, Patron. Mais, je vous l'ai écrit, je suis au régime... »

— « Denis est prévenu : il s'est approvisionné de lait... Donc, si vous dînez, nous avons tout le temps. Reprenons depuis le début. Comment est-ce arrivé ? Je vous croyais à l'abri ? »

Antoine haussa rageusement les épaules :

— « Stupidement ! C'était en novembre dernier. J'étais, à cette époque-là, bien tranquille à Épernay, où l'on m'avait chargé — prédestination sans doute — d'organiser un service de gazés. J'avais été frappé, à la suite des récentes opérations dans le secteur du Chemin des Dames, — nous venions de prendre la Malmaison, Pargny, — de constater, parmi les gazés qu'on m'envoyait, la présence d'un grand nombre d'infirmiers et de brancardiers. Ça n'était pas naturel. Je me suis demandé si, dans les postes de secours, les précautions contre les gaz étaient suffisantes, et si elles étaient bien prises par le personnel. J'ai voulu faire du zèle. Je connaissais un peu le médecin directeur du corps. J'ai obtenu l'autorisation d'aller faire une enquête sur place. Et c'est au retour de cette randonnée, que je me suis fait choper comme un imbécile... Les Boches ont déclenché une attaque de gaz au moment où je revenais des lignes ; première déveine. Seconde déveine : un temps humide et tiède, malgré la saison. Vous savez que l'humidité rend l'ypérite plus nocive, à cause des réactions acides. »

— « Continuez », dit Philip. Il avait posé ses coudes sur ses genoux, son menton sur ses poings, et il regardait fixement Antoine.

— « Je me dépêchais pour retrouver l'auto que j'avais laissée au P.C. de la division. J'ai voulu éviter des boyaux encombrés par des troupes de relève. J'ai cru prendre un raccourci. Il faisait nuit noire. J'ai barboté vingt minutes dans une tranchée à moitié inondée. Je vous passe les détails... »

— « Vous n'aviez pas de masque ? »

— « Si, bien sûr ! Mais un masque prêté... J'ai dû sans doute l'assujettir mal. Ou trop tard. Je n'avais qu'une idée : retrouver l'auto... Quand, enfin, je suis arrivé au P.C., j'ai sauté en voiture, et nous avons filé. J'aurais mieux fait de m'arrêter à l'ambulance divisionnaire et de me gargariser tout de suite au bicarbonate... »

— « Oui, sans aucun doute ! »

— « Mais je ne soupçonnais pas que j'étais pincé. C'est seulement une heure plus tard que j'ai senti des picotements au cou et sous les bras... Nous sommes rentrés à Épernay au milieu de la nuit. Je me suis fait aussitôt un pansement au collargol, et je me suis couché. Je pensais toujours que ce n'était pas grand-chose. Mais l'arbre bronchique avait été plus profondément atteint que je ne le soupçonnais... Vous voyez combien c'est ridicule : j'allais là-bas pour vérifier si l'on observait bien toutes les précautions réglementaires, — et je n'ai même pas été fichu de les prendre moi-même !... »

— « Alors ? » interrompit Philip. Et, cédant à la tentation de montrer qu'il n'ignorait pas tout de la question : « Le lendemain, accidents oculaires, accidents digestifs, et cætera... »

— « Ni l'un ni l'autre. Le lendemain, presque rien. De légers érythèmes aux aisselles. Quelques accidents cutanés, qui paraissaient bénins. Pas de phlyctènes. Mais, aux bronches, des lésions traîtreuses, profondes, qu'on n'a découvertes que plusieurs jours après... Vous devinez le reste : Laryngo-trachéites successives...

Bronchites aiguës, avec fausses membranes... Les séquelles classiques, quoi ! Ça dure depuis six mois... »

— « Les cordes vocales ? »

— « En piteux état ! Vous entendez ma voix. Et encore, ce soir, grâce aux soins que j'ai pris toute la journée, je peux parler. Bien souvent, c'est l'aphonie complète. »

— « Lésions inflammatoires des cordes ? »

— « Non. »

— « Lésions nerveuses ? »

— « Non plus. C'est la superposition des bandes ventriculaires tuméfiées qui produit l'aphonie. »

— « Évidemment, ça doit empêcher toute vibration. On vous a fait prendre de la strychnine ? »

— « Jusqu'à six et sept milligrammes par jour. Sans aucune amélioration, d'ailleurs ! Mais avec de belles insomnies ! »

— « Vous êtes dans le Midi depuis quand ? »

— « Depuis le début de l'année. J'ai d'abord été envoyé d'Épernay à l'hôpital de Montmorillon, puis à cette clinique du Mousquier, près de Grasse. C'était à la fin de décembre. Les lésions pulmonaires paraissaient alors en voie de cicatrisation. Mais, au Mousquier, on a constaté de la sclérose pulmonaire. La dyspnée a pris assez vite un caractère pénible. Sans raisons apparentes, la température s'élevait brusquement à 39°5 et à 40°, puis retombait, aussi brusquement, à 37°5... En février, j'ai fait une pleurite sèche avec expectorations sanguinolentes. »

— « Vous n'avez plus de ces grandes oscillations de température ? »

— « Si. »

— « Que vous attribuez à quoi ? »

— « A l'infection. »

— « A l'infection latente ? »

— « Ou à une certaine infection chronique, qui sait ? »

Leurs regards se croisèrent. Une lueur interrogative passa dans celui d'Antoine. Philip étendit la main :

— « Non, non, Thibault ! Si c'est à *ça* que vous pensez, vous vous inquiétez à tort. L'évolution vers la tuberculose pulmonaire n'a jamais été constatée, à ma connaissance, dans des cas de ce genre. Vous devez savoir ça mieux que moi. Un ypérité ne fait un tuberculeux que s'il a présenté des symptômes *antérieurement* à l'absorption des gaz... Or », ajouta-t-il, en se redressant, « vous avez la chance de n'avoir aucun antécédent pathologique du côté respiratoire ! »

Il souriait d'un air confiant. Antoine l'examinait en silence. Tout à coup, il enveloppa son vieux maître d'un regard affectueux, et sourit à son tour :

— « Oui, je sais », fit-il, « c'est une chance ! »

— « De même », reprit Philip, comme s'il pensait tout haut, « l'œdème pulmonaire, qui est fréquent, je crois, chez ceux qui ont été atteints par des gaz suffocants, est extrêmement rare chez les ypérités. C'est encore une chance... Et puis, les séquelles pulmonaires dues à l'ypérite sont plus rares, et, je crois, moins graves en général que celles qui résultent des autres gaz toxiques. N'est-ce pas ? J'ai lu, dernièrement, un bon article, là-dessus. »

— « Celui d'Achard ? » fit Antoine. Il hocha la tête : « On croit généralement que l'ypérite, contrairement aux suffocants, s'attaque aux petites bronches plutôt qu'aux alvéoles, et qu'elle altère moins profondément les échanges gazeux. Mais mon expérience personnelle et les constatations que j'ai pu faire sur d'autres m'ont rendu sceptique. Le vrai, hélas, c'est que les poumons ypérités présentent toutes sortes d'affections secondaires, très rebelles pour la plupart, et qui tendent à devenir chroniques. Et j'ai même observé, chez des ypérités, plusieurs cas où la sclérose intra-alvéolaire, et en même temps pariétale, a fini par bloquer le poumon... »

Il y eut un silence.

— « Du côté cœur ? » interrogea Philip.

— « Jusqu'à présent, ça tient à peu près. Mais pour combien de temps ? Ce serait folie de demander à un cœur de ne pas flancher, quand il est, depuis des mois, le centre de résistance d'un organisme surmené et intoxiqué. Je me demande même si l'intoxication ne commence pas déjà à gagner la fibre musculaire et les noyaux nerveux. Ces dernières semaines, j'ai constaté quelques troubles cardio-vasculaires... »

— « Constaté ? Comment ? »

— « Je n'ai pas encore pu faire faire de radioscopie ; et, à l'auscultation, ceux qui me soignent affirment qu'ils ne trouvent rien. Mais est-ce vrai ?... Il y a d'autres modes d'investigation : l'étude du pouls et de la tension. Eh bien, sans que ma température dépasse 38°5 ou 39°, j'ai observé, pas plus tard que la semaine dernière, des accélérations insolites, variant entre 120 et 135. Je ne serais pas surpris qu'il y ait un rapport entre cette tachycardie et un début d'œdème pulmonaire... Pas vous ? »

Philip éluda la question :

— « Pourquoi n'allégez-vous pas le travail du cœur par des ventouses scarifiées fréquentes ? Au besoin même par de petites saignées ?... »

Antoine semblait n'avoir pas entendu. Il regardait attentivement son vieux maître. Celui-ci sourit, tira de son gilet la grosse montre d'or à deux boîtiers, qu'Antoine lui avait toujours connue, et, se penchant (comme s'il cédait à une vieille manie, plutôt qu'à une curiosité réelle), il prit entre ses doigts le poignet d'Antoine.

Une longue minute s'écoula. Philip demeurait immobile, l'œil fixé sur l'aiguille. Subitement, Antoine eut un choc : la vue de ce visage concentré, énigmatique, venait de faire surgir du fond de sa mémoire un souvenir très précis et depuis longtemps oublié. Un matin, à l'hôpital, tout au début de ses relations avec Philip, comme ils sortaient ensemble de la salle de consultation où Philip venait d'avoir à faire un diagnostic particulièrement embarrassant, celui-ci, dans un accès d'humour et de confiance, avait saisi Antoine par le bras : « Voyez-vous, mon cher, un médecin doit, avant tout, dans un cas critique, pouvoir s'isoler, réfléchir. Eh bien, pour ça, il y a un moyen infaillible : le chronomètre ! Un médecin doit avoir, dans son gousset, un grand et beau chronomètre, imposant, large comme une soucoupe ! Et, avec ça, il est sauvé. Il peut être assailli par toute une famille anxieuse, il peut se trouver dans la rue, devant un accidenté, au milieu d'une foule qui le presse de questions ; s'il veut réfléchir, s'il veut qu'on lui fiche la paix, il n'a qu'à faire le geste magique : il tire ostensiblement son oignon, et il prend le pouls ! Aussitôt, silence complet, solitude ! Tant qu'il restera là, le nez sur son cadran, il pourra peser calmement le pour et le contre, établir son diagnostic avec autant de recueillement que s'il était, dans son cabinet, la tête dans ses mains... Croyez-en mon expérience, mon cher : courez acheter un beau chronomètre ! »

Philip ne s'était pas aperçu du trouble d'Antoine. Il lâcha le poignet, et se redressa sans hâte :

— « Pouls rapide, évidemment. Un peu vibrant. Mais régulier. »

— « Oui. Et certains jours, au contraire — surtout le soir — il est petit, mou, difficile à saisir. Expliquez ça. Et puis, en période de troubles pulmonaires accentués, l'accélération reparaît... Intermittente, en général. »

— « Vous avez essayé la compression oculaire ? »

— « Elle n'amène, pour ainsi dire, aucun ralentissement notable. »

Il y eut une nouvelle pause.

— « Je suis déjà un débile pulmonaire », déclara Antoine, avec un sourire contraint. « Le jour où je serai aussi un débile cardiaque !... »

Philip l'arrêta d'un geste :

— « Pfuit ! Hypertension et tachycardie ne sont, bien souvent, que de simples phénomènes de défense, Thibault. Je ne vous apprends rien. Dans les embolies cérébrales minimes, par exemple, vous savez comme moi que c'est par l'hypertension et la tachycardie que le cœur lutte victorieusement contre l'obstruction des alvéoles pulmonaires. Roger l'a démontré. Et bien d'autres, depuis. »

Antoine ne répondit rien. Une nouvelle quinte le ployait en deux.

— « Quels traitements ? demanda Philip, sans paraître attacher lui-même grande importance à sa question.

Dès qu'il put parler, Antoine souleva les épaules, avec lassitude :

— « Tous ! Nous avons tout essayé... Pas d'opiacés, naturellement... Soufre... Et puis arsenic... Et encore soufre, — et arsenic... »

Sa voix était rauque, faible, entrecoupée. Il se tut. Cette longue conversation l'avait éreinté. Il rejeta la tête en arrière, et resta quelques secondes le buste droit, la nuque appuyée, les yeux clos. Lorsqu'il rouvrit les paupières, il surprit le regard de Philip posé sur lui

Épilogue

et empreint d'une grande douceur. Cette expression de bonté le bouleversa plus que n'eût fait une attitude inquiète. Il balbutia :

— « Vous ne vous attendiez pas à me trouver si... »

— « Au contraire ! » interrompit Philip en riant. « Je ne m'attendais pas, d'après votre dernière lettre, à vous trouver en si bonne voie ! » Et, coupant court, il ajouta : « Maintenant, j'aimerais écouter un peu ce qui se passe à l'intérieur... »

Antoine fit un effort pour se lever. Il retira sa tunique.

— « Faisons les choses selon les règles », dit Philip, gaiement. « Allongez-vous là-dessus. »

Il désignait la chaise longue recouverte d'une toile blanche, où il faisait étendre ses clients. Antoine obéit. Philip s'agenouilla devant lui, et procéda, en silence, à une minutieuse auscultation. Puis, brusquement, il se mit debout :

— « Peuh... », fit-il, évitant, sans trop en avoir l'air, le regard anxieux d'Antoine. « Évidemment... Quelques râles sibilants disséminés... Un peu d'infiltration, peut-être... Un peu de congestion, aussi, dans toute la hauteur du poumon droit... » Il se décida enfin à tourner la tête vers Antoine. « Je ne vous apprends rien, n'est-ce pas ? »

— « Non », fit Antoine. Et il se releva lentement.

— « Parbleu », reprit Philip, en allant de son pas désarticulé jusqu'à son bureau, devant lequel il s'assit. Machinalement, il tira son stylo de sa poche, comme s'il avait une ordonnance à faire. « Emphysème, ce n'est pas douteux. Et, pour être tout à fait franc, je crois possible que vous conserviez longtemps une certaine sensibilité des muqueuses... » Il jouait avec son stylo, et, les sourcils levés, il examinait distraitement les objets placés sur la table. « Mais, voilà tout ! »

fit-il, en fermant, d'un geste sec, l'annuaire des téléphones qui était resté ouvert.

Antoine s'approcha et posa les paumes sur le bord du bureau. Philip reboucha son stylo, le mit dans sa poche, leva la tête, et conclut, en appuyant sur les mots :

— « C'est embêtant, mon petit. Mais, *sans plus!* » Antoine se redressa en silence, et s'éloigna vers la cheminée pour rajuster son col devant la glace.

Deux coups discrets retentirent à la porte.

— « Notre dîner est servi », déclara Philip, d'un ton enjoué.

Il restait assis. Antoine revint à lui, et remit, de nouveau, les mains sur la table.

— « Je fais vraiment tout ce qu'on peut faire, Patron », murmura-t-il, d'une voix lasse. « Tout! J'essaie avec persévérance tous les traitements connus. Je m'observe cliniquement comme s'il s'agissait d'un de mes malades! depuis le premier jour, je prends des notes quotidiennes! Je multiplie les analyses, les radios ; je vis penché sur moi-même pour ne pas faire une imprudence, pour ne pas laisser échapper une occasion de soin. » Il soupira : « Tout de même, il y a des jours où il est difficile de résister au découragement ! »

— « Non ! Puisque vous constatez des progrès ! »

— « Mais c'est que je ne suis pas sûr du tout de constater des progrès ! » fit Antoine. Il avait répondu d'intuition, sans réfléchir. Il avait presque crié cela, involontairement. Et aussitôt il se sentit envahi par un trouble inattendu, comme si ce qu'il venait de dire trahissait soudain une pensée secrète que jamais encore il n'avait laissée monter à la surface. Une légère sueur perla au-dessus de la lèvre supérieure.

Philip vit-il ce trouble ? En comprit-il le pathétique ?

Était-ce parce qu'il restait toujours très maître de lui, que son visage était demeuré aussi paisible, aussi confiant ? Non, il était bien difficile de croire à tant de supercherie, en le voyant hausser gaiement les épaules, en l'entendant lancer de sa voix de fausset, verveuse et ironique :

— « Voulez-vous lire jusque dans le fond de ma pensée, mon cher ? Eh bien, je me dis qu'il est très heureux que les progrès soient aussi lents !... » Il savoura quelques secondes l'étonnement d'Antoine : « Écoutez. Sur les *six* anciens internes que je considérais un peu comme mes enfants, trois ont été tués, deux sont infirmes pour la vie. J'avoue égoïstement que je ne suis pas fâché de savoir le sixième à l'abri ; condamné, pour des mois encore, à vivre au bon soleil du Midi, à quinze cents kilomètres du front ! Pensez ce que vous voudrez, je ne tiens pas du tout à vous voir guéri avant la fin du cauchemar ! Si vous n'aviez pas été gazé en novembre dernier, qui sait seulement si nous aurions encore la possibilité de dîner ensemble, comme ce soir !... » Il se leva allégrement : « Et là-dessus, à table ! »

« Il a raison », se dit Antoine, gagné par la bonne humeur persuasive de son vieil ami. « Le fond est solide, malgré tout... »

Une assiettée de potage fumait sur la table de la salle à manger. (Depuis des années, Philip dînait d'une soupe et d'une compote de fruits.)

Il fit asseoir Antoine devant la tasse et la carafe de lait qui lui étaient destinées.

— « Denis n'a pas fait chauffer votre lait, mais il est encore temps... »

— « Non, je le prends toujours froid. C'est parfait. »

— « Sans sucre ? »

Une quinte empêcha Antoine de répondre. Il fit un geste négatif, de la main. Philip évitait de le regarder, bien décidé à ne pas remarquer cette toux, à ne plus parler de santé, à donner au plus vite un autre cours à l'entretien. Il tournait songeusement sa cuiller dans son potage, en attendant la fin de la quinte. Puis, pour rompre un silence qui devenait gênant, il commença, sur un ton très naturel :

— « J'ai encore passé une journée à batailler à notre commission de l'hygiène... L'incohérence des prescriptions officielles, pour les injections de vaccin antityphique est incroyable ! »

Antoine sourit et but une gorgée de lait pour s'éclaircir la voix :

— « Vous avez pourtant fait du bon travail, Patron, depuis trois ans ! »

— « Non sans peine, je vous assure ! » Il chercha un autre sujet, n'en trouva pas, et reprit : « Non sans peine ! Lorsque j'ai eu, en 1915, à m'occuper de l'organisation des services sanitaires, vous n'imaginez pas ce que j'ai trouvé ! »

« J'étais bien placé pour le savoir ! » se dit Antoine. Mais il voulait éviter les occasions de parler ; il se contenta d'écouter avec un sourire entendu.

— « C'était l'époque », continua Philip, « où les blessés étaient encore évacués dans des trains ordinaires, ceux qui avaient amené des troupes, ou du ravitaillement... Quand ce n'était pas des wagons à bestiaux !... J'ai vu des malheureux qui avaient attendu vingt-quatre heures dans des compartiments non chauffés, parce qu'ils n'étaient pas assez nombreux pour former un convoi réglementaire... Ils étaient nourris, le plus souvent, par la population... Et pansés, tant bien que mal, par de bonnes dames charitables, ou par les vieux pharmaciens du cru ! Et quand, enfin, le train se mettait en marche, ils en avaient souvent pour deux ou trois jours de trimbalage, avant qu'on les sorte de leur paille... Aussi, dans presque chaque convoi, qu'est-ce que nous avions comme pourcentage de tétaniques ! Et on les empilait dans des hôpitaux bondés, où l'on manquait de tout ! d'antiseptiques, de compresses, et, bien entendu, de gants de caoutchouc ! »

— « J'ai vu, à quatre ou cinq kilomètres des lignes », dit Antoine, avec effort, « des ambulances chirurgicales... où l'on faisait bouillir les pinces... dans de vieilles casseroles... sur un feu de bois... »

— « Ça encore, ça pouvait s'expliquer à la rigueur... On était débordé... » Philip fit entendre son petit ricanement : « L'offre dépassait la demande... La guerre exagérait sa casse ! Elle ne se conformait pas aux prévisions des règlements !... Mais ce qui était sans excuse, mon cher », continua-t-il, en reprenant son sérieux, « c'est la façon dont la mobilisation médicale avait été conçue, et faite ! L'armée avait eu sous la main, dès le premier jour, un personnel de réservistes incomparables. Eh bien, quand j'ai été chargé de mes premières inspections, j'ai trouvé des praticiens notoires, comme Deutsch, comme Hallouin, infirmiers de seconde classe dans des ambulances qui étaient dirigées par des médecins militaires de vingt-huit ou trente ans ! A la tête de grands services chirurgicaux, des chefs ignares, qui avaient l'air de n'avoir jamais opéré que des panaris, et qui décidaient et pratiquaient les interventions les plus graves, amputaient à tort et à travers, simplement parce qu'ils avaient quatre ficelles sur leur manche, sans vouloir écouter les avis des civils mobilisés — fussent-ils chirurgiens des hôpitaux — qu'ils avaient sous leurs ordres !...

Nous avons mis des mois, mes collègues et moi, à obtenir les réformes les plus élémentaires. Il a fallu remuer ciel et terre pour qu'on révise les règlements, pour que les répartitions des blessés soient confiées à des médecins de carrière... Pour qu'on renonce, par exemple, au principe absurde de remplir d'abord les hôpitaux les plus éloignés, sans tenir compte de la gravité des blessures et de leur urgence... On expédiait couramment à Bordeaux ou à Perpignan des blessés du crâne, qui n'arrivaient jamais à destination parce que la gangrène ou le tétanos les avaient achevés en cours de route ! Des malheureux qu'on aurait sauvés, neuf sur dix, en les trépanant dans les douze heures ! »

Brusquement, son indignation tomba, et il sourit :

— « Savez-vous qui m'a aidé, au début de ma campagne ? Vous allez être étonné ! Une de vos clientes, mon cher ! Vous savez : la mère de cette fillette que nous avions plâtrée ensemble, et envoyée à Berck... »

— « Mme de Battaincourt ? » bredouilla Antoine, gêné.

— « Oui ! Vous m'aviez écrit à son sujet, vous souvenez-vous, en 14 ? »

Dans les premiers mois de la guerre, en effet, lorsque Antoine avait appris par une carte de Simon que Miss Mary, laissant la petite malade seule à Berck, était rentrée en Angleterre, il avait demandé à Philip de s'occuper d'Huguette. Celui-ci avait fait le voyage, et décidé que la jeune fille pouvait, sans inconvénient, reprendre une vie quasi normale.

— « J'ai rencontré plusieurs fois Mme de Battaincourt, à cette époque. Elle connaissait tout Paris, cette femme-là ! Elle m'a obtenu, en vingt-quatre heures, une audience que je sollicitais depuis six semaines ; grâce à elle, j'ai pu voir le ministre lui-même, tout à loisir, déballer mes dossiers, — et tout ce que j'avais sur le cœur... Une visite qui a duré près de deux heures, mon cher. Mais qui a été décisive ! »

Antoine se taisait. Il considérait sa tasse vide avec une attention que, vraiment, rien ne justifiait. Il s'en aperçut, et, par contenance, il y versa un peu de lait.

— « C'est devenu une belle fille, votre jeune protégée », dit Philip, surpris qu'Antoine ne lui demandât pas des nouvelles d'Huguette. « Je ne la perds pas de vue... Elle vient me voir tous les trois ou quatre mois... »

« A-t-il su ma liaison avec Anne ? » se demandait Antoine. Il se força à parler :

— « Elle vit en Touraine ? »

— « Non, à Versailles, avec son beau-père. Battaincourt s'est installé à Versailles pour rester près de Paris. C'est Châtenaud qui le soigne... Quel déveinard, ce pauvre Battaincourt ! »

« Non », se dit Antoine. « S'il savait, il aurait évité le mot *déveinard*. »

— « Vous avez appris comment il avait été blessé ? »

— « Vaguement... En permission, n'est-ce pas ? »

— « Il avait fait deux ans de front, sans une égratignure ! Et puis, une nuit, à Saint-Just-en-Chaussée, — il venait en permission, — son train s'est arrêté à la gare régulatrice. Et juste pendant cet arrêt, des avions boches ont bombardé la gare ! On l'a ramassé, la figure en bouillie, un œil perdu et l'autre très menacé... Châtenaud le suit de près. Il est presque aveugle, vous savez... »

Antoine se souvint du regard clair, honnête de Simon, au cours de la visite que celui-ci lui avait faite, rue de l'Université, un peu avant la mobilisation, — cette visite qui avait décidé Antoine à rompre.

— « Est-ce que... », commença-t-il. Sa voix était si

peu distincte que Philip dut se pencher. « Est-ce que Mme de Battaincourt vit avec eux ? »

— « Mais elle est en Amérique ! »

— « Ah ! »

Pourquoi cette nouvelle lui causait-elle une sorte de soulagement ?

Philip souriait silencieusement, tandis que Denis déposait sur la table une jatte de cerises cuites.

— « Hum !... La mère... », reprit Philip, en se servant pour laisser au domestique le temps de s'éloigner. « Drôle de créature, à ce qu'il semble ? » Il s'arrêta, la cuiller levée : « Pas votre avis ? »

« Sait-il ? » se demanda de nouveau Antoine. Il parvint à sourire évasivement. (En présence de Philip, il perdait toujours de son assurance, et redevenait automatiquement le jeune interne que le maître avait longtemps intimidé.)

— « Oui, en Amérique !... La petite m'avait dit, la dernière fois que je l'ai vue : « Maman va sans doute se fixer à New York, où elle a beaucoup d'amis. » Renseignements pris, il paraîtrait qu'elle s'est fait envoyer là-bas, en mission, par je ne sais quel comité de propagande française... Et que cette mission a très exactement coïncidé avec le rappel aux États-Unis d'un certain capitaine américain, qui a occupé quelque temps un poste à l'ambassade de Paris... »

« Non », pensa Antoine, « décidément, il ne sait rien. »

Philip cracha quelques noyaux, s'essuya la barbe, et poursuivit :

— « C'est du moins ce que dit Lebel, qui dirige toujours l'hôpital que Mme de Battaincourt avait fondé, dans sa propriété, près de Tours, — hôpital qu'elle continue d'ailleurs à subventionner royalement, paraît-il... Mais les racontars de Lebel sont suspects :

on affirme que lui aussi, malgré ses tempes grises, avait été un... collaborateur intime... C'est ce qui expliquerait qu'il ait tout quitté pour aller s'enterrer en Touraine, dans le premier hiver de la guerre... Vous ne finissez pas votre carafe ? »

— « Deux tasses, c'est tout ce que je peux faire », murmura Antoine, en souriant. « J'ai le lait en horreur ! »

Philip n'insista pas, plia gauchement sa serviette, et se leva :

— « Retournons là-bas !... » Il prit familièrement le bras d'Antoine, et, tout en le ramenant vers son cabinet : « Vous avez vu les conditions de paix imposées à la Roumanie par les Centraux ?... Instructif, n'est-ce pas ? Les voilà approvisionnés de pétrole. Ah, ils tiennent encore le bon bout. Quelle raison auraient-ils de faire la paix ? »

— « L'entrée en jeu des troupes américaines ! »

— « Bah... S'ils n'arrivent pas, cet été, à une victoire décisive — et c'est peu probable, bien qu'on leur prête l'intention de tenter une nouvelle offensive sur Paris — eh bien, l'an prochain, ils opposeront au matériel et aux soldats américains, le matériel et les soldats russes... Autre réservoir, pratiquement inépuisable... Que voulez-vous qu'il advienne de deux masses en lutte, à peu près égales, qui ne veulent d'aucun compromis, et dont aucune ne peut soumettre l'autre par la suprématie de sa force ? Elles sont fatalement condamnées à s'affronter jusqu'à leur double épuisement... »

— « Vous n'espérez donc rien du bon sens d'un Wilson ? »

— « Wilson habite Sirius... Et puis, pour l'instant, je constate que, ni en France ni en Angleterre, on ne souhaite la paix. Je parle des dirigeants. A Paris comme à Londres, on veut mordicus une *victoire* ; toute velléité de paix est qualifiée de trahison. Des gens comme Briand sont suspects. Wilson le sera bientôt, s'il ne l'est déjà ! »

— « On peut être contraint de faire la paix ! » dit Antoine, songeant aux propos de Rumelles.

— « Je ne crois pas que l'Allemagne puisse jamais être en état de nous l'imposer. Non : je vous le répète : je crois à l'égalité approximative des forces en présence... Je ne vois aucune issue avant l'épuisement commun. »

Il avait repris sa place, derrière son bureau, et Antoine, fatigué, avait, sans se faire prier, obéi au geste amical qui l'engageait à s'allonger sur la chaise longue.

— « Nous vivrons peut-être assez pour voir la fin de la guerre... Mais ce que nous ne verrons certainement pas, c'est la paix. Je veux dire : l'équilibre de l'Europe dans la paix. » Il se troubla légèrement, et ajouta aussitôt : « Je dis : *nous*, malgré votre âge, parce que, à mon avis, pour retrouver cet équilibre-là, il faudra sans doute attendre plusieurs générations ! » Il s'interrompit de nouveau, jeta vers Antoine un coup d'œil à la dérobée, fourragea un instant dans sa barbe, et reprit, en haussant tristement les épaules : « Un équilibre, dans la paix, est-il seulement concevable, avec les éléments actuels ? L'idéal démocratique a du plomb dans l'aile. Sembat avait raison ; les démocraties ne sont pas faites pour la guerre : elles s'y fondent comme cire au feu. Plus la guerre dure, et moins l'avenir de l'Europe a de chances d'être démocratique. On imagine très bien dans l'avenir le règne despotique d'un Clemenceau, d'un Lloyd George. Les peuples laisseront faire : ils sont déjà habitués à l'état de siège. Ils abdiqueront peu à peu jusqu'à leur républicaine prétention à la souveraineté. Considérez seulement ce qui se passe en France : la distribution contrôlée des vivres, le rationnement de la consommation, l'ingérence de l'État dans tous les domaines, ceux de l'industrie et du commerce, ceux des contrats entre particuliers — voyez le moratoire, — celui de la pensée, — voyez la censure ! Nous acceptons tout ça comme des mesures exceptionnelles. On se persuade qu'elles sont nécessitées par les circonstances. En fait, ce sont les prodromes de l'asservissement total. Une fois le joug bien assujetti, on ne le secouera plus ! »

— « Vous avez connu Studler ? *Le Calife*... Mon collaborateur ? »

— « Un juif, avec une barbe assyrienne et des yeux de mage ? »

— « Oui... Il a été blessé, et maintenant, il est quelque part, sur le front de Salonique... D'où il m'envoie de temps à autre, de prophétiques élucubrations, à sa manière... Eh bien, Studler prétend que la guerre amènera infailliblement la révolution. Chez les vaincus, d'abord ; chez les vainqueurs, ensuite. Révolution brutale ou révolution lente, mais révolution partout... »

— « Oui... », fit évasivement Philip.

— « Il annonce la faillite du monde moderne, l'effondrement du capitalisme ! Lui aussi, il pense que la guerre durera jusqu'à l'épuisement de l'Europe. Mais, quand tout aura disparu, quand tout sera nivelé, il prédit l'avènement d'un monde nouveau. Il voit s'élever sur les ruines de notre civilisation quelque chose comme une confédération mondiale, l'organisation d'une grande vie collective de la planète, sur des bases entièrement renouvelées... »

Il avait forcé la voix pour arriver au bout de sa tirade. Il s'arrêta, plié en deux par une quinte.

Philip le suivait de l'œil. Il n'eut l'air de s'apercevoir de rien.

— « Tout est possible », fit-il, avec un regard amusé. Il était toujours prêt à laisser courir son imagination : « Pourquoi pas ? Peut-être que la mystique de 89, après nous avoir longtemps fait croire, contre toutes les évidences biologiques, que les hommes sont égaux par nature et doivent l'être devant les lois, peut-être que cette mystique-là, sur laquelle nous avons vécu un siècle, peut-être qu'elle est parvenue au terme de son efficacité, et qu'elle doit céder la place à quelque autre belle foutaise, d'un genre différent... Une idéologie nouvelle, génératrice, à son tour, de pensée et d'action, dont l'humanité se nourrira, s'enivrera, un certain temps... Jusqu'à ce que tout change, encore une fois... »

Il se tut quelques instants, pour laisser Antoine tousser.

— « C'est possible », reprit-il, sur un ton gouailleur, « mais je laisse ces visions à votre messianique ami... L'avenir que j'entrevois est plus proche ; et tout autre. Je crois que les États ne sont pas prêts à renoncer aux pouvoirs absolus que la guerre leur a conférés. Aussi, je crains que l'ère des libertés démocratiques ne soit close pour longtemps. Ce qui est assez déroutant, j'en conviens, pour des gens de ma génération. Nous avons cru, dur comme fer, que ces libertés-là étaient définitivement acquises ; qu'elles ne pourraient jamais plus être remises en question. Mais tout, toujours, peut être remis en question !... Qui sait si ce n'étaient pas des rêves ? Des rêves que la fin du XIXe siècle a pris pour des réalités durables, parce que les hommes d'alors avaient la veine de vivre dans un temps exceptionnellement calme, exceptionnellement heureux... »

Il parlait, de sa voix rêche et nasillarde, comme s'il était seul, les coudes sur les bras de son siège, son long nez rougeaud baissé vers ses mains jointes, regardant ses doigts qu'il nouait et dénouait par saccades :

— « Nous avons cru que l'humanité, adulte, s'acheminait vers une époque où la sagesse, la mesure, la tolérance, s'apprêtaient enfin à régner sur le monde... Où l'intelligence et la raison allaient enfin diriger l'évolution des sociétés humaines... Qui sait si nous ne paraîtrons pas, aux yeux des historiens futurs, des naïfs, des ignorants, qui se faisaient d'attendrissantes illusions sur l'homme et sur son aptitude à la civilisation ? Peut-être que nous fermions les yeux sur quelques données humaines essentielles ? Peut-être, par exemple, que l'instinct de détruire, le besoin périodique de foutre par terre ce que nous avons péniblement édifié, est une de ces lois essentielles qui limitent les possibilités constructives de notre nature ? — une de ces lois mystérieuses et décevantes qu'un sage doit connaître et accepter ?... Nous voilà loin des prédictions de votre *Calife* », conclut-il, en ricanant. Et comme Antoine toussait toujours : « Vous ne voulez pas boire quelque chose ? une gorgée d'eau ? une cuillerée de codéine ? Non ? »

Antoine fit un geste de refus. Au bout de deux ou trois minutes (pendant lesquelles Philip arpenta la pièce en silence), il se sentit mieux. Il redressa le buste, essuya les larmes qui coulaient sur ses joues, et s'efforça de sourire. Il avait les traits tirés, le teint congestionné, le front en sueur.

— « Je vais... me retirer... Patron... », articula-t-il, la gorge en feu. « Excusez-moi... » Il sourit de nouveau, fit un effort et se mit debout : « Je suis dans un fichu état, avouez-le ! »

Philip ne parut pas avoir entendu :

— « On parle », dit-il, « on prophétise... Je me moque de votre *Calife*, et je fais exactement comme lui !... Tout ça est absurde. Tout ce que nous voyons depuis quatre ans est absurde. Et tout ce que ces absurdités nous amènent à prévoir, est absurde... On peut critiquer, oui. On peut même condamner ce qui est ; ça ce n'est pas absurde. Mais vouloir prédire ce qui arrivera !...Voyez-vous, mon petit, on en revient toujours là : la seule attitude — j'allais dire : scientifique... Soyons plus modeste : la seule attitude raisonnable, la seule qui ne déçoive pas, — c'est *la recherche* de l'erreur, et non pas la recherche de la vérité... Reconnaître ce qui est faux, c'est difficile, mais on y arrive : et c'est tout, rigoureusement tout, ce qu'on peut faire !... Le reste : pures divagations ! »

Il s'aperçut qu'Antoine était debout et l'écoutait distraitement. Il se leva :

— « Quand vous reverrai-je ? Quand repartez-vous ? »

— Demain matin, à huit heures. »

Philip tressaillit imperceptiblement. Il attendit quelques secondes que sa voix eût retrouvé son assurance :

— « Ah, ah... »

Puis il suivit Antoine qui se dirigeait vers le vestibule.

Il examinait ce dos voûté, cette nuque maigre et cordée qui émergeait du col de la tunique. Il eut peur de se trahir, peur de ce silence, peur de sa propre pensée. Il se hâta de parler :

— « Au moins, êtes-vous content de cette clinique ? Sont-ils sérieux, là-dedans ? Est-ce bien la clinique qu'il vous faut ? »

— « Pour l'hiver, rien de mieux », répondit Antoine tout en marchant. « Mais je redoute l'été, là-bas. Au point que je pense à me faire envoyer ailleurs... Il me faudrait la campagne... Un pays aéré, pas humide... Des bois de pins, peut-être... Arcachon ? Très chaud, Arcachon... Alors ? Une station thermale, dans les Pyrénées ?... Cauterets ? Luchon ?... »

Il avait atteint le vestibule, et il soulevait déjà le bras pour décrocher son képi, lorsqu'il tourna brusquement la tête, avant d'ajouter : « Votre avis, Patron ? » Et soudain, sur ce visage dont il avait, en dix années de collaboration, appris à déchiffrer les moindres nuances, dans les petits yeux gris, clignotants derrière le lorgnon, il surprit l'aveu involontaire : une intense pitié. Ce fut comme un verdict : « A quoi bon ? » disaient ce visage, ce regard. « Qu'importe l'été ? Là, ou ailleurs... Tu n'échapperas pas, *tu es perdu !* »

« Parbleu », pensa Antoine, étourdi par la brutalité du choc. « Moi aussi, *je savais*... Perdu ! »

— « Oui, Cauterets », balbutia précipitamment Philip. Il se ressaisit : « Pourquoi pas la Touraine, tout simplement, mon cher ?... La Touraine... Ou bien l'Anjou... »

Antoine regardait fixement le parquet. Il n'osait plus affronter le regard... Que la voix du Patron sonnait faux ! Qu'elle lui faisait mal !...

D'une main qui tremblait, il se coiffa, puis il gagna la porte, sans relever la tête. Il n'avait plus qu'une pensée : brusquer l'adieu, se retrouver seul, — avec son épouvante.

— « La Touraine... Ou l'Anjou... », répétait mollement Philip. « Je me renseignerai... Je vous écrirai... »

Les yeux toujours baissés sous la visière qui dissimulait l'altération de ses traits, Antoine tendit la main, d'un geste machinal. Le vieux médecin la saisit ; ses lèvres émirent un bruit mouillé. Antoine se dégagea, ouvrit la porte et s'enfuit.

— « Oui... Pourquoi pas l'Anjou ?... » chevrotait Philip, penché sur la rampe.

XIV

Dehors, l'obscurité pesait sur la ville. De-ci, de-là, un réverbère encapuchonné rabattait sur le trottoir un rond de clarté bleuâtre. Peu de passants. De rares autos glissaient prudemment, précédées du bruit insistant de leurs trompes.

Titubant, sans bien savoir où il allait, il traversa le boulevard Malesherbes et prit la rue Boissy-d'Anglas. Il marchait, indifférent à tout, un poids sur la nuque, le souffle court, la tête étrangement sonore et vide, longeant de si près les façades que parfois son coude heurtait les murs. Il ne pensait pas, il ne souffrait pas.

Il se trouva sous les arbres des Champs-Élysées. Devant lui, à travers les troncs, s'étendait, à peine éclairée mais visible sous la lumière nocturne de ce beau ciel de printemps, la place de la Concorde, sillonnée de voitures silencieuses, qui apparaissaient comme des bêtes aux yeux phosphorescents, et s'évanouissaient dans le noir. Il aperçut un banc et s'en approcha. Avant de s'asseoir, par habitude, il se dit : « Ne pas prendre froid. » (Pour penser aussitôt : « Qu'importe, maintenant ? ») Le verdict fulgurant qu'il avait saisi dans le regard de Philip habitait son esprit, et non seulement son esprit, mais son corps, pareil à une chose énorme, parasite, une dévorante tumeur qui aurait refoulé tout le reste pour s'épanouir monstrueusement et occuper l'être entier.

Ramassé sur lui-même, le dos appuyé au dur dossier, les bras croisés pour comprimer cette chose étrangère, greffée dans sa chair et qui l'étouffait, il revivait mentalement sa soirée. Il voyait le Patron à califourchon sur sa chaise : « Commençons par le commencement. Votre première blessure ? Qu'est-ce qu'il en reste ? », et il reprenait posément ses explications. Mais, peu à peu, les mots qu'il s'entendait dire n'étaient plus tout à fait ceux qu'il avait prononcés : avec une lucidité objective toute nouvelle, il exposait maintenant son cas sous son véritable jour. Il décrivait, dans leur réalité inexorable, les crises successives, les rémissions de plus en plus brèves, les rechutes chaque fois plus sérieuses. Il rendait sensible, évidente, l'aggravation régulière, ininterrompue, irrémédiable. Et il lui semblait suivre, de seconde en seconde, sur le visage décomposé de son vieil ami, la progression d'une anxiété clairvoyante, l'élaboration graduelle du diagnostic fatal. La sueur au front, le souffle oppressé et douloureux, il tira son mouchoir et s'épongea la figure.

Au loin, un son traînant, une sorte de mugissement auquel il ne prêta qu'une attention nébuleuse, troubla soudain le calme du soir.

Il se voyait, sur la chaise longue, après l'auscultation, redresser péniblement le buste et hocher la tête avec une feinte résignation : « Vous le voyez, Patron : il n'y a plus à conserver le moindre espoir ! » Et Philip baissait le nez sans répondre.

Il se leva violemment de son banc pour couper court à l'angoisse qui l'étranglait. Alors, tandis qu'il était debout, immobile, — comme un souffle frais venu de l'abîme, — une idée apaisante se glissa dans son cerveau : « Nous autres médecins, nous avons toujours un recours... la possibilité de ne pas attendre... de ne pas souffrir. »

Il ne tenait pas sur ses jambes. Il se rassit.

Deux ombres, deux silhouettes féminines, sortirent en courant de sous les arbres. Et, presque aussitôt, toutes les sirènes d'alerte se mirent à glapir en même temps. Les rares points lumineux, qui palpitaient faiblement autour de la place, s'éteignirent tout d'un coup.

« Manquait plus que ça », songea-t-il, en prêtant l'oreille. Un tambourinement lointain ébranlait le sol.

Derrière lui, dans les allées, des pas fuyaient, des voix alarmées s'élevaient confusément dans la nuit, des groupes galopaient, s'enfonçaient dans l'ombre. Avenue Gabriel, des autos, sans lumière, filaient en cornant. Une escouade de sergents de ville passa près de lui, au pas gymnastique. Il restait assis, les épaules lourdes, regardant sans rien voir, détaché de tout événement humain.

Plusieurs minutes s'écoulèrent sans qu'il prît conscience de rien. Quelques détonations étouffées par l'éloignement, puis quelques coups de canon espacés, le tirèrent de cette prostration.

« Les pièces du mont Valérien ? » se demanda-t-il.

L'indication donnée par Rumelles lui revint à l'esprit : l'abri du ministère de la Marine.

Au loin, des canons continuaient à aboyer sourdement. Il se leva, et s'avança vers la place jusqu'au bord du trottoir. Au-dessus de Paris, un ciel admirable s'était mis à vivre. Jaillis de tous les points de l'horizon, des faisceaux lumineux balayaient la voûte nocturne, allongeant et entrecroisant leurs traînées laiteuses, scrutant comme un regard le fouillis des étoiles, brutaux, rapides, ou parfois hésitants, s'arrêtant soudain pour inventorier un point suspect, puis recommençant leur investigation glissante.

Il ne se décidait pas à descendre sur la chaussée. Il demeura figé sur place, la tête levée, jusqu'à ce que la nuque lui fît mal. « S'étendre », songea-t-il, « fermer toujours les yeux... Un soporifique... Dormir... » Il ne bougeait toujours pas, paralysé par une indicible lassitude. « Mieux vaudrait rentrer », se dit-il. « Si seulement je trouvais un taxi ! » Mais la place était maintenant déserte, obscure, immense. On ne la distinguait que par instants. Elle se dessinait brusquement, surgissant du clair-obscur sous le reflet intermittent des projecteurs, avec ses balustrades, ses statues pâles, son obélisque, ses fontaines, et les colonnes funèbres de ses hauts lampadaires ; pareille à une vision de rêve, à une ville pétrifiée par quelque enchantement, vestige d'une civilisation disparue, une ville morte, longtemps ensevelie sous les sables.

Il fit un effort pour vaincre sa torpeur, et partit, d'un coup, comme un somnambule, à travers cette nécropole. Il piqua droit sur l'obélisque pour gagner, en biais, l'angle des Tuileries et des quais. La traversée de cette étendue lunaire, sous ce ciel chaviré, lui parut interminable. Il croisa un groupe de soldats belges, qui galopaient en débandade. Puis un couple de vieilles gens le dépassa. Ils couraient, gauchement enlacés, flottant comme des épaves dans la nuit. L'homme cria : « Venez vous abriter dans le métro ! » Il ne songea à répondre que lorsqu'ils eurent disparu.

L'air bourdonnait de mille moteurs invisibles, qui se confondaient en une seule et vaste vibration métallique. A l'est, au nord, le tir faisait rage : les lignes de défense crachaient sans cesse leur mitraille ; de minute en minute, une nouvelle batterie, plus proche, entrait en action. La clarté mouvante des pinceaux lumineux empêchait de distinguer les éclatements. Dans les intervalles des coups, il perçut soudain un crépitement de mitrailleuses.

« Vers le pont Royal », se dit-il machinalement.

Il prit le quai, le long du parapet. Pas une voiture. Pas une lumière. Pas un être humain. Sous ce ciel en folie, la terre était inhabitée. Il était seul avec le fleuve, qui luisait, large et paisible, comme une rivière dans la campagne, sous la lune.

Il s'arrêta une seconde, le temps de penser : « Je m'y attendais, *je savais* très bien que j'étais perdu... » Et il reprit sa marche d'automate.

Le tintamarre était devenu si précipité qu'il devenait impossible de distinguer la nature des bruits. Pourtant, une explosion sourde domina tout à coup le vacarme. D'autres suivirent. « Des bombes », songea-t-il, « *ils* ont traversé les barrages. » Dans la direction du Louvre, très loin, des cheminées se découpèrent soudain sur un fond rose de feu de Bengale. Il se retourna : d'autres halos d'incendie rougeoyaient de-ci, de-là, sur Levallois, sur Puteaux, peut-être... « Ça flambe un peu partout », se dit-il. Il avait oublié sa misère. Sous cette menace invisible, imprécise, qui planait comme la colère aveugle d'un dieu, une excitation factice lui fouetta le sang, une sorte d'ivresse rancunière lui rendit ses forces. Il hâta le pas, atteignit le pont, franchit la Seine et s'engouffra dans la rue du Bac. Elle était sombre. Il buta contre une boîte à ordures. Le coup de reins qu'il donna pour ne pas perdre l'équilibre retentit douloureusement dans ses bronches. Il descendit du trottoir, se guidant sur la tranchée du ciel, battue par les projecteurs. Un vrombissement se fit entendre derrière lui. Il n'eut que le temps de remonter sur le trottoir. Deux engins étranges, métalliques, brillants, passèrent en trombe, tous feux éteints, suivis d'une auto à fanion.

« Les pompiers », fit une voix, tout près de lui. Un homme était là, collé dans le renfoncement d'une porte. Toutes les cinq secondes il tendait le cou et sortait la tête, comme s'il guettait la fin d'une averse.

Antoine reprit sa marche, sans un mot. Sa fatigue

l'avait ressaisi. Il avançait lourdement, traînant son idée fixe, pareil au haleur attelé à une péniche. « Je le savais... Je le savais depuis longtemps... » Aucune surprise dans sa détresse : il était comme quelqu'un qui plie sous un poids, non comme quelqu'un qui vient de recevoir un coup. L'atroce certitude avait trouvé en lui une place toute préparée. Le regard de Philip n'avait fait que lever une secrète interdiction, libérer une pensée claire, enfouie, de longue date, dans les ténèbres de l'inconscient.

A l'angle de la rue de l'Université, à quelques pas de chez lui, une peur le saisit : la peur panique de la solitude qui l'attendait là-haut. Il stoppa net, prêt à fuir. Il avait machinalement levé les yeux vers le ciel balayé de lueurs, cherchant dans sa tête quelqu'un auprès de qui quêter un regard de compassion.

— « Personne... », murmura-t-il.

Et, plusieurs minutes, adossé au mur, tandis que les tirs de barrage, le ronflement des avions, le sourd éclatement des bombes, lui martelaient le crâne, il réfléchit à cette chose inexplicable : pas un ami ! Il s'était toujours montré sociable, obligeant ; il s'était acquis l'attachement de tous ses malades ; il avait toujours eu la sympathie de ses camarades, la confiance de ses maîtres ; il avait été violemment aimé par quelques femmes — mais il n'avait pas un seul ami ! Il n'en avait jamais eu !... Jacques lui-même... « Jacques est mort sans que j'aie su m'en faire un ami... »

Il eut soudain une pensée vers Rachel. Ah, qu'il eût été bon, ce soir, de se blottir dans ses bras, d'entendre la voix caressante et chaude murmurer comme autrefois : « *Mon minou...* » Rachel ! Où était-elle ? Qu'était-elle devenue ? Son collier, là-haut... L'envie le prit de tenir entre ses doigts cette épave du passé, de palper ces grains qui devenaient si vite tièdes comme une chair, et dont l'odeur évocatrice était comme une présence...

Il se détacha de la muraille avec effort, et, vacillant un peu, il franchit les quelques mètres qui le séparaient de sa porte.

XV

LETTRES

Maisons, le 16 mai 18.

Les éclats qui m'ont mis la cuisse en bouillie ont fait de moi un être sans sexe. De vive voix, je n'ai pu me décider à cette confidence. Vous êtes médecin, peut-être avez-vous deviné ? Quand nous avons parlé de Jacques, quand je vous ai dit que j'enviais son sort, vous m'avez regardé bizarrement.

Détruisez cette lettre, je ne veux pas qu'on sache, je ne veux pas qu'on me plaigne. J'ai sauvé ma peau, l'État m'assure de quoi n'être à charge à personne, beaucoup m'envient, sans doute ont-ils raison. Tant que ma mère vivra, non ; mais si, un jour, plus tard, je préfère disparaître, vous seul saurez pourquoi.

Je vous serre les mains.

D. F.

*

Épilogue

Maisons-Laffitte, 23 mai.

Cher Antoine,

Ce n'est pas un reproche, mais nous nous inquiétons un peu, vous aviez promis de nous écrire et toute la semaine s'est écoulée sans nouvelles, peut-être que ce long voyage a été plus éprouvant encore que nous ne pensions ?

Je voudrais vous dire le réconfort que m'a apporté votre visite, ce sont des choses que je ne sais pas dire, que je ne sais même pas laisser voir, mais depuis votre départ, il me semble que je suis encore plus seule.

Bien affectueusement,

JENNY

*

Maisons, samedi 8 juin 18.

Cher Antoine,

Les jours passent, trois semaines déjà que vous avez quitté Maisons et toujours rien de vous, aucune nouvelle, je commence à m'inquiéter sérieusement, je ne peux attribuer ce silence qu'à votre état, je vous demande instamment de me dire la vérité.

Le petit a eu quelques jours de grosse fièvre pour une amygdalite, il va mieux mais je le garde encore à la chambre, ce qui complique un peu la vie à la maison. Figurez-vous, nous avons tous l'impression qu'il a grandi pendant ces huit jours de lit, ce n'est pourtant guère possible, n'est-ce pas ? J'ai l'impression aussi que son intelligence s'est développée pendant cette petite maladie, il invente un tas d'histoires pour expliquer à sa façon les images de ses livres et les dessins que Daniel lui fait. Ne vous moquez pas de moi, je n'ose dire cela qu'à vous : je trouve que cet enfant est extraordinairement observateur pour ses trois ans, et je crois vraiment qu'il sera très intelligent.

A part cela, rien de bien nouveau ici. L'hôpital a reçu l'ordre d'évacuer le plus de convalescents possible pour faire de la place, et il a fallu renvoyer de pauvres diables qui comptaient bien avoir encore dix ou quinze jours de repos. Nous avons tous les jours des arrivées, et maman s'est fait prêter par les voisins anglais la petite villa à glycines qui était inoccupée, ce qui va donner vingt lits de plus, peut-être davantage. Nicole a reçu une longue lettre de son mari, son auto-chir a quitté la Champagne pour aller du côté de Belfort. Il dit qu'en Champagne les pertes sont terribles. Jusqu'à quand ? Jusqu'à quand durera ce cauchemar ? Les habitants de Maisons qui vont quotidiennement à Paris disent que les bombardements commencent à démoraliser beaucoup.

Cher Antoine, même si vous avez à m'apprendre une rechute grave, dites-moi la vérité, ne nous laissez pas plus longtemps dans cette incertitude.

Votre amie,

JENNY

*

Grasse, 11-6-18.

État de santé médiocre mais actuellement sans aggravation particulière. — Vous écrirai dans quelques jours. Affectueusement.

THIBAULT

*

Épilogue

Le Mousquier, 18 juin 1918.

Je me décide enfin à vous écrire, ma chère Jenny. Vous aviez raison de redouter pour moi ce long voyage. Dès mon retour, une assez grave alerte m'a mis au lit avec d'inquiétantes oscillations de température. Un nouveau traitement, des soins énergiques, semblent avoir encore une fois enrayé la progression du mal. Depuis une semaine je me lève de nouveau et reprends peu à peu mon ancien train de vie.

Mais cette rechute n'est pas la cause de mon silence. Vous me demandez la vérité. La voici. Il m'est arrivé cette chose terrible : j'ai appris, j'ai compris, que j'étais *condamné*. Sans retour. Cela traînera sans doute quelques mois. Quoi qu'on fasse, *je ne peux pas guérir*.

Il faut être passé par là pour comprendre. Devant une pareille révélation, tous les points d'appui s'effondrent.

Excusez-moi de vous dire cela sans ménagements. Pour celui qui sait qu'il va mourir, tout devient si différent, si étranger. Je vous récrirai. Aujourd'hui, pas capable de faire davantage.

Affectueusement,

ANTOINE

Je vous demande de garder pour vous seule cette nouvelle.

*

Le Mousquier, 22 juin 18.

Non, ma chère Jenny, ce n'est pas, comme vous le croyez (ou feignez de le croire), contre des craintes imaginaires que je me débats. J'aurais dû avoir le courage de vous donner plus de détails. Je vais essayer de vous écrire moins brièvement aujourd'hui.

Je suis devant une réalité. Devant une *certitude*. Elle a fondu sur moi le jour où je vous ai quittée, le dernier jour que j'ai passé à Paris : au cours d'un entretien avec mon vieux maître le docteur Philip. Pour la première fois, à la faveur d'un brusque dédoublement dû, sans doute, à sa présence, j'ai pu porter sur mon cas un jugement objectif, lucide, un diagnostic de médecin. La vérité m'est apparue dans un éclair.

Pendant mon voyage, je n'ai eu que trop le temps d'y réfléchir. J'avais avec moi les notes quotidiennes que je prends depuis le début, et qui permettent de suivre, jour à jour, crise par crise, le rythme régulier et continu de l'aggravation. J'avais aussi le dossier que j'ai constitué cet hiver, et qui contient à peu près toutes les observations cliniques et rapports médicaux, français et anglais, parus dans les revues spéciales depuis l'emploi des gaz. Tout cela, qui m'était déjà connu, se présentait à moi sous une lumière nouvelle. Et tout me confirmait dans ma certitude. De retour ici, j'ai discuté mon cas avec les spécialistes qui me soignent. Non plus, comme avant, en malade qui se croit sur la voie de la guérison et qui accepte d'emblée tout ce qui peut confirmer sa confiance, mais en confrère averti, bien armé, qu'on ne trompe plus avec des pieux mensonges. Je les ai vite acculés à des attitudes évasives, à des silences significatifs, à des demi-aveux.

Ma conviction, maintenant, repose sur des bases indiscutables. Étant donné depuis sept mois le processus de l'intoxication, ses ravages ininterrompus, je n'ai plus aucune chance — rigoureusement : *aucune* — de jamais guérir. Pas même de rester dans un état stationnaire, chronique, qui ferait de moi un infirme à vie. Non : je suis une bille sur une pente, — condamnée à rouler jusqu'en bas, à rouler de plus en plus vite. Comment ai-je pu me leurrer si longtemps ? Un médecin, quelle dérision ! J'ignore le délai, cela dépend des crises futures, et de leur importance, et de la durée des périodes de rémission. Je peux, selon les hasards des rechutes, l'efficacité provisoire des traitements, mettre deux mois, ou — extrême limite — une année, à mourir. Mais l'échéance est fatale, et elle est proche. Il y a bien, dans certains cas, ce que vous appelez des « miracles ». Dans le mien, non. L'état actuel de la science ne permet pas le moindre espoir. Persuadez-vous que je n'écris pas ceci comme un malade qui plaide le pire pour quêter des contradictions rassurantes, mais comme un clinicien bien documenté, en présence d'un mal *mortel*, définitivement classé. Et si j'insiste ainsi, posément, c'est

23 juin. — Je reprends cette lettre commencée hier et interrompue. Pas encore assez maître de moi pour m'astreindre à une longue attention. Je ne sais plus ce que je voulais vous dire encore. J'ai écrit *posément*. Ce calme relatif devant la fatalité — calme bien instable, hélas — je ne l'ai pas atteint sans traverser une effroyable révolution intérieure.

Pendant des jours, d'interminables nuits d'insomnie, j'ai vécu au fond d'un gouffre. Les tortures de l'enfer. Je ne peux pas encore y penser sans être ressaisi par un froid affreux, un tremblement de tout l'être. Personne ne peut imaginer. Comment la raison résiste-t-elle ? Et par quel mystérieux cheminement finit-on par dépasser ce paroxysme de détresse et de révolte, pour parvenir à cette espèce d'acceptation ? Je ne me charge pas d'expliquer. Il faut que l'évidence du fait ait sur les cerveaux rationalistes un pouvoir sans limites. Il faut aussi que la nature humaine ait une faculté d'adaptation démesurément extensible, pour que l'on soit capable de s'habituer même à cela : à l'idée qu'on va être dépossédé de sa vie avant d'avoir eu le temps de vivre, qu'on va disparaître avant d'avoir rien réalisé des immenses possibilités qu'on croyait porter en soi. D'ailleurs, je ne sais plus retrouver les étapes de cette évolution. Cela a duré longtemps. Ces crises de désespoir aigu devaient alterner avec des moments de prostration, sans quoi je n'aurais pas pu les supporter. Cela a duré plusieurs semaines, pendant lesquelles la douleur physique et les pénibles soins du traitement étaient les seules diversions à l'autre, à la vraie souffrance. Peu à peu, l'étau s'est desserré. Aucun stoïcisme, aucun héroïsme, rien qui ressemble à de la résignation. Usure de la sensibilité plutôt, créant un état de moindre réaction, un commencement d'indifférence, ou plus exactement d'anesthésie. Ma raison n'y a eu aucune part. Ma volonté non plus. Ma volonté, je l'exerce seulement depuis quelques jours, à essayer de faire durer cette apathie. Je m'applique à une progressive réintégration dans la vie. Je renoue contact avec le monde qui m'entoure. Je me suis levé pour fuir mon lit, ma chambre. Je me contrains à prendre mes repas avec les autres. Aujourd'hui, j'ai regardé quelque temps des camarades jouer au bridge. Et ce soir je vous écris, sans trop de peine. Même avec un étrange et nouveau plaisir. Je suis venu finir cette heure dehors, à l'ombre d'une rangée de cyprès derrière laquelle les infirmiers font leur partie de boules du dimanche. J'ai cru d'abord que cette proximité, ces contestations, ces rires, me seraient intolérables. Mais j'ai voulu rester, et je l'ai pu. Vous le voyez, un nouvel équilibre, peut-être, tend à s'établir.

Tout de même, assez las de ces efforts. Je vous récrirai. Dans la mesure où mon esprit peut encore s'intéresser à autrui, c'est à vous que je pense, et à votre enfant.

ANTOINE

*

Le Mousquier, 28 juin.

J'ai plusieurs fois depuis ce matin relu votre lettre, ma chère Jenny. Elle n'est pas seulement simple et belle. Elle est telle que je la souhaitais. Telle que je vous souhaitais, telle que je vous avais devinée. J'ai attendu la nuit, le silence de la maison pour vous écrire : l'heure où les traitements sont terminés, où l'infirmier de garde a fait sa tournée, où l'on n'a plus devant soi que l'insomnie, — et les spectres... A cause de vous, je me sens — j'allais écrire : plus de courage. Ce n'est pas de courage qu'il s'agit, ni de courage que j'ai besoin, mais d'une présence peut-être, et de me sentir un peu moins tout seul dans ce tête-à-tête qui peut durer des mois. Ces mois, croiriez-vous que j'y songe sans désirer qu'ils soient écourtés ! Un répit, auquel je ne voudrais pas renoncer ! Je m'en étonne. Vous pensez bien, j'aurais des moyens d'en finir. Mais, ces moyens, je les réserve pour plus tard. Maintenant, non. J'accepte le répit, je m'y accroche. Étrange, n'est-ce pas ? Quand on a été passionnément épris de la vie, on ne s'en détache pas facilement, il faut croire ; et moins encore si l'on sent qu'elle échappe. Un arbre foudroyé, sa sève monte plusieurs printemps de suite, ses racines n'en finissent pas de mourir.

Pourtant, Jenny, il manquait une chose à cette bonne lettre : des nouvelles du petit. Une seule fois, vous m'avez parlé de lui, dans une précédente lettre. Lorsque je l'ai reçue, j'étais encore dans un tel état d'isolement, de refus à tout, que je l'ai gardée, une journée, peut-être davantage, sans l'ouvrir. J'ai fini par la lire, je suis tombé sur ces quelques lignes où il était question de Jean-Paul, et, pour la première fois, j'ai pu, pendant un instant, éloigner l'idée fixe, sortir de l'envoûtement, projeter de l'intérêt sur autre chose, redevenir sensible au monde extérieur. Depuis, j'y repense, à ce petit. A Maisons, je l'ai vu, touché, je l'ai entendu rire, j'ai encore le frémissement de ses muscles sous mes doigts ; si je pense à lui, je le revois. Et autour de lui certaines idées cristallisent, des idées d'avenir. Même chez un condamné, un mort en sursis, il y a tel appétit de projets, d'espérances ! Cet enfant, je pense qu'il existe, qu'il commence, qu'il a une vie toute neuve à vivre ; cela m'ouvre des échappées qui me sont interdites. Rêveries de malade, peut-être. Tant pis, je redoute moins qu'autrefois de me laisser attendrir. (Cela, faiblesse de malade, à coup sûr !) Je dors si peu. Et je ne veux pas encore recourir aux drogues, je n'en aurai que trop l'emploi, avant peu.

Je continue avec méthode mes efforts de réadaptation. Exercice de volonté qui, à lui seul, est déjà salutaire. J'ai recommencé à lire les journaux. La guerre, le discours de von Kühlmann au Reichstag. Il déclare très justement que la paix ne se fera jamais entre gens qui considèrent d'avance toute proposition de l'adversaire comme une manœuvre, une offensive de démoralisation. La presse alliée égare une fois de plus l'opinion. Pas « agressif » du tout, ce discours : conciliant même, et significatif.

(J'ai mis quelque coquetterie à écrire cela. L'obsession de la guerre n'est pas éteinte en moi, et je crois qu'elle m'habitera jusqu'au bout. Mais, tout de même, je me force un peu, en ce moment.)

Je m'arrête. Ce bavardage m'a fait du bien, je le reprendrai bientôt. Nous ne nous serons guère connus, Jenny, mais votre lettre m'a apporté une grande douceur, et j'ai le sentiment de n'avoir pas au monde d'autre *ami* que vous.

ANTOINE.

*

Le Mousquier, 30 juin.

Je vais vous étonner, ma chère Jenny. Savez-vous à quoi j'ai employé mon après-midi d'hier ? A faire des comptes, à feuilleter des paperasses, à écrire des lettres d'affaires. Depuis plusieurs jours déjà, j'y pensais. Une sorte d'impatience à régler certaines questions matérielles. Pouvoir me dire que je laisse les choses en ordre derrière moi. D'ici peu je serai incapable d'un effort de ce genre. Donc, profiter de l'intérêt momentané que ces préoccupations éveillent encore.

Je m'excuse du ton de cette lettre. Il faut bien que je mette la tutrice de Jean-Paul au courant de mes affaires, puisque c'est à cet enfant que doit naturellement revenir ce que j'ai.

Ce n'est plus grand-chose. Des titres que m'avait laissés mon père, il ne subsistera sans doute rien. J'y avais fait une large brèche lorsque j'ai transformé la maison de Paris. Et j'avais imprudemment converti le reste en fonds russes, que je crois perdus à jamais. L'immeuble de la rue de l'Université et la villa de Maisons-Laffite ont, par chance, échappé au désastre.

Pour l'immeuble, il peut être loué, ou vendu. Ce qu'on en tirera doit vous permettre de vivoter et d'assurer à notre petit une éducation convenable. Il ne connaîtra pas le luxe, et tant mieux. Mais il ne pâtira pas non plus des restrictions stérilisantes de la pauvreté.

Quant à la villa de Maisons, je vous conseille, après la guerre, de la vendre. Elle peut tenter quelque nouveau riche. C'est tout ce qu'elle mérite. D'après ce que m'a dit Daniel, la propriété de votre mère est grevée d'hypothèques. Il m'a semblé que Mme de Fontanin et vous-même y étiez très attachées. Ne serait-il pas souhaitable que la somme obtenue par la vente de la villa Thibault serve à vous libérer définitivement de ces hypothèques ? La propriété de vos parents se trouverait ainsi appartenir à Jean-Paul. Je vais consulter le notaire sur les moyens de réaliser ce projet.

Dès que j'aurai une estimation approximative de ce que je laisse, je fixerai le chiffre de la petite rente que je désire assurer à Gise. C'est vous, ma pauvre amie, qui aurez le souci de gérer tout cela jusqu'à la majorité de votre fils. Vous trouverez en la personne de mon notaire, maître Beynaud, un bonhomme assez timoré, un peu trop formaliste, mais sûr et, somme toute, de bon conseil.

Voilà ce que je voulais vous écrire. Soulagé de l'avoir fait. Je ne vous parlerai plus de cela avant de pouvoir vous donner les dernières précisions. Mais il y a un autre projet qui me hante depuis quelques jours, un projet auquel vous êtes personnellement mêlée. Sujet délicat entre tous, et qu'il me faudra aborder pourtant. Je n'en ai pas le courage aujourd'hui.

Je viens de passer deux heures à l'ombre des oliviers, avec les journaux. Que se trame-t-il derrière l'immobilité des armées allemandes ? Notre résistance entre Montdidier et l'Oise semble avoir enrayé leur avance. Il y a aussi l'échec des Autrichiens, qui a dû causer là-bas une cuisante déconvenue. Si l'effort des Centraux, au cours des mois d'été, avant l'entrée en ligne des Américains, n'aboutit pas à des succès décisifs, la situation pourrait changer. Serai-je encore là pour le voir ? La terrible lenteur, aux yeux de l'individu, des événements par lesquels se fait l'histoire, c'est une chose qui m'a fait frémir bien des fois depuis quatre ans. Et pour celui qui n'a plus longtemps à vivre !...

Je dois dire cependant que je crois entrer momentanément dans une période meilleure. Est-ce l'effet de ce nouveau sérum ? Les crises d'étouffement sont moins douloureuses. Les poussées fébriles moins fréquentes. Voilà pour le physique. Quant au « moral », — terme consacré, celui dont use le haut commandement pour mesurer la passivité des soldats qui vont mourir, — il est meilleur, lui aussi. Peut-être le sentez-vous, à travers cette lettre ? Sa longueur vous prouve en tout cas le plaisir que je prends à venir bavarder avec vous. Mon *seul* plaisir. Mais je dois l'interrompre. L'heure du traitement.

Votre ami,

A.

Ce traitement, je m'y soumets avec la même conscience qu'autrefois. Étrange, n'est-ce pas ? L'attitude du médecin envers moi s'est curieusement modifiée. Ainsi, en ce moment, bien qu'il constate une amélioration, il n'ose plus m'en faire la remarque, il m'épargne les : « Vous voyez bien, etc. » Mais il vient me voir plus souvent, m'apporte des journaux, des disques, me témoigne de mille manières son amitié. Ceci, pour répondre à votre question. Nulle part je ne puis être mieux qu'ici pour attendre la fin.

*

Hôpital 23, à Royan (Charente-Inférieure),
29 juin 1918.

Monsieur le docteur,

Ayant quitté la Guinée depuis l'automne de 1916, je suis en possession de votre honorée du mois dernier qui vient seulement de me rejoindre ici où je suis infirmière au service de chirurgie. Je me rappelle en effet de l'envoi dont vous me parlez sur votre lettre, mais mes souvenirs ne sont pas assez précis pour vous donner des renseignements comme vous le demandez. Je n'ai guère connu la personne qui m'avait chargée de cette commission pour vous et qui nous était arrivée très malade à l'hôpital d'un accès de fièvre jaune qui l'a emportée peu de jours après, malgré les soins du docteur Lancelost. C'était je crois au printemps 1916. Je me rappelle bien qu'on l'avait débarquée d'urgence d'un paquebot de passage à Conakry. C'est pendant une garde de nuit qu'elle m'a remis cet objet et votre adresse dans un de ses rares moments de lucidité, car elle délirait constamment. Tout de même, je peux affirmer qu'elle ne m'a chargée d'aucune chose à vous écrire. Elle devait voyager seule quand le paquebot a fait escale, car personne ne venait la voir pendant les deux ou trois jours qu'a duré son agonie. Je pense qu'elle a dû être inhumée dans la fosse du cimetière européen. L'administrateur-chef de l'hôpital, M. Fabri, s'il y est encore, pourrait rechercher sur les livres et vous donner sans doute le nom de cette dame et la date de son décès. Je regrette de n'avoir pas d'autres souvenirs à vous faire part.

Monsieur le docteur, veuillez agréer mes salutations respectueuses.

LUCIE BONNET

Je rouvre ma lettre pour vous envoyer encore ce détail que je crois bien que c'est cette dame-là qui avait avec elle un gros bouledogue noir qu'elle appelait Hirt ou Hirch, et qu'elle réclamait tout le temps dès qu'elle reprenait conscience, mais qu'on ne pouvait garder à l'étage à cause des règlements et parce que ce chien était méchant. Une de mes camarades infirmières avait voulu l'adopter, mais elle a eu tous les ennuis, on n'a jamais pu en venir à bout et finalement il a fallu lui donner une boulette.

XVI

JOURNAL D'ANTOINE

JUILLET

Le Mousquier, 2 juillet 1918.

Rêvé de Jacques, à l'instant même, dans ce court assoupissement à la fin de la nuit. Impossible déjà de renouer les fils de l'histoire. Ça se passait rue de l'Université, autrefois, dans le petit rez-de-chaussée. M'a remis en mémoire cette époque où nous avons vécu ensemble, si proches. Entre autres souvenirs, le jour où J. est sorti du pénitencier, où je l'ai installé chez moi. Pourtant, c'est moi qui l'avais voulu, pour le soustraire à la surveillance de Père. Mais je n'ai pas pu me défendre d'un vilain sentiment hostile, d'un regret égoïste. Me rappelle très bien que je me suis dit : « Soit, je veux bien l'avoir là, mais que ça ne dérange pas mes habitudes, mon travail, que ça ne m'empêche pas d'arriver. » *Arriver !* Tout au long de mon existence, ce refrain : *arriver !* Le mot d'ordre, l'unique but, quinze ans d'efforts... et maintenant, ce mot, *arriver,* ce matin, dans ce lit, quelle dérision !...

Ce cahier. J'ai chargé hier l'économe de m'acheter ce cahier à la papeterie de Grasse. Enfantillage de malade, peut-être. Je verrai bien. Ai constaté, par mes lettres à Jenny, l'espèce de soulagement que j'éprouve à écrire ce que je pense. N'ai jamais tenu de journal, pas même à seize ans, comme faisaient Freud, et, Gerbron, et tant d'autres. Un peu tard ! Pas un journal, mais noter, si l'envie m'en prend, les idées qui me travaillent. Hygiénique, à coup sûr. Dans le cerveau d'un malade, d'un insomnieux, tout tourne à l'obsession. Écrire, ça délivre. Et puis, diversion, tuer le temps. (Tuer le temps, moi, qui, naguère, trouvais le temps si court ! Même au front, et même pendant cet hiver à la clinique, j'ai vécu sous pression, comme j'ai fait toute ma vie, sans une heure inoccupée, sans avoir notion du temps qui coule, sans avoir la conscience du présent. C'est depuis que mes jours sont comptés que les heures sont interminables.) Nuit passable. Ce matin 37,7.

Soir.

Recrudescence des étouffements. Tempér. 38,8. Douleurs intercostales. Me demande s'il n'y a pas menace du côté plèvre.

Exorciser les spectres, en les fixant sur le papier.

Hanté toute la journée par cette question de succession. Organiser ma mort. (Ce souci tenace d'*organisation*! Mais il ne s'agit pas de moi, cette fois : il s'agit d'eux, du petit.) Fait et refait dix fois les calculs, vente de la villa de Maisons, location de la rue de l'Université, vente du matériel des labos. A moins de prendre pour locataire une entreprise de produits chimiques ? Studler pourrait s'en occuper. Ou, à défaut, diriger le démontage des appareils, et chercher acquéreur.

Penser aussi à Studler, qui va se trouver sans situation, sans ressources, après la guerre.

Laisser une note pour lui et pour Jousselin, relative aux documents, aux tests. (Biblioth. de la Faculté ?)

3 juillet.

Lucas m'a remis les résultats de l'analyse sanguine. Nettement mauvais. Bardot, de sa voix traînante, a dû avouer : « Pas fameux. » Mon beau sang d'autrefois! Ma convalescence à Saint-Dizier, après ma première blessure, quelle confiance dans ma carcasse ! quelle fierté de la qualité de mon sang devant la rapidité des cicatrisations ! Jacques aussi. Le sang des Thibault.

Ai posé à Bardot la question complications pleurales :

« Manquerait plus que je vous fasse une purulente... » Il a haussé ses épaules de bon géant, m'a examiné avec soin. Rien à craindre, dit-il.

Sang des Thibault. Celui de Jean-Paul! Mon beau sang d'autrefois, notre sang, c'est dans les veines de ce petit qu'il galope maintenant !

Au cours de la guerre, je n'ai pas un seul jour accepté de mourir. Pas une seule fois, fût-ce durant dix secondes, je n'ai fait le sacrifice de ma peau. Et de même, maintenant : je me refuse au sacrifice. Je ne peux plus me faire d'illusions, je suis bien obligé de constater, d'attendre l'irrémédiable ; mais je ne peux pas *consentir* ni être *complice* par la résignation.

Après-midi.

Je sais bien où seraient la raison, la sagesse, où serait la *dignité :* pouvoir de nouveau considérer le monde et son incessant devenir, en lui-même. Non plus à travers moi et cette mort prochaine. Me dire que je suis une parcelle insignifiante de l'univers. Parcelle gâchée. Tant pis. Qu'est-ce, en comparaison du reste, qui continuera après moi.

Insignifiante, oui, mais j'y attachais tant de prix !
Essayer, pourtant.
Ne pas se laisser aveugler par l'individuel.

4 juillet.

Bonne lettre de Jenny, ce matin. Détails charmants sur son fils. N'ai pu me retenir d'en lire des passages à Goiran, qui raffole de ses deux gosses. Il faut que Jenny le fasse photographier.

Il faut aussi que je me décide à lui écrire *la lettre.* Difficile. J'attends d'avoir eu une nuit de vrai repos.

Quel miracle — pas d'autre mot — que l'apparition de cet enfant à l'instant précis où les deux lignées dont il sort, Fontanin et Thibault, allaient s'éteindre sans avoir rien donné qui vaille ! Qu'est-ce qu'il porte en lui de son hérédité maternelle ? Les meilleurs éléments, j'espère. Mais ce que je sais déjà, sans doute possible, c'est qu'il est bien de notre sang à nous. Décidé, volontaire, intelligent. Fils de Jacques. Un Thibault.

Rêvé là-dessus toute la journée. Cet élan imprévu de la sève, qui fait à point nommé surgir de notre souche ce rameau neuf... Est-ce fou d'imaginer que ça répond à quelque chose, à quelque dessein de la création ? Orgueil familial, peut-être. Et pourquoi cet enfant ne serait-il pas le prédestiné ? l'aboutissement de l'obscur effort de la race pour fabriquer un type parfait de l'espèce Thibault ? le génie que la nature se doit de réussir un jour, et dont nous n'étions, mon père, mon frère et moi, que les ébauches ? Cette violence concentrée, cette puissance, qui étaient déjà en nous avant d'être en lui, pourquoi ne s'épanouiraient-elles pas, cette fois, en force vraiment créatrice ?

Minuit.

Insomnie. Spectres à « exorciser ».

Un mois et demi, maintenant, sept semaines, que je me sais perdu. Ces mots : *savoir qu'on est perdu*, ces mots que j'écris, qui sont pareils à d'autres, et que tout le monde croit comprendre, et dont personne, sauf un condamné à mort, ne peut pénétrer intégralement le sens... Révolution foudroyante, qui brusquement fait le vide total dans un être.

Pourtant, un médecin qui vit en contact avec la mort, devrait... Avec la mort ? Celle des autres ! Ai déjà essayé bien des fois de rechercher les causes de cette impossibilité physique d'acceptation. (Qui tient peut-être à un caractère particulier de ma vitalité. Idée qui m'est venue ce soir.)

Cette vitalité d'autrefois, — cette activité que je mettais à entreprendre, ce perpétuel rebondissement, — je l'attribue en grande partie au besoin que j'avais de me prolonger par la création : de « survivre ». Terreur instinctive de disparaître. (Assez générale, bien sûr. Mais à des degrés très variables.) Chez moi, trait héréditaire. Beaucoup réfléchi à mon père. Désir, qui le hantait, de donner son nom : à ses œuvres, à des prix de vertu, à la grande place de Crouy. Désir, qu'il a réalisé, de voir son nom (*Fondation Oscar-Thibault*) gravé au fronton du pénitencier. Désir d'imposer son prénom (le seul élément qui, dans son état civil, lui était personnel), à toute sa descendance, etc. Manie de coller son monogramme partout, sur la grille de son jardin, sur sa vaisselle, sur ses reliures, jusque sur le cuir de son fauteuil !... Beaucoup plus qu'un instinct de propriétaire (ou, comme je l'ai cru, un signe de vanité). Besoin superbe de lutter contre l'effacement, de laisser son empreinte. (La survie, l'au-delà, en fait, ne lui suffisaient pas.) Besoin que j'ai hérité de lui. Moi aussi, secret espoir d'attacher mon nom à une œuvre qui me prolonge, à une découverte, etc.

On n'échappe pas à son père !

Sept semaines, cinquante jours et cinquante nuits face à face avec *la certitude !* Sans un seul moment d'hésitation, de doute, d'illusion. Cependant — et c'est ce que je voulais noter — il y a malgré tout des répits dans cette obsession. De brefs intervalles, non pas d'oubli, mais où l'idée fixe recule... Il m'arrive, et de plus en plus fréquemment, de vivre, quelques instants — deux, trois minutes ; maximum : quinze ou vingt — pendant lesquels la certitude de mourir bientôt n'occupe plus le devant de la scène, se met en veilleuse, pendant lesquels il m'est tout à coup possible d'agir, de lire attentivement, d'écrire, d'écouter, de discuter, enfin de m'intéresser à des choses étrangères à mon état, comme si j'étais délivré de l'emprise ; et pourtant sans que l'obsession cesse d'être là, sans que je cesse de la sentir présente, au second plan, en réserve. (Cette sensation qu'elle est là, je l'ai même en dormant.)

6 juillet, matin.

Mieux, depuis jeudi. Tout me paraît presque beau et bon, dès que je souffre moins. Dans les journaux de ce matin, l'article sur les succès italiens dans le delta du Piave m'a causé une sorte de plaisir dont j'avais oublié la saveur. Bon signe.

Rien écrit hier. Me suis aperçu, dehors, que j'avais laissé mon cahier dans ma chambre. Paresse de monter, mais ça m'a manqué tout l'après-midi. Je commence à prendre goût à ce passe-temps.

Guère le temps d'écrire aujourd'hui. Trop d'observations à consigner dans l'agenda noir. M'aperçois que je l'ai un peu négligé, l'agenda, depuis l'achat du carnet. Me suis contenté de notations trop abrégées. Pourtant, c'est l'agenda qui mérite effort, qui doit passer avant. Faire deux parts : le *carnet*, pour les « spectres » ; et l'*agenda*, pour tout ce qui est santé, température, traitements, effets thérapeutiques, réactions secondaires, processus de l'intoxication, discussions avec Bardot ou avec Mazet, etc. Sans m'exagérer leur valeur, je crois que ces précisions quotidiennes, prises depuis le premier jour, par un gazé qui est en même temps un médecin, pourront constituer, en l'état actuel de la science, un ensemble d'observations cliniques d'une incontestable utilité. Surtout si je mène la chose *jusqu'au bout.* Bardot m'a promis qu'il le ferait paraître dans le *Bulletin.*

Hier, départ du gros Delahaye. Congé de convalescence. Se croit définitivement guéri. L'est peut-être, qui sait ? Il est monté me dire adieu. Gauche, faisant semblant d'être en retard, et pressé. Ne m'a pas dit : « On se reverra » ni rien d'approchant. Joseph, qui rangeait la chambre, a dû le remarquer, car il s'est empressé de dire, aussitôt la porte refermée : « Vous voyez bien qu'on s'en tire, Monsieur le major ! »

J'ai été sur le point d'écrire, tout à l'heure : « Si je vis encore, c'est à cause de cet agenda. » Il faudra tirer au clair la question *suicide.* Reconnaître enfin que l'agenda n'a jamais été qu'un prétexte. Les comédies qu'on se joue à soi-même ! Étrange. Je répugne à m'avouer que je n'ai jamais eu vraiment le désir d'en finir. Non, même aux pires heures. Si j'avais dû faire le geste, c'est à Paris, le matin où j'ai acheté les ampoules, que... J'y ai bien pensé, avant de monter dans mon train... Et c'est ce matin-là que j'ai commencé à me jouer la comédie de l'agenda. Comme si j'avais un dernier devoir à accomplir avant de disparaître. Comme si j'avais une œuvre capitale à terminer. Comme si l'importance que j'attache à ces notes cliniques était capable de contrebalancer, d'écarter, la tentation. Manque de cran ? Non, vraiment non. Si la tentation avait été réelle, ce n'est pas la peur qui m'aurait retenu. Non. Ce n'est pas le cran qui m'a manqué, c'est l'envie. Le vrai, c'est que la tentation n'a jamais fait que m'effleurer. Je la repoussais chaque fois, sans peine. (En simulant la force d'âme, et bien aise d'avoir ce prétexte : l'agenda à tenir...)

Et pourtant, à moins d'une mort brusque — improbable, hélas — je sais que je n'attendrai pas la fin naturelle. Je le *sais*. Là, je suis sincère, et parfaitement lucide, je crois. L'heure viendra, j'en suis sûr. Je n'ai qu'à la laisser venir. La drogue est là. Un geste à faire. (Pensée qui, malgré tout, apaise.)

Soir.

Avant le déjeuner, sous la véranda, Goiran nous a apporté un journal suisse qui donne en entier le nouveau discours de Wilson. Il l'a lu à haute voix. Ému, et nous aussi. Chaque message de Wilson, large bouffée d'air respirable qui passe sur l'Europe ! Fait penser à l'oxygène qu'on projette au fond de la mine après l'éboulement, pour que les malheureux ensevelis puissent lutter contre l'asphyxie, durer jusqu'à la délivrance.

7 juillet, 5 heures du matin.

L'idée fixe. Un mur, contre lequel je me jette. Je me relève, je me précipite, je me heurte encore, et je retombe, pour recommencer. Un mur. Par instants, — sans y croire une seconde, — j'essaye de me dire que peut-être ce n'est pas vrai, que peut-être je ne suis pas condamné. Pour avoir un prétexte à refaire tous les raisonnements logiques qui, toujours, fatalement, me rejettent contre le mur.

Après-midi, dehors.

Relu le message de Wilson. Beaucoup plus précis que les précédents. Définit sa conception de la paix, énumère les conditions indispensables pour que le règlement soit « définitif ». Projet d'une ampleur exaltante : 1° Suppression des régimes politiques susceptibles d'amener de nouvelles guerres. 2° Avant toute modification de frontières ou attribution de territoire, consultation des peuples intéressés. 3° Accord entre tous les États sur un code de *droit international*, aux lois duquel ils s'engageront tous à se soumettre. 4° Création d'un organisme international, faisant fonction de *tribunal d'arbitrage*, et où seraient représentées, sans distinction, *toutes* les nations du monde civilisé.

(Plaisir enfantin que je prends à écrire ça, à le fixer. Impression d'adhérer davantage : de collaborer.)

Sujet de toutes les conversations ici. Flamme d'espoir sur tous les visages. Et combien bouleversant de penser qu'il en est de même, en ce moment, dans toutes les villes d'Europe, d'Amérique ! Le retentissement de ce discours dans chaque cantonnement de repos, dans chaque abri de tranchée ! Tous, si las de s'entre-tuer depuis quatre ans ! (De s'entre-tuer depuis des siècles, sur l'ordre des dirigeants...) On attendait cet appel à la raison. Sera-t-il entendu des responsables ? Pourvu, cette fois, que la graine lève, et partout ! Le but est si clair, si sage, si conforme au destin de l'homme, à ses instincts profonds ! La réalisation peut soulever mille problèmes, demander de longs efforts ; mais comment douter que ce soit dans cette voie-là, et non dans une autre, que doit s'engager coûte que coûte le monde de demain ? Quatre années de guerre, sans autre résultat que massacres, entassements de ruines. Les plus aventureux rêveurs de conquêtes doivent bien être forcés de reconnaître que la guerre est devenue pour l'homme, pour les États, une catastrophe sans compensation possible. Alors ? A partir du moment où l'absurdité de la guerre est dans tous les domaines vérifiée par l'expérience, où l'accord est fait là-dessus entre les constatations des politiciens, les calculs des économistes, la révolte instinctive des masses, — quel obstacle reste-t-il à l'organisation de la paix perpétuelle ?

Après le déjeuner, crise d'étouffement. Piqûre. Chaise longue, sous les oliviers. Trop fatigué pour cette lettre à Jenny, qu'il me tarde tant d'écrire, cependant.

Discussion, en ma présence, entre Goiran, Bardot et Mazet. L'idée maîtresse de Wilson : cet organisme d'arbitrage international. Rien à y perdre pour personne et, pour chaque État, tout à gagner. Et même ceci, à quoi on ne pense pas assez : le fonctionnement de ce tribunal suprême ménagerait les amours-propres, les susceptibilités nationales, d'où sont sorties tant de guerres. Un peuple, un gouvernement, un souverain même, si chatouilleux soient-ils, se sentiraient moins touchés dans leur orgueil et leur prestige, s'ils avaient à s'incliner devant la sentence d'une Cour internationale décidant au nom de l'intérêt collectif des États, que s'ils avaient à capituler devant la menace d'un voisin ou la pression d'une coalition ennemie. Il faudrait (dit Goiran) que ce tribunal soit constitué dès la fin des hostilités, et *avant* le règlement des comptes. Pour que les clauses de paix soient discutées, non plus hargneusement entre adversaires, mais sereinement, au sein d'une Société universelle des nations, qui arbitrerait de haut, qui répartirait les responsabilités, qui rendrait un verdict impartial.

Société des Nations. — Unique moyen, et moyen infaillible, de rendre désormais toute guerre impossible : puisque, dès qu'un État serait attaqué ou menacé par un autre, tous les États feraient automatiquement front contre l'agresseur, et paralyseraient son action, et lui imposeraient l'arbitrage du droit !

Et il faut voir plus loin encore. Cette Société des Nations devrait être l'instigatrice d'une politique et d'une économie *internationale*; aboutir à une coopération générale, organisée, qui soit enfin à l'échelle de la planète. Étape nouvelle, étape décisive, pour la civilisation.

Goiran a dit là-dessus beaucoup de choses très justes. Je me souviens d'avoir été trop sévère pour Goiran. Cet ancien normalien, qui avait toujours l'air de tout savoir, m'agaçait. Et le ton, aussi : comme s'il était à Henri-IV, dans sa chaire de professeur d'histoire... Mais c'est exact, il sait vraiment beaucoup de choses. Il suit de près les événements, il lit huit ou dix journaux tous les jours, il reçoit chaque semaine un colis de journaux et de revues suisses. Esprit pondéré, en somme. (J'ai toujours eu un faible pour les *pondérés*.) L'application qu'il met à juger les faits contemporains avec recul, en historien, me plaît. Voisenet était là, lui aussi. (« Goiran et Voisenet sont les seuls de la clinique à avoir des côrdes vôcâles à peu près intâctes... Ils en prôfitent ! » dit Bardot.)

Pas mauvaise journée. Autant qu'à la piqûre, je crois que c'est à Wilson que je le dois !

J'ajoute encore : la création d'une Société des Nations pourrait faire surgir des décombres de cette guerre quelque chose d'absolument neuf : l'apparition d'une conscience mondiale. Par quoi l'humanité ferait un bond définitif vers la justice et la liberté.

11 heures du soir.

Feuilleté les journaux. Verbiage, médiocrité repoussante. Wilson semble vraiment être le seul homme d'État d'aujourd'hui qui ait le don des larges vues. L'idéal démocratique, dans ce qu'il a de plus noble. Comparés à lui, nos démagogues français (ou anglais) font figure de petits *affairistes*. Tous, plus ou moins, restent les instruments de ces traditions impérialistes qu'ils affectent de condamner chez l'adversaire.

Ai parlé d'Amérique et de démocratie avec Voisenet et Goiran. Voisenet a vécu quelques années à New York. Stabilité des États-Unis, sécurité. Goiran, en verve de prophétie, prédit pour le XXIe siècle l'envahissement de l'Europe par les Jaunes, et l'avenir de la race blanche réduit au seul continent américain...

2 heures du matin.

Insomnie. Un bref assoupissement, pendant lequel j'ai rêvé de Studler. A Paris, dans le labo du fond. Le Calife, en blouse, un képi sur la tête, la barbe coupée plus court. Je venais de lui expliquer je ne sais quoi, avec véhémence. Wilson, peut-être, et la Ligue des Nations... Il m'a regardé, par-dessus l'épaule, de son grand œil mouillé : « Qu'est-ce que ça peut bien te foutre, puisque tu vas claquer ? »

Je songe encore à Wilson. (N'en déplaise au Calife.) Wilson me paraît prédestiné au rôle qu'il assume. Pour que la fin de cette guerre soit aussi la fin des guerres, il faut que la paix soit l'œuvre d'un homme neuf, d'un homme du dehors, sans ressentiment; qui n'ait pas vécu quatre ans dans cette convulsion, comme les dirigeants d'Europe, acharnés à l'écrasement de l'adversaire. Wilson, homme d'outre-mer. Représentant d'un pays qui incarne l'union dans la paix et la liberté. Et il a derrière lui un quart des habitants du globe ! Tout Américain sensé doit évidemment se dire : « Si nous avons pu établir entre nos États, et conserver, depuis un siècle, une paix solide et constructive, pourquoi les États-Unis d'Europe seraient-ils impossibles ? » Wilson continue la lignée des Washington, etc. (Il en a conscience. Allusions dans son discours.) Ce Washington, qui haïssait la guerre, et qui l'a faite néanmoins, pour affranchir son pays de la guerre. Avec l'arrière-pensée (dit Goiran) qu'il affranchirait du même coup le monde ; que, s'il réussissait à faire, de ces petits États hostiles, une vaste Confédération pacifique, l'exemple serait irrésistible pour le Vieux Continent. (Lequel aura mis plus de cent ans à comprendre !)

J'écris, et les aiguilles tournent autour du cadran... Wilson m'aide à tenir en respect les *spectres!*

Problèmes passionnants, même pour un « mort en sursis ». Pour la première fois depuis mon retour de Paris, je parviens à m'intéresser à l'avenir. L'avenir du monde, qui va se jouer à la fin de cette guerre. Tout serait compromis, et pour combien de temps, si la paix qui vient n'était pas refonte, reconstruction, unification de l'Europe exsangue. Oui : si la force armée continuait à être le principal instrument de la politique entre les États ; si chaque nation, derrière ses frontières, continuait à être seule arbitre de sa conduite, et livrée à ses appétits d'extension ; si la

Épilogue

fédération des États d'Europe ne permettait pas une paix *économique*, comme la veut Wilson, avec la liberté des échanges commerciaux la suppression des barrières douanières, etc.; si l'ère de l'anarchie internationale n'était pas définitivement bouclée; si les peuples n'obligeaient pas leurs gouvernements à se soumettre enfin, de concert, à un régime d'ordre général, basé sur le droit; — alors, tout serait à recommencer, et tout le sang versé aurait coulé en vain.

Mais tous les espoirs sont permis !

(J'écris ça, comme si je devais « en être »...)

8 juillet.

Trente-sept ans. Dernier anniversaire !...

En attendant la cloche de midi. La blanchisseuse et sa fille viennent de passer sous la véranda, leurs ballots de linge à l'épaule. L'émotion que j'ai ressentie, l'autre jour, en regardant cette jeune femme, en remarquant un peu de lourdeur dans sa démarche, une certaine cambrure des reins, une certaine raideur dans les hanches. Enceinte. A peine visible. Trois mois et demi, quatre au plus. Émotion poignante, effroi, pitié, envie, désespoir ! Pour qui n'a plus d'avenir, le mystère de cet avenir, étalé là, presque tangible ! Cet embryon, si loin encore de la vie, et qui aura toute sa vie inconnue à vivre ! Cette naissance, que ma mort n'empêchera pas...

Dehors.

Wilson occupe encore tous les esprits. Les bridges chôment. Même le club de l'adjudant : deux heures qu'ils palabrent, sans toucher leurs cartes.

Les journaux aussi, pleins de commentaires. Bardot constatait ce matin combien significatif que la censure laisse les imaginations s'exciter devant ces mirages de paix. Bon article dans le *J. de L.* Rappelle le message de Wilson en janvier 17 : « Paix sans victoire », et « limitation progressive des armements nationaux, *jusqu'au désarmement général* ». (Janvier 17. Souvenir de ce patelin en ruine, derrière la cote 304. La cave voûtée de la popote. Les discussions sur le désarmement avec Payen, et le pauvre Seiffert.)

Interrompu par Mazet, pour l'analyse. Diminution des chlorures et surtout des phosphates.

Temps orageux, épuisant. Me suis traîné jusqu'à la noria, pour entendre le bruit de l'eau. J'ai de plus en plus de mal à lire avec suite, à fixer mon attention sur la pensée d'autrui. Sur la mienne, ça va encore. Ce carnet m'est un délassement. Qui ne durera pas toujours. J'en profite.

Discours Wilson janvier 17. *Désarmement*. But essentiel. Conversations au déjeuner. Tous d'accord, sauf Reymond. Des choses qu'on dit couramment aujourd'hui, et qu'on n'aurait pas osé dire, qu'on n'aurait pas osé penser, il y a seulement deux ans : l'armée, chancre qui se nourrit de la substance d'une nation. (Image frappante, *ad usum populi* : chaque ouvrier, employé à la fabrication des obus, cesse de collaborer à la production utile, devient donc un parasite à la charge de la collectivité.) Une nation, dont le tiers du budget s'engouffre dans les dépenses militaires, ne peut pas vivre : la ruine ou la guerre. Le cataclysme actuel est le résultat fatal de quarante années d'armement systématique. Aucune paix ne serait durable sans désarmement général. Vérité cent fois proclamée. En vain, et l'on sait pourquoi : en temps de paix armée, il est illusoire d'espérer que des gouvernements, convaincus de la primauté de la force sur le droit, et déjà dressés les uns contre les autres, et lancés à fond dans la course aux armements, puissent jamais s'entendre pour renverser la vapeur et renoncer tous ensemble à leur folle tactique. *Mais* tout peut changer demain, à l'heure de la paix. Parce que tous les pays d'Europe seront revenus à zéro. Table rase. Épuisés par la guerre, ayant vidé leurs arsenaux, ils auront à recommencer *tout* sur des bases neuves. Une heure exceptionnelle approche, une heure sans précédent : celle où le désarmement général devient une chose possible. Wilson l'a compris. L'idée du désarmement, reprise et lancée par lui, ne peut pas ne pas être accueillie avec enthousiasme par toutes les opinions publiques. Ces quatre années ont préparé les voies, ont consolidé partout l'instinct de résistance à la guerre, ont aiguisé le désir de voir s'établir une morale internationale, qui se substitue enfin au duel des armées pour régler les conflits entre peuples.

Il faudrait maintenant que l'immense majorité des hommes qui veulent la paix impose enfin à l'infime minorité de ceux qui ont intérêt à fomenter des guerres, une organisation forte, capable de la défendre à l'avenir, — une *Ligue des Nations*, disposant au besoin d'une police internationale, et d'une autorité arbitrale capable d'interdire à jamais l'emploi de la force. Que les gouvernements soumettent la question à un plébiscite général ; le résultat n'est pas douteux !

Ce matin, à table, il n'y a eu naturellement que le commandant Reymond pour s'indigner et traiter Wilson de « puritain illuminé », totalement ignorant des « réalités européennes ». Exactement le son de cloche de Rumelles, chez *Maxim's*. Goiran lui a bien tenu tête : « Si la paix à venir n'était pas une réconciliation, dans un commun souci de justice, pour la création d'une Europe solidaire, cette paix, que des millions de pauvres bougres ont payée si cher, ne serait rien d'autre qu'un traité de plus, un simulacre de paix, condamné à être balayé à la première occasion par le désir de revanche des vaincus ! » — « On sait ce que valent et ce que durent les Saintes Alliances », disait Reymond. Et comme j'étais intervenu, je me suis attiré cette boutade (peut-être pas si sotte, à la réflexion ; et moins paradoxale qu'elle n'en a l'air) : « Naturellement, Thibault, vous êtes bien trop réaliste pour ne pas être sensible aux séductions des utopies ! » (Cela demanderait examen.)

Premières gouttes. Si l'orage pouvait nous donner une nuit fraîche !

9 juillet, à l'aube.

Mauvaise nuit. Étouffements. Pas dormi deux heures, et en combien de fois ?

Pensé à Rachel. Par ces nuits chaudes, le parfum du collier est insoutenable. Elle aussi, fin stupide, dans un lit d'hôpital. Seule. Mais on est toujours seul pour sa fin.

Pensé brusquement à ceci : que, ce matin comme chaque matin, à cette heure-ci, quelque part dans les tranchées, des milliers de malheureux attendent le signal de l'assaut. Me suis appliqué cyniquement à y chercher du réconfort. En vain. Je les envie plus d'être bien portants et de courir leur chance, que je n'arrive à les plaindre d'avoir à enjamber le parapet...

Dans ce Kipling que j'essaie de lire, je trouve ce mot : *juvénile*. Je pense à Jacques... *Juvénile* : épithète qui lui convenait si bien ! N'a jamais été qu'un adolescent. (Voir dans les dictionnairres les caractères typiques de l'adolescent. Il les avait tous : fougue, excessivité, pudeur, audace et timidité, et le goût des abstractions, et l'horreur des demi-mesures, et ce charme que donne l'inaptitude au scepticisme...)

Aurait-il été, dans son âge mûr, autre chose qu'un vieil adolescent ?

Je relis mes notes de cette nuit. La phrase de Reymond : utopies... Non. Me suis toujours défié — exagérément même — des entraînements illusoires. Ai toujours retenu cette maxime de je ne sais qui : que « le pire dérèglement de l'esprit, c'est de croire les choses parce qu'on veut qu'elle soient ». Vraiment, non. Quand Wilson déclare : « Ce que nous demandons, c'est que le monde soit rendu pur et qu'il soit possible d'y vivre », là, mon scepticisme résiste : pas assez d'illusions sur la perfectibilité de l'homme pour espérer que le monde, aménagé par lui, soit jamais rendu « pur ». Mais quand Wilson ajoute : « et qu'il soit rendu *sûr* pour toutes les nations qui aiment la paix », j'emboîte le pas. Rien de chimérique. La société a bien obtenu des individus qu'ils renoncent à se faire justice eux-mêmes, et qu'ils soumettent leurs querelles à des tribunaux ! Pourquoi n'empêcherait-on pas les gouvernements de jeter les peuples les uns contre les autres, quand ils ont des sujets de désaccord ? La guerre, loi de nature ? La peste aussi. Toute l'histoire de l'humanité est lutte victorieuse contre des forces nuisibles. Les principales nations de l'Europe ont bien su, peu à peu, forger leurs unités nationales. Pourquoi le mouvement n'irait-il pas s'amplifiant, jusqu'à la réalisation d'une unité continentale ? Nouvelle étape, nouvel essor de l'instinct social. « Et le sentiment patriotique ? » dirait le commandant. Ce n'est pas le sentiment patriotique, instinct naturel, qui pousse à la guerre : c'est le sentiment nationaliste, sentiment acquis, et artificiel. L'attachement au sol, au dialecte, aux traditions, n'implique aucune hostilité violente envers le voisin : Picardie et Provence, Bretagne et Savoie. Dans une Europe confédérée, les instincts patriotiques ne seraient rien de plus que des caractères régionaux.

« Chimérique ! » C'est par là, évidemment, qu'ils vont tous essayer de torpiller les idées de Wilson. Agaçant de voir dans la presse que, même les plus favorables aux projets américains, l'appellent « grand visionnaire », « prophète des temps futurs », etc. Pas du tout ! Ce qui me frappe, au contraire : son *bon sens*. Ses idées sont simples, à la fois neuves et très anciennes : aboutissement de toutes les tentatives et expériences de l'histoire. L'Europe va se trouver demain à un grand croisement de routes : ou bien la réorganisation fédérative ; ou bien le retour au régime des guerres successives, jusqu'à épuisement de tous. Si, par impossible, l'Europe se refusait à faire la paix raisonnable proposée par Wilson, — et qui est la seule vraie, la seule durable ; la paix du désarmement définitif, — elle s'apercevrait bientôt (et à quel prix peut-être ?) qu'elle s'est de nouveau fourvoyée dans l'impasse, et vouée à de nouveaux massacres. Peu probable, heureusement.

Soir.

Journée pénible. Repris par le désespoir. L'impression d'être tombé dans une trappe ouverte... Je méritais mieux. Je méritais (orgueil?) ce « bel avenir » que me promettaient mes maîtres, mes camarades. Et tout à coup au tournant de cette tranchée, la bouffée de gaz... Ce piège, ce traquenard tendu par le destin!...

3 heures. — Trop essoufflé pour m'endormir. Ne respire qu'assis, calé sur trois oreillers. J'ai rallumé pour prendre mes gouttes. Et écrire ceci :

Je n'ai jamais eu le temps ni le goût (romantique) de tenir un journal. Je le regrette. Si je pouvais aujourd'hui avoir là, entre mes mains, noir sur blanc, tout mon passé depuis ma quinzième année, il me semblerait davantage avoir existé ; ma vie aurait un volume, du poids, un contour, une consistance historique ; elle ne serait pas cette chose fluide, informe comme un rêve oublié dont on ne peut rien ressaisir. (De même, l'évolution d'une maladie s'inscrit, se fixe, sur la feuille de température.)

J'ai commencé ce carnet pour exorciser les « spectres ». Je le croyais. Au fond, un tas de raisons obscures : passe-temps, complaisance envers moi-même, et aussi sauver un peu de cette vie, de cette personnalité qui va disparaître et dont j'étais si fier. Sauver? Pour qui? Pour quoi? Absurde, puisque je sais que je n'aurai pas le temps, le recul, de me relire. Pour qui donc? *Pour le petit!* Oui, cela vient de m'apparaître, à l'instant, pendant cette insomnie.

Il est beau, ce petit, il est fort, il pousse dru, tout l'avenir, le mien, tout l'avenir du monde, est en lui! Depuis que je l'ai vu, je songe à lui, et l'idée que, lui, il ne pourra songer à moi, m'obsède. Il ne m'aura pas connu, il ne saura rien de moi, je ne laisse rien, quelques photos un peu d'argent, un nom : « l'oncle Antoine ». Rien. Pensée, par moments, intolérable. Si j'avais, pendant ces mois de sursis, la patience d'écrire au jour le jour dans ce carnet... Peut-être, plus tard, petit Jean-Paul, auras-tu la curiosité d'y chercher ma trace, une empreinte, ma dernière empreinte, la trace des pas d'un homme qui s'en va ? Alors, « l'oncle Antoine » deviendrait pour toi un peu plus qu'un nom, qu'une photo d'album. Je sais bien, l'image ne peut guère être ressemblante : entre l'homme que j'étais, et ce malade rongé par son mal... Pourtant, ce serait quelque chose tout de même, mieux que rien ! Je m'accroche à cette espérance.

Trop las. Fiévreux. L'infirmier de garde a vu la lumière. Me suis fait donner un oreiller de plus. Ces gouttes n'agissent plus du tout. Demander autre chose à Bardot.

Lueur bleuâtre de la fenêtre dans la nuit. Est-ce encore la lune ? Est-ce déjà le jour ?... (Tant de fois, après un assoupissement dont je ne parvenais pas à évaluer la durée, j'ai allumé pour regarder l'heure, et lu avec découragement sur le cadran narquois : 11 h 10... 11 h 20... !)

4 h 35. Ce n'est plus la lune. C'est la pâleur qui précède l'aube. Enfin !

11 juillet.

L'amère, l'irritante douceur de ces journées de vague souffrance, dans ce lit...

Le déjeuner est fini. (Ces repas interminables, sur la petite table de malades, ces attentes qui usent la patience, qui coupent le peu d'appétit qu'on pourrait avoir !... Toutes les dix minutes, Joseph et son plateau, une portion de dînette dans une soucoupe...) De midi à 3 h, c'est l'heure creuse et calme où le jour emprunte à la nuit son silence, coupé par les toux voisines, que j'identifie, sans même y penser, comme des voix connues.

A 3 heures, le thermomètre, Joseph, les bruits du couloir, les appels dans le jardin, la vie...

12 juillet.

Deux tristes jours. Hier, radio. Les paquets de ganglions bronchiques ont encore augmenté. Je le sentais bien.

Kühlmann, qui avait prononcé au Reichstag ce discours si modéré, a dû démissionner. Mauvais symptôme de l'état d'esprit allemand. Par contre, l'avance italienne dans le delta du Piave se confirme.

Soir.

Resté au lit. Quoique la journée ait été moins pénible que je ne craignais. Ai pu recevoir quelques visites, Darros, Goiran. Longue consultation ce matin, en présence de Sègre, que Bardot a envoyé chercher. N'ont rien trouvé de spécialement inquiétant; pas d'aggravation sérieuse. Et autour de moi, tous s'abandonnent à l'espoir. J'ai beau me répéter qu'il ne faut pas prendre ses désirs pour des réalités, je me sens gagné moi-même par cette vague de confiance. Évidemment, nous gagnons du terrain : Villers-Cotterets, Longpont... La 4e armée... (Si ce brave Thérivier y est toujours, il doit avoir du travail !) Évidemment, aussi, il y a l'échec autrichien, qui a été complet. Et le nouveau front oriental du Japon. Mais Goiran, bien renseigné souvent, prétend que, depuis que Paris est bombardé, le moral est gravement touché ; même à l'avant, où les hommes n'acceptent pas de savoir leurs femmes, leurs enfants, menacés comme eux. Il reçoit beaucoup de lettres. On n'en peut plus. On n'en veut plus. Que la guerre finisse, à n'importe quel prix !... Elle finira bientôt, peut-être, à la remorque des Américains. J'y vois un avantage : si nos gouvernants laissent l'Amérique terminer la guerre, ils seront bien obligés de lui laisser faire la paix, — la sienne, celle de Wilson, pas celle de nos généraux.

Si le mieux continue demain, écrirai enfin à Jenny.

16 juillet.

Beaucoup souffert ces derniers jours. Sans force, sans goût à rien. Carnet à portée de la main, mais aucune envie de l'ouvrir. A peine le courage de faire chaque soir bilan santé, sur l'agenda.

Depuis ce matin, apparence de mieux. Étouffements plus espacés, crises courtes, toux moins profonde, supportable. Serait-ce le traitement d'arsenic recommencé depuis dimanche ? Rechute enrayée, cette fois encore ?

Le pauvre Chemery, plus à plaindre que moi ! Phénomènes septicémiques. Broncho-pneumonie gangreneuse à foyers disséminés. Fichu.

Et Duplay, phlébite suppurée de la veine crurale droite !... Et Bert, et Gauvin !

Tout ce qui dort dans *les replis* ! (Tous ces germes ignorés, que la guerre, par exemple, m'a fait découvrir en moi... Même des possibilités de haine et de violence, voire de cruauté... Et le mépris du faible... Et la peur, etc. Oui, la guerre m'a fait apercevoir en moi les instincts les plus vils, tous les bas-fonds de l'homme. Serais capable maintenant de comprendre toutes les faiblesses, tous les crimes, pour en avoir surpris en moi le germe, la velléité.)

17 juillet, soir.

Mieux certain. Pour combien de temps ?

J'en ai profité pour écrire enfin *la lettre*. Cet après-midi. Plusieurs brouillons. Difficile de trouver la note juste. J'avais d'abord songé à préparer le terrain par quelques manœuvres d'approche. Mais je me suis décidé pour la lettre unique, longue et complète. Bon espoir. Telle que je crois la connaître, préférable avec elle d'aborder les questions de front. Me suis appliqué à présenter la chose comme une affaire de pure forme, indispensable à l'avenir du petit.

La levée de ce soir était faite. J'ai jusqu'à demain matin pour relire ma lettre, et décider si je l'envoie.

Attaques allemandes en Champagne. Rochas doit être dans la danse. Est-ce le déclenchement de leur fameux plan : atteindre la Marne, pousser sur Saint-Mihiel, encercler Verdun, et se retourner vers l'ouest, direction Marne et Seine ? Ils progressent déjà au nord et au sud de la Marne. Dormans est menacé. (Je revois si bien la ville, le pont, la place de l'église, l'ambulance en face du portail...) Que l'échéance est encore lointaine ! Aucune chance d'en voir même les premiers signes. En mettant tout au mieux : 1919, l'année des débuts américains, une armée d'apprentissage ; 1920, l'année de lutte intense, décisive ; 1921, l'année de la capitulation des Centraux, de la paix Wilson, de la démobilisation...

Relu ma lettre, une dernière fois. Ton satisfaisant, sans équivoque possible ; et les arguments, convaincants au maximum. Elle ne peut pas ne pas comprendre, ne pas accepter.

18, matin.

Viens d'apercevoir Sègre en caleçon. Plus aucune ressemblance avec Monsieur Thiers !

Après-midi, jardin.

Noter ce qui s'est passé ce matin.

Levé plus tôt, pour expédier ma lettre par la voiture de l'économe. En allant baisser mon store, j'ai surpris, dans l'entrebâillement d'une des fenêtres du pavillon 2, Sègre, M. le professeur Sègre, faisant toilette. Torse nu, caleçon collant (ses pauvres fesses de vieux dromadaire !), la mèche mouillée, aplatie, collée au crâne... Il est fort occupé à se brosser les dents. Suis tellement habitué à le voir en Monsieur Thiers, tel qu'il se montre à nous, solennel, cérémonieux, sanglé dans ses vêtements, le toupet au vent, le menton tendu, ne perdant pas un pouce de sa petite taille, — que, d'abord, je ne l'ai pas reconnu. L'ai regardé cracher une eau mousseuse, puis se pencher vers son miroir, enfoncer ses doigts dans sa bouche, extraire son ratelier, l'examiner d'un air soucieux, et le flairer avec une curiosité d'animal. A ce moment, j'ai reculé brusquement jusqu'au milieu de la chambre, gêné, inexplicablement *ému*. Éprouvant tout à coup pour ce pète-sec prétentieux — que dire ? — une sympathie fraternelle...

Ce n'est pas la première fois que pareille chose m'arrive. Sinon pour Sègre, du moins pour d'autres. Voilà des mois que je suis ici, en contact, en promiscuité, avec ces médecins, ces infirmiers, ces malades. Je connais si bien leurs silhouettes, leurs gestes, leurs manies, que je peux sans me tromper identifier de loin une nuque émergeant d'un fauteuil, une main qui vide un cendrier par la fenêtre, deux voix qui passent derrière le mur du potager. Mais ma camaraderie n'a jamais franchi les limites de la plus banale réserve. Même au temps où j'étais comme les autres, libre d'esprit, sociable, je me suis toujours senti séparé de tous par une cloison étanche, étranger parmi des étrangers. D'où vient que cette sensation d'isolement peut fondre soudain, céder la place à un élan de fraternité, presque de tendresse, pour peu que je surprenne l'un d'entre eux au cœur de sa solitude ? Tant de fois, il m'a suffi d'apercevoir (au hasard d'un jeu de glaces, d'une porte entrouverte), un voisin d'étage en train de faire un de ces humbles gestes auxquels on ne s'abandonne que si l'on est assuré d'être seul (penché sur une photo subrepticement tirée d'une poche ; ou se signant avant de se mettre au lit ; ou, moins encore : souriant à une pensée secrète, d'un air vaguement égaré) — pour découvrir aussitôt en lui le *prochain*, le *semblable*, un *pareil à moi*, dont, une minute, je rêve de faire mon ami !

Et pourtant, inaptitude totale à « faire ami ». N'ai pas *d'ami*. N'en ai jamais eu. (Ce que j'enviais tant à Jacques : ses amitiés.)

Retrouve du plaisir à écrire. Vais certainement beaucoup mieux depuis ces derniers jours.

Soir.

Ce matin, à table, souvenirs de guerre. (Après la paix, les histoires de guerre remplaceront les histoires de chasse.) Darros raconte une patrouille, en Alsace, tout à fait au début. Le soir, il traverse avec quelques hommes un village évacué, silencieux, sous la lune. Trois fantassins allemands, couchés sur le trottoir, leurs flingots près d'eux, endormis, ronflants. Il dit : « De si près, ça n'était plus des Boches, ça n'était plus que des copains fourbus. J'ai hésité deux secondes. J'ai décidé de continuer ma route, *sans voir*. Et les huits bonshommes qui étaient derrière moi ont fait de même. Nous avons passé à dix mètres des dormeurs, sans tourner la tête. Et jamais aucun de nous n'a fait allusion à ce que nous avions fait, d'un commun accord, ce soir-là. »

20 juillet.

Hier, « inspection » de la clinique par une « Commission ». Toutes les *huiles* de la région. Depuis la veille, Sègre, Bardot, et Mazet étaient sur les dents. Sinistres souvenirs de caserne. A l'arrière, la guerre n'a rien changé.

Rien à dire sur « discipline, force des armées » — parbleu !... Je songe à Brun, à d'autres médecins militaires. Leur infériorité par rapport aux médecins de réserve. Due pour une grande part au fait qu'ils ont travaillé des années dans le respect de la hiérarchie. Habitude prise d'obéir ; de limiter au nombre de leurs galons la liberté de leur diagnostic, le sens de leur responsabilité.

Discipline militaire. Me souviens du féroce Paoli, le sous-officier de l'infirmerie, au dépôt de Compiègne. Sa tête de souteneur, ses yeux toujours injectés. Pas mauvais bougre, peut-être : il allait tous les soirs au bord de l'eau cueillir du chènevis pour son sansonnet. De cette race abominable et réprouvée des *rempilés* d'avant-guerre. (Pourquoi rempilé ? Sans doute parce qu'il avait trouvé dans ce métier l'unique occasion de pouvoir régner sur ses semblables par la terreur.) Il était chargé par le major d'inscrire les jeunes soldats qui se présentaient à la visite. J'entendais dans mon bureau, les malades frapper à sa porte. Toujours la même question, à pleine gueule : « Alors, nom de Dieu ! Est-ce oui ou merde ? » J'imaginais la tête effarée du *bleu*. « Eh bien, si c'est merde, vous pouvez disposer ! » Le *bleu* faisait demi-tour sans demander son reste ! Le major prétendait que Paoli était un excellent gradé : « Avec lui, plus jamais de fricoteurs. »

« L'armée est la grande école d'une nation », disait Père. Et il poussait vers les bureaux de recrutement ses pupilles de Crouy.

21, dimanche.

Analyses de la semaine marquent déphosphatisation et déminéralisation régulièrement progressives, malgré tous les efforts.

Communiqué. Les nouvelles sont bonnes. Avance au sud de l'Ourcq. Avance sur Château-Thierry. Le mouvement va de l'Aisne à la Marne. On dit que Foch se réservait, à son heure, de passer de la défensive à l'offensive. L'heure est-elle venue ?

Le commandant occupe ses journées à déplacer ses drapeaux sur la carte. Discussions envenimées sur la « trahison » Malvy et la Haute Cour. La politique reprend ses droits dès que les communiqués sont meilleurs.

22, soir.

Kérazel a eu aujourd'hui la visite de son beau-frère, député de la Nièvre. A déjeuné avec nous. Radical-socialiste, je crois. Peu importe : tous les partis, maintenant, ont adopté le conformisme de l'état de guerre, et rabâchent les mêmes lieux communs. Conversation d'une médiocrité accablante. Ceci, pourtant : à propos des offres de paix de l'Autriche, transmises au gouvernement français par Sixte de Bourbon, au printemps de l'an dernier. Goiran s'indignait du refus de la France. Il paraît que le plus intransigeant aurait été le vieux Ribot, qui a su convaincre Poincaré et Loyd George. Et l'un des arguments invoqués dans les milieux politiques français aurait été celui-ci : « Impossible d'examiner une paix apportée à la République par un membre de la maison de Bourbon. La propagande monarchiste en tirerait trop grand avantage. Danger pour l'avenir du régime. Surtout à l'heure où le pouvoir est entre les mains des généraux !... »

A peine croyable !

23 juillet.

Le député, hier. Beau spécimen de la fébrilité moderne ! Arrivé de Paris par le rapide de nuit, pour gagner douze heures. Consulte sans cesse sa montre, d'un œil fiévreux. Comme une légère ébriété : sa main vacillait en touchant la carafe. Sa pensée trébuche en maniant les idées.

Prend le déplacement pour l'activité, et son activité incohérente pour du travail. Prend la hauteur du verbe pour un argument rationnel. Et le ton péremptoire pour un signe d'autorité, de compétence. Dans la conversation, prend le détail anecdotique pour une idée générale. En politique, prend l'absence de générosité pour du réalisme intelligent. Prend sa bonne santé pour du cran, et la satisfaction de ses appétits pour une philosophie de la vie. Etc.

Peut-être aussi a-t-il pris mon silence pour une approbation béate ?...

23 juillet, soir.

Le courrier. Réponse de Jenny.

Je regrette maintenant de ne pas m'être d'abord adressé à la mère, comme j'y avais songé. Jenny refuse. Lettre mesurée, mais ferme. Elle revendique dignement l'entière responsabilité de ses actes. C'est librement qu'elle s'est donnée. L'enfant de Jacques ne doit pas avoir d'autre père, même aux seuls yeux de la loi. La femme de Jacques ne doit pas se remarier. Elle n'a rien à redouter des jugements de son fils, etc.

Il est visible que mes considérations pratiques, loin de l'ébranler, lui paraissent parfaitement négligeables, voire mesquines. Ne le dit pas, mais emploie plusieurs fois les termes de « convenances sociales », « préjugés d'autrefois », etc., sur un ton clairement méprisant.

Bien entendu, je ne renonce pas. Revenir à la charge autrement. Puisque ces « convenances sociales » n'ont aucune valeur, pourquoi s'insurger contre elles ? C'est justement leur donner une importance qu'elles n'ont pas ! Surtout, insister sur ceci : qu'il ne s'agit pas d'elle mais de Jean-Paul. Le discrédit, qui s'attache encore aux naissances irrégulières, est absurde, — d'accord. Mais c'est un fait. Si je lui fais comprendre ça, elle n'hésitera pas à accepter mon nom et à me laisser reconnaître l'enfant. Les circonstances sont exceptionnelles : tout est tellement simplifié par ma disparition prochaine !

Vais tâcher de lui répondre aujourd'hui même.

Ai eu le tort, aussi, de ne pas donner assez de précisions sur la manière dont les choses se passeront. Elle a dû imaginer des situations gênantes. Mettre les points sur les *i*. Lui dire : « Vous aurez simplement à prendre un soir, le rapide. Je vous attendrai à Grasse. Tout sera prêt à la mairie. Et deux heures après votre arrivée, vous reprendrez le train pour Paris. Mais avec un état civil en règle ! »

24.

Content de ma lettre d'hier. Ai bien fait de ne pas remettre à aujourd'hui. Mauvaise journée. Très fatigué par le nouveau traitement.

Trop bête de penser qu'il suffit d'une formalité administrative, pour épargner définitivement à ce petit toutes les difficultés qui l'attendent. Impossible que je ne parvienne pas à convaincre Jenny.

25 juillet.

Journaux. Château-Thierry est occupé par nous. Défaite allemande ou recul stratégique ? La presse suisse affirme que l'offensive de Foch n'est pas commencée. Le but actuel serait seulement d'entraver le repli des Allemands. L'immobilité des Anglais sur le front rend l'hypothèse plausible.

Crises d'étouffements, plus nombreuses, avec angoisses. Oscillations de température. Abattement.

Samedi 27.

Mauvaise nuit. Mauvais courrier : Jenny s'obstine.

Après-midi.

Piqûre. Deux heures de répit.

Lettre de Jenny. Elle ne veut pas comprendre. Se bute. Ce qui n'est qu'un jeu d'écriture prend à ses yeux de femme l'importance d'un reniement... (« Si je pouvais consulter Jacques, il me déconseillerait sans aucun doute cette concession aux préjugés les plus bas... Je croirais le trahir, si je... » Etc.)

Irritant, tout ce temps perdu à discuter. Plus elle tardera à consentir, moins je serai en état pour toutes les démarches (réunir les pièces, obtenir que le mariage ait lieu ici, publication des bans, etc.).

Trop peu vaillant pour lui écrire aujourd'hui. Suis décidé à porter, moi aussi, la question sur le terrain sentimental. Mettre en avant l'apaisement moral que j'éprouverais, si j'avais enfin la certitude d'épargner à ce petit une existence difficile. Exagérer même mes inquiétudes. Conjurer Jenny de ne pas me refuser cette dernière joie, etc.

Lettre écrite, et expédiée. Non sans un pénible effort.

29 juillet.

Journaux. Pression sur la totalité du front, de l'Aisne, de la Vesle. La Marne, dégagée. Fresnes, la forêt de la Fère, Villeneuve, et Ronchères, et Romigny, et Ville-en-Tardenois...
Me souviens si bien de tous ces coins-là !

Dans le jardin.

Ce que j'ai sous les yeux. Tout autour, d'autres jardins pareils aux nôtres, avec leurs orangers en boule, leurs citronniers, leurs oliviers gris, les troncs écorchés des eucalyptus, les tamaris plumeux, et ces plantes à larges feuilles, genre rhubarbe, et ces jarres d'où tombent des cascades de roses, de géraniums. Débauche de couleurs : toutes les nuances de l'arc-en-ciel. Chacune de ces habitations qu'on aperçoit, et qui brille au soleil à travers sa haie de cyprès, est crépie d'un ton différent : blanc, rose, mauve, orangé. Le vermillon des tuiles, contre le bleu du ciel. Et ces vérandas de bois, peintes en brun, en pourpre, en vert sombre ! A droite, la plus proche : une maison ocre à volets bleu pervenche. Et cette autre, d'un blanc si cru, avec ses jalousies d'un vert acide, et son large pan d'ombre violacée !

Qu'il serait bon d'avoir sa maison là, de faire son bonheur là, d'avoir toute une vie à vivre là...

Dans la rangée noire des cyprès, un coup de soleil donne un éclat presque insoutenable aux porcelaines du poteau télégraphique.

30, soir.

Suis redescendu aujourd'hui. Ce que je n'avais pu faire ces deux jours.

Désemparé, hébété. Je regarde la vie, les autres, comme si l'univers m'était devenu surprenant, incompréhensible, depuis que je suis rejeté hors de l'avenir.

L'avance paraît déjà arrêtée.

Et voilà les Russes (Lénine) qui déclarent la guerre aux Alliés.

Soir.

Souvenir : après la mort de Père, j'avais emporté chez moi son papier à lettres ; trois mois plus tard, j'écrivais un mot au Patron, je retourne la feuille, elle avait été commencée par Père : *Lundi. Cher Monsieur, j'ai reçu ce matin seulement...* Rencontre brutale qui fait toucher la mort comme avec la main ! Sa petite écriture appliquée, ces quelques mots vivants, cet effort interrompu à jamais !

AOUT

1er août 18.

Toujours l'offensive du Tardenois. Tient-on enfin le bon bout ? Mais à quel prix ? Avance importante entre Soissons et Reims. Bardot a reçu une lettre de la Somme ; on dit qu'une offensive, franco-anglaise, se prépare à l'est d'Amiens. (Amiens, en août 14... Cette pagaïe, partout ! J'en ai bien profité ! Ce que j'ai pu rafler de morphine et de cocaïne, grâce au petit Ruault, à la pharmacie de l'hôpital, pour réapprovisionner notre poste de secours ! Et ce que ça m'a servi, quinze jours plus tard, pendant la Marne !)

La Chambre a voté l'appel de la classe 20. Ce doit être celle de Loulou. Pauvre gosse. Il n'a pas fini de regretter l'hôpital Fontanin.

2 août.

Plus aucun espoir de vaincre l'obstination de Jenny. Cette fois, le *non* définitif. Lettre courte, pleine d'affection, mais inébranlable. Et tant pis. (Le temps est loin où le moindre échec m'était impossible à accepter. J'abandonne.) Son refus, elle en fait maintenant une question de principe, — et assez inattendu ! — de principe révolutionnaire... Elle ne craint pas d'écrire : « Jean-Paul est un bâtard, il restera un bâtard, et si cette situation irrégulière doit mettre, de bonne heure, l'enfant de Jacques en lutte contre la société, tant mieux : son père n'aurait pas souhaité de meilleur départ pour son fils ! » (Possible, en effet... Soit, donc ! Et que triomphe, même après la mort, l'esprit de révolte que Jacques portait en lui !)

3, nuit.

C'est l'heure où j'aime écrire. Plus lucide que dans la journée, plus seul encore avec moi.

Jenny. Réserve faite quant au fond, je dois reconnaître que ses lettres forment un tout, parfaitement cohérent. Ne manquent ni de force ni de grandeur. Imposent le respect.

A Jean-Paul :

Tu les admireras un jour, ces lettres, mon petit, si tu as la curiosité de lire les papiers de l'oncle Antoine. Je sais que dans ce débat tu donneras sans hésiter raison à ta mère. Soit. Le courage, la générosité de cœur, sont de son côté, non du mien. Je te demande seulement de me comprendre, de voir dans mon insistance autre chose qu'une soumission opportuniste et rétrograde aux préjugés bourgeois. Cette génération qui vient et qui est la tienne, je crains qu'elle ne soit aux prises, dans tous les domaines, avec des difficultés terribles et pour longtemps peut-être insurmontables. Auprès desquelles, celles que nous avons pu rencontrer, ton père et moi, ne sont rien. Cette pensée, mon petit, m'étreint le cœur. Je ne serai pas là pour t'assister dans cette lutte. Alors, il m'aurait été doux de penser que j'avais tout de même fait quelque chose pour toi. De me dire que, en te laissant un état civil régulier, en te faisant porter mon nom, le nom de ton père, j'avais du moins supprimé de ta route un de ces obstacles qui t'attendent, le seul contre quoi je pouvais quelque chose, — et dont je veux bien croire, avec ta maman, que je m'exagère un peu l'importance.

4 août.

Journaux. Soissons, repris. Il était occupé par eux depuis la fin de mars. Nous voilà sur l'Aisne et sur la Vesle, devant Fismes. (Fismes, encore des souvenirs ! C'est là que j'ai croisé le frère de Saunders, qui montait en ligne et qui n'est pas revenu.)

Sage discours du père Lansdowne. L'écoutera-t-on ?

Du train dont vont les choses, — c'est aussi l'avis de Goiran, — il y aura essai de négociations avant l'hiver. Mais Clemenceau fera le sourd tant qu'il n'aura pas joué sa dernière carte : les Américains.

En Russie. Là-bas aussi, il doit se passer des choses. Débarquement des Alliés à Arkhangelsk, des Japonais à Vladivostock. Mais, avec le peu de renseignements qu'on laisse passer, comment comprendre quelque chose au chaos russe ?

Soir.

Sègre revient de Marseille. A l'état-major, on dit que la première partie de la contre-offensive alliée, commencée le 18, s'achève. Les buts seraient atteints : front rectiligne de l'Oise à la Meuse ; plus de saillie permettant un coup de force imprévu. Va-t-on s'installer sur cette nouvelle ligne pour tout l'hiver ?

5 août.

Dois-je me féliciter des résultats du nouveau calmant de Mazet. Aucun effet sur insomnie. Mais pouls régulier, apaisement nerveux, sensibilité moindre. Lucidité d'esprit, activité d'esprit, décuplées. (Semble-t-il.) Tout compte fait, nuits sans sommeil mais presque agréables, comparées à certaines.

Profitables au carnet !

Joseph, parti en permission. Remplacé par le vieux Ludovic. Ses bavardages me cassent la tête. Je fuis, quand il vient faire le ménage. Ce matin, retenu tard au lit pour les pointes de feu, me suis trouvé à sa merci. Conversation d'autant plus fatigante qu'elle était coupée de hoquets, aboiements, etc., etc., parce qu'il s'était mis dans l'idée de cirer « son » parquet. Dansait une sorte de gigue sur deux brosses, en monologuant.

M'a raconté son enfance, en Savoie. Et toujours : « C'était le bon temps, Monsieur le major ! » (Oui, vieux Ludovic, moi aussi, maintenant, chaque fois que ma mémoire repêche une parcelle du passé, — même une parcelle qui a été pénible à vivre : « C'était le bon temps ! »)

Il use de locutions savoureuses, comme Clotilde, mais d'un autre style, moins patoisant. M'a dit notamment que son père était *apiéceur*. C'est-à-dire l'ouvrier qui, dans les ateliers de confection, est chargé d'*apiécer*, d'ajuster entre elles les pièces taillées par le coupeur. Joli mot. Que d'esprits (Jacques)... auraient besoin de recourir à l'*apiéceur* pour coordonner ce qu'ils ont appris !

Jenny, dans une de ses dernières lettres, parle de Jacques, de sa « doctrine ». Pas de terme plus impropre. Me garderai bien d'ouvrir un débat là-dessus avec elle. Mais il me paraît assez dangereux pour l'éducation du petit qu'elle considère comme une « doctrine » les pensées plus ou moins décousues que Jacques a pu exprimer devant elle, et qu'elle a plus ou moins exactement retenues !

Si tu lis jamais ceci, Jean-Paul, n'en conclus pas trop vite que les pensées de ton père étaient jugées incohérentes par l'oncle Antoine. Je veux seulement dire que ton père, comme les impulsifs, donnait l'impression d'avoir sur la plupart des questions des vues diverses, souvent contradictoires, et qu'il ne parvenait guère lui-même à coordonner. Dont il ne réussissait guère, tout au moins, à tirer une certitude précise, solide, durable, des directives nettement orientées. Sa personnalité, de même, était composée d'éléments hétérogènes, opposés et également impérieux, — ce qui constituait sa richesse, — mais entre lesquels il avait du mal à faire un choix, et dont il n'a jamais su faire un tout harmonieux. De là son éternelle inquiétude, et ce malaise passionné dans lequel il a vécu.

Peut-être, d'ailleurs, sommes-nous tous, à des degrés variables, pareils à lui. Nous, j'entends : ceux qui n'ont jamais adhéré à un système tout construit ; ceux qui, — faute d'avoir, à un certain moment de leur évolution, adopté une philosophie précise, une religion, une de ces plates-formes stables, placées une fois pour toutes hors d'atteinte, hors de discussion, — sont condamnés à faire périodiquement la révision de leurs points d'appui, et à s'improviser des équilibres successifs.

6 août, 7 heures du soir.

Le vieux Ludovic. Avec ces mêmes gros doigts qui ont mis puis retiré le thermomètre au 49, nettoyé le crachoir du 55 et du 57, il me sucre ma tasse de tilleul, après avoir entré sa main jusqu'au fond du sucrier. Et je dis : « Merci, Ludovic... »

Journée médiocre. Mais je n'ai plus le droit de faire le difficile.

Ce soir, piqûre. Répit.

Nuit.

Souffre peu. Mais insomnie.
Ce que j'écrivais hier pour Jean-Paul : passablement

inexact en ce qui me concerne. Tu pourrais croire que j'ai passé mon temps à la recherche d'un équilibre. Non. Grâce à mon métier sans doute, je me suis toujours senti d'aplomb. N'offrais guère de prise à l'inquiétude.

Sur moi-même :

D'assez bonne heure (dès ma première année de médecine), sans accepter aucun dogme religieux ou philosophique, j'étais assez bien arrivé à concilier toutes mes tendances, à me confectionner un cadre solide de vie, de pensée; une façon de morale. Cadre limité, mais je ne souffrais pas de ces limites. J'y trouvais même un sentiment de quiétude. Vivre satisfait entre les limites que je m'étais assignées était devenu pour moi la condition d'un bien-être que je sentais indispensable à mon travail. Ainsi, très tôt, je m'étais commodément installé au centre de quelques principes — j'écris *principes*, à défaut de mieux; le terme est prétentieux, et forcé — principes qui convenaient aux besoins de ma nature, et à mon existence de médecin. (En gros : une philosophie élémentaire d'homme d'action, basée sur le culte de l'énergie, l'exercice de la volonté, etc.)

Rigoureusement vrai, en tout cas, pour la période d'avant-guerre. Vrai, même, pour la période de guerre, au moins jusqu'à ma première blessure. Alors (convalescence à l'hôpital de Saint-Dizier), j'ai commencé à remettre en question certaines façons de penser et de se conduire qui m'avaient assuré jusque-là une certaine pondération, une confortable harmonie, et m'avaient permis de tirer bon rendement de mes facultés.

Fatigué. J'hésite à poursuivre cette espèce d'analyse. Manque d'entraînement. Je m'y enferre. Plus j'avance, plus ce que j'écris sur moi me semble sujet à caution.

Par exemple. Je songe à quelques-uns des actes les plus importants de ma vie. Je constate que ceux que j'ai accomplis avec le maximum de spontanéité étaient justement en contradiction flagrante avec les fameux « principes ». A chacune de ces minutes décisives, j'ai pris des résolutions qui m'étaient imposées soudain par une force intérieure plus impérieuse que toutes les habitudes, que tous les raisonnements. A la suite de quoi, j'étais généralement amené à douter de cette « éthique » et de moi-même. Je me demandais alors avec inquiétude : « Suis-je vraiment l'homme que je crois être ? » (Inquiétudes qui, somme toute, se dissipaient vite, et ne m'empêchaient pas de reprendre équilibre sur mes positions coutumières.)

Ici, ce soir (solitude, recul), j'aperçois avec assez de netteté que, par ces règles de vie, par le pli que j'avais pris de m'y soumettre, je m'étais déformé, artificiellement, sans le vouloir, et que je m'étais créé une sorte de masque. Et le port de ce masque avait peu à peu modifié mon caractère original. Dans le courant de l'existence (et puis, guère de loisir pour couper des cheveux en quatre), je me conformais sans effort à ce caractère fabriqué. Mais, à certaines heures graves, les décisions qu'il m'arrivait spontanément de prendre étaient sans doute des réactions de mon caractère véritable, démasquant brusquement le fond réel de ma nature.

(Suis assez content d'avoir tiré ça au clair.)

Je suppose d'ailleurs que le cas est fréquent. Ce qui amène à penser que, pour avoir la révélation de leur nature intime, ce ne serait pas dans le comportement habituel des êtres qu'il faudrait chercher, mais bien dans des actes imprévus, d'apparence mal explicables, scandaleux quelquefois, qui leur échappent. Et par quoi se trahit *l'authentique*.

Suis porté à croire qu'il n'en était pas de Jacques comme de moi. Chez lui, ce devait être la nature profonde (*l'authentique*), qui commandait la plupart du temps la conduite de sa vie. D'où, pour ceux qui le regardaient vivre, l'instabilité de son humeur, l'imprévisibilité de ses réactions, et souvent leur apparente incohérence.

Premier halo du jour dans la fenêtre. Encore une nuit, — une nuit de moins... Vais essayer de m'assoupir. (Pour une fois, ne regrette pas trop mon insomnie.)

8 août, dehors.

28° à l'ombre. Chaleur intense, mais légère, vivifiante. Merveilleux climat. (Incompréhensible, qu'une si grande partie de l'humanité se soit confinée dans le Nord hostile!)

Tout à l'heure, à table, je les entendais causer de leur avenir. Ils croient tous — ou feignent de croire — qu'un « gazé » n'est pas handicapé pour toujours. Ils croient aussi pouvoir reprendre leur existence au point exact où la mobilisation l'a interrompue. Comme si le monde n'attendait que la paix pour reprendre, tel quel, son tran-tran d'autrefois. Se préparent, je crains, de brutales déconvenues...

Mais, le plus étonnant pour moi : la façon dont ils parlent de leurs besognes civiles. Jamais comme d'une carrière choisie, aimée, préférée. Comme un potache parle de ses classes ; quand ce n'est pas comme un bagnard, des travaux forcés. Grande pitié ! Rien de pire que d'entrer dans la vie sans une vocation forte. (Rien, — si ce n'est d'entrer dans la vie avec une fausse vocation.)

A Jean-Paul :

Mon petit, méfie-toi de la « fausse vocation ». La plupart des existences manquées, des vieillesses aigries, n'ont pas d'autre origine.

Je te vois adolescent. A seize, dix-sept ans. L'âge, par excellence, de la grande confusion. L'âge où ta raison commencera à prendre conscience d'elle-même, à s'illusionner sur ses forces. L'âge où ton cœur, peut-être, commencera à parler haut, et où il deviendra difficile de modérer ses élans. L'âge où ton esprit, tout étourdi, grisé par les horizons qu'il aura récemment découverts, hésitera devant des possibilités multiples. L'âge où l'homme, encore faible et se croyant fort, éprouve le besoin de trouver des appuis, des repères, et se jette avidement vers la première certitude, la première discipline qui s'offre... Attention ! L'âge, aussi — et tu ne t'en douteras guère, — où ton imagination sera le plus encline à déformer le réel : jusqu'à prendre le faux pour le vrai. Tu diras : « Je sais »... « Je sens »... « Je suis sûr »... Attention ! Le garçon de dix-sept ans, il est souvent pareil à un pilote qui se fierait à une boussole affolée. Il croit dur comme fer que ses goûts d'adolescent lui sont naturels, qu'il doit les prendre pour guides, qu'ils lui montrent indubitablement la direction à prendre. Et il ne soupçonne pas qu'il est, en général, à la remorque de goûts factices, provisoires, arbitraires. Il ne soupçonne pas que ses penchants, qui lui semblent si authentiquement être *siens*, lui sont au contraire foncièrement *étrangers* ; qu'il les a ramassés, comme un déguisement, au hasard, à la suite de quelque rencontre faite un jour, dans les livres ou dans le monde.

Comment te préserveras-tu de ces dangers ? Je tremble pour toi. Écouteras-tu mes conseils ?

Je voudrais, d'abord, que tu ne rejettes pas trop impatiemment les avis de tes maîtres, de ceux qui t'entourent, qui t'aiment; qui te paraissent ne pas te comprendre, et qui, peut-être, te connaissent mieux que tu ne te connais toi-même. Leurs avertissements t'agacent ? Dans la mesure, sans doute, où, obscurément, tu les sens fondés...

Mais, surtout, je voudrais que tu te défendes toi-même contre toi. Sois obsédé par la crainte de te tromper sur toi, d'être dupe d'apparences. Exerce ta sincérité à tes dépens, pour la rendre clairvoyante et utile. Comprends, essaie de comprendre, ceci : pour les garçons de ton milieu, — je veux dire : instruits, nourris de lectures, ayant vécu dans l'intimité de gens intelligents et libres dans leurs propos, — la *notion* de certaines choses, de certains sentiments, devance l'*expérience*. Ils connaissent, en esprit, par l'imagination, une foule de sensations dont ils n'ont encore aucune pratique personnelle, directe. Ils ne s'en avisent pas : ils confondent *savoir* et *éprouver*. Ils croient *éprouver* des sentiments, des besoins, qu'ils *savent* seulement qu'on éprouve...

Écoute-moi. La vocation! Prenons un exemple. A dix, à douze ans, tu t'es cru sans doute la vocation de marin, d'explorateur, parce que tu t'étais passionné pour des récits d'aventure. Maintenant, tu as assez de jugeote pour en sourire. Eh bien, à seize, à dix-sept ans, des erreurs analogues te guettent. Sois averti, méfie-toi de tes inclinations. Ne t'imagine pas trop vite que tu es un artiste, ou un homme d'action, ou victime d'un grand amour, parce que tu as eu l'occasion d'admirer, dans les livres ou dans la vie, des poètes, de grands réalisateurs, des amoureux. Cherche patiemment quel est l'essentiel de ta nature. Tâche de découvrir, peu à peu, ta personnalité réelle. Pas facile! Beaucoup n'y parviennent que trop tard. Beaucoup n'y parviennent jamais. Prends ton temps, rien ne presse. Il faut tâtonner longtemps avant de savoir *qui* l'on est. Mais, quand tu te seras trouvé toi-même, alors, rejette vite tous les vêtements d'emprunt. Accepte-toi, avec tes bornes et tes manques. Et applique-toi à te développer, sainement, normalement, sans tricher, dans ta vraie destination. Car, se connaître et s'accepter, ce n'est pas renoncer à l'effort, au perfectionnement : bien au contraire ! C'est même avoir les meilleures chances d'atteindre son maximum, parce que l'élan se trouve alors orienté dans le bon sens, celui où tous les efforts portent fruit. Élargir ses frontières, le plus qu'on peut. Mais ses frontières *naturelles*, et seulement après avoir bien compris quelles elles sont. Ceux qui ratent leur vie, ce sont, le plus souvent, ou bien ceux qui, au départ, se sont trompés sur leur nature et se sont fourvoyés sur une piste qui n'était pas la leur ; ou bien ceux qui, partis dans la bonne direction, n'ont pas su, ou pas eu le courage, de s'en tenir à leur *possible*.

9 août.

Journaux. Discours optimiste de Lloyd George. Optimisme sans doute exagéré pour les besoins de la cause. Malgré tout, ce qui s'est passé depuis vingt jours sur le front français était inespéré. (Conversation de Rumelles, à Paris.) Et l'offensive de Picardie paraît déclenchée depuis hier. Et les Américains à l'horizon. Le plan Pershing serait, croit-on, de laisser Foch redresser le front et dégager largement Paris ; puis, pendant que Français et Anglais tiendront l'ancien front, une massive poussée américaine en direction de l'Alsace, pour passer la frontière et envahir l'Allemagne. Ce jour-là, dit-on, la guerre serait gagnée, grâce à l'emploi d'un certain gaz, qui ne peut être utilisé qu'en territoire ennemi parce qu'il détruit tout, empêche toute végétation pendant des années, etc. (A table, enthousiasme général. Tous ces pauvres gazés, dont beaucoup ne se remettront jamais, jubilaient à l'idée de ce gaz nouveau...)

Darros nous a lu une lettre de son frère, interprète, en liaison avec les troupes américaines. Dit qu'il est agacé par leur confiance puérile. Officiers et soldats sont convaincus qu'il leur suffira d'attaquer, pour remporter à bref délai la victoire finale. Raconte aussi qu'ils sont tous décidés à ne pas s'encombrer de prisonniers, et qu'ils déclarent cyniquement que tout paquet de prisonniers, inférieur à cinq cents hommes, doit être passé à la mitrailleuse. (Ce qui n'empêche pas ces idéologues, au sourire féroce et aux yeux candides, de répéter, paraît-il, à toute occasion, qu'ils viennent se battre pour la Justice et pour le Droit.)

10 août.

Ai repris un certain goût à lire. Concentre mon attention sans trop de mal, surtout la nuit. Achève en ce moment l'excellent travail d'un nommé Dawson (*Bull. méd.* de Londres) sur les séquelles dépendant de l'ypérite, comparées à celles dues aux autres gaz. Ces observations confirment sur beaucoup de points les miennes. (Infections secondaires ayant tendance à devenir chroniques, etc.) Tentation de lui écrire, de lui envoyer copie de certaines pages de l'agenda. Mais je redoute de commencer une correspondance. Pas assez sûr de pouvoir continuer. Pourtant, sensiblement mieux depuis le 1er. Aucune amélioration de fond, mais douleurs atténuées. Période de rémission provisoire. Comparée aux semaines précédentes, celle-ci a été presque supportable. N'étaient, chaque matin, ce traitement épuisant, et ces crises d'étouffements (surtout le soir, coucher du soleil), et ces insomnies... Mais les insomnies, moins pénibles quand je peux lire, comme ces nuits-ci. Et grâce au carnet.

Avant déjeuner, de ma fenêtre.

La majesté de ce paysage, de ces amples vallonnements. Ces centaines d'étroites terrasses cultivées qui montent à l'assaut des collines. Cette pente verte, striée parallèlement par tous ces traits crayeux que font les petits murets de pierres sèches. Et là-haut, ce diadème de roches dénudées, d'un gris pierre ponce, si tendre, avec des reflets mauves et orangés. Et plus bas, très loin, juste à la limite de la culture et de la roche, ce petit village étagé : une poignée de graviers luisants, qui serait restée accrochée dans un pli du terrain. En ce moment, les ombres des nuages baladent sur cette étendue d'un vert éclatant des plaques sombres, larges, doucement mouvantes.

Combien me reste-t-il de semaines à regarder ça ?

11.

Mazet est un médecin dans le genre de Dezavelles, le quatre galons de Saint-Dizier, qui renonçait totalement à s'occuper de ceux qu'il « flairait » condamnés. Disait : « Un bon toubib doit avoir le flair : sentir le moment précis où le malade cesse d'être *intéressant*. »

Suis-je encore *intéressant* aux yeux de Mazet ? Et pour combien de temps ?

Épilogue

Depuis que Langlois a eu son abcès, il ne va plus le voir.

L'offensive de la Somme semble bien engagée. Les Anglais n'ont pas voulu être en reste. Le plateau de Santerre est reconquis. La grande ligne Paris-Amiens, dégagée. Bataille à Montdidier. (Tous ces noms, Montdidier, Lassigny, Ressons-sur-Matz, tous les souvenirs de 16!...)

Goiran, très optimiste. Soutient que maintenant tous les espoirs sont légitimes. Je crois aussi. (J'imagine qu'il y a bien des gens étonnés. Et d'abord tous nos grands chefs, militaires et civils, qui avaient mesuré de si près l'abîme, au printemps! Doivent tous redresser la crête. Pourvu qu'ils ne la redressent pas trop.)

12 août, soir.

Passé l'après-midi à recopier extraits de l'agenda, pour ma lettre à Dawson.

Journaux. Les Anglais sont sous Péronne. Pauvre Péronne! Qu'est-ce qu'il en reste? (Me rappelle si bien l'évacuation en 14, la ville sans lumière, les falots qui couraient dans la nuit, la retraite de la cavalerie, hommes fourbus, canassons boiteux... Et tous ces brancards alignés au rez-de-chaussée de l'hôtel de ville, jusque sur le trottoir!)

13, soir.

Respiration plus difficile aujourd'hui. Ai pourtant terminé les notes que j'enverrai à Dawson.

Cette révision de l'agenda me laisse bonne impression. Excellente même. Progression du mal, lisible comme sur un graphique. Ensemble documentaire important. Peut-être unique. Peut-être appelé à faire autorité, à servir longtemps de base aux recherches. Devrai lutter contre la tentation d'en finir. Attendre le plus tard possible, pour mener jusqu'au bout l'analyse. Laisser au moins derrière moi l'historique complet d'un de ces cas, encore si mal connus.

A certains moments, cette pensée me soutient. A d'autres, suis obligé de me battre lamentablement les flancs pour y trouver un petit brin de consolation...

1 heure du matin.

Réminiscence. (Curieux de s'interrompre au cours d'une rêverie pour remonter la chaîne des associations d'idées, suivre en sens inverse le chemin de la pensée, jusqu'au point de départ.)

Ce soir, au moment où Ludovic est entré avec le plateau, la capsule de la salière, mal vissée, est tombée en tintant sur l'assiette.

J'y avais à peine fait attention. Mais, toute la soirée, pendant mon traitement, et en faisant ma toilette, et en recopiant des notes, j'ai pensé à Père. Défilé d'anciens souvenirs, évoquant des repas en famille, les dîners silencieux de la rue de l'Université, Mlle de Waize et ses petites mains sur la nappe, les déjeuners du dimanche à Maisons-Laffite, avec la fenêtre ouverte et du soleil plein le jardin, etc.

Pourquoi ? Je le sais maintenant. C'est parce que le tintement de la capsule sur la faïence m'avait (mécaniquement) rappelé le bruit particulier que faisait le lorgnon de Père, au début du repas, lorsque Père s'asseyait lourdement à sa place, et que le lorgnon, pendu au bout du fil, heurtait le bord de son assiette.

Je devrais rédiger quelques notes sur Père, pour Jean-Paul. Personne n'aura l'occasion de lui parler de son aïeul paternel.

Il n'était guère aimé. Même de ses fils. Il était bien difficile à aimer. Je l'ai jugé très sévèrement. Ai-je toujours été juste ? Il m'apparaît, aujourd'hui, que ce qui l'empêchait d'être aimé n'était que l'envers, ou l'excès, de certaines forces morales, de certaines austères vertus. J'hésite à écrire que sa vie forçait l'estime ; et pourtant, vue sous un certain angle, elle a toute été consacrée à faire ce qu'il pensait être le bien. Ses travers éloignaient de lui tout le monde, et ses vertus n'attiraient personne. Il avait une façon de les exercer qui écartait de lui plus que n'auraient fait les pires défauts... Je crois qu'il en a eu conscience, et qu'il a cruellement souffert de son isolement.

Un jour, Jean-Paul, il faudra que je fasse l'effort de t'expliquer l'homme qu'était ton grand-père Thibault.

14 août, matin.

Encore ce vieux bavard de Ludovic. Il affirme (en mettant sa grosse main sur sa moustache) : « Monsieur le major, croyez-moi : le lieutenant Darros n'est qu'un *dissimulateur.* »

Je proteste, naturellement. Ludovic, d'un air entendu : « On sait ce qu'on sait. » Il précise : quand Darros habitait l'annexe, Ludovic a remarqué qu'il « trichait » en prenant sa température, qu'il ne mettait jamais le thermomètre sans s'être agité un bon quart d'heure, qu'il s'octroyait quelques dixièmes de trop en pointant sa feuille, etc.

Je proteste, mais... Ai constaté moi-même certaines choses troublantes. Salle d'inhalation, par exemple. La mollesse avec laquelle Darros fait son traitement. L'écourte toujours, dès que Bardot ou Mazet ont tourné le dos. Se dérobe en général à tous soins qu'on lui laisse prendre seul, etc. Négligences d'autant plus étranges que Darros s'inquiète beaucoup de lui, m'a questionné souvent, parle de sa « santé définitivement compromise », etc. (Darros n'a pas de lésions, mais état bronchique mauvais, et qui ne s'améliore pas.)

Fin après-midi, dans le potager.

J'aime venir là, jusqu'au banc. Ombres des cyprès sur l'allée. Claies de roseaux. Plates-bandes alignées. Le bruit de la noria. Le va-et-vient de Pierre et de Vincent, avec leurs arrosoirs.

Obsédés par racontars de Ludovic. Si c'était vrai, si Darros est un simulateur, je me pose la question : est-ce *mal* ?

Pas si simple. Ça dépend pour qui. Pour Ludovic, dont les deux fils ont été tués, c'est *mal*, c'est même un crime, une sorte de désertion. Il pense sans doute que Darros mérite de passer en conseil. Pour le père de Darros aussi, ce serait sûrement mal. (Le connais un peu. Il vient quelquefois voir son fils. Pasteur à Avignon. Vieux puritain patriote. A poussé son plus jeune fils à s'engager.) Oui, sûrement, pour le père Darros, c'est *mal*. Mais pour d'autres ? Pour Bardot, par exemple ? Il soigne Darros depuis quatre mois, il l'aime bien. A supposer qu'il s'aperçoive de quelque chose, sévirait-il ? Ou fermerait-il les yeux ? Et pour Darros lui-même, s'il est vraiment coupable de « tricher », a-t-il le sentiment que c'est *mal*?

Et pour moi? Me pose la question. Est-ce *mal*? Certes je ne peux pas dire que c'est *bien*. Instinctive répugnance à l'égard des embusqués d'hôpitaux, qui « s'arrangent » pour ne pas guérir. Mais ne me décide pas à répondre catégoriquement : c'est *mal*.

Étrange histoire. Intéressant de chercher à tirer ça un peu au clair. Bien ou mal?

Constate d'abord ceci : que je le suppose, ou non, capable de jouer la comédie, Darros me reste sympathique. Garçon sensible, réfléchi, cultivé, que je crois foncièrement honnête. Je l'estime, même si c'est un *dissimulateur*. M'a souvent parlé avec confiance. De son père, de sa jeunesse, de la terrible éducation protestante au point de vue sexuel. De sa vie conjugale aussi. Le jour, notamment, où il m'a raconté son passage à Lyon, avec sa femme, le soir de la mobilisation. (Ils arrivaient d'Avignon, où ils passaient leurs vacances. Le lendemain, à l'aube, Darros devait rejoindre son régiment de réserve. Ils ont fini par trouver une chambre, dans un hôtel borgne. La ville en rumeur, le branle-bas de guerre. Me rappelle de quelle voix il disait : « Thérèse tremblait de peur, elle serrait les dents pour ne pas pleurer. J'ai passé la nuit dans ses bras, à sangloter comme un gosse. Je n'oublierai jamais ça. Elle me caressait doucement les cheveux, sans pouvoir parler. Et sur les pavés, toute la nuit, les trains d'artillerie, sans arrêt, un tintamarre infernal. »)

Peut-être un simulateur, aujourd'hui. Mais pas un lâche. Quarante mois d'infanterie, deux blessures, trois citations, et, pour finir, les gaz aux Hauts-de-Meuse. Marié six mois avant la guerre. Un enfant. Une femme de santé fragile. Pas de fortune. Un poste médiocre, dans l'enseignement, à Marseille. C'est en février dernier qu'il a été gazé (légèrement). Il a d'abord été soigné à Troyes, et sa femme — j'attache à ce détail une certaine importance — est venue s'y installer; ils ont pu revivre ensemble, un long mois. Ensuite, on l'a expédié ici, à cent lieues de la guerre. On lui a rendu son ciel bleu, son soleil, une vie de vacances... J'imagine si bien ce qui a pu se passer en lui!... S'il a pris la résolution d'user de tous les moyens pour faire durer ses troubles pulmonaires le plus longtemps possible — et, qui sait? la paix n'est peut-être plus si éloignée — cela n'a pas été, chez ce protestant de bonne trempe, sans débats de conscience. S'il a choisi finalement de sauver coûte que coûte sa peau, — au risque même d'aggraver son mal faute de soins, — est-ce *bien*? est-ce *mal*?

Que répondre?

Non, même s'il a pris ce parti, je ne veux pas lui retirer mon estime.

Minuit.

Insomnie, insomnie. Interminables méditations des heures noires... Sorte d'instinct de conservation qui m'aide, chaque fois que ce n'est pas par trop impossible, à détourner mon attention de moi, des « spectres ».

Darros. Tout de même assez grave, cette histoire Darros. Je veux dire grave *pour moi*, pour tout ce qu'elle soulève de problèmes *pour moi*.

Constatation marginale : je ne crois plus à la responsabilité.

Y ai-je cru, jadis? Oui. Dans la mesure où un

médecin peut y croire. (Pour nous, les limites de la responsabilité ne sont jamais tout à fait là où les situe l'opinion courante. — Me rappelle, à Verneuil, discussions avec ce médecin légiste, aide-major au bataillon de tirailleurs. Savons trop, nous autres, que nos actes sont la conséquence de ce que nous sommes et de ce qui nous entoure. Responsables de notre hérédité ? de notre éducation ? des exemples donnés ? des circonstances ? Non, c'est l'évidence même.)

Mais j'ai toujours agi comme si je croyais à *ma* responsabilité absolue. Et j'avais très fort le sentiment, — éducation chrétienne ? — du mérite et du démérite.

(Avec des faiblesses, d'ailleurs : tendance à me sentir relativement irresponsable des fautes commises, et à revendiquer le mérite de ce que je faisais de bon...)

Tout ça assez contradictoire.

(*Pour Jean-Paul :*
Ne pas trop redouter les contradictions. Elles sont inconfortables, mais salubres. C'est toujours aux instants où mon esprit s'est vu prisonnier de contradictions inextricables, que je me suis en même temps senti le plus proche de cette Vérité avec majuscule, qui se dérobe toujours.

Si je devais « revivre », je voudrais que ce soit sous le signe du *doute.*)

Point de vue biologique.

Pendant mes premières années de guerre, j'ai cédé — rageusement, mais j'ai cédé — à la tentation de penser les problèmes moraux et sociaux à la seule lumière simpliste de la biologie. (Réflexions de ce genre : « L'homme, brute sanguinaire, spécifiquement, etc. Limiter ses dégâts par une organisation sociale inflexible. Et ne rien espérer de mieux. ») Traînais même dans ma cantine un volume du père Fabre, déniché à Compiègne. Me complaisais à ne plus considérer les hommes, et moi-même, que comme de grands insectes armés pour le combat, l'agression et la défense, la conquête, l'entremangement, etc. Me répétais hargneusement : « Que cette guerre t'ouvre au moins les yeux, imbécile. Voir le monde tel qu'il est. L'univers : un ensemble de forces aveugles, qui s'équilibrent par la destruction des moins résistants. La nature : un champ de carnage où s'entre-dévorent les êtres, les races, opposés par leurs instincts. Ni bien ni mal. Pas plus pour l'homme que pour la fouine, ou l'épervier, etc. »

Comment nier que la force prime le droit, du fond d'une cave ambulance pleine de blessés ? (Quelques souvenirs précis : Soir du Cateau. Attaque de Péronne, derrière le petit mur. Poste de secours de Nanteuil-le-Haudouin. Agonie des deux petits chasseurs, dans la grange, entre Verdun et Calonne.) Me souviens de certaines heures où je me suis saoulé, désespérément, de cette vue zoologique du monde.

Courte vue... Le pessimisme mortel où j'avais sombré aurait dû m'avertir que ça mène à des bas-fonds où l'air n'est plus respirable.

Vais éteindre, pour essayer de m'assoupir.

1 heure.

Inutile d'espérer dormir cette nuit.

Ce brave Darros (il ne s'en doute guère) est cause que me voici empêtré depuis quinze heures dans les « problèmes moraux », — plus que je ne l'ai été durant toute ma vie !

Littéralement, ces questions ne se posaient pas pour

moi. Le bien, le mal : locutions usuelles, commodes, que j'employais comme chacun, sans y attacher de valeur réelle. Notions vides pour moi de tout impératif. Les règles de la morale traditionnelle, je les acceptais, — pour les autres. Je les acceptais en ce sens que si, par hypothèse, quelque pouvoir révolutionnaire victorieux avait voulu les déclarer caduques, — et s'il m'avait fait l'honneur de me consulter, — je l'aurais probablement dissuadé de saper d'un coup ces bases sociales. Elles m'apparaissaient totalement arbitraires, mais d'une utilité pratique incontestable pour les rapports des « autres » entre eux. Quant à moi, dans mes rapports avec moi-même, je n'en tenais aucun compte.

(Je me demande, d'ailleurs, sous quelle forme j'aurais pu préciser ma règle personnelle de vie, si j'avais eu à le faire, — ce dont je n'avais ni le loisir ni l'idée. Je crois que je m'en serais tenu à quelque formule élastique, de ce genre : « Tout ce qui accroît la vie en moi et favorise mon épanouissement est bien ; tout ce qui entrave la réalisation de mon être est mal. » — Resterait maintenant à définir ce que j'entendais par « la vie » et par « réaliser mon être »... J'y renonce.)

A vrai dire, ceux qui m'ont regardé vivre, s'il en est — Jacques, par exemple, ou Philip — n'ont guère pu s'apercevoir de la liberté quasi totale que je m'octroyais en principe. Car, dans mes actes, je me suis toujours, et sans même y prendre garde, conformé à ce qu'on est convenu d'appeler « la morale » — « la morale des honnêtes gens ». Pourtant, à plusieurs reprises — n'exagérons pas : trois ou quatre fois, peut-être, en quinze ans — à certaines heures graves de mon existence privée ou professionnelle, j'ai pris soudain conscience que mon affranchissement n'était pas uniquement théorique. Trois ou quatre fois dans ma vie, je me suis trouvé d'emblée transporté dans une région où ces règles, que j'acceptais habituellement, n'avaient pas cours ; où la raison même n'avait pas accès ; où l'intuition, l'impulsion, étaient maîtresses. Une région aérée et sereine, une région de *désordre supérieur*, où je me sentais merveilleusement solitaire, puissant, assuré. Assuré, oui. Car j'éprouvais avec intensité la sensation de m'être infiniment rapproché, tout à coup, de... (Bien du mal à terminer cette phrase...) — mettons : de ce qui serait, pour un Dieu, la pure Vérité. (Celle à majuscule.) Oui, trois fois au moins, à ma connaissance, j'ai sciemment et fermement enfreint les lois les plus unanimement accréditées de la morale. Je n'en ai jamais eu aucun remords. Et j'y pense aujourd'hui avec un complet détachement, sans la plus petite ombre de regret. (D'ailleurs, je peux bien dire que je n'ai aucune expérience du remords. Une disposition foncière à accepter mes pensées ou mes actes, quels qu'ils soient, comme autant de phénomènes naturels. Et légitimes.)

Me sens, cette nuit, particulièrement en train pour écrire. Et lucide. Si je dois payer, demain, par une mauvaise journée, tant pis.

Me suis relu. Rêvé sur tout ça, et autour, un bon moment.

Me suis posé, entre autres, cette question : Pour la moyenne des gens (dont la vie s'écoule, en somme, sans qu'ils se permettent d'infractions bien accusées aux règles morales admises), qu'est-ce qui peut bien les retenir ? Car, il n'y en a guère, parmi eux, qui échappent à la tentation de commettre des actes réputés « immoraux »... J'écarte, bien entendu, les croyants, ceux qu'une profonde conviction religieuse ou philosophique aide à triompher des pièges du Malin. Mais les autres, tous les autres, qu'est-ce qui les arrête ? Timidité ? Respect humain, crainte des on-dit ? Crainte du juge d'instruction ? Crainte des conséquences qu'ils risquent d'encourir, dans leur vie privée, ou publique ? Tout ça joue, évidemment. Ces obstacles sont forts, et sans doute infranchissables aux yeux d'un grand nombre de « tentés ». Mais ce sont des obstacles d'ordre matériel. S'il n'y en avait pas d'autres, et d'ordre spirituel, on pourrait soutenir que l'individu, pour peu qu'il soit affranchi du joug religieux, n'est maintenu dans la voie droite que par la peur du gendarme, ou, tout au moins, du scandale. Et on pourrait soutenir, en conséquence, que tout individu incroyant, si on le suppose aux prises avec la tentation et placé dans des circonstances telles qu'il est sûr d'un secret total et d'une impunité absolue, céderait aussitôt à l'appel, et commettrait le « mal », avec une satisfaction éperdue... Ce qui reviendrait à dire qu'il n'existe pas de considérations « morales » susceptibles de retenir un incroyant ; et que, pour celui qui n'est soumis à aucune loi divine, à aucun idéal religieux ou philosophique, il n'existe aucune interdiction morale efficace.

Une parenthèse : Cela semblerait donner raison à ceux qui expliquent la conscience morale (et la distinction que nous faisons tous, spontanément, entre ce que l'on doit faire et ce que l'on ne doit pas faire, entre ce qui est *bien* et ce qui est *mal*) par une survivance en l'homme moderne d'une soumission d'origine religieuse, longtemps acceptée par les générations précédentes, et devenue caractère acquis. Je veux bien. Mais il me semble que c'est raisonner en oubliant que Dieu n'est qu'une hypothèse humaine. Car, cette distinction du bien et du mal, ce n'est pas Dieu, *invention* de l'homme, qui peut l'avoir imposée à l'esprit humain : c'est, au contraire, l'homme qui l'a attribuée à Dieu, et qui en a fait un précepte divin. Si cette distinction est d'origine religieuse, autant dire que c'est l'homme, un jour, qui l'a prêtée à Dieu. Et donc qui l'avait en lui. Et même qu'elle était en lui si fortement enracinée, qu'il a senti le besoin de donner à cette distinction une suprême, et à jamais indiscutable, autorité...

Comment résoudre ?

4 heures.

Vaincu par la fatigue au milieu de ma parenthèse. Dormi plus de deux heures d'affilée. Appréciable résultat du carnet. Et de mes velléités philosophiques...

Ne sais plus où je voulais en venir. « Comment résoudre ?... » Oui, comment ? J'avais pourtant l'impression d'être arrivé à y voir un peu plus clair. Mais bien incapable de retrouver l'enchaînement.

Problème de la conscience morale, de ses origines. Pourquoi pas : survivance d'une habitude sociale ? (J'invente peut-être à mon usage une explication archiconnue. Peu importe. Nouvelle pour moi.)

Autant je rejette l'idée que la conscience morale aurait pour source quelque loi divine, autant il me paraît plausible d'admettre qu'elle a ses origines dans le passé humain, qu'elle est une habitude qui survit à la cause qui l'a fait naître, et qui est fixée en nous, à la fois par hérédité et par tradition. Un résidu des expériences que les anciens groupements humains ont eu à faire pour organiser leur vie collective et régler leurs rapports sociaux. Résidu de règlements de bonne police. Je trouverais assez séduisant, assez satisfaisant même pour l'amour-propre de pouvoir se dire que cette conscience morale, cette distinction d'un *bien* et d'un *mal* (distinction qui préexiste en chacun de nous ;

et qui est souvent absurde dans les ordres qu'elle nous dicte; et qui, néanmoins, nous contraint sans cesse à lui obéir; et qui même, parfois, nous dirige aux heures où la raison hésite et se récuse; et qui fait accomplir aux plus sages des gestes que leur raison, appelée en contrôle, ne saurait pas justifier) — il me séduirait assez d'admettre qu'elle est la survivance d'un instinct essentiel à l'homme, animal social. Un instinct, qui s'est perpétué en nous à travers les millénaires, et grâce auquel la société humaine s'achemine vers son perfectionnement.

15 août, jardin.

Temps glorieux. Cloches des vêpres. Un air de fête, sur tout. Insolence de ce ciel, de ces fleurs, de cet horizon qui tremble dans le halo lumineux des beaux jours. Envie de s'opposer à la beauté du monde, de détruire, d'appeler la catastrophe! Non, envie de fuir, de se cacher, envie de se replier davantage sur soi, pour souffrir.

A Spa, grand conseil de guerre, le Kaiser, les chefs de l'armée. Trois lignes dans un journal suisse. Rien dans les journaux français. Et peut-être une date historique, que les écoliers apprendront plus tard dans des manuels, et dont les conséquences auront changé le cours de la guerre...

Goiran affirme que, parmi ces messieurs du Quai d'Orsay, nombreux maintenant sont ceux qui annoncent la paix pour cet hiver.

Pas grand-chose dans le communiqué. Attente qui pèse comme une chaleur d'orage.

Soir, 10 heures.

Viens de relire mes élucubrations de la nuit dernière. Surpris et mécontent d'avoir noirci tant de pages. J'y montre un peu trop mes limites... (Et puis ce misérable vocabulaire humain qui, quoi qu'on fasse, est toujours celui du sentiment, et non celui de la logique !)

Pour Jean-Paul :
Ce n'est pas sur ces balbutiements de malade qu'il faudra juger l'oncle Antoine, mon petit. L'oncle Antoine s'est toujours senti très mal à l'aise dans les labyrinthes de l'idéologie : il s'y égare dès les premiers pas... Lorsque je préparais à Louis-le-Grand mon bachot de philo (le seul examen où j'ai dû me présenter deux fois avant d'être reçu), je traversais parfois des heures bien mortifiantes... Un lourdaud qui veut jongler avec des bulles de savon !... Je constate que le tête-à-tête avec la mort ne change rien à ces dispositions. Je quitterai ce monde sans avoir rien pu changer à cette inaptitude fondamentale aux spéculations abstraites !...

Bientôt minuit.

Ce *Journal* de Vigny ne m'ennuie pas, mais, à chaque instant, mon attention m'échappe, le livre me tombe des mains. Énervement d'insomnie. Mes pensées tournent en rond ; la mort, le peu qu'est une vie, le peu qu'est un homme ; l'énigme à laquelle l'esprit se heurte, dans laquelle il s'enlise, dès qu'il cherche à comprendre. Toujours cet insoluble « au nom de quoi ? »

Au nom de quoi un être comme moi, affranchi de toute discipline morale, a-t-il mené cette existence que je peux bien dire *exemplaire*, si je songe à ce qu'étaient mes journées, à tout ce que j'ai sacrifié pour mes malades, à l'extrême scrupule que j'ai toujours apporté dans l'accomplissement de mes *devoirs* ?

(Je m'étais juré d'écarter ces problèmes, qu'il faudrait affronter avec d'autres dons. Peut-être, d'ailleurs, n'était-ce pas le meilleur moyen de m'en délivrer ?)

Au nom de quoi les sentiments désintéressés, le dévouement, la conscience professionnelle, etc. ?

Mais, au nom de quoi la lionne blessée se laisse-t-elle abattre pour ne pas quitter ses petits ? Au nom de quoi le repliement de la sensitive ? — ou les mouvements amiboïdes des leucocytes ? — ou l'oxydation des métaux ? etc.

Au nom de rien, voilà tout. Poser la question, c'est postuler qu'il y a « quelque chose », c'est tomber dans le traquenard métaphysique... Non ! Il faut accepter les limites du connaissable. (Le Dantec, etc.) La sagesse : renoncer aux « pourquoi », se contenter des « comment ». (Il y a déjà de quoi s'occuper, avec les « comment » !) Renoncer, avant tout, au désir puéril que tout soit explicable, logique. Donc, renoncer à vouloir m'expliquer à moi-même, comme si j'étais un tout cohérent. (Longtemps, j'ai cru l'être. Orgueil des Thibault ? — Plutôt, suffisance d'Antoine...)

Tout de même, parmi les attitudes possibles, il y a celle-ci : accepter les conventions morales, sans être dupe. On peut aimer l'ordre, et le vouloir, sans en faire pour cela une entité morale, sans perdre de vue que cet ordre n'est rien de plus qu'une nécessité pratique de la vie collective, la condition d'un appréciable bien-être social. (J'écris : l'ordre, pour éviter d'écrire : le bien.)

Se sentir *ordonné*, et ne rien démêler des lois auxquelles on se sent soumis, — éternel sujet d'irritation ! J'ai cru longtemps que je finirais bien, un jour, par trouver le mot de l'énigme. Suis condamné à mourir sans avoir compris grand-chose à moi-même — ni au monde...

Un croyant répondrait : « Mais c'est si simple !... » Pas pour moi !

Recru de fatigue, et incapable de m'endormir. C'est là le supplice de l'insomnie : la contradiction entre cet épuisement du corps qui veut à tout prix le repos, et cette activité déréglée de l'esprit, qui ne laisse pas approcher le sommeil.

Me tourne et me retourne sur mes oreillers depuis une heure. Travaillé par cette pensée : « J'ai vécu dans l'optimisme, je ne dois pas mourir dans le doute et la négation. »

Mon optimisme. J'ai vécu dans l'optimisme. Je n'en ai peut-être pas eu conscience, mais cela m'apparaît aujourd'hui avec évidence. Cet état d'intuition joyeuse, de confiance active, qui m'a perpétuellement soulevé et soutenu, c'est, je crois, dans le commerce de la science qu'il a pris sa source et qu'il a trouvé de quoi s'alimenter chaque jour.

La science. Elle est plus que simple connaissance. Elle est désir d'accord avec l'univers, — avec l'univers dont elle pressent les lois. (Et ceux qui suivent cette route-là, débouchent sur un *merveilleux*, autrement plus vaste et plus exaltant que celui des religions !) Par la science, on se sent profondément en contact, en harmonie, avec la nature et ses secrets.

Sentiment religieux ? Le mot fait peur ; mais, après tout... ?

Charité, espérance et foi. L'abbé Vécard m'a fait remarquer, un jour, que moi aussi je pratiquais les vertus théologales. J'ai protesté. J'acceptais, à la rigueur, *charité* et *espérance*, mais je refusais *foi*. Pourtant ? Si je voulais aujourd'hui justifier cet élan continu qui m'a porté durant quinze ans, si je cherchais le fin mot de cette indomptable confiance, ce que je trouverais serait peut-être assez proche d'une foi... En quoi ? Eh bien, ne serait-ce qu'en la croissance possible et sans doute infinie des formes vivantes. *Foi dans une accession universelle à des états supérieurs...*

Est-ce être « finaliste » sans le savoir ? Peu importe. En tout cas, je ne veux pas d'autre « finalité ».

16 août.

Température. Respiration difficile, plus sifflante. Ai dû recourir plusieurs fois à l'oxygène. Me suis levé, mais sans descendre.

Visite de Goiran, avec les journaux. Continue à croire la paix possible au cours de l'hiver. Défend son point de vue avec adresse et force. Curieux bonhomme. Curieux de le voir dire des choses rassurantes, avec cet air incurablement soucieux que lui donnent ses petits yeux clignotants, trop rapprochés, ce long nez, ce masque qui avance en museau de lévrier. Tousse et expectore sans arrêt. M'a parlé de son métier comme d'une besogne. Pourtant ! Enseigner l'histoire à Henri-IV ne devrait pas être une tâche ingrate, sans joies. M'a aussi parlé de ses études à Normale. Esprit dénigreur. Prend trop de plaisir à critiquer, pour rester juste. Me donne parfois l'impression d'un esprit faux. Par excès d'intelligence, peut-être, — d'une certaine intelligence, complaisante à elle-même, indifférente à autrui, sans générosité. Avec ça, spirituel souvent.

Spirituel ? Il y a deux façons d'être spirituel : par l'esprit qu'on met dans ce qu'on dit (Philip), et par celui qu'on met dans sa manière de dire. Goiran est de ceux qui paraissent spirituels sans vraiment rien dire qui le soit. Par une certaine élocution, insistance sur les finales, par certains déplacements de voix, certaines mimiques amusantes, certaines tournures elliptiques, sibyllines ; par le pétillement malicieux du regard, qui glisse des sous-entendus derrière chaque mot. Si l'on répète un propos de Philip, il reste acéré, subtil, il continue à faire mouche. Si l'on s'avisait de répéter ceux de Goiran, il ne resterait le plus souvent rien qui porte.

17 août.

Respiration de plus en plus gênée. Passé à la radio. L'écran montre que l'excursion du diaphragme est nulle dans les inspirations profondes. Bardot en permission pour trois jours. Me sens malade, malade, impossible penser à rien d'autre.

18 août.

Mauvais jours, plus mauvaises nuits. Nouveau traitement de Mazet, en l'absence de Bardot.

19 août.

Très abattu par le traitement.

20 août.

Étrangement mieux ce matin. La piqûre de cette nuit m'a fait dormir près de cinq heures ! Bronches sensiblement dégagées. Lu les journaux.

Soir.

Ai somnolé tout l'après-midi. La crise paraît enrayée. Mazet content.

Obsédé par le souvenir de Rachel. Est-ce un symptôme d'affaiblissement, cette emprise des souvenirs ? Quand je vivais, je ne me souvenais pas. Le passé ne m'était rien.

Pour Jean-Paul :
Morale. Vie morale. A chacun de découvrir son devoir, d'en préciser le caractère, les limites. Choisir son attitude, d'après son jugement personnel, au cours d'une expérience jamais interrompue, d'une continuelle recherche. Patiente discipline. Naviguer entre le relatif et l'absolu, le possible et le souhaitable, sans perdre de vue le réel, en écoutant la voix de la *sagesse profonde* qui est en nous.

Sauvegarder son être. Ne pas craindre de se tromper. Ne pas craindre de se renier sans cesse. Voir ses fautes, pour aller plus avant dans l'éclaircissement de soi-même et la découverte de son devoir propre.

(Au fond, on n'a de devoir qu'envers soi.)

21 août, matin.

Journaux. Les Anglais n'avancent guère. Nous, non plus, malgré de petites progressions ici ou là. (J'écris « petites progressions », comme le communiqué. Mais, moi, je *vois* ce que ça représente pour ceux qui « progressent » : cratères des éclatements, rampements dans les boyaux, postes de secours envahis...)

Me suis levé pour le traitement. Essaierai de descendre déjeuner.

Nuit, à la lueur de la veilleuse.

J'espérais dormir un peu. (Hier soir, température presque normale : 37,8.) Mais, toute une nuit d'insomnie, pas une minute d'inconscience. Et voilà l'aube.

Très douce nuit néanmoins.

Matin du 22.

Panne d'électricité, hier soir, qui m'a empêché d'écrire. Je voudrais noter cette admirable nuit d'étoiles filantes.

Si chaud, que j'étais allé, vers une heure, pour lever les jalousies. De mon lit, je plongeais dans ce beau ciel d'été. Nocturne, profond. Un ciel qu'on aurait dit tout en éclatements de shrapnells, une pluie de feu, un ruissellement d'étoiles en tous sens. Me suis rappelé l'offensive de la Somme, les tranchées de Maréaucourt, mes nuits d'août 16 : les étoiles filantes et les fusées des Anglais, se croisant, se mélangeant, dans un féerique feu d'artifice.

Me suis dit tout à coup (et je suis sûr que c'est vrai), qu'un astronome, habitué à vivre en pensée dans les espaces interplanétaires, doit avoir beaucoup moins de mal qu'un autre à mourir.

Rêvé longtemps, longtemps, sur tout ça. Les regards perdus dans le ciel. Ce ciel sans limites, qui recule toujours dès que nous perfectionnons un peu nos télescopes. Rêverie apaisante entre toutes. Ces espaces sans fin, où tournent lentement des multitudes d'astres semblables à notre soleil, et où ce soleil, — qui nous paraît immense, qui est, je crois, un million de fois plus grand que la terre, — n'est *rien*, qu'une unité parmi des myriades d'autres...

La Voie Lactée, une poussière d'astres, de soleils, autour desquels gravitent des milliards de planètes, séparées les unes des autres par des centaines de millions de kilomètres ! Et toutes les nébuleuses, d'où sortiront d'autres essaims de soleils futurs ! Et les calculs des astronomes établissent que ce fourmillement de mondes n'est rien encore, n'occupe qu'une place infime dans l'immensité de l'Espace, dans cet éther que l'on devine tout sillonné, tout frissonnant, de radiations et d'inter-influences gravitiques, dont nous ignorons tout.

Rien que d'écrire ça, l'imagination chancelle. Vertige bienfaisant. Cette nuit, pour la première fois, pour la dernière peut-être, j'ai peu penser à ma mort avec une espèce de calme, d'indifférence transcendante. Délivré de l'angoisse, devenu presque étranger à mon organisme périssable. Moi, une infinitésimale et totalement inintéressante miette de matière...

Me suis juré de regarder le ciel, toutes les nuits, pour retrouver cette sérénité.

Et maintenant, le jour. Un nouveau jour.

Après-midi, jardin.

Je rouvre ce carnet avec reconnaissance. Jamais il ne m'a paru répondre si bien à son but : me délivrer des fantômes.

Suis encore tout envoûté par la contemplation de cette nuit.

Étanchéité de l'animal humain. Nous aussi, nous gravitons les uns autour des autres, sans nous rencontrer, sans nous fondre. Chacun faisant cavalier seul. Chacun dans sa solitude hermétique, chacun dans son sac de peau. Pour accomplir sa vie, et disparaître. Naissances et morts se succèdent à un rythme ininterrompu. Dans le monde, une naissance par seconde, soixante par minute. Plus de *trois mille* nouveau-nés *par heure;* et autant de morts! Chaque année, trois millions d'êtres cèdent la place à trois millions de vies nouvelles. Celui qui aurait vraiment compris, annexé, « réalisé » cela, pourrait-il, comme avant s'émouvoir égocentriquement sur son destin?

6 heures.

Je plane aujourd'hui. Je me sens merveilleusement allégé de mon poids. Une parcelle de matière vivante qui serait pleinement consciente de sa *parcellarité.*

Me suis remémoré les passionnantes conversations que nous avons eues, à Paris, quand Zellinger amenait son ami Jean Rostand passer la soirée avec nous...

Singulière condition que celle de l'homme dans cet immense univers. Elle m'apparaît aujourd'hui avec la même clarté qu'alors, quand nous écoutions Rostand la définir de sa voix incisive et désabusée, avec la prudente précision d'un savant, l'émotion lyrique et la fraîcheur d'images d'un poète. La proximité de la mort donne aujourd'hui à ces pensées un attrait particulier. Je les manie avec piété. Aurais-je trouvé un remède à ma détresse?

Me refuse d'instinct aux illusions métaphysiques.

Épilogue

Jamais le néant n'a eu pour moi tant d'évidence. Je m'en approche avec horreur, avec une révolte de l'instinct ; mais aucune tentation de le nier, de chercher refuge dans d'absurdes espérances.

Ai plus que jamais conscience du peu que je suis. Une merveille, pourtant ! Je contemple, comme du dehors, cet assemblage prodigieux de molécules, qui pour quelque temps encore, est moi. Je crois percevoir au fond de mon être ces mystérieux échanges qui, sans arrêt, depuis trente ans et plus, s'effectuent entre ces milliards de cellules dont je suis fait. Ces mystérieuses réactions chimiques, ces transformations d'énergie, qui s'accomplissent à mon insu dans les cellules de mon écorce cérébrale, et qui font de moi, en ce moment même, cet animal qui pense et qui écrit. Ma pensée, ma volonté, etc. Toutes ces activités spirituelles dont je me suis tant enorgueilli, — rien d'autre qu'un composé de réflexes, indépendants de moi, rien de plus qu'un phénomène naturel, instable, qu'il suffira, pour faire cesser à tout jamais, de quelques minutes d'asphyxie cellulaire...

Soir.

Recouché. Calme. L'esprit lucide, un peu grisé.

Continue à rêver sur l'Homme et sur la Vie... Songé avec un mélange de stupeur et d'admiration à **la** lignée organique dont je suis l'épanouissement. J'aperçois, derrière moi, à travers des milliards de siècles, tous les degrés de l'échelle vivante. Depuis l'origine, depuis cette inexplicable et peut-être accidentelle association chimique, qui s'est produite un jour, quelque part, au fond des mers chaudes ou sur la croûte calcinée de la terre, et d'où sont nées les premières manifestations du protoplasme initial, jusqu'à cet étrange et compliqué animal, doué de conscience, capable de concevoir l'ordre, les lois de la raison, la justice... — jusqu'à Descartes, jusqu'à Wilson.

Et cette idée bouleversante, et parfaitement plausible, après tout : que d'autres formes de vie, appelées à produire des êtres infiniment supérieurs à l'homme, ont pu être détruites en germe par les cataclysmes cosmiques. N'est-il pas miraculeux que cette chaîne organique dont l'homme moderne est le dernier chaînon, ait pu se dérouler au cours des âges jusqu'à maintenant ? ait pu traverser, sans être anéantie, les mille perturbations géologiques du globe ? ait pu échapper aux aveugles gaspillages de la nature ?

Et ce miracle, jusqu'à quand se poursuivra-t-il ? Vers quelle fin (inévitable) notre espèce s'achemine-t-elle ? Disparaîtra-t-elle à son tour, comme ont disparu les trilobites, les scorpions géants, et tant d'espèces nageantes et rampantes, dont nous savons l'existence ? Ou bien l'humanité aura-t-elle la chance de se maintenir, à travers tous les chaos, sur l'écorce de la planète, et à évoluer longtemps encore ? Jusqu'à quand ? Jusqu'à ce que le soleil, refroidi et immobilisé, lui refuse la chaleur, la possibilité de vie ? Et quels nouveaux progrès aura-t-elle réussi à faire, avant de disparaître ? Rêve vertigineux...

Quels progrès ?

Je ne parviens pas à croire à un plan cosmique, où l'animal humain aurait un rôle privilégié. Je me suis trop heurté aux absurdités, aux contradictions de la nature, pour admettre une harmonie préexistante. Aucun Dieu n'a jamais répondu aux appels, aux interrogations de l'homme. Ce qu'il prend pour des réponses, c'est seulement l'écho de sa voix. Son univers est clos, limité à lui. La seule ambition qui lui soit permise, c'est d'aménager au mieux de ses besoins ce domaine borné, qui peut évidemment lui apparaître immense, comparé à sa petitesse, mais qui est minuscule, par rapport à l'univers. La science lui apprendra-t-elle enfin à s'en contenter ? A trouver l'équilibre, le bonheur, dans la conscience même de sa petitesse ? Pas impossible. La science peut encore beaucoup. Elle peut enseigner à l'homme à accepter ses limites naturelles, les hasards qui l'ont fait naître, le peu qu'il est. Elle peut l'amener, de façon durable, à ce calme que j'éprouve ce soir. A cette contemplation presque paisible du néant qui m'attend bientôt, du néant où tout se résorbe.

23.

Au réveil. Sommeil un peu plus long, plus profond, que de coutume. Reposé. Me sentirais presque bien, sans ces sécrétions qui m'étouffent, et cette respiration de soufflet percé.

Me suis endormi dans une espèce d'ivresse. D'ivresse désespérée, et douce, pourtant. Tout ce qui m'accable de nouveau, ce matin, me semblait sans poids, sans importance ; le néant, ma mort prochaine, s'imposaient à moi avec une certitude d'un caractère particulier, qui excluait la révolte. Pas exactement du fatalisme, non : le sentiment de participer, même par la maladie et la mort, au destin de l'univers.

Je voudrais tant retrouver mon état d'esprit d'hier soir !

Sous la véranda, avant le déjeuner. Conversations. Gramophone. Journaux.

On se bat devant Noyon, et sur tout le front entre Oise et Aisne. Avance de quatre kilomètres en vingt-quatre heures. Occupons Lassigny. Les Anglais ont repris Albert, Bray-sur-Somme. (C'est à Bray, derrière le presbytère, que le pauvre Delacour a été tué, si bêtement, aux feuillées, par une balle perdue.)

Soir.

Retrouver mon calme d'hier. Ce soir, à l'heure du dîner, crise d'étouffement très forte, très longue. Suivie d'un abattement sans bornes.

26.

Depuis hier matin, douleurs rétrosternales à peu près constantes. Cette nuit, intolérables. Accompagnées de nausées.

27.

Sept heures du soir. Bu un peu de lait. Joseph va revenir, avant de disparaître jusqu'à demain matin. Je l'attends. J'écoute les pas. Beaucoup de choses importantes à faire : arranger le lit, les oreillers, la moustiquaire, préparer la potion, l'urinal, régler les jalousies, nettoyer le crachoir, mettre à portée le verre d'eau, le flacon de gouttes, la poire pour la lumière, la poire pour la sonnerie... « Bonsoir, Monsieur le major. » — « Bonsoir, Joseph. » Attendre huit heures et demie, l'apparition du père Hector, l'infirmier de nuit. Il ne parle pas. Il entrouve la porte et passe la tête. Il semble dire : « Je suis arrivé. Je veille. Ne craignez rien. »

Après, c'est la solitude, l'interminable nuit qui commence.

Minuit.

Sans courage. Tout en moi se détraque.

Ramène tout à moi, c'est-à-dire à ma fin. Si je pense à quelqu'un d'autrefois, c'est pour me dire aussitôt : « Encore un qui ne sait pas que je suis perdu. » Ou bien : « Qu'est-ce qu'il dira, celui-là, en apprenant ma mort ? »

28.

Douleurs semblent s'atténuer. Elles disparaîtront peut-être comme elles sont venues ?

Mauvaise radio. La prolifération du tissu fibreux s'est considérablement accélérée depuis le dernier examen. Surtout poumon droit.

29 août.

Souffre moins. Très épuisé par ces quatre mauvais jours.

Communiqué : Les nouvelles offensives (entre la Scarpe et la Vesle) progressent. Les Anglais avancent sur Noyon. Bapaume est à nous.

Pour Jean-Paul :
Orgueilleux, tu le seras. Nous le sommes. Accepte-toi. Sois orgueilleux, délibérément. Humilité : vertu parasite, qui rapetisse. (N'est, d'ailleurs, bien souvent, que la conscience intime d'une impuissance.) Ni vanité ni modestie. Se savoir fort, pour l'être.

Parasites aussi, le goût du renoncement, le désir de se soumettre, l'aspiration à recevoir des ordres, la fierté d'obéir, etc. Principes de faiblesse et d'inaction. Peur de la liberté. Il faut choisir les vertus qui grandissent. Vertu suprême : l'énergie. C'est l'énergie qui fait la grandeur.

Rançon : la solitude.

30.

Noyon est dépassé. Mais à quel prix ?

Surpris qu'on laisse la presse répéter que la fin de la guerre approche. L'Amérique n'est pas entrée en campagne pour se contenter d'une victoire militaire, d'une paix militaire. Wilson veut décapiter politiquement l'Allemagne et l'Autriche. Leur arracher la tutelle de la Russie. Au train où évoluent les événements, ce n'est tout de même pas en six mois qu'on peut espérer l'effondrement des deux Empires, la constitution, à Berlin, à Vienne, à Pétersbourg, de régimes républicains solides, avec lesquels on puisse efficacement traiter ?

Ma fenêtre. Une demi-douzaine de fils électriques, bien tendus, traversent ce rectangle de ciel comme des rayures sur une plaque de photo. Les jours d'orage, de fines perles d'eau glissent sur les fils, à quelques centimètres d'intervalle, toutes dans le même sens, interminablement, sans jamais s'atteindre. A ces moments-là, impossible de rien faire, de rien regarder d'autre...

SEPTEMBRE

1ᵉʳ septembre 18.

Un nouveau mois. En verrai-je la fin ?

J'ai recommencé à descendre. Déjeuné en bas.

Depuis que j'ai cessé de me raser (juillet), je n'ai plus guère l'occasion de me regarder dans le miroir qui est au-dessus de mon lavabo. Tout à l'heure, dans le secrétariat, je me suis aperçu brusquement dans la glace. Hésité une seconde à me reconnaître dans ce moribond barbu. « Un peu d'âsthênie », reconnaît Bardot. C'est « cachexie » qu'il faut dire !

Impossible que ça se prolonge encore bien des semaines...

Les Anglais ont repris le mont Kemmel. Nous attaquons sur le canal du Nord. L'ennemi se replie sur la Lys.

Nuit du 1ᵉʳ.

Rachel. Pourquoi Rachel ?

Rachel. Ses cils roux, ce halo doré autour de son regard. Et la maturité de ce regard ! Sa main qu'elle appuyait sur mes yeux pour que je ne sois pas témoin de son plaisir. Sa main crispée, lourde, et qui se détendait tout à coup, en même temps que sa bouche, en même temps que tous les muscles de son corps...

2 septembre.

Un peu de vent. M'étais installé à l'abri de la maison. Au-dessus de moi, sous la véranda, j'entendais Goiran, Voisenet et l'adjudant, évoquer leur vie d'étudiants. (Quartier Latin, *le Soufflot*, *la Vachette*, les bals musette, les femmes, etc.) Prêté l'oreille quelques minutes, et suis remonté dans le hall, irrité, hargneux. Troublé, aussi.

Jean-Paul, ne crains pas trop de perdre ton temps.

Non, ce n'est pas ça que je devrais te dire. Persuade-toi, au contraire, que la vie d'un homme est incroyablement courte, et que tu auras très peu de temps pour te réaliser.

Mais gaspille tout de même un peu de ta jeunesse, mon petit. L'oncle Antoine, qui va mourir, est inconsolable de n'avoir jamais rien su gaspiller de la sienne...

3 septembre.

Premières lueurs du jour.

Rêvé de toi cette nuit, Jean-Paul. Tu étais dans le jardin d'ici, et je te tenais appuyé contre moi, et je te sentais ferme et cambré, pareil à un petit arbre qui pousse dru, dont rien ne peut arrêter l'élan. Et tu étais tout ensemble le petit que j'ai pris sur mes genoux il y a quelques semaines, l'adolescent que j'ai été, le médecin que je suis devenu. Au réveil, et pour la première fois, cette pensée m'est venue : « Peut-être sera-t-il médecin ? »

Et mon imagination a vagabondé autour de ça. Et je pense maintenant à te léguer certains dossiers, certains paquets de notes, dix années d'observations, de recherches, de projets ébauchés. Quand tu auras vingt ans, si tu ne sais qu'en faire, donne-les à un jeune médecin.

Mais je ne veux pas si vite abandonner mon rêve. Dans ce jeune médecin qui me continuera, c'est toi, ce matin, que je vois, que je veux voir...

Midi.

Ai peut-être eu tort de renoncer à la rééducation du larynx, d'écourter les exercices respiratoires. En quinze jours, aggravation qui a nécessité ce matin une séance de galvano-cautère.

Matinée au lit.

Journaux. Lu et relu le nouveau message du *Labour Day*. Accent simple et noble, paroles de bon sens. Wilson répète que la paix véritable doit être autre chose et beaucoup plus qu'une nouvelle modification de l'équilibre européen. Dit nettement : « C'est une geurre *d'émancipation*. » (Comme celle d'Amérique.) Ne pas retomber dans les vieux errements, liquider une bonne fois cet état paradoxal de l'Europe d'avant-guerre : des peuples pacifiques, travailleurs, qui se laissaient ruiner par leurs armements, qui vivaient baïonnette au canon derrière leurs frontières. Union des nations réconciliées. Une paix qui apporte enfin au Vieux Continent cette sécurité qui fait la force des U.S.A. Une paix sans vainqueurs et sans humiliés, une paix qui ne laisse aucun ferment de revanche derrière elle, rien qui puisse favoriser un jour une résurrection de l'esprit de guerre.

Wilson marque bien la condition première d'une telle paix : abattre les gouvernements autocratiques. But essentiel. Pas de sécurité en Europe, tant que ne sera pas déraciné l'impérialisme germain. Tant que le bloc austro-allemand n'aura pas fait son évolution démocratique. Tant que ne sera pas détruit ce foyer d'idées fausses (fausses, parce qu'opposées aux intérêts généraux de l'humanité) : la mystique impériale, l'exaltation cynique de la force, la croyance à la supériorité de l'Allemand sur tous les autres peuples et au droit qu'il a de les dominer. (Messianisme de l'entourage du Kaiser, qui voudrait faire de chaque Allemand un croisé dont la mission serait d'imposer l'hégémonie germanique au monde.)

Soir.

Bonne visite de Goiran et de Voisenet, après leur dîner. Conversation sur l'Allemagne. Goiran a prétendu que cette néfaste mystique de la force n'est pas tant un résultat du régime impérial qu'un caractère ethnique, spécifique, de la race : instinct, plutôt que doctrine. Discussions : l'Allemagne n'est pas la Prusse, etc., Goiran reconnaît lui-même qu'il y a, en Allemagne, tous les éléments nécessaires à la formation d'une nation pacifique et libérale. Et quand bien même le messianisme germanique serait un instinct de la race ? Évident qu'un régime autocratique l'encourage, le développe, l'utilise ! Il dépend de nous, si nous sommes vainqueurs, il dépend du caractère des traités de paix, il dépend de notre attitude vis-à-vis des vaincus, que cette Allemagne malfaisante disparaisse.

Épilogue

L'éducation démocratique à laquelle Wilson veut soumettre les Allemands, en laissant ce messianisme sans emploi, l'émousserait vite, ou bien le détournerait vers d'autres buts, si toutefois le traité de paix ne laisse au peuple allemand aucun prétexte de revanche. Ce serait l'affaire d'une quinzaine d'années. J'ai bon espoir. Je ne crois pas me tromper en pensant que l'Allemagne d'après 1930, républicaine, patriarcale, laborieuse et pacifique, sera devenue l'une des plus solides garanties de l'Union européenne.

Voisenet rappelait novembre 1911. Très juste. Pourquoi l'accord franco-allemand de Caillaux a-t-il seulement retardé la guerre ? Parce qu'il ne modifiait pas — ne pouvait pas modifier — le régime politique allemand. Parce que les buts de l'Allemagne, de l'Autriche, de la Russie, continuaient à être ceux de leurs empereurs, de leurs ministres, de leurs généraux. Tout ça, Wilson l'a compris. Vaincre le Kaiser n'est rien, si on n'atteint pas l'esprit prussien, teutonique, du régime impérial, son ambition d'hégémonie, son pangermanisme. Supprimer les causes profondes, afin que l'esprit du régime ne puisse jamais ressusciter. Alors une paix durable sera assurée.

Ne pas oublier que c'est le gouvernement du Kaiser, seul contre toute l'Europe, qui a torpillé la conférence de La Haye. (Détails donnés par Goiran : l'unanimité était faite pour la limitation des armements ; un accord était conclu, — accord dont les conséquences auraient été incalculables ; et, la veille de la signature, le représentant de l'Allemagne a reçu de son gouvernement l'ordre de ne pas s'engager.) Ce jour-là, l'Empire a jeté le masque. Si le principe d'arbitrage avait été voté, si la limitation des armements avait été acceptée par l'Allemagne comme elle l'était par les autres États, la situation de l'Europe en 1914 aurait été toute différente, et la guerre vraisemblablement évitée. S'en souvenir. Tant qu'un régime d'extension pangermaniste, placé au centre du continent, gardera pouvoir absolu sur soixante-dix millions de sujets dont il exaspère systématiquement l'orgueil national, pas de paix possible pour l'Europe.

4 septembre.

Depuis ce matin, points de côté, mobiles, successifs, très pénibles. (En plus du reste.)

Communiqué annonce de nouveau la prise de Péronne. N'avait jamais avoué, je crois, que Péronne avait été reperdue depuis août.

Courte lettre de Philip. On raconte à Paris que Foch projette trois offensives simultanées. L'une, sur Saint-Quentin. La seconde, sur l'Aisne. La troisième, avec les Américains, sur la Meuse. Comme dit Philip : « Encore de la *casse* en perspective... » Faut-il vraiment tant de morts, avant de s'entendre sur les principes de Wilson ?

Soir.

Visite de Goiran. Indigné. Me raconte les discussions soulevées au dîner par le nouveau message Wilson. Quasi-unanimité à considérer que la Ligue des Nations devra être, avant toutes choses, un moyen de prolonger après la guerre, par une institution stable, la coalition du monde civilisé contre l'Allemagne et l'Autriche. Goiran prétend que cette idée, solidement ancrée déjà dans toutes les caboches officielles françaises (à commencer par Poincaré et Clemenceau), peut être formulée ainsi : « L'unification pacifique de l'Europe ne peut pas se faire sans cette condition *sine qua non :* que les Boches soient exclus de la confédération. Race maudite. Ferment de guerres futures. Pas de paix possible, tant que subsistera en Europe une Allemagne vivace. Donc, la tenir en tutelle pour l'empêcher de nuire. »

Monstrueux. Si Goiran disait vrai, ce serait la trahison absolue de la pensée wilsonienne. Écarter, de prime abord, d'une Ligue *générale,* un tiers de l'Europe, sous prétexte que ce tiers est responsable de la guerre, et qu'il est à tout jamais impossible de lui faire confiance, ce serait tuer dans l'œuf l'organisation juridique de l'Europe, se contenter d'une caricature de Société des Nations, avouer qu'on rêve de mettre l'Europe sous une hégémonie anglo-française, et cultiver à plaisir des germes de nouveaux conflits sanglants.

Wilson, trop sensé, trop averti, pour tomber dans ce piège impérialiste !

Le 5, jeudi.

Ne tiens pas debout, aujourd'hui. Suis vraiment un asphyxié qui marche. Mis cinq minutes à descendre l'escalier.

Lentement, régulièrement, poussé vers la mort. Ai repensé cette nuit à l'agonie de Père. Le refrain de son enfance, qu'il chantonnait :

Vite, vite, au rendez-vous !

Devrais ne pas attendre pour rédiger les notes sur mon père, que je veux laisser à Jean-Paul.

Que de fois, à l'arrière, dans un cantonnement de repos, au calme, heureux d'avoir retrouvé un lit, j'ai passé des heures, étendu, à imaginer l'après-guerre, à rêver naïvement aux temps qui allaient venir, à la vie meilleure, plus laborieuse, plus utile, que j'étais résolu à mener... Tout semblait devoir être si beau !

Mort, mort. Idée fixe. En moi, comme une intruse. Une étrangère. Un parasite. Un chancre.

Tout changerait si l'acceptation me devenait possible. Mais il faudrait recourir à la métaphysique. Et ça...

Étrange, que le retour au néant puisse soulever une telle résistance. Me demande ce que j'éprouverais si je croyais à l'enfer, et si j'avais la certitude d'être damné. Je doute que ce puisse être pire.

5 septembre, soir.

Le commandant m'a fait apporter par Joseph une revue marquée d'un signet. J'ouvre et lis : *Les guerres ont toutes sortes de prétextes, mais n'ont jamais qu'une cause : l'armée. Ôtez l'armée, vous ôtez la guerre. Mais comment supprimer l'armée ? Par la suppression des despotismes.* C'est une citation tirée d'un discours de Victor Hugo. Et Reymond a mis en marge, avec un point d'exclamation : *Congrès de la Paix*, 1869.

Qu'il ricane, tant qu'il voudra. Est-ce une raison parce qu'on prônait déjà la suppression des despotismes et la limitation des armements il y a cinquante ans, pour désespérer de voir l'humanité sortir enfin de l'absurde ?

Expectorations plus abondantes que jamais, ces

jours-ci. Le nombre des fragments augmente. (Lambeaux de muqueuses et fausses membranes.)

6 septembre.

Reçu ce matin une lettre de Mme Roy. M'écrit chaque année, le jour de la mort de son fils.
(Lubin me rappelle souvent le petit Manuel Roy.)
Que penserait-il aujourd'hui, s'il vivait encore? Je l'imagine assez bien, *amoché* (comme Lubin), mais toujours crâneur, et impatient de guérir pour retourner au front.
Jean-Paul, je me demande quelles seront tes idées sur la guerre, plus tard, en 1940, quand tu auras vingt-cinq ans. Tu vivras sans doute dans une Europe reconstruite, pacifiée. Pourras-tu seulement concevoir ce qu'était le « nationalisme » ? l'héroïsme mystique de ceux qui avaient ton âge en août 14, vingt-cinq ans, l'avenir devant eux, — et qui sont partis se battre, superbement, comme mon cher petit Manuel Roy? Ne sois pas injuste, sache comprendre. Ne méconnais pas la noblesse de ces jeunes hommes qui n'avaient pas envie de mourir, et qui ont accepté virilement de risquer leur vie pour leur pays en danger. Ils n'étaient pas tous des têtes folles. Beaucoup, comme Manuel Roy, ont consenti à ce sacrifice parce qu'ils étaient convaincus qu'il assurerait aux générations futures — dont tu es — un avenir plus beau. Oui, beaucoup. J'en ai connu. L'oncle Antoine témoigne pour eux.

Journaux. Nous avons passé la Somme, atteint Guiscard. Avancé aussi au nord de Soissons, repris

Coucy. Empêcherons-nous les Allemands de s'installer derrière l'Escaut et le canal de Saint-Quentin ?

Le 7 au soir.

Pour Jean-Paul :
Je pense à l'avenir. A ton avenir. Cet avenir « plus beau » que souhaitaient les Manuel Roy. Plus beau ? Je l'espère pour toi. Mais nous vous laissons en héritage un monde chaotique. Je crains bien que tu n'entres dans la vie en un temps fort troublé. Contradictions, incertitudes, heurts de forces anciennes et nouvelles. Il faudra des poumons solides pour respirer cet air vicié. Attention. La joie de vivre ne sera pas accessible à tous.

Je m'abstiens généralement de toute prophétie. Mais, pour entrevoir l'Europe de demain, il suffit de réfléchir. Économiquement, tous les États appauvris, la vie sociale déséquilibrée partout. Moralement, la rupture brusque avec le passé, l'effondrement des anciennes valeurs, etc. D'où, vraisemblablement, un grand désarroi. Une période de mue. Une crise de croissance, avec accès de fièvre, convulsions, élans et rechutes. L'équilibre au bout, mais pas tout de suite. Un enfantement qui n'ira pas sans les douleurs.

Que deviendras-tu là-dedans, Jean-Paul ? Il sera difficile d'y voir clair. Chacun croira détenir la vérité, chacun aura sa panacée à offrir, comme toujours. Époque d'anarchie, peut-être ? Goiran le croit. Moi, non. Si anarchie, anarchie apparente seulement, et provisoire. Car l'humanité ne va pas, ne peut pas aller vers l'anarchie. Impossible à penser. L'histoire est là. L'humanité, à travers d'inévitables fluctuations, ne peut aller que vers l'organisation. (Bien probable que cette guerre marquera un pas décisif, sinon vers la fraternité, du moins vers la compréhension mutuelle. Avec la paix de Wilson, l'horizon européen s'élargira ; les idées de solidarité humaine, de civilisation collective, tendront à se substituer à celles de nationalité, etc.)

De toutes façons, tu verras de vastes transformations, une refonte. Et, ce que je voulais écrire, c'est ceci : il me semble que, en ces temps qui viennent, l'opinion publique, les idées-forces qui la dirigent, auront une influence accrue, déterminante. L'avenir sera probablement plus plastique qu'il n'a jamais été. L'individu aura plus d'importance. L'homme de valeur aura, plus que dans le passé, des chances de pouvoir faire entendre et prévaloir son avis ; des possibilités de collaborer à la reconstruction.

Devenir un homme de valeur. Développer en soi une personnalité qui s'impose. Se défier des théories en cours. Il est tentant de se débarrasser du fardeau exigeant de sa personnalité ! Il est tentant de se laisser englober dans un vaste mouvement d'enthousiasme collectif ! Il est tentant de croire, parce que c'est commode, et parce que c'est suprêmement confortable ! Sauras-tu résister à la tentation !... Ce ne sera pas facile. Plus les pistes lui paraissent brouillées, plus l'homme est enclin, pour sortir à tout prix de la confusion, à accepter une doctrine toute faite qui le rassure, qui le guide. Toute réponse à peu près plausible aux questions qu'il se pose et qu'il n'arrive pas à résoudre seul, s'offre à lui comme un refuge ; surtout si elle lui paraît accréditée par l'adhésion du grand nombre. Danger majeur ! Résiste, refuse les mots d'ordre ! *Ne te laisse pas affilier !* Plutôt les angoisses de l'incertitude, que le paresseux bien-être moral offert à tout « adhérent » par les doctrinaires ! Tâtonner seul, dans le noir, ça n'est pas drôle ; mais c'est un moindre mal. Le pire, c'est de suivre docilement les vessies-lanternes que brandissent les voisins. Attention ! Que, sur ce point, le souvenir de ton père te soit un modèle ! Que sa vie *solitaire*, sa pensée inquiète, jamais fixée, te soient un exemple de loyauté vis-à-vis de toi-même, de scrupule, de *force* intérieure et de dignité.

Petit matin. Insomnie, insomnie.
(Ai tendance à prendre un ton « prêcheur », dès que je m'adresse à Jean-Paul. Renoncer aux : « Attention », etc.)
Devenir un « homme de valeur »... N'ai oublié qu'une chose : lui donner la recette.
La recette ? En fait d'hommes de valeur, je n'ai guère approché que des médecins. Je suis d'ailleurs porté à croire que l'attitude d'un homme de valeur devant les événements, devant les réalités et les imprévus de la vie sociale, ne doit guère différer de celle du médecin devant la maladie. L'important : une certaine virginité du regard. En médecine, ce qu'on sait, ce qu'enseignent les livres, suffit bien rarement pour résoudre le problème nouveau que pose chaque cas particulier. Toute maladie — et, pareillement, toute crise sociale — se présente comme un cas premier, sans précédent identique ; comme un cas *exceptionnel*, pour lequel une thérapeutique nouvelle est toujours à inventer. Il faut beaucoup d'imagination pour être un homme de valeur...

Épilogue

Dimanche, 8 septembre 18.

Expectoré ce matin, au réveil, un fragment d'environ dix centimètres. L'ai fait remettre à Bardot, pour examen.

Relis ce que j'écrivais cette nuit. Surpris de pouvoir ainsi, par moments, porter intérêt à l'avenir, aux hommes d'après moi. Est-ce seulement à cause de Jean-Paul ?

A la réflexion, cet intérêt est tout spontané, et moins intermittent que je ne dis. C'est, au contraire, ma surprise qui est le résultat d'un effort d'esprit, d'un retour sur moi-même. En réalité, penser à l'avenir reste pour moi une opération d'esprit constante, et toute naturelle... Étrange !

Avant déjeuner.

Me souviens d'un écho de presse qui avait frappé Philip. (Une de nos premières conversations extra-professionnelles. Je venais d'entrer dans son service.) Il s'agissait d'un condamné à mort, qui, arrivé devant le couperet, et saisi par les aides, s'était débattu pour crier au procureur : « N'oubliez pas ma lettre. » (Il avait appris, en prison, que sa maîtresse le trompait ; et, le matin de son exécution, il avait écrit aux magistrats pour confesser un mauvais coup, resté sans sanction, et auquel la femme avait pris une part active.)

Nous ne parvenions pas à comprendre. Jusqu'à la dernière seconde, s'intéresser aussi exclusivement aux affaires de ce monde ! Philip voyait là une preuve de la quasi-impossibilité, pour la plupart des hommes, de « réaliser » vraiment le non-être.

Cette histoire ne m'étonne plus autant.

9 septembre.

Un goût infect dans la bouche. A quoi bon ce supplice supplémentaire ? N'ai jamais rien espéré de cette potion à la créosote, qui rappelle le dentiste, qui m'enlève tout désir de manger.

Après-midi, dehors.

En écrivant ce matin la date : 9 septembre, me suis brusquement souvenu : aujourd'hui, *deuxième* anniversaire de Reuville.

Soir.

Vécu toute la journée dans le souvenir de Reuville.
Notre arrivée à la fin du jour. L'installation du poste de secours, dans la crypte. Le village en décombres. Deux cents marmites, tombées la veille. Nuit noire où s'élèvent les fusées éclairantes. Le P.C. du colonel, qui fait fonction de général de brigade, dans une maison dont il ne reste que trois pans de murs. Le fracas des 75, mis en batterie dans le bois. Les pignons en ruine autour de la mare. L'édredon rouge, éventré, près duquel je devais être blessé le lendemain matin. Le sol de détritus et de boue sèche, raviné par les convois. Et la crête, derrière le village, la crête qu'on voyait à travers les vitraux brisés de la crypte, la crête d'où venaient les blessés, par paquets, blancs de poussière, clopin-clopant, avec cet air absent et doux qu'ils avaient tous. Je la vois cette crête, découpée sur le ciel d'incendie, hérissée de pieux barbelés, tous penchés dans le même sens, comme bousculés par un cyclone.

Et le vieux moulin, à gauche, effondré sur ses ailes, comme un joujou cassé. (Étrange plaisir à décrire tout ça. Pourquoi ? Le sauver de l'oubli ? Pour qui ? Pour que Jean-Paul sache qu'un matin, à Reuville, l'oncle Antoine ?...) La crypte, encombrée dès le début de la nuit. Les gémissements, les engueulades. La paille, au fond, où ils déposaient les morts, avec les intransportables. La lampe-tempête posée sur l'autel. La bougie dans la bouteille. La ronde fantastique des ombres sur la voûte. Je revois la table, des planches sur deux tonneaux, les linges, je revois tout comme si j'avais eu le temps d'observer, pour retenir. Mon activité d'alors ! Cet état de demi-ivresse, de joie du métier, cet entrain au boulot. Agir vite. En gardant un maximum de pouvoir sur soi. Tous les sens prodigieusement en éveil, la volonté tendue tout le long des membres jusqu'à l'extrémité des doigts. Une espèce de détresse aussi ; et, en même temps, une insensibilité d'automate. Soutenu par le but, l'ouvrage à faire. Ne rien écouter, ne rien regarder, être tout entier à ce qu'on fait. Et faire dans l'ordre, prestement, sans hâte et sans perdre une seconde, chacun des gestes nécessaires pour que cette plaie soit aseptisée, cette artère liée à temps, cette fracture provisoirement immobilisée. Au suivant !

Je revois plus vaguement l'espèce d'auvent, de remise, où ils installaient les blessés sur les brancards, de l'autre côté de la ruelle. Mais je me rappelle bien cette ruelle, où il fallait raser les murs à cause des balles. Et si bien les petits piaulements aux oreilles, et les claquements secs sur le mur de torchis ! Le regard rageur du petit commandant barbu avec son bras en écharpe, et la façon dont il agitait sa main valide à la hauteur de la tempe, comme s'il écartait un essaim : « Trop de mouches, ici. Trop de mouches. » (Et je pense brusquement à ce vieil engagé barbu, grisonnant, qui était avec nous à l'ambulance de Longpré-les-Corps-Saints, son air sinistre, son accent de faubourg quand il vidait son brancard d'un blessé : « Descendez, on vous d'mande ! »

Toute la nuit, on a travaillé, sans se douter du mouvement tournant. Et à l'aube, l'arrivée de l'agent de liaison, le village pris de flanc, les tranchées d'évacuation devenues dangereuses, la place à traverser malgré les mitrailleuses pour atteindre le seul boyau praticable. Pas eu, un instant, l'idée que je risquais ma peau. En tombant, la vision de l'édredon rouge, et cette certitude lucide : « Poumon perforé... Cœur pas atteint... *M'en tirerai.* »

(A quoi tiennent les choses... Si, ce matin-là, j'avais été blessé à la jambe ou au bras, je ne serais pas où j'en suis : ce peu d'ypérite que j'ai respiré, plus tard, n'aurait pas fait ces ravages si j'avais eu deux poumons intacts.)

10 septembre.

Depuis hier, l'esprit tout occupé de souvenirs de guerre.

Veux noter pour Jean-Paul l'histoire des typhiques, — à quoi j'ai dû de rester au front bien plus longtemps que la plupart de mes confrères des hôpitaux. Dans l'hiver 1915. J'étais toujours attaché à mon régiment de Compiègne, et il se trouvait en ligne, dans le Nord. Mais on avait établi un roulement entre les majors des bataillons, et, toutes les quinzaines environ, chacun de nous s'en allait à six kilomètres en arrière pour diriger pendant quelques jours un petit dépôt, une infirmerie d'une vingtaine de lits. J'arrive là, un soir. Dix-huit malades, dans un sous-sol voûté. Tous avec de la température ; plusieurs avec 40 !... Je les examine, à la lueur de la lampe. Pas d'hésitation : dix-huit typhiques. Or, il avait été interdit d'avoir des typhiques au front. Pratiquement, la consigne était de ne jamais diagnostiquer une typhoïde. Je téléphone au quatre galons, le soir même. Je lui déclare que mes dix-huit « bonshommes me paraissent atteints de troubles gastro-intestinaux graves, très voisins des troubles paratyphiques (j'évitais prudemment le mot *typhoïde*), et que, en conscience, je refusais la direction de l'infirmerie, convaincu que ces pauvres bougres allaient claquer dans leur cave si on ne les évacuait pas sur-le-champ. Le lendemain, à la première heure, on m'envoie chercher en auto. On me fait comparaître à la division. Je tiens tête aux autorités. Tant et si bien que j'obtiens l'évacuation immédiate. Mais de ce jour-là, il y a eu dans mon service une certaine « note », à laquelle j'ai dû, jusqu'à ma blessure, de me voir refuser tout avancement !

Soir.

Je pense à mes rapports, ici, avec les autres. Promiscuité qui devrait rappeler celle du front. Non. Rien de comparable. Ici, camaraderie, rien de plus. Au front, le moindre cuistot est un frère.

Je pense à ceux que j'ai connus. Triste revue à passer. Presque tous réformés, mutilés, disparus... Carlier, Brault, Lambert, et le brave Dalin, et Huart, et Laisné, et Mulaton, où sont-ils ? Et Saunais ? Et le petit Nops ? Et tant d'autres ? Combien d'entre eux finiront la guerre indemnes ?

Je pense à la guerre, aujourd'hui, autrement que d'habitude. Ce que me disait Daniel, à Maisons : « La guerre, cette occasion d'amitié exceptionnelle entre les hommes... » (Une atroce occasion, et une éphémère amitié !) Tout de même, il avait raison : une espèce de pitié, et de générosité, de tendresse réciproque. Dans cette malédiction partagée, on finit par n'avoir plus que des réactions élémentaires, et les mêmes. Galonnés ou non, ce sont les mêmes servitudes, les mêmes souffrances, le même ennui, les mêmes peurs, les mêmes espoirs, la même boue, souvent la même soupe, le même journal. Moins de combines, de petites crasses, moins de méchanceté qu'ailleurs. On a tellement besoin les uns des autres. On aime et on aide, pour être aimé et aidé. Peu d'antipathies personnelles, pas de jalousies (au front). Pas de haines. (Pas même de haine pour le Boche d'en face, victime des mêmes absurdités.)

Et puis, ceci encore : par la force des choses, la guerre est un temps de *méditation*. Pour le type inculte comme pour le type instruit. Une méditation simple, profonde. A peu de chose près, la même pour tous. Est-ce le tête-à-tête quotidien avec la mort qui force à réfléchir les esprits les moins contemplatifs ? (Exemple, ce carnet...) Pas un de nos compagnons du bataillon, dont je n'aie surpris, un jour, la *méditation*. Une méditation solitaire, repliée, qu'on cultive comme un besoin, et qu'on cache. Le seul coin qu'on se réserve. Dans cette dépersonnalisation forcée, la méditation, c'est le dernier refuge de la personne.

Que restera-t-il des fruits de cette méditation à ceux qui auront échappé à la mort ? Pas grand-chose, peut-être. Un furieux appétit de vivre, en tout cas ; l'horreur des sacrifices inutiles, des grands mots, de l'héroïsme ? Ou bien, au contraire, une nostalgie des « vertus » du front ?

11.

Le fragment expectoré l'autre matin a été identifié histologiquement. Pas une fausse membrane : une moule de muqueuse.

Soir.

En réalité, je pense presque aussi souvent à ma vie qu'à ma mort. Je me retourne sans cesse vers mon passé. J'y fouille, comme un chiffonnier dans la poubelle. Du bout de mon crochet, je tire à moi quelque détritus, que j'examine, que j'interroge, sur lequel je rêve inlassablement.

Si peu de chose, une vie... (Et je ne pense pas cela parce que la mienne est écourtée. C'est vrai pour toute vie !) Archibanal : la brève lueur dans l'immense nuit, etc. Combien peu savent ce qu'ils disent en répétant ces lieux communs. Combien peu en sentent le pathétique !

Impossible de se débarrasser intégralement de la question oiseuse : « Quelle peut être la signification de la vie ? » Moi-même, en ruminant mon passé, je me surprends souvent à me demander : « A quoi ça rime ? »

A rien. A rien du tout. On éprouve quelque peine à accepter ça, parce qu'on a dix-huit siècles de christianisme dans les moelles. Mais, plus on réfléchit, plus on a regardé autour de soi, en soi, et plus on est pénétré par cette vérité évidente : « Ça ne rime à rien. » Des millions d'êtres se forment sur la croûte terrestre, y grouillent un instant, puis se décomposent et disparaissent, laissant la place à d'autres millions, qui, demain, se désagrégeront à leur tour. Leur courte apparition ne « rime » à rien. La vie n'a pas de sens. Et rien n'a d'importance si ce n'est de s'efforcer à être le moins malheureux possible au cours de cette éphémère villégiature...

Constatation qui n'est pas aussi décevante, ni aussi paralysante, qu'on pourrait croire. Se sentir bien nettoyé, bien affranchi, de toutes les illusions dont se bercent ceux qui veulent à tout prix que la vie ait un sens, cela peut donner un merveilleux sentiment de sérénité, de puissance, de liberté. Cela devrait même être une pensée assez tonique, si on savait la prendre...

Je songe tout à coup à cette salle de récréation, au rez-de-chaussée du Pavillon B, que je traversais tous les matins en quittant mon service d'hôpital. Je la revois pleine de gosses à quatre pattes, en train de jouer aux cubes. Il y avait là de petits incurables, des infirmes, des malades, des convalescents. Il y avait là des enfants arriérés, des demi-imbéciles, et d'autres très intelligents. Un microcosme, en somme... L'humanité vue par le gros bout de la lorgnette... Beaucoup se contentaient de remuer au hasard les cubes qui se trouvaient devant eux, de les déplacer, de les tourner et retourner sur leurs diverses faces. D'autres, plus éveillés, assortissaient les couleurs, alignaient les cubes, composaient des dessins géométriques. Quelques-uns, plus hardis, s'amusaient à monter de petits édifices branlants. Parfois, un esprit appliqué, tenace, inventif, ambitieux, se donnait un but difficile, réussissait, après dix tentatives vaines, à fabriquer un pont, un obélisque, une haute pyramide... A la fin de la récréation, tout s'effondrait. Il ne restait sur le lino qu'un amas de cubes éparpillés, tout prêts pour la récréation du lendemain.

C'est, somme toute, une image assez ressemblante de

la vie. Chacun de nous, *sans autre but que de jouer* (quels que soient les beaux prétextes qu'il se donne), assemble, selon son caprice, selon ses capacités, les éléments que lui fournit l'existence, les cubes multicolores qu'il trouve autour de lui en naissant. Les plus doués cherchent à faire de leur vie une construction compliquée, une véritable œuvre d'art. Il faut tâcher d'être parmi ceux-là, pour que la récréation soit aussi amusante que possible...

Chacun selon ses moyens. Chacun avec les éléments que lui apporte le hasard. Et cela a-t-il vraiment beaucoup d'importance qu'on réussisse plus ou moins bien son obélisque ou sa pyramide ?

Même nuit.

Mon petit, je regrette ces pages écrites hier soir. Si tu les lis, elles te révolteront. « Pensées de vieillard », diras-tu, « pensées de moribond... » Tu as raison, sans doute. Je ne sais plus où est le vrai. Il y a d'autres réponses, moins négatives, à la question que tu te poses sans doute : « Au nom de quoi vivre, travailler, donner son maximum ? »

Au nom de quoi ? Au nom du passé et de l'avenir. Au nom de ton père et de tes fils, au nom du maillon que tu es dans la chaîne... Assurer la continuité... Transmettre ce qu'on a reçu, — le transmettre amélioré, enrichi.

Et c'est peut-être ça, notre raison d'être ?

12 septembre, matin.

N'ai été qu'un *homme moyen*. Facultés moyennes, en harmonie avec ce que la vie exigeait de moi. Intelligence moyenne, mémoire, don d'assimilation. Caractère moyen. Et tout le reste, camouflage.

Après-midi.

La santé, le bonheur : des œillères. La maladie rend enfin lucide. (Les meilleures conditions, pour bien se comprendre et comprendre l'homme, seraient *d'avoir été* malade, et de récupérer la santé.) J'ai grande envie d'écrire : « L'homme bien portant depuis toujours est fatalement un imbécile. »

N'ai été qu'un homme moyen. Sans vraie culture. Ma culture était professionnelle, limitée à mon métier. Les grands, *les vrais grands*, ne sont pas limités à leur spécialisation. Les grands médecins, les grands philosophes, les grands mathématiciens, les grands politiques, ne sont pas uniquement médecins, philosophes, etc. Leur cerveau se meut à l'aise dans les autres domaines, s'évade au-delà des connaissances particulières.

Soir.

Sur moi-même :

Je ne suis guère plus qu'un type qui a eu de la chance. J'avais choisi la carrière où je pouvais le mieux réussir. (Ce qui prouve déjà une certaine intelligence pratique...) Mais une intelligence *moyenne*, juste assez bien équilibrée pour savoir tirer parti des circonstances favorables.

Ai vécu aveuglé d'orgueil.

Je m'imaginais devoir tout à mon cerveau et à mon énergie. Je m'imaginais avoir créé ma destinée et mérité mes réussites. Je me figurais que j'étais un type de premier plan, parce que j'étais parvenu à me faire juger tel par de moins doués que moi. Camouflage. J'ai donné le change à Philip lui-même.

Mirages, illusions, qui n'auraient pas pu durer toujours. La vie me réservait sans doute de brutales déceptions.

Je n'aurais été rien de plus qu'un bon médecin, — comme tant d'autres.

13 septembre.

Expectorations rosées, ce matin. Onze heures. Au lit en attendant Joseph, pour des ventouses.

Ma chambre. Hideux petit univers, dont tous les détails me sont archiconnus, jusqu'à la nausée. Pas un clou, pas une trace d'ancien clou, pas une éraflure de ces murs rosâtres, sur lesquels mes yeux ne se soient posés des milliers de fois! Et toujours ces *girls*, collées au-dessus de la glace! (Qui me manqueraient, peut-être, si j'obtenais enfin qu'on les arrache.)

Dans ce lit, des heures et des heures, des jours et des nuits. Moi, si actif!

Action. Je n'ai pas seulement été actif. J'ai eu pour l'action, un culte fanatique, puéril.

(Ne pas être trop injuste pour l'activité d'autrefois. Ce que je sais, c'est l'action qui me l'a appris. Le corps à corps avec les réalités. J'ai été façonné par l'action. Même cet enfer de la guerre, si j'ai pu le supporter si fermement, c'est parce qu'il m'obligeait constamment à l'action.)

Après-midi.

Au fond, c'est chirurgien que j'aurais dû être... J'ai fait de la médecine avec un tempérament de chirurgien. Pour être tout à fait un bon médecin, il faut aussi pouvoir être un contemplatif.

Soir.

Je repense à ma belle activité d'autrefois. Non sans sévérité. J'y distingue maintenant la part, — une part, — de cabotinage. (Vis-à-vis de moi-même, plus encore que — en tous cas : autant que — vis-à-vis des autres.)

Ma faiblesse : un perpétuel *besoin d'approbation*. (Cet aveu me coûte, Jean-Paul !)

Ai constaté cent fois que la présence des autres m'était presque indispensable pour battre mon plein. Me sentir regardé, jugé, admiré, stimulait toutes mes facultés, exaltait mon audace, mon esprit de décision, le sentiment de ma puissance, donnait à ma volonté un élan irrésistible. (Exemples : bombardement de Péronne, — ambulance de Montmirail, — coup de main du Bois Brûlé, etc. Autre exemple : dans le civil, j'étais indiscutablement plus perspicace dans mon diagnostic, plus entreprenant en thérapeutique, quand je faisais ma consultation d'hôpital, sous l'œil de mes collaborateurs, que quand j'étais seul chez moi, dans mon cabinet, en face d'un client.)

J'ai conscience aujourd'hui que la véritable énergie, ce n'est pas celle-là : c'est celle qui se passe de spectateurs. La mienne avait besoin d'autrui pour donner son maximum. Seul dans l'île de Robinson, il est probable que je me serais supprimé. Mais l'arrivée de Vendredi m'aurait fait exécuter des prouesses...

Soir.

Cultive ta volonté, Jean-Paul. Si tu es capable de vouloir, rien ne te sera impossible.

14.

Récidive. Douleurs rétrosternales, en plus de tout le reste. Et spasmes inexplicables. Impossible de rien garder dans l'estomac. N'ai pu me lever.
Goiran m'a apporté ses journaux. En Suisse, on parle de propositions de paix austro-hongroises (?), et aussi d'un sourd mouvement révolutionnaire en Allemagne (?)... Les idées démocratiques y feraient-elles déjà leur chemin, grâce aux messages de Wilson ?
Moins incertaine, la nouvelle de l'avance américaine en direction de Saint-Mihiel. Et Saint-Mihiel, c'est la route de Briey, de Metz ! Mais nous arrivons sur la ligne Hindenburg, qu'on dit infranchissable.

16 septembre.

Un peu de mieux. Plus de nausées. Très affaibli par ces deux jours de diète.
Réponse de Clemenceau aux velléités de paix autrichiennes. Souverainement déplaisante. Le ton d'un officier de cavalerie. Pire : le ton d'un pangermaniste. L'effet des récents succès militaires ne se fait pas attendre : dès qu'un des adversaires croit tenir l'avantage, il démasque ses arrière-pensées, *qui sont toujours impérialistes*. Wilson aura fort à faire contre les hommes d'État de l'Entente, pour peu que la victoire

des Alliés ne soit pas exclusivement américaine. L'Entente avait là une occasion de déclarer loyalement ce qu'elle voulait. Mais elle a voulu bluffer, paraître exiger le maximum, de peur de n'avoir pas, au règlement, tout ce qu'il sera possible de soutirer aux vaincus. Goiran dit : « Quelques succès, et déjà l'Entente est ivre. »

17.

Ils peuvent me raconter ce qu'ils voudront, ces répétitions de poussées broncho-pneumoniques ont toujours été considérées comme une forme d'infection pulmonaire à rechutes.

18.

Long examen de Bardot, puis consultation de Sègre. *Fléchissement accusé du cœur droit, avec cyanose et hypotension.*
Je m'y attendais depuis des semaines. Le vieil adage : « Poumons malades, soigne le cœur. »
La caractéristique d'un infirmier : n'être jamais à portée d'appel quand on a un urgent besoin de lui, — et s'éterniser dans la chambre, aux moments où sa présence est insupportablement inopportune...

Nuit du 19 au 20.

La vie, la mort, les germinations ininterrompues, etc.
Cet après-midi, examiné avec Voisenet une carte du

front de Champagne. Me suis brusquement souvenu de cette plaine blanchâtre (quelque part, au nord-est de Châlons), où nous avons fait halte pour casser la croûte, quand j'ai changé d'affectation, en juin 17. Le sol avait été si profondément retourné par les pilonnements du début de la guerre, que rien n'y poussait plus, pas même un brin de chiendent. Pourtant, c'était au printemps, loin du front, et toute la région alentour avait été remise en culture. Et près de l'endroit où nous étions arrêtés, il y avait, au milieu de ce désert crayeux, un petit îlot tout vert. Je me suis approché. C'était un cimetière allemand. Des tombes à ras de terre, enfouies dans l'herbe haute, et, sur ces jeunes cadavres, un foisonnement d'avoines, de fleurs des champs, de papillons.

Archibanal. Mais, aujourd'hui, ce souvenir m'émeut autrement qu'alors. Rêvé toute la soirée à cette nature aveugle, etc. Sans savoir donner forme à ma pensée.

20 septembre.

Succès sur le front de Saint-Mihiel. Succès devant la ligne Hindenburg. Succès en Italie. Succès en Macédoine. Succès partout. Mais...

Mais au prix de quelles pertes ?

Et ce n'est pas tout. Comment se défendre d'une appréhension, quand on constate le changement de ton de la presse alliée depuis que nous nous sentons les plus forts ? Avec quelle intransigeance, Balfour, Clemenceau et Lansing, ont rejeté les offres de l'Autriche ! Et obligé sans doute la Belgique à rejeter celles de l'Allemagne !

Visite de Goiran. Non, je ne puis imaginer aussi proche la fin de la guerre. Pour fonder la République allemande et remettre sur des pieds solides la colosse d'argile russe, ce sont de longs mois qu'il faudra encore, voire des années. Et plus nous serons victorieux, moins nous consentirons à une paix de conciliation, la seule durable.

Avec Goiran, discussion irritante et vaine sur *le progrès*. Il dit : « Alors, vous ne croyez pas au progrès ? »
Si fait, si fait. Mais la belle avance ! Rien à espérer de l'homme avant des *millénaires*...

21.

Déjeuné en bas.
Lubin, Fabel, Reymond, si différentes que soient leurs opinions, sont tous, pareillement, des sectaires. (Voisenet dit du commandant : « J'ai peine à croire que la nature lui ai donné un cerveau. Je ne serais pas surpris d'apprendre qu'il n'a qu'une moelle épinière. »)

Pour Jean-Paul :
Pas de vérité, que provisoire.
(J'ai encore connu le temps où l'on croyait avoir tout résolu avec les antiseptiques. « Tuer le microbe. » On s'est aperçu que, souvent, du même coup, on tuait les cellules vivantes.)
Tâtonner, hésiter. Ne rien affirmer définitivement. Toute voie où l'on se lance à fond devient une impasse. (Exemples fréquents dans la science médicale. Ai vu des esprits de même valeur, de même sagacité, animés

de la même passion du vrai, aboutir, par l'étude des mêmes phénomènes et en faisant exactement les mêmes observations cliniques, à des conclusions très différentes, quelquefois diamétralement opposées.)

Se guérir jeune du goût de la certitude.

22.

Points de côté si pénibles que, quand je suis installé quelque part, je n'ai plus le courage de me déplacer. Bardot disait merveilles de cet onguent au para-amino-benzoate d'éthyle. Totalement inefficace.

23 septembre

Ils ne savent plus où me faire leurs pointes de feu. Mon buste, une écumoire.

25.

Depuis hier, de nouveau, ces grandes oscillations de température.

Essayé de descendre quand même. Mais obligé de revenir me coucher, après étourdissement sur le palier.

Cette chambre, ces murs rosâtres... Je ferme les yeux pour ne plus rien voir.

Je pense à l'avant-guerre, à ma vie d'alors, à ma jeunesse. Ma vraie source de force, c'était une secrète, une inaltérable *confiance en l'avenir*. Plus qu'une confiance : une certitude. Maintenant, ténèbres, là où était ma lumière. C'est une torture de tous les instants.

Nausées. Bardot, retenu en bas par trois arrivées. C'est Mazet qui est monté, deux fois, cet après-midi. Ne peux plus supporter ses façons bourrues, sa gueule de vieux colonial. Empoisonnait la sueur, comme toujours. J'ai cru vomir.

Jeudi, 26 septembre.

Mauvaise nuit. A l'auscultation, nouveaux foyers de râles sous-crépitants.

Soir.

Un peu soulagé par la piqûre. Pour combien de temps ?

Courte visite de Goiran, qui m'a fatigué. Offensive franco-américaine. Offensive anglo-belge. Les Allemands reculent partout. Succès alliés sur le front balkanique, aussi. La Bulgarie demande armistice. Goiran dit : « La paix bulgare, c'est l'annonce de la fin : le moment de la grossesse où la femme perd les eaux... »

En Allemagne, le torchon commence à brûler. Les socialistes ont posé des conditions précises à leur entrée dans le gouvernement. Mécontentement général du pays, avoué par les allusions qu'y fait le chancelier, dans son discours.

Trop beau. Les événements vont si vite qu'ils font peur. La Turquie écrasée. La Bulgarie et l'Autriche prêtes à capituler. Victoires partout. La paix s'ouvre comme un gouffre. Vertige. L'Europe est-elle mûre pour une *vraie* paix ?

Au Grand Hôtel de Grasse, un Américain a parié mille dollars contre un louis que la guerre serait finie pour Christmas.

Heureux ceux qui fêteront Noël.

27.

Faiblesse augmente. Étouffements. Complètement aphone depuis lundi. Visite de Sègre, amené par Bardot. Long examen. Moins distant que d'habitude. Inquiet ?

Soir.

Analyse des crachats : pneumocoques, mais surtout streptos, de plus en plus abondants, malgré leurs sérums spécifiques. Toxi-infection caractérisée.

Radio demain matin.

28.

Symptômes d'infection générale très nets. Bardot et Mazet montent plusieurs fois par jour. Bardot a décidé, à la suite de l'examen radioscopique, une ponction exploratrice.

Que craint-il ? Abcès dans le parenchyme ?

OCTOBRE

6 octobre.

Huit jours.

Encore trop faible pour écrire. Somnolent. Petite joie de retrouver ce carnet. Et même ma chambre. Et mes *girls.*

Tiré d'affaire, une fois encore ?

7 octobre.

Pas touché le carnet pendant ces huit jours. Les forces reviennent. La température a définitivement baissé, normale le matin, 37,9 ou 38 le soir.

M'ont tous cru fichu. Et puis, non.

Transporté le lundi 30 à la clinique de Grasse. Opéré par Mical, dans l'après-midi. Sègre et Bardot assistaient. Gros abcès dans le poumon droit. Heureusement bien limité. Ont pu me ramener au Mousquier le cinquième jour.

Pourquoi ne me suis-je pas tué le 29, après la ponction ? *N'y ai pas pensé.* (Strictement vrai !)

Mardi, 8 octobre.

Moins faible. Je devrais penser qu'il est bien regrettable qu'ils m'aient tiré de là ; mais non : j'accepte ce nouvel entracte, avec une joie lâche...

L'interruption dans la lecture des journaux me gêne pour comprendre. J'ignorais la démission du cabinet allemand. Il s'est passé là-bas des choses graves, à coup sûr. La presse suisse dit que Max de Bade a été nommé chancelier pour négocier la paix.

9 octobre.

Pas de quoi être bien fier. N'ai même pas été effleuré par la tentation du suicide. N'y ai pensé qu'à mon retour dans cette chambre. Entre le diagnostic de l'abcès et l'intervention, n'ai pensé qu'à une chose : que l'opération soit faite au plus vite, — pour réussir.

Plus humiliant encore : pendant tout mon séjour à Grasse, j'ai été obsédé par le regret d'avoir laissé ici le collier d'ambre. J'avais même pris la décision de le confier à Bardot, dès mon retour ici, en lui faisant promettre... de le déposer dans mon cercueil !

Je ne sais pas si je le ferai. Enfantillage de moribond. Si je cède à la tentation, ne me juge pas trop vite, mon petit, ne méprise pas l'oncle Antoine. Le souvenir qui s'attache à ce collier est lié à une pauvre aventure, mais cette pauvre aventure est, malgré tout, ce qu'il y a eu de meilleur dans ma pauvre vie.

10.

Visite de Mical.

11 octobre, vendredi.

Fatigué hier par la visite du chirurgien. M'a donné tous les détails. Gros abcès, bien collecté, cloisonné par des travées fibreuses très résistantes. Pus épais, lié.

Avoue qu'il a trouvé le poumon en état de congestion œdémateuse intense. Analyse bactériologique : cultures de streptocoques.

Mical, intéressé par le cas. Relativement peu fréquent : en un an, sur soixante-dix-neuf ypérités traités ici, seulement sept abcès *simples*, dont le mien. Quatre opérés avec succès. Les trois autres...

Plus rares encore, heureusement, les cas d'abcès *multiples*. Jamais opérables. Trois cas seulement sur soixante-dix-neuf gazés, et trois morts.

J'ai eu de la veine. (Phrase écrite spontanément. Ne l'aurais certes pas écrite si j'avais pris le temps de réfléchir. Mais, l'ayant écrite, je ne la biffe pas. Sans doute, pas encore assez détaché de la vie pour appeler « déveine » une prolongation du supplice...)

12 octobre.

Recommencé à me lever, hier après-midi. Encore amaigri. Perdu 2 kg 400 depuis le 20 septembre.

Le cœur flanche toujours. Digitaline, drosera, deux fois par jour. Perpétuellement en sueur. Malaises, faiblesse, quintes sèches, étouffements, — tout à la fois. Et si l'on me demande comment je vais, je réponds, ces jours-ci, de bonne foi : « Pas mal... »

13.

Journaux suisses donnent des détails plausibles sur les démarches indirectes, tentées auprès de Wilson par le nouveau cabinet allemand, pour entamer des négociations. Demande d'armistice immédiat, ouvertement formulée. Plausibles, car le dernier discours du chance-

Épilogue

lier au Reichstag est une franche proposition de paix. L'Allemagne, hier encore si arrogante!

Pourvu que les Alliés n'abusent pas! Pourvu qu'ils résistent à la tentation de triompher trop... Déjà, partout, une insolence de jockey gagnant! Suis sûr que Rumelles lui-même a oublié que, au printemps, il envisageait le pire : il ne doit pas y avoir, aujourd'hui, triomphateur plus intransigeant que lui!

Le mot « joie », qui revient sans cesse dans la presse française, est choquant. « Délivrance », mais pas « joie »! Comment oublier si vite la somme de douleurs qui pèse sur l'Europe? Rien, pas même la fin de la guerre, ne peut empêcher que la douleur domine, et demeure.

14 octobre, nuit.

Les insomnies recommencent. Je me surprends à regretter les somnolences de l'infection. Tête vide, abattement. Livré aux « spectres ». Juste assez conscient pour *bien* souffrir.

J'avais voulu donner dans ce carnet une image de moi. Pour Jean-Paul. J'étais déjà, quand j'ai commencé d'y écrire, incapable d'attention, de suite, de travail. Encore un rêve non réalisé.

Qu'importe? Indifférence gagne, fait tache d'huile.

Le 15.

Offensive générale. Succès partout. Tous les fronts donnent à la fois. On dirait que, depuis qu'il est question de paix, le commandement allié veut mettre bouchées doubles, jouir de son reste. La dernière « battue »...

Un peu mieux, aujourd'hui. Plaisir à écrire.

Visite de Voisenet. Sa figure de bouddha. Face plate ; yeux écartés, sans profondeur d'orbites, paupières épaisses et courbes comme des pétales de fleurs charnues (magnolia, camélia) ; large bouche, lèvres épaisses, lentes à se mouvoir. Visage plein de sagesse. Reposant à regarder. Une espèce de sérénité fataliste, très extrême-orientale.

Prétend avoir des renseignements récents sur l'état d'esprit dans les états-majors. Inquiétant. Les pertes ne comptent plus, depuis qu'on croit pouvoir compter sur la « réserve » américaine, réputée inépuisable. Et sourde résistance contre la paix. Refuser tout armistice, envahir l'Allemagne, signer la paix à Berlin, etc. Voisenet dit : « Ils pensent *victoire*, au lieu de penser *fin de la guerre*. » Et, de plus en plus ouvertement, hostiles à Wilson. Déclarent déjà que les « quatorze points » sont seulement des vues personnelles de W. ; que l'Entente ne les a jamais ratifiés *officiellement, etc*. Voisenet me fait remarquer que, depuis juillet, depuis les premiers succès militaires, la presse (censurée) parle encore parfois de « Société des Nations », mais plus jamais d' « États-Unis européens ».

Soir.

Voisenet m'avait laissé quelques numéros de *l'Humanité*. Frappé de voir combien nos socialistes font piètre figure, quand on a goûté des messages américains. Un ton de partisans bornés. Rien de grand ne peut naître de ces éléments-là, de ces hommes-là. Les politiciens socialistes d'Europe, à ranger parmi les débris de l'ancien monde. A balayer, avec les autres détritus.

Socialisme. Démocratie. Je me demande si Philip n'avait pas raison, et si les gouvernements vainqueurs vont renoncer aux habitudes de dictature, prises depuis quatre ans. L'impérialisme (républicain), représenté par Clemenceau, se défendra peut-être avant de céder la place ! Peut-être que le foyer du vrai socialisme futur se fondera d'abord dans l'Allemagne vaincue. Parce que vaincue.

16.

Légèrement mieux ces huit derniers jours.

Goiran m'a retrouvé le texte du message du 27... N'ajoute rien de nouveau aux précédents, mais définit avec plus de précision les buts de paix. « Cette guerre prépare un ordre nouveau, etc. » Alliance générale des peuples, seule garantie de la sécurité collective. Quand je vois l'effet de ces paroles sur le « mort en sursis » que je suis, j'imagine ce que peuvent éprouver les millions de combattants, les millions de femmes, de mères ! On n'éveille pas en vain pareilles espérances. Que les dirigeants alliés soient ou non sincères dans leur adhésion aux principes de Wilson, peu importe maintenant : les choses sont telles, la pression unanime sera si forte, que, l'heure venue, aucun politicien d'Europe ne pourra se dérober à la paix qu'on attend.

Je songe à Jean-Paul. A toi, mon petit. Infini soulagement. Un monde nouveau va naître. Tu le verras se consolider. Tu y collaboreras. Sois fort, pour *bien* collaborer !

Jeudi, 17.

Réponse draconienne de Wilson aux premières avances de l'Allemagne. Exige nettement, avant tous pourparlers, la chute de l'Empire, l'exclusion de la caste militaire, la démocratisation du régime. Au risque, évidemment, de retarder la paix. Intransigeance sans doute indispensable. Ne pas perdre de vue les buts essentiels. Il ne s'agit pas d'obtenir un armistice prématuré ni même une capitulation du Kaiser. Il s'agit du *désarmement général* et d'une *Fédération européenne*. Irréalisables, sans la disparition de l'Allemagne et de l'Autriche *impériales*.

Goiran, très déçu. Ai défendu Wilson contre lui et les autres. Wilson : un praticien averti, qui sait où est le foyer d'infection, et qui vide l'abcès avant de commencer son pansement.

A propos d'abcès, ce bon géant de Bardot explique fort bien que l'ypérite n'est qu'une cause occasionnelle de l'abcès. Lequel, en fait, relève d'une infection secondaire, déterminée par les microbes envahissant le parenchyme *à la faveur* des lésions congestives provoquées par le gaz.

18 octobre.

Grand-peine aujourd'hui à surmonter ma fatigue. Impossible de lire, si ce n'est les journaux.

Le ton de la presse alliée pour parler de nos « *victoires* » ! Hugo, devant l'épopée napoléonienne... Cette guerre (aucune guerre) n'a rien d'une épopée héroïque. Elle est sauvage et désespérée. Elle s'achève, comme un cauchemar, dans les sueurs de l'angoisse. Les actes d'héroïsme qu'elle a pu susciter restent noyés dans l'horreur. Ils ont été accomplis au fond des tranchées, dans la gadoue et le sang. Avec le courage du désespoir. Avec le dégoût d'une œuvre répugnante qu'il fallait bien mener jusqu'à son terme. Elle ne laissera que de hideux souvenirs. Toutes les sonneries de clairon, tous les saluts au drapeau, n'y changent rien.

21.

Deux mauvais jours. Hier soir, injection intratrachéale d'huile goménolée. Mais l'infiltration et l'hyperesthésie laryngée ont rendu la manœuvre difficile. Ils se sont mis à trois pour en venir à bout. Ce pauvre Bardot suait à grosses gouttes. J'ai dormi trois grandes heures. Un peu soulagé aujourd'hui.

Mercredi (23 octobre).

Les nouvelles doses de digitaline paraissent un peu plus efficaces.

Je remarque, quand je ne suis pas complètement aphone, que je bégaye plus fréquemment. Autrefois, c'était rare, et toujours le signe d'un grand trouble de conscience. Aujourd'hui, rien d'autre sans doute qu'un indice de déchéance physique.

Journaux. Les Belges à Ostende et à Bruges. Les Anglais à Lille, à Douai, à Roubaix, à Tourcoing. Progression irrésistible. Mais lenteur désespérante des échanges de notes entre l'Allemagne et l'Amérique. Pourtant Wilson paraît avoir obtenu, comme condition préalable, une réforme de la constitution impériale, et l'établissement du suffrage universel. Ce serait un grand point. Obtenir ensuite l'abdication du Kaiser. Demain, ou dans six mois ? La presse insiste sur les troubles intérieurs. Ne pas se leurrer : une révolution allemande pourrait hâter les choses, mais les compliquer aussi. Car Wilson semble décidé à ne traiter qu'avec un gouvernement très stable.

24 octobre.

Non, je n'envie pas l'ignorance habituelle des malades, leurs naïves illusions. On a dit des sottises sur la lucidité du médecin qui se voit mourir. Je crois, au contraire, que cette lucidité m'a aidé à tenir. M'aidera peut-être jusqu'aux approches de la fin. Savoir, n'est pas une malédiction, mais une force. Je sais. Je sais ce qui se passe là-dedans. Mes lésions, je les *vois*. *Elles m'intéressent*. Je suis les efforts de Bardot. Dans une certaine mesure, cette curiosité m'est un soutien.

Voudrais pouvoir mieux analyser tout ça. Et l'écrire à Philip.

Nuit du 24-25.

Journée passable. (N'ai plus le droit d'être exigeant.)
Le carnet, contre les « spectres ».
Trois heures du matin. Longue insomnie, dominée par la pensée de tout ce que la mort d'un individu entraîne dans l'oubli. Me suis d'abord abandonné à cette pensée avec désespoir, comme si elle était juste. Mais non. Pas juste du tout. La mort entraîne peu de chose dans le néant, très peu.

Me suis patiemment appliqué à repêcher des souvenirs. Fautes commises, aventures secrètes, petites hontes, etc. Pour chacune, je me demandais : « Et ceci, est-ce que ça disparaîtra entièrement avec moi ? Est-ce qu'il n'en reste vraiment aucune trace, ailleurs qu'en moi ? » Me suis acharné, près d'une heure durant, à retrouver dans mon passé quelque chose, un acte un peu particulier, dont je sois sûr qu'il ne subsiste rien, rien, nulle part ailleurs que dans ma conscience ; pas le moindre prolongement, pas la moindre conséquence matérielle ou morale, aucun germe de pensée qui puisse, après moi, lever dans la mémoire d'un autre être. Mais, pour chacun de mes souvenirs, je finissais par trouver quelque témoin possible, quelqu'un qui avait su la chose ou qui avait été à même de la deviner, — quelqu'un qui vivait peut-être encore, et qui, moi disparu, pourrait, un jour, au hasard d'une réminiscence... Je me tournais et me retournais sur mes oreillers, torturé par un inexplicable sentiment de regret, de mortification, à l'idée que si je ne parvenais pas à trouver quelque chose, ma mort serait une dérision, je n'aurais même pas cette consolation pour l'orgueil *d'emporter* dans le néant quelque chose m'appartenant en exclusivité.

Et tout à coup j'ai trouvé ! L'hôpital Laënnec, la petite Algérienne.

Je le tiens donc enfin ce souvenir dont je suis sûr d'être l'unique dépositaire ! Dont rien, rien, absolument rien, ne survivra, dès l'instant où j'aurai cessé d'être !

Petit matin. Épuisé de fatigue et incapable de dormir. Brèves somnolences, dont je suis aussitôt tiré par les quintes.

Me suis débattu toute la nuit avec ce souvenir-fantôme. Écartelé entre la tentation d'écrire ma confession dans ce carnet, pour sauver du néant cette trouble histoire, — et, au contraire, le désir jaloux de la garder pour moi seul ; d'avoir au moins ce secret à entraîner avec moi dans la mort.

Non. Je n'écrirai rien.

25 octobre, midi.

Faiblesse ? Obsession ? Commencement de délire ? Depuis la nuit dernière, ma fin ne m'apparaît plus qu'en fonction du *secret*. Ce n'est plus à moi, à ma disparition, que je pense, mais à celle du souvenir de Laënnec. (Joseph est venu me parler de la paix : « Bientôt, nous serons démobilisés, Monsieur le major. » J'ai répondu : « Bientôt, Joseph, je serai mort. » Mais ma pensée secrète était : « Bientôt, il ne restera plus *rien* de l'histoire de la petite Algérienne. »)

Du coup, c'est comme si j'étais devenu maître de mon destin. Par là, j'ai barre sur la mort, puisqu'il dépend de moi, puisqu'il dépend d'une note écrite, d'une confidence à n'importe qui, que ce *secret* soit ou non dérobé au néant.

Après-midi.

N'ai pas pu me retenir d'en parler à Goiran. Sans rien lui dire d'explicite, bien entendu. Sans même une allusion à la petite Algérienne, sans même prononcer le nom de l'hôpital Laënnec. Exactement comme font les enfants qu'un secret étouffe, et qui crient à tout venant : « Je sais quelque chose, mais je ne dirai rien. » Il m'a regardé avec un certain malaise, un certain effroi. Il s'est évidemment demandé si je devenais fou.

J'ai goûté — pour la dernière fois, sans doute — une intense satisfaction d'orgueil.

Soir.

Essayé de reposer mon cerveau en feuilletant les journaux. En Allemagne aussi, la caste militaire essaie de torpiller la paix. Ludendorff aurait pris la tête d'un mouvement d'opposition contre le chancelier, qu'il accuse publiquement de trahison, pour avoir voulu négocier avec l'Amérique. Mais le courant vers la paix a été le plus fort. Et c'est Ludendorff qui a dû se démettre de son commandement. Bon signe.

Visite de Goiran. Inquiétant discours de Balfour. L'appétit anglais s'éveille : il veut maintenant annexer les colonies allemandes ! Goiran me rappelle que, l'an dernier encore, aux Communes, Lord Robert Cecil affirmait : « Nous sommes entrés dans cette guerre sans aucune visée d'impérialisme conquérant. » (Ils n'en sortiront pas comme ils y sont entrés...)

Wilson est là, heureusement. Droit des peuples à disposer d'eux-mêmes. Ne laissera pas, j'espère, les vainqueurs se partager des noirs comme des têtes de bétail !

Goiran et le problème colonial. Explique très intelligemment l'impardonnable faute que commettraient les Alliés s'ils cédaient à la tentation de se partager les possessions coloniales allemandes. Occasion unique de réviser, en grand, toute la question de la colonisation. Constituer, sous le contrôle de la Ligue des Nations, une vaste *exploitation en commun* des richesses mondiales. Garantie de paix !

26.

Aggravation subite. Toute la journée, étouffements.

27.

Mes étouffements tendent à prendre un nouveau caractère : spasmodique. Atrocement pénible. Mon larynx se contracte, comme pris dans un poing qui serre. L'étranglement s'ajoute à l'étouffement.
Passé près d'une heure à noter dans l'agenda les progrès du mal. (Ne suis pas certain de pouvoir bien longtemps encore tenir l'agenda à jour.)

28.

C'est le petit Marius qui vient de me monter les journaux. Sentiments affreux. (Ce teint lisse, ces yeux clairs, cette jeunesse... Cette merveilleuse *indifférence* à sa santé !) Ne voudrais plus voir que des vieux, des malades. Comprends qu'un condamné à mort se jette sur son gardien et l'étrangle, pour ne plus voir cet homme libre, bien portant...
La mécanique se détraque de plus en plus vite. Pas possible que les facultés mentales, elles aussi... Sans doute, assez diminué déjà pour n'en pas avoir conscience.

29 octobre.

Aurais-je moins de regret, si, dans ce tête-à-tête, j'avais le souvenir de ce qu'ils appellent dans les livres : un « grand » amour ?

Épilogue

Je pense encore à Rachel. Souvent. Mais en égoïste, en malade : je me dis qu'il serait bon de l'avoir là, de mourir dans ses bras.

A Paris, quand j'ai trouvé ce collier, mon émotion ! Cet élan vers elle ! Fini.

L'ai-je « aimée » ? Personne d'autre, en tout cas. Personne autant, personne davantage. Mais est-ce ça qu'ils appellent tous « *l'Amour* » ?

Soir.

Depuis deux jours, la digitaline complètement impuissante. Bardot reviendra tout à l'heure pour essayer une injection d'huile éthérocamphrée.

30.

Visites.
Je les regarde s'agiter. Qu'est-ce que la vie leur réserve ? Peut-être que le privilégié, c'est moi.

Las. Las de moi-même. Las, — à désirer maintenant que ça finisse !

Je m'aperçois bien que je leur fais peur.

En ces derniers jours j'ai sûrement beaucoup changé. Ça avance vite. Je dois avoir le visage de ceux qui étouffent : le masque d'angoisse... Je sais, rien de plus pénible à voir.

31 octobre.

L'aumônier d'à côté a désiré me voir. Il était déjà venu samedi, mais je souffrais trop. L'ai laissé monter aujourd'hui. M'a fatigué. A essayé d'aborder la ques-

tion, « votre enfance chrétienne, etc. » Je lui ai dit :
« Pas ma faute si je suis né avec le besoin de comprendre et l'incapacité de croire. » M'a proposé de m'apporter de « bons livres ». Je lui ai dit : « Qu'est-ce que l'Église attend pour désavouer la guerre ? Vos évêques de France et ceux d'Allemagne bénissent les drapeaux et chantent des *Te Deum* pour remercier Dieu des massacres, etc. » M'a fait cette réponse stupéfiante (orthodoxe) : « Une guerre *juste* lève l'interdiction chrétienne de l'homicide. »

Entretien volontairement cordial. Ne savait pas par quel biais me prendre. M'a dit, en partant : « Allons, allons, un homme de votre valeur ne peut pas consentir à mourir comme un chien. » Je lui ai dit : « Et qu'y puis-je, si je suis incroyant, — comme un chien ? » Il était à la porte, il m'a regardé curieusement. (Mélange de sévérité, de surprise, de tristesse ; et aussi, m'a-t-il semblé, d'affection.) « Pourquoi vous calomnier, *mon fils* ? »

Je crois qu'il ne reviendra pas.

Soir.

Consentirais, *à la rigueur*, si ça devait faire plaisir à quelqu'un. Mais pour qui jouerais-je une mort chrétienne ?

L'Autriche demande armistice à l'Italie. Goiran vient de monter. La Hongrie proclame son indépendance, et la république.

Est-ce enfin la paix ?

NOVEMBRE

1ᵉʳ novembre 18, matin.

Le mois de ma mort.
Être privé d'*espoir*. Pire que la torture de la soif.
Malgré tout, la palpitation de la vie est encore en moi. Puissante. Par moments, *j'oublie*. Pendant quelques minutes je redeviens ce que j'étais, ce que sont les autres, j'ébauche même un projet. Et, brusquement le souffle glacial : de nouveau, je *sais*.

Mauvais signe : Mazet monte moins souvent. Et quand il vient, me parle de tout, mais à peine de moi.
Vais-je regretter Mazet, et sa tête carrée de garde-chiourme ?

Soir.

Dire que, passé le seuil de cette chambre, l'univers vivant continue... Dans quel isolement je suis déjà plongé. Aucun vivant ne peut comprendre.

2 novembre.

Ne me lève plus. Trois jours que je n'ai fait ces 2 m 50 qui séparent mon lit du fauteuil.
Jamais plus. Jamais plus être assis près de la fenêtre ? près d'une fenêtre ? La tristesse des cyprès

dans le ciel du soir... Jamais plus revoir le jardin, aucun jardin ?

J'écris : *Jamais plus*. Mais l'enfer qu'il y a dans ces mots, je ne le perçois que par éclairs.

Nuit.

Comment la mort viendra-t-elle ? Question que je me pose combien de fois par nuit, depuis combien de nuits ? Il y a tant de cas possibles... — Spasme laryngé, brutal, comme le petit Neidhart ? Ou progressif, comme Silbert ? Ou bien asthénie cardiaque et syncope, comme Monvielle, comme Poiret ?

Comment ? La pire, c'est l'asphyxie du pauvre Troyat. Celle-là fait peur.
Celle-là, je ne l'attendrai pas.

Soir.

Si mal, ce soir, que j'ai deux fois appelé Bardot. Reviendra vers minuit. A laissé sur ma table sa boîte de trachéotomie.

On dit : « La mort n'est rien, c'est la souffrance. » Alors, puisque je pourrais me dérober, pourquoi continuer à souffrir ? à attendre — Et j'attends !

4 novembre.

Armistice signé par l'Italie avec Autriche et Hongrie. L'aumônier a voulu revenir. (Refusé, prétexté fatigue.) C'est un avertissement. Le jour approche où il faudra se décider.

5

Tout ce que nous avons espéré, tout ce que nous aurions voulu, tout ce que nous n'avons pas réussi à faire, il faudra que tu le réalises, mon petit.

6 novembre.

Visite de Goiran. Attente de l'armistice. Et la bataille continue sur tous les fronts. Pourquoi ?
Aphonie totale. N'ai pu articuler un mot.

7.

La glotte ne se dilate presque plus. Paralysie des crico-aryténoïdiens postérieurs ? Bardot, impénétrable.
Morphine.

8 novembre 1918.

Plénipotentiaires allemands ont franchi nos lignes. C'est la fin.
Aurai tout de même vécu ça.

9 novembre.

Aggravation. De nouveau, grandes oscillations de température (37,2 — 39,9). Congestion œdémateuse a repris. Aucun symptôme nouveau, mais recrudescence partout.

Ai demandé (pourquoi?) une radio. Pour pouvoir faire exploration, s'il y avait un nouveau point suspect. Crains un nouvel abcès. Les oscillations indiquent sûrement suppurations profondes.

10.

Poumon droit de plus en plus douloureux. Morphine, toute la journée, par voie buccale. Nouvel abcès? Bardot ne croit pas. Aucun symptôme pathognomonique.

Crachats plutôt moins abondants.

Révolution Berlin. Kaiser en fuite. Dans les tranchées, partout, espoir, délivrance! Et moi...

11 novembre.

Journée atroce. Brûlures intolérables, toujours aux mêmes régions, du côté droit.

Pourquoi ne me suis-je pas décidé plus tôt, quand l'énergie était encore intacte? Qu'est-ce que j'attends? Chaque fois que je me dis : « L'heure est venue », je...

(Non. Ne me suis encore jamais dit : « est venue ». Me dis : « L'heure *approche.* » Et j'attends.)

12.

Bardot perçoit un souffle entouré d'une couronne de râles sous-crépitants et localisés (?)

Épilogue

Midi.

La radio. Bande ombrée au sommet droit, sans limites nettes. Diaphragme immobilisé. Diminution générale de la transparence, mais pas de collection décelable. Si c'était un autre abcès, il y aurait opacité complète de la région suspecte, avec limites nettes, bien arrondies. Alors ? Indications encore trop vagues pour tenter une ponction. Si pas nouvel abcès, quoi ? quoi ?

13.

Poussées fluxionnaires très localisées, toujours aux mêmes points. Infection se généralise, sûrement. Sueurs terribles, puantes.

Soir.

Petits abcès ? Petits abcès *multiples* ?
Sûrement Bardot y pense aussi.
Alors rien à faire, abcès noyé dans le parenchyme, aucune intervention possible, asphyxie au bout.

14.

Brûlures des deux côtés. Le gauche est œdématié aussi. Les abcès doivent être disséminés dans les deux poumons.
Dernière chance, tenter abcès de fixation ?

Soir.

Abîme de dépression, indifférence. Dans le tiroir, une lettre de Jenny, une de Gise. Ce soir, une autre de Jenny. Pas ouvertes. Laissez-moi seul. N'ai plus rien à donner à personne.

Cette nuit, longtemps, me suis répété ça, que je comprends pour la première fois : *De profondis clamavi.*

15.

Peut-être ai-je eu tort de tant craindre. Peut-être pas si terrible que je croyais. Peut-être que le pire est passé. Me suis tant représenté la fin, ne peux plus. Mais tout est prêt, tout est là.

16.

Abcès de fixation sans résultat. L'ont-ils seulement tenté ? ou fait semblant ?

Rien écrit dans agenda depuis deux jours. Souffre trop.

Penser à en finir. Difficile de se dire : « Demain », de se dire : « Ce soir... »

17.

Morphine. Solitude, silence. Chaque heure me sépare davantage, m'isole. Je les entends encore, je ne les écoute plus.

Épilogue

Élimination des fragments devenue presque impossible.
Comment viendra-t-elle? Voudrais rester lucide, écrire encore, jusqu'à la piqûre.
Pas acceptation. Indifférence. Épuisement, qui supprime la révolte. Réconciliation avec l'inévitable. Abandon à la souffrance physique.
Paix.
En finir.

18.

Œdème des jambes. Grand temps, si je veux encore pouvoir. Tout est là, étendre la main, se décider.
Ai lutté toute cette nuit.
Grand temps.

Lundi, 18 novembre 1918.

37 ans, 4 mois, 9 jours.
Plus simple qu'on ne croit.

Jean-Paul.

L'ÉTÉ 1914 (*suite et fin*)

LXXIX.	*Mardi, 4 août.* — Jacques, dans le train de Genève à Bâle	9
LXXX.	*Mardi, 4 août.* — Jacques se réfugie au buffet de la gare de Bâle, pour écrire son manifeste	24
LXXXI.	*Du 5 au 8 août.* — Séjour de Jacques à Bâle	32
LXXXII.	*Dimanche, 9 août.* — Derniers préparatifs	46
LXXXIII.	*Dimanche, 9 août.* — Le rendez-vous sur le plateau	53
LXXXIV.	*Lundi, 10 août.* — Le dernier acte	65
LXXXV.	*Lundi, 10 août.* — La retraite des troupes françaises en Alsace	71

ÉPILOGUE

I.	Antoine à la clinique du Mousquier	107
II.	Enterrement de Mlle de Waize, à Paris	125
III.	Retour d'Antoine dans son appartement	136
IV.	Antoine et Gise déjeunent tête à tête rue de l'Université	145
V.	Rumelles invite Antoine chez *Maxim's*	160
VI.	Un rêve d'Antoine	176

VII.	Antoine à Maisons-Laffitte. — La matinée avec Daniel et Jean-Paul	186
VIII.	Premier entretien avec Jenny	201
IX.	Second entretien avec Jenny	214
X.	Visite à Mme de Fontanin, à son hôpital	221
XI.	Jean-Paul et l'oncle Antoine	241
XII.	La soirée à Maisons — Dernier entretien avec Jenny	249
XIII.	La consultation du docteur Philip	265
XIV.	Soir d'alerte	290
XV.	Lettres	296
XVI.	Journal d'Antoine	309
	Juillet	309
	Août	343
	Septembre	385
	Octobre	416
	Novembre	431

DU MÊME AUTEUR

Aux Éditions Gallimard

DEVENIR, *roman.*

JEAN BAROIS, *roman.*

LE TESTAMENT DU PÈRE LELEU, *farce paysanne.*

LES THIBAULT, *roman.*
- I. LE CAHIER GRIS — LE PÉNITENCIER
- II. LA BELLE SAISON — LA CONSULTATION
- III. LA SORELLINA — LA MORT DU PÈRE
- IV. L'ÉTÉ 1914 (début)
- V. L'ÉTÉ 1914 (suite)
- VI. L'ÉTÉ 1914 (fin)
- VII. ÉPILOGUE

LA GONFLE, *farce paysanne.*

CONFIDENCE AFRICAINE, *récit.*

UN TACITURNE, *drame.*

VIEILLE FRANCE, *roman.*

NOTES SUR ANDRÉ GIDE (1913-1951)

ŒUVRES COMPLÈTES

CORRESPONDANCE AVEC ANDRÉ GIDE
- I. (1913-1934) Introduction par Jean Delay
- II. (1935-1951)

CORRESPONDANCE AVEC JACQUES COPEAU (1913-1949), I et II.

CORRESPONDANCE GÉNÉRALE
  I. (1896-1913)
  II. (1914-1918)
  III. (1919-1925)
  IV. (1926-1929)
  V. (1930-1932)

LE LIEUTENANT-COLONEL DE MAUMORT

*Impression Bussière Camedan Imprimeries
à Saint-Amand (Cher),
le 17 novembre 1998.
Dépôt légal : novembre 1998.
1er dépôt légal dans la collection : septembre 1972.
Numéro d'imprimeur : 985538/1.*
ISBN 2-07-036189-6./Imprimé en France.

89189